经济与管理专业研究生及高年级本科生通选教材

JINGJI YU GUANLI ZHUANYE
YANJIUSHENG JI GAONIANJI BENKESHENG
TONGXUAN JIAOCAI

应用统计学

YINGYONG TONGJIXUE

马立平 刘 娟 / 编 著

（第三版）

首都经济贸易大学出版社
Capital University of Economics and Business Press
· 北 京 ·

图书在版编目(CIP)数据

应用统计学/马立平,刘娟编著. --3 版. --北京:首都经济贸易大学出版社,2019.5

(经济与管理专业研究生及高年级本科生通选教材)

ISBN 978-7-5638-2364-2

Ⅰ.①应… Ⅱ.①马… ②刘… Ⅲ.①应用统计学—高等学校—教材 Ⅳ.①C8

中国版本图书馆 CIP 数据核字(2015)第 103696 号

应用统计学(第三版)

马立平 刘 娟 编著

责任编辑 兰士斌

封面设计 砚祥志远·激光照排 TEL:010-65976003

出版发行 首都经济贸易大学出版社

地 址 北京市朝阳区红庙(邮编 100026)

电 话 (010)65976483 65065761 65071505(传真)

网 址 http://www.sjmcb.com

E-mail publish@cueb.edu.cn

经 销 全国新华书店

照 排 北京砚祥志远激光照排技术有限公司

印 刷 北京市兴怀印刷厂

开 本 710 毫米×1000 毫米 1/16

字 数 382 千字

印 张 21.5

版 次 2011 年 10 月第 1 版 2015 年 6 月第 2 版

2019 年 5 月第 3 版 2019 年 5 月总第 6 次印刷

印 数 9 001~12 000

书 号 ISBN 978-7-5638-2364-2/C·121

定 价 45.00 元

前 言

统计学是收集、分析、表述和解释数据的应用性很强的学科。通过数据资料对现象进行数量方面的分析，不仅能够更客观地认识研究对象，也能使对问题的认识与研究更加深入。统计方法的应用在某种程度上左右、影响着实际工作与理论研究的水平。统计方法既可用于对社会现象的数量方面的研究，也可用于对自然现象的数量方面的研究，它在科学研究与社会经济管理中能够发挥重要的作用。相信读者在学习了统计学并将其在实际中应用之后，能够更深刻地感受到这一点。

本书是作者根据多年的本科及研究生统计学教学工作的体会编写出来的，目的是让读者掌握统计学的基本理论与方法，并能够使用统计学的基本方法进行初步的统计分析与研究。撰写时我们特别注意突出以下几方面的特点：

第一，本书主要是针对高年级本科生和非统计学专业研究生，为使初学统计学的学生尽快了解统计研究的思维方式，掌握统计分析的基本方法并加以应用，编写时注重用通俗易懂、深入浅出的语言阐述统计学的基本思想与方法，同时力求强调统计思想，略掉了一些不必要的数学证明和公式推导。书中在对各种具体方法作必要的阐述之后，都配备有具体的案例或例子说明其基本思想与方法的应用，并用图表等比较直观的形式进行解释。

第二，本书的内容完整，整体框架清晰，逻辑性较强，突出了实际问题分析与统计研究中的工作顺序与知识的逻辑关系。从内容上看，不仅包括描述统计，也包括推断统计；从分析方法来看，不仅包括传统意义上的统计学原理的基本内容，也包括实际分析研究中常用的多元统计分析的方法与应用，力求使读者较为系统、完整地掌握统计方法论的总体框架，从而能够在学习统计学的基本理论、思想与方法的同时，把握何时、用何种方法、对何种问题进行统计分析与研究。

第三，统计学是通过对大量数据的分析与研究发现问题、得出结论的方法论的科学，具有很强的应用价值。为了避免读者学完之后只掌握统计学基本思想与方法而无法实际操作，本书的编写力求具有较强的实用性和可操作性。在介绍方法的基础上，结合统计软件，全面、系统地介绍了统计计算与分析的过程及其技术的实现。同时，针对具体问题进行分析，并对计算结果进行解读，以提高学习者的实际操作能力与水平。

本书由马立平、刘娟编著，姜月香参加了第三、四、六章的编写。本书的编写建立在我们多年本科及研究生统计学教学经验与体会的基础上，同时也参考和借鉴了许多统计学著作和教材，并得到了首都经济贸易大学出版社和编辑兰士斌的大力支持和帮助，在此一并表示感谢。

尽管编写此书时我们投入了许多时间和精力，但书中难免存在一些不尽如人意之处，真诚欢迎广大读者提出宝贵意见，我们在此先行表示感谢。

目录

第一章　统计学与统计数据

第一节　统计学的产生与发展

统计活动源远流长，其历史可追溯到远古的原始社会。可以说，自从人类社会有了数的概念，有了计数活动，也就有了统计。但将统计实践上升到理论，并将其概括、总结成为一门科学的统计学，却是近代的事。虽然对于统计学产生于什么年代，人们的看法不尽一致，但多数人认为，统计学大概兴起于17世纪，距今只有300多年的历史。

一、统计学的产生

17世纪中叶，西方社会首次出现了有意识地用数字语言说明问题，从数量的角度探索客观事物变化规律的研究活动。当时，最具有代表性的主要有政治算术学派和国势学派。

政治算术学派的代表人物是英国的学者威廉·配第(W. Petty)。17世纪，威廉·配第在他的著作《政治算术》一书中，对当时英国、荷兰、法国之间的“国富和力量”进行了数量上的比较，首次从数量方面明确地用大量的数据资料分析问题，揭示了一些经济学的科学原理，研究了许多经济范畴的经济关系。也正是在这个意义上，马克思称威廉·配第是政治经济学之父，是统计学的创始人。在统计史的研究中，一般把以威廉·配第为代表的关于社会经济现象“算术”式的研究，称为“政治算术”。

除威廉·配第外，政治算术学派还有一位重要的人物——约翰·格朗特(J. Graunt)。他对伦敦市50多年的人口出生和死亡的情况进行了计算与研究，1662年写出了其代表性的著作——《关于死亡表的自然观察与政治观察》，该书通过对人口数据的分析，揭示了一系列人口变化的规律。

自此，人们说明国家重要事项除了用记述的方法外，开始逐渐使用量的方法，这为统计学作为一种从数量方面认识事物的方法开辟了广阔的研究与应用前景。政治算术学派第一次有意识地运用可度量的方法，把自己的论证建立在具体的数字基础上，在统计学发展史上具有重要的地位。但是，由于其毕竟还处于统计核算的初始阶段，它只能用最简单的算术方法对社会经济现象进行计量和比较。

与政治算术产生的时期差不多，在17世纪的德国，康令(H. Conring)、阿肯瓦尔(G. Achenwall)等人在大学中开设了一门叫做“国势学”的课程。“国势学”主要研究有关国家兴衰强弱的重大问题以及治理国家必备的方法。作为“国势学”的奠基人，康令对“国势学”的研究目的、研究对象、研究方法等基本问题作了深入细致的阐述，其方法主要是文字记述和逻辑比较。

经过100多年的发展，到18世纪中期，“国势学”的发展达到了顶峰。

统计学的另一个重要起源是概率论。概率论起源于赌博游戏，但真正意义上的概率论是从17世纪开始的。在早期从事概率论研究的众多学者中，拉普拉斯是古典概率论的集大成者。他给出了概率数学的古典解释，建立了严密的概率数学体系。“政治算术”研究的是简单的、确定的数量关系，而概率统计研究的则是复杂的、随机性的现象。概率论的出现，极大地充实和深化了数量问题研究的内容。以概率论为基础，统计学进入了一个新的发展时期。

二、统计学的发展

凯特勒(A. Quetelet)是统计学发展史上承前启后的重要人物。凯特勒于18世纪在统计学上作出的突出贡献是把概率论全面引进“政治算术”“国势学”以及其他社会问题的研究，大大推动了概率论和数学方法在社会科学领域的应用，促进了数量研究由“算术”阶段向“数理”阶段的迅速转化。

19世纪后半期，统计学在生物遗传学、农业田间试验等领域取得了创新性的成果。如生物统计学的主创者高尔顿(F. Galton)利用正态法则研究优生学、遗传学等问题，先后提出了“百分位数”“中位数”“四分位数差”“相关与回归”等概念及计算方法。此后，皮尔逊(K. Pearson)系统地发展了高尔顿的相关与回归理论，研究了复相关和偏相关、极大似然估计方法，导出了卡方分布等。以皮尔逊为代表的统计学家在大量观察和正态分布的基础上，进行了总体分布曲线的研究，确立了大样本统计理论，从而构建了描述统计学的框架体系。

进入20世纪，新的统计思想和统计方法大量涌现，带有归纳性质的统计推断逐渐占据了主流地位。自苏歇米尔斯(J. Sussmilch)提出大数法则到20世纪初的一段时期里，大量观察法一直是统计思想的核心，直到1908年戈塞特(W. Gosset)导出了重要的t分布，统计学逐渐实现了由描述统计阶段向推断统计阶段、由大样本统计向小样本统计理论的转变。此后，费希尔(R. Fisher)开辟了方差分析、试验设计等统计分支，论证了相关系数的抽样分布，提出了 t 检验、F 检验、相关系数检验等，这些研究成果在统计学发展史上有着很高的地位。此后，内曼(J. Neyman)和皮尔逊共同完善了现代统计学的核心内容——区间估计和假设检验的理论，瓦尔德(A. Wald)则提出了统计决策理论和质量检验的"序贯分析"，进一步推动了统计学研究和应用的范围。20 世纪五六十年代以后，稳健统计、时间序列、抽样理论、统计诊断、探索性分析、贝叶斯统计等也取得了重要的进展。

总体上说，20 世纪以来，传统意义上的统计学的发展有三个明显的趋势：首先，随着数学的发展，统计学依赖和吸收数学方法的程度越来越深；其次，统计学方法向其他学科领域广泛渗透，以统计学为基础的边缘学科不断形成；最后，随着统计学应用的日益广泛和深入，特别是随着计算机的发展和大数据的形成，统计学正发挥着越来越大的作用。

三、统计学科体系

目前，传统意义上的统计学已经形成了由理论统计学、应用统计学、统计学史等若干个分支组成的完整的学科体系。这里着重介绍理论统计学和应用统计学两个分支。

(一)理论统计学

理论统计学侧重于从数学学科中汲取营养，是研究统计学的方法和基础理论，以解决统计学自身发展过程中的重大问题为目标的统计学分支。它主要包括以下几方面内容。

1. 统计估计。统计估计是统计学的核心内容之一，它包括两个方面的内容：一是在总体分布已知时，对总体未知参数或参数组合的函数进行估计；二是在总体分布未知时，对有关分布的特征数字及分布密度进行估计。其研究的重点内容包括估计量的确定和对估计量的评价等。

2. 假设检验。假设检验是指在总体分布已知的情况下，根据样本资料，对总体参数的某种假设命题进行检验和判断。其研究的重点在于检验统计量的确定、假设检验的原理和检验效率等问题。

3. 抽样调查。抽样调查是收集统计资料的基本手段与方法之一，其研究的重点是抽样方案的设计、样本的抽样方法、抽样分布、抽样效果与抽样误差等问题。

4. 试验设计。试验设计主要是研究如何安排试验方案，如何分析试验结果等问题。

5. 非参数统计。非参数统计主要研究总体分布未知或不依赖于总体分布的各种统计问题。

6. 时间序列。时间序列是指按时间顺序排列的一组数据，时间序列方面的主要研究内容包括时间序列的基本结构、时间序列的分解、自回归过程与参数估计、非线性系统模型和空间序列分析等。

7. 统计决策。统计分析与研究的最终目的是认识客观规律，从而进行科学决策。统计决策的主要内容包括风险函数、损失函数、决策标准和决策函数等。

8. 序贯分析。序贯分析是指在得出分析结论之前，视具体的观察结果来决定决策方案的选择，具体内容包括抽样方案、序列检验统计量、风险判别等。

9. 多元统计。多元统计又称为多元统计分析，是关于多维随机变量的统计研究方法，主要包括多元分布、判别分析、典型相关分析、主成分分析、因子分析、聚类分析等。

10. 统计诊断。统计诊断主要研究观察数据、统计模型、统计推断方法的合理性问题，并对诊断中发现的缺陷进行治理和改进，是近二三十年来发展起来的一个新的统计学领域。

11. 稳健统计。稳健统计主要研究当理论分布与实际分布不一致时，如何确定不敏感的统计方法等内容。

12. 探索性分析。探索性分析主要通过对观察数据进行详细考察，挖掘数据本身的结构和特征，然后在此基础上建立分析模型。

（二）应用统计学

应用统计学就是运用统计学的思想和方法，发现、处理实践中的问题。其内容大体上可以分为以下几类。

1. 统计计算方法。统计计算方法把统计方法、数学计算方法和计算机应用结合起来，重点解决数据处理过程中遇到的各类计算问题。

2. 应用统计学的理论基础。应用统计学是以理论统计学为理论基础，从应用的角度进行的统计学研究。同理论统计学相比，应用统计学一般带有较强的应用背景，它用简明扼要的语言，深入浅出地阐述统计学的思想与方法。

3. 应用统计学。应用统计学从实际问题的背景出发，与具体学科紧密结合，重点研究如何使用统计方法。应用统计学按其应用的学科性质的不同，可分为理工科的应用统计学（如统计力学、生物统计学、医学统计学、气象统计学、地理统计学等）和社会科学类的应用统计学（如人口统计学、经济统计学、管理统计学、教育统计学、社会统计学等）。

4. 其他。统计学与其他应用数学学科结合，形成新的应用数学方法的基础学科,如博弈论、多目标决策、随机规划等。

第二节 统计学的性质与特点

一、什么是统计学

统计学是随着人类社会的发展和社会管理的需要而发展起来的。随着统计方法在各个领域的应用,统计学已发展成为具有多个分支学科的大家族。因此,对统计学的定义,人们有着不同的表述。其中,具有代表性的、被人们普遍接受的是《不列颠百科全书》的定义:“统计学是收集、分析、表述和解释数据的科学。”

统计学的定义告诉我们,统计学研究的是客观现象的数量方面,统计离不开数据。因此,进行统计应用研究,首先要收集能够反映或说明客观现象的数据资料,这是统计活动首要的、基本的环节。没有统计数据,统计方法就失去了用武之地;而如何取得可靠的、高质量的统计数据,则是统计学研究的内容之一。

分析数据是统计的核心内容,它是对已有的数据资料,通过统计方法探索数据内在的规律、提取有关综合信息的过程,其目的是形成一个概括的、全面的数量描述。分析数据所用的方法可分为描述性统计方法和推断统计方法。

当然,分析数据之前,需要对统计数据进行加工和整理,即进行数据整理,目的是使统计数据系统化、条理化,以符合统计分析的要求。统计整理在统计活动中处于承上启下的位置:一方面,它是收集统计资料工作的继续;另一方面,它又是统计分析的前提,是统计工作的必要环节。数据整理的内容包括数据的甄别与筛选、数据的审核与修正、数据的分组与分类、编制频数分布表、用统计图及指标展示统计数据,目的是找出数据的初步特征,或者是方便他人看懂数据所要表达的问题。

分析数据之后,还需要对数据的解释。数据的解释是对分析的结果进行的说明和进一步分析,阐明分析结果所隐含的事物的特征以及从数据中所得出的规律性的结论等。

二、统计学的研究方法

统计学的研究方法是指统计学研究和认识客观事物总体数量方面的各种方法。从研究主体的活动角度来说,与其他诸多学科需要经历资料的收集、整理和分析的过程一样,统计学的研究也要经历资料的收集、整理和分析的过程,这在统计学中称为统计调查、统计整理和统计分析。

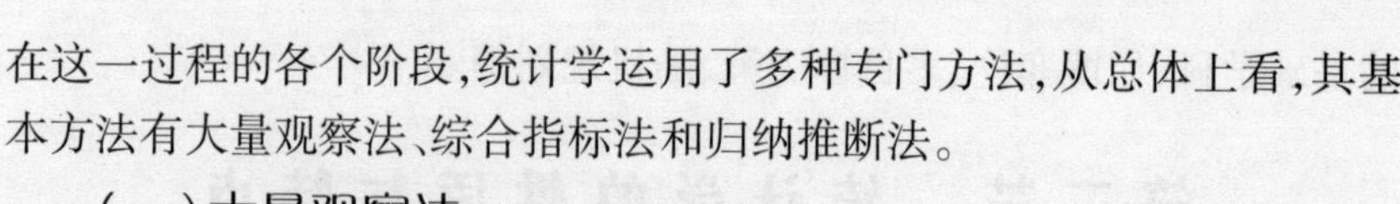

在这一过程的各个阶段，统计学运用了多种专门方法，从总体上看，其基本方法有大量观察法、综合指标法和归纳推断法。

（一）大量观察法

大量观察法是指在客观事物的研究中，从总体出发，对其全部单位或足够多的单位进行观察和分析研究的方法。

大量观察法之所以是统计学研究的基本方法，是由统计学的研究对象及研究目的决定的。统计学研究的事物总体是由大量单位、大量数据构成的。研究对象的数量方面受到诸多因素的影响，这些因素可大致分为两类：一类是由研究对象的基本性质以及一般条件所形成的共同性因素，这类因素对所有个体单位都发生作用，是研究对象总体数量规律性存在的根据；另一类是源于研究对象的次要性质或偶然因素、随机因素，这类因素使得各个单位在数量表现上存在差异，各不相同，掩盖了研究对象的规律性。大量观察法的意义就在于通过把全部单位或足够多的单位联系在一起，使得个别性因素的作用在这种联系中相互抵消，突出共同性因素的作用，从而显示出总体相对稳定的数量特征和数量关系，即数量规律性。

（二）综合指标法

综合指标法是表明事物总体数量特征的数据，它是统计学研究事物总体数量方面的基本手段或工具。综合指标按其一般表现形式分为总量指标、相对指标和平均指标三大类。其中，总量指标的基本来源是对原始数据的整理汇总，以它为基础，可利用多种方法计算出各种派生的相对指标和平均指标。

在统计学的研究中，综合指标有着重要的分析意义。它概括地表明了研究对象的规模、总量、联系程度和一般水平，在结构、比例和相互关系分析、发展变化分析、因素分析以及其他许多方面的分析中都起着重要的作用。可以说，统计分析就是对统计指标及指标关系的分析，也就是对数量特征、数量关系、数量界限及数量规律性的分析。

（三）归纳推断法

归纳推断法是指以一定的置信标准，根据样本数据来判断总体数量特征的归纳方法。它是现代统计的基本方法。在实际应用中，由于种种主客观方面的原因，当统计学所研究的对象的范围大于实际可能掌握的范围时，就需要应用统计推断法。这种情况十分普遍，尤其是当统计学对具有普遍意义的问题感兴趣的时候。研究的问题愈具有普遍性，统计学研究对象的范围也就愈大。

归纳推断的一个重要特点是它不能对问题作出绝对肯定的结论，只能在一定的可靠程度保证下，作出能满足研究精度的弹性结论。

三、统计学的性质与研究对象

由统计学的发展历史可知，统计学是从研究社会经济现象的数量特征开始的。随着统计方法的不断完善和应用领域的不断扩展，统计学得以不断发展。

总体上看，统计学的性质与研究对象主要表现在以下几个方面。

第一，统计学是一门关于数据的科学，统计研究的是客观事物的数量特征，包括数量状态、数量关系和数量变化规律，统计的基本语言是数据。无论是社会科学还是自然科学，只要有出现大量数据的地方，就需要统计。从认识论的角度看，任何事物都是数量和质量的统一体。如果数据资料准确、可靠，统计分析方法运用得当，那么，通过研究客观事物的数量方面，就可以正确地认识客观事物的特征与发展变化的规律。

第二，统计学对大量同类现象的数量方面进行综合反映与研究，也就是说，统计学的研究对象是客观现象总体的数量，单个数据的分析与研究不是统计学的研究对象。只有通过对大量的现象或对某一现象进行多次重复的观察，才有可能找到统计关系和统计规律。当然，按照认识论由个体数量到总体数量这样的认识逻辑，统计研究的对象尽管是总体数量，也必须从个体数量的调查入手。

第三，统计学的研究对象是不确定的现象，即随机性的变量。不确定性现象的存在是由于受到偶然的、随机因素的作用，使得客观事物的实际数量表现存在一定程度的不可确知性。现实中，太多的现象都是不确定的现象，如人的寿命是一个随机变量，这种随机性可能和人的遗传基因、生活习惯、生活质量等很多因素都有关系。虽然一个人的寿命有一定的随机性，但从总体上看，我国公民的预期寿命非常稳定，且女性的预期寿命高于男性的预期寿命，这就是在随机性之中的规律性。

第四，统计的基本方法是归纳推断。统计对总体的认识有两种途径，一是通过掌握构成总体的全部事物的数据资料进行认识，这时运用算术方法和统计描述手段就可以达到认识总体的目的；二是从总体中抽取部分事物组成样本，然后依据样本的数据，对总体进行推断，其基本方法就是归纳推断，而不是逻辑推理。从应用的经济性、时效性、实用性和可行性等方面考虑，利用样本资料对总体进行归纳推断，其优势比较明显。

第三节 统计数据与统计规律

统计数据是对现象进行观测、计量的结果，如对经济活动总量的计量可以得到国内生产总值的数据,对人口性别的计量可以得到男女性别比的数据,对城镇居民收入与消费的调查可以得到城镇居民的工资水平和消费支出的数据,等等。

一、数据的计量尺度

对不同的事物进行计量或测度,其精确程度是不同的。按照对事物计量的精确程度划分,可将所采用的计量尺度由粗略到精确分为以下几个不同的层次。

(一)定类尺度

定类尺度是最粗略、计量层次最低的计量尺度。它的主要特征是采用文字、数字代码和其他符号对事物进行简单的分类或分组。建立在对事物进行分类分组的基础上的计量尺度称为定类尺度。如对人口性别、民族、籍贯、婚姻状况的统计测量,对企业经济性质的划分等,这些用作归类统计的测量均属于定类尺度。定类尺度只是测度事物之间的类别差,各类别之间无法区分优劣或大小。

由于定类尺度只能区分事物是同类或非同类,因而使用定类尺度计量的数据不能直接进行数学运算。当然,在进行数据处理时,为了便于计算机识别和信息的传输,对于定类尺度计量的数据,我们往往给每一个类别赋予一个数字代码,如在人口性别中用"1"表示男,用"0"表示女。然而需要注意的是,这些数字只是给不同类别赋予一个代码,并不意味着这些数字可以进行任何数学运算。

在使用定类尺度对事物进行分类时,必须符合穷尽和互斥的要求,即在进行分类时,必须保证所有个体都能归属于某一类别,不能有遗漏;而且只能归属于一个类别,不能在其他类别中重复出现。

(二)定序尺度

定序尺度又称顺序尺度,它是对事物之间的等级差或顺序差进行的一种测度。该尺度不仅可以将事物分成不同的类别,而且还可以确定这些类别的优劣和顺序。如调查了解城镇居民对公众服务的满意度,满意程度可分为很满意、比较满意、一般、不太满意和不满意,被调查者的学历可分为小学及以下、中学、高中、大专、大本、研究生及以上。再如产品按其品质划分,可分成合格品和不合格品,等等。这些都属于定序尺度。定序尺度的计量结果虽然也表现为类别,但这些类别之间可以比较并排序,其对事物的计量要比定类尺度精确一些。但是,它也只是测度了类别之间的顺序,不能测量出类别之间的准确差值。该尺度可以分类,也可以比较大小、好坏,但不能进行加、减、乘、除等数学运算。

(三)定距尺度

定距尺度也称间隔尺度,它不仅具有定序尺度的所有特征,即能将事物区分为不同类型并进行排序,而且可以准确地指出类别之间的差距是多少。定距尺度是对事物类别或次序之间间距的度量,通常使用自然或度量衡单位作为计量尺度,其计量结果表现为数值。如考试成绩用百分制度量、温度用摄氏度或华氏度来度量等。由于这种尺度的每一间隔都是相等的,只要给出一个度量单位,就可以准确地指出两个计数之间的差值,因而其计量结果不仅可以进行分类和比较,而且可以进行加、减的数学运算。

(四)定比尺度

定比尺度是最高级别的测量尺度,其计量结果和定距尺度一样也表示为数值。但是与定距尺度不同的是,定比尺度拥有一个绝对零点的测量原点,而定距尺度却没有这样的原点。因此,定距尺度只能进行加、减运算,而定比尺度不仅可以进行加、减运算,还可以进行乘、除运算。如工资是定比尺度,其绝对零点是零元,即没有。若一个人的月工资是6 000元,另一个人的月工资是 3 000 元,可以得出前者工资比后者工资多3 000元,是后者的两倍。而温度是定距尺度,其不存在绝对零点;即使温度为零,也不能说没有温度。我们可以说 30 度比 15 度高 15 度,但不能说 30 度比 15 度热一倍。

采用不同的计量尺度,可以得到不同类型的统计数据,而不同类型的统计数据又适用于不同的统计分析方法。定类、定序、定距、定比四种计量尺度对事物的测量层次是由低级到高级逐步递进的,高层次的计量尺度具有低层次的计量尺度的特征,我们可以将高层次的计量尺度的测量结果转化为低层次的计量尺度的测量结果,如将温度的定距尺度测量结果转化为很冷、较冷、舒适、较热、很热的定序尺度的测量结果。四种计量尺度的数学特征是:①定比尺度可以分类、排序、测量距离和计算比值;②定距尺度可以分类、排序、测量距离,不能计算比值;③定序尺度可以分类、排序,不能测量距离、计算比值;④定类尺度只能进行分类。

二、数据的类型

所谓数据,是对现象进行计量的结果,如对气温的测量、对经济活动总量的计量等。我们可以从不同的角度对统计数据进行分类。

(一)分类数据、顺序数据和数值型数据

按照所采用的计量尺度划分,统计数据可以分为分类数据、顺序数据和数值型数据。

分类数据是对事物进行分类的结果,它描述事物的品质特征。例如,人的性别“男、女”,“教师、公务员”等职业,“北京、天津、河北”等籍贯,“国有、股份制”等企业经济性质,等等,这些都是分类数据,它们通常用文字来表述。当然,为了便于统计处理,对于分类数据,我们也可以给不同类别赋予不同的数值,如用“1”表示男,用“0”表示女,但这并不影响其性质和数学特征。

顺序数据也是对事物进行分类的结果,但这些类别之间可以进行大小、好坏的排序。如很满意、较满意、一般、不太满意、不满意,就属于顺序数据。与分类数据相同,顺序数据通常也是用文字来表述。当然,为便于统计处理,也可以用 1,2,3,4,5 等数字代码来代表上面的文字表述。

数值型数据是用定比尺度、定距尺度计量、测量的结果,用以说明事物的数量特征。如人的年龄 20 岁、企业的人数 500 人、企业的产值 1 300 万元、地区生产总值 2 367 亿元等。数值型数据表现为具体的数值,这也是统计学研究中运用最多的数据类型。

(二)截面数据、时间序列数据和平行数据

统计数据按照被描述的对象与时间的关系划分,可分为截面数据、时间序列数据和平行数据。

截面数据描述的是事物在某一时刻、时点或时期上的数据。例如,上年度某行业中 30 个企业的产值数据(见表 1-1),上学期期末某班学生的统计学成绩,等等。

表 1-1　企业产值　　　　单位:万元

企业编号	产值	企业编号	产值	企业编号	产值
1	9 353.32	12	7 364.18	23	10 505.30
2	5 050.40	13	9 249.13	24	2 741.90
3	13 709.50	14	5 500.25	25	4 741.31
4	5 733.35	15	25 965.91	26	342.19
5	6 091.12	16	15 012.46	27	5 465.79
6	11 023.49	17	9 230.68	28	2 702.40
7	5 284.69	18	9 200.00	29	783.61
8	7 065.00	19	31 084.40	30	889.20
9	12 188.85	20	5 955.65		
10	25 741.15	21	1 223.28		
11	18 780.44	22	4 122.51		

时间序列数据是在不同时间收集的数据，用以描述现象依时间而变化的情况。例如，某企业2000年至2018年各年度的销售收入，北京市某企业2013年至2018年产值数据（见表1-2），等等。

表1-2 企业产值 单位：万元

年 份	2013	2014	2015	2016	2017	2018
××企业	4 330.40	5 023.77	6 060.28	6 886.31	7 870.28	9 353.32

平行数据则是截面数据与时间序列数据的组合，即描述多个单位在某一方面依时而变化的情况。例如，各企业近几年的产值水平（见表1-3）就是一个平行数据。

表1-3 企业产值的平行数据

企业编号	产值（万元）					
	2013年	2014年	2015年	2016年	2017年	2018年
1	4 330.40	5 023.77	6 060.28	6 886.31	7 870.28	9 353.32
2	2 150.76	2 578.03	3 110.97	3 697.62	4 359.15	5 050.40
3	6 018.28	6 921.29	8 477.63	10 096.11	11 660.43	13 709.50
4	2 324.80	2 855.23	3 571.37	4 179.52	4 752.54	5 733.35
5	1 940.94	2 388.38	3 041.07	3 895.55	4 791.48	6 091.12
6	5 458.22	6 002.54	6 672.00	7 860.85	9 251.15	11 023.49
7	2 348.54	2 662.08	3 122.01	3 620.27	4 275.12	5 284.69
8	3 637.20	4 057.40	4 750.60	5 511.50	6 188.90	7 065.00
…	…	…	…	…	…	…

（三）观测数据与实验数据

按照统计数据的收集方法划分，可以将统计数据划分为观测数据和实验数据。其中，观测数据是指通过调查和现场观测而收集的数据，这类数据是在没有对事物进行控制的条件下得到的，反映社会、经济现象的数据大部分都是属于观测数据；而实验数据则是指通过实验，在控制一些影响实验结果的因素的情况下收集到的实验结果。

（四）初级资料和次级资料

对数据资料的收集可以从两个方面进行。一方面是收集未进行过任何加工整理的原始数据资料，称为初级资料，如进行街头拦访、进行社会调查或市场调查获得的数据资料。初级数据资料的收集通常采用的方法有访问法、观察法、报告法等，该数据具有较强的针对性与目的性，

数据是一手的资料,真实可信。另一方面是利用他人加工整理的资料。他人为其某一特定目的调查、整理后的资料称为次级资料或文案资料。次级资料的优点在于获取较为方便,成本相对较低;缺点在于它往往是为其他目的而收集的,因此,在使用时要注意次级资料的适用性,包括次级资料所属的时间、性质、统计范围和统计目的等。

三、统计规律

统计学是收集、分析、表述和解释数据的科学。从方法论的角度看,统计学提供了探索数据内在规律的一套方法。

收集初级资料时,通常是从个体入手进行调查或观察。而就一次的观察或实验而言,其结果往往是随机的,如一个人的寿命受众多因素的影响,是一个随机变量。但是,通过对大量现象的观察或重复进行多次相同的实验并获取大量的数据后,我们就可以利用统计方法找到其内在的数量上的规律性。

例如,在投掷硬币或掷骰子的游戏中,我们知道投掷一次硬币出现正面或反面,掷一次骰子出现的点数的结果都是随机的,完全是偶然的。但是经过数千次、数万次的实验后,我们会发现,投掷硬币得到正面或反面结果的频率基本上会稳定在 50% ,而掷骰子得到的各个点数结果的频率也基本上会稳定在 1/6 的水平上。这一结果就是通过大量数据得到的统计规律性。再如,女性的平均寿命高于男性;一定水平的基础上,收入水平越高,其食品支出占消费支出的比重相应越低;等等。这些均是通过对大量数据的观察得到的规律。

我们之所以可以通过大量的数据认识事物变化的规律性,是因为客观事物本身是必然性与偶然性的对立统一,必然性反映了事物的本质特征和规律,而偶然性则反映了事物之间具体表现上的差异。因为偶然性的存在,使得事物之间的表现存在差异,从而形成了各个事物之间表现形式上的千差万别;也正是因为其必然性的存在,才使得我们可以采用统计方法,通过去除大量数据所呈现的偶然性,找出隐含在统计数据中的内在的规律性。

第四节　经济管理实践中的统计——统计应用的领域之一

统计学作为一门横向学科,其方法论的性质、研究对象与特点决定了统计学的应用领域广泛而具体。从目前来看,统计学的理论与方法已被广泛应用到自然科学和社会经济科学的众多领域。如在工农业生产和商业活动方面，在社会学和政治学方面，在史学和考古学方面，在物理、化学和生物学方面，在天文地理方面，在交通运输和能源供应方面，在医学和保健方面，在教育和文化方面，在保险和社会福利方面，在自然科学和实验方面，等等。基本上各个领域都或多或少要用到统计工具。统计学的理论、方法与相关学科的结合，还形成了相关学科的统计学，如经济统计学、生物统计学、物理统计学等。可以说，当今时代，无论我们从事什么活动，大都已离不开数据，离不开统计学。即使对于一些复杂现象，我们一时可能难以掌握其变化规律，统计方法也未必是认识和处理问题的唯一途径，但它却可以帮助我们发现随机性中的必然性，探究隐藏在表面现象背后的规律性；它或许会给我们提供一些线索，引导我们把研究、分析活动深入下去。

在统计学的应用实践中，经济管理是统计方法得到较早应用和较多应用的一个领域。经济管理统计应用中既包括宏观领域的经济统计分析；也包括微观领域中的企业商务管理统计的应用，即管理统计学等。具体来说，可以有以下几个方面。

其一，统计方法在管理工作中的应用。在全球商务和经济环境中，有大量的统计信息是可利用的，成功的管理人员和决策制定者是那些能够理解信息并有效利用信息的人。而管理统计学正是运用统计方法，分析和解决企业经营和管理活动中遇到的各种信息。一般管理统计中研究的问题主要有：市场统计分析，产品试验设计，人员调度，成本预算，库存管理，生产控制与管理，风险防范，财务管理，等等。

其二，统计方法在会计工作中的应用。比如，会计师事务所要确定列支在客户资产负债表上的应收账款是否真实地反映了应收账款的实际金额。一般来说，应收账款的数量是庞大的，以至于查看和验证每一账户要花费太多的时间和费用。这时，就需要审计人员从账户中选择一部分账户作为样本，在审查样本账户的准确性后，得出有关列支在客户资产负债表上的应收账款的金额是否可以接受的结论。在这一过程中，选取样本、得出结论的过程就需要用到统计学的随机抽样方法和参数估计方法。

其三，统计方法在理财中的应用。理财顾问是目前一个新兴的职业，其主要职责是利用各种各样的统计信息来指导客户，根据客户的实际情况给出相应的投资建议。如在股票投资中，理财顾问要查询、阅览各种财务数据，包括股票的价格/盈余比率和股息率，通过对比单个股票和股票市场平均状况的信息并进行相应的统计分析，得出单个股票的价值是高估还是低估，给出客户买、卖或者持有股票的

建议等。

其四,统计方法在市场分析中的应用。随着电子技术的发展,超市、专卖店、百货商场等零售企业款台的电子扫描仪在收款的同时,也收集了市场调研所需要的各种数据。对这些数据进行分析,可以为商家提供消费者消费行为的基本特征与规律,也可以向制造商出售数据的统计摘要,从而帮助商家和制造商策划各种促销活动,如进行特价销售和对店内各种商品的陈列方式及位置进行重新布置等。此外,产品品牌经理可以查阅扫描资料和促销活动的统计资料,以获得对促销活动和销售额之间关系的更好理解。这类统计分析有助于为各类产品建立未来的市场战略。

其五,统计方法还可以在产品质量控制中发挥作用,用于监测生产过程的产出。

此外,还有经济学家常被要求对未来的经济或对未来经济的某一方面提供预测,他们在进行这种预测时,要使用各种统计信息。例如,在预测通货膨胀率时,经济学家要利用有关诸如生产价格指数、失业率、生产能力利用率等指标的统计信息,通过统计模型对通货膨胀率进行预测。

可以看到,统计学理论与方法是一种有用的、定量分析的工具,在社会、经济、自然等各领域的研究与实践活动中均具有重要的作用,今后还将发挥更加重要的作用。但是,我们同时也应该注意到,统计学不是万能的,不可能解决我们想要解决的所有问题。尤其应当指出的是,如果我们选用了错误的方法、角度或数据,则可能会得到错误的结论,误导我们的行为。而要正确运用统计方法,得到客观、正确的结论,需要解决好几个重要的问题:首先,使用统计方法的人对所研究的对象要有基本的、初步的认识,即定性认识;其次,要选择正确的统计方法,对可靠的数据进行分析;最后,要应用研究对象所在学科领域的专业知识,对统计分析的结果作出合理的解释和分析。

思考与练习

1. 统计学的研究对象是什么?
2. 统计学主要有哪些研究方法?
3. 举例说明统计数据的基本类型。
4. 统计学的产生和发展可分为哪几个阶段?

第二章　统计数据收集的方法与数据质量

第一节　统计数据的来源

统计学是收集、分析、表述和解释数据的科学。这些数据从哪里来？在日常生活与工作中，只要我们肯看，愿意去观察，就可以得到很多关于客观事物的数据；有时我们还可以通过各种渠道与途径，收集并看到各种数据资料。我们希望我们所得到的数据以及用于统计分析的数据是可靠的、高质量的数据。高质量的数据是人们的智慧和努力的结果，可以帮助我们客观地认识社会经济与自然现象，作出理性的选择；而质量低劣的数据则会误导我们，甚至使我们误入歧途。所以当别人给我们一些数据或者我们在使用别人的数据时，我们首先应该问的问题是：这些数据是从哪里来的？

从使用者的角度看，统计数据的来源主要有两种渠道：一是来源于直接调查与实验，即一手数据的来源，也称为直接来源；二是来源于别人调查、实验并经过整理后的数据，称为二手数据或间接来源，这也就是我们上一章所说的次级资料。从数据本身的来源看，其最初的来源都是直接的来源，只不过间接来源是别人在直接调查基础上获得的并经过加工整理之后的数据。

一、数据的间接来源

进行统计调查、通过科学实验收集数据，往往需要一定的条件。对于大多数人来说，不太可能面对所有的需求都采用直接调查的方法去收集数据，因而所使用的数据大多是二手数据，即主要使用的是现成的资料。

二手数据主要是公开出版或公开报道的数据，当然，有些是尚未公开出版的数据，这类数据的收集一般称作文案调查。文案调查通常按以下几个步骤进行。

第一，根据研究项目的内容判别所需资料的类型。例如，收集反映市场状况的数据，应根据研究目的确定是收集宏观数据还是微观数据，是收集动态的数据资料还是收集静态的数据资料,等等。

第二,寻找资料来源。二手资料的来源很多,最主要的是公开出版或公开报道的数据,如来自国家和地方的统计部门以及各种报刊媒介,如《中国统计年鉴》、《中国统计摘要》、《中国社会统计年鉴》、《中国工业经济统计年鉴》、《中国农村统计年鉴》、《中国人口统计年鉴》、《中国市场统计年鉴》以及各省、市、地区的统计年鉴等。此外,关于世界各国的统计数据有联合国有关部门、机构和各国出版的统计数据等。当然,除了公开出版的统计数据外,还可以通过其他渠道使用一些尚未公开的统计数据,以及广泛分布在各种报纸、杂志、图书、广播、电视传媒、网络、历史文献及著作中的各种数据资料。

第三,对次级资料的查找。在查找所需的资料时,可以采取与调查研究项目有关的著作、论文末尾所列的参考文献目录进行追踪查找,也可以利用检索工具(目录、索引和文摘)进行查找。

第四,对查找的数据、资料进行加工、整理和补充。对使用者来说,利用二手数据的优点在于获取资料较为方便、容易,调查费用低。但应当注意,二手数据资料是为其他目的收集的,因此,在用于某一特定目的时,往往在时间上、资料的完整性上具有一定的局限性,其数据统计口径与计算方法可能不一定能满足要求,需要进行相应的调整,力求避免统计数据的误用。

二、数据的直接来源

收集一手数据资料是统计活动的重要任务,数据的直接来源主要有两个渠道:一是统计调查或观察,二是基于实验设计基础上的实验。

(一)统计调查方式

统计调查是取得统计数据的主要来源,也是获得直接统计数据的重要手段。统计实践中最主要的调查方式是普查(也称全面调查)和抽样调查。

1. 普查。普查是专门组织的、一次性的全面调查,主要用来收集某一时点或一定时期内现象的总量资料。普查可以取得被研究事物总体的全面情况。

从宏观上看,通过普查,可以摸清一个国家的国情和国力,了解到一个国家的人力资源和物质资源的现状及利用情况,这对于国家作出重大决策,制定政策、计划及进行经济与社会发展的长远规划都不可缺少。从微观上看,普查也可用于某些小范围的市场调查,如对市场上某种产品的供应、销售及库存情况的全面调查。

普查作为获取全面资料的有效途径之一，至今仍然保持着特殊的地位，许多国家都把普查明确规定为一项制度，每隔一定时期就进行一次。普查比任何其他调查方式所收集的资料都更全面、更系统，但普查工作牵涉面广、工作量大，需要较多的人力、物力、财力，单独的研究机构无力承担。从准备调查方案、设计表格、试点、培训普查员，到实施调查以及后续的资料整理和分析，需要较长的时间。另外，大量的社会经济问题研究并不总是需要通过普查来收集数据资料，如果全都用普查，势必得不偿失。

2. 抽样调查。抽样调查是实际工作中应用最广泛的一种调查方式。它是在调查对象的总体中，按照一定的原则，抽取部分单位作为样本进行调查。按照抽选的原则划分，抽样调查可分为主观选择样本的主观抽样调查方式和按随机原则抽取样本的概率抽样调查方式。

(1) 主观抽样调查。主观抽样调查是指研究人员主观上有意识地选择样本进行收集数据的方式。常用的调查方式有典型调查、重点调查、配额抽样调查等。

典型调查是根据调查的目的，在对研究对象进行全面分析的基础上，有意识地选出少数具有代表性或具有典型意义的单位，进行深入细致调查的一种调查方式。典型调查的作用在于：第一，可以对经济管理中的新生事物或典型事例进行深入分析，也可以作为其他统计调查的补充；第二，在一定条件下，可以检查普查数据的真实性等。

重点调查是在调查对象中只选择少数重点单位进行调查。所谓重点单位，是指那些在所要观察的数量方面，其数值在所有单位中具有举足轻重地位的单位。组织重点调查的重要问题是确定重点单位，重点单位选多选少，要根据调查任务确定。一般来说，选出的单位要尽可能少些，而这些单位又能反映总体的一般情况。这些被选中的单位能提供较为可靠的数据，达到重点调查的目的。

除了上述典型调查和重点调查，在市场调查和民意调查中，通常采用的是配额抽样调查，即预先要求各种类型的调查对象在整个样本中占有一定的比例，但具体抽选哪些具体的样本单位，可以主观选取。

总体上看，主观抽样调查由于抽样简便，费用节约，有很大的实用价值。但这种抽样调查在很大程度上依赖于主观判断，无法避免由于主观判断产生的偏误，而且，这种偏误无法客观计算。

(2) 概率抽样调查。概率抽样调查是按照随机原则在调查对象中抽取样本，进而收集数据资料的方式，概率抽样的具体做法见本书第五章第二节。该方式排除了主观上有意识地抽取样本的做法，也就是说，被抽中的单位不取决于研究人员的意愿，而是依赖于客观的机会——概率。当然,根据抽样的设计方案,各总体单位被抽中的概率应是已知的。这种抽样调查方式的优点是,根据概率论的原理,可以用一定的概率把误差控制在规定的范围之内,也就是说,可以在一定的置信度下用样本推断总体。

(二)实验设计方式

科学实验是进行科学研究的重要手段,它在许多学科中都有积极作用。科技成果的取得需要科学实验;科学理论的产生不仅来源于生产实践、社会实践,也来自于科学实验研究。而科学实验离不开科学的统计实验设计,统计实验设计是产生数据的计划,是为了获取科学实验的各种数据, 以便于用统计方法对实验的结果进行分析,从而发现人们感兴趣的因素对实验结果的影响程度而采取的相应的措施。

实验设计一般包括五个相互关联的环节:一是根据实验的目的,设计实验方案,以保证每一个非被实验因素对被实验因素的作用相同,以突出被实验因素的效应,合理优化实验的次数;二是方案的实施;三是对实验结果进行测量,取得实验数据资料;四是运用统计方法,对实验数据进行分析,形成相应的结论; 五是根据数据分析的结果,得出实验的结论。

第二节　数据收集的方法

不论采取什么调查方式,在取得统计数据时,都有一些具体的数据收集方法。常用的数据收集的方法有访问法、报告法和观察法等。

一、访问法

访问法是按所拟调查事项,有计划地通过访谈、询问的方式向被调查者提出问题,通过他们的回答来获得有关数据的方法。在实际调查中,访问法有以下几种表现形式。

(一)面谈访问

面谈访问是调查者根据调查提纲直接访问被调查者,当面询问有关问题的一种调查方法,它是一种使用频率非常高的方法。如采用街头拦访的方式,对消费者商品需求、购物习惯等方面进行问卷调查,获取数据。这种方法由于有访员与被调查者直接沟通,收集到的数据真实性比较强,调查表的回收率相对比较高。但直接询问的成本较高,调查结果要受到调查人员素质和工作态度的影响。

(二)电话访问

电话访问是由调查人员根据事先确定的抽样原则抽取样本,通过电话向被调查者询问,以收集有关数据的一种调查方法。电话调查的优点是时间短、速度快,节省经费,覆盖面广,可以对任何有电话的地区、单位和个人进行调查;缺点是:被调查者只限于有电话和能通电话者,电话提问受到时间的限制,问题数量不宜过多,与被调查者的沟通不如面谈,也不能出示调查说明、照片、图表等背景资料。

(三)电脑辅助调查

随着现代通信技术的发展特别是电脑的广泛应用,不仅调查的数据可由计算机来完成,甚至整个调查过程包括问卷设计、样本设计、具体调查、数据处理等都可以由电脑控制和完成。电脑辅助调查是指在进行电话调查时,调查问卷和答案都由计算机显示,整个调查过程包括电话拨号、调查记录、数据处理等也都借助于计算机来完成。目前电脑辅助调查已经在我国部分城市得到了较好的应用,并已经开发使用了电脑辅助电话调查系统,即 CATI 系统。该系统使电话调查更加便利,也使调查的质量和效率大大提高。

(四)座谈会法

座谈会法也称集体访谈法,它是将一组被调查者集中在调查现场,采用座谈会的方式针对调查的主题发表意见,从而获取数据、信息的方法。这种方式通常是围绕研究主题,以一种比较自由的方式进行讨论。座谈会的方式决定了参加会议的人数不能太多,通常在 10 人以下;讨论的方式多种多样,目的是获取想要得到的看法和建议。具体方式主要取决于会议组织者的习惯和偏好。

(五)个别深访

个别深访即深度访问,是一种一次只有一名受访者参加的特殊的定性研究,调查人员需要运用大量的追问技巧,尽可能让受访者自由发挥,表达他的想法和感受。目的是要不断深入受访者的思想当中,挖掘出表象、观点背后的东西和动机。个别深访适用于研究较敏感、较隐秘,不宜进行小组讨论的问题。

二、报告法

报告法是由报告单位根据原始记录和核算资料等,按照统一的表格和要求提供资料的方法。报告法具体的形式包括邮寄调查、日记调查、留置调查等。

（一）邮寄调查

邮寄调查是调查人员将设计好的调查问卷或表格邮寄给被调查者，要求被调查者填妥后寄回的一种调查方法。邮寄调查的优点是调查区域较广，调查成本较低，通过让被调查者采用匿名方式，可对某些敏感和隐私情况进行调查。其缺点是回收率相对比较低，信息反馈时间长，影响资料的实效性。邮寄调查在国外是一种普遍运用的调查方法，采用此法的关键是选择好邮寄调查的对象。

（二）日记调查

日记调查是指对连续调查的单位发放登记簿，由被调查者逐日逐项记录，再由调查人员定期加以整理、汇总的一种调查方法。例如，我国城市职工家计调查就是采用这种方法，由被调查户登记家庭生活费收支等情况。日记调查的优点是：能使调查者与被调查者双方建立长期联系，回收率较高；同时，由于每天记录，能比较详细、确切地反映被调查者的经济活动情况，便于资料在不同时空作各种对比。其缺点是登记、记账工作量很大，许多主、客观因素都会影响记账的连续性和准确性。为了克服这些缺点，在实际工作中，应采取思想工作和经济手段并重的做法，加强辅导和资料审核、汇总工作，必要时需要采用国际上比较流行的样本轮换办法。

（三）留置调查

留置调查是指调查者将调查问卷送交被调查者，说明调查意图和填写要求，由被调查者自行填写回答，再由调查者按约定日期收回的一种调查方法。留置调查是介于面谈和邮寄调查之间的一种方法，此法既可弥补当面提问受时间限制，因而被调查者考虑问题不成熟的缺点，又可克服邮寄调查回收率低的不足。它的缺点是调查地域、范围受到一定的限制，调查费用相对较高，调查时间也较长。

三、观察法

观察法是指调查者通过直接观察、跟踪和记录被调查者的情况来收集资料的一种调查方法。观察法不同于日常生活中的观察，它具有目的性、计划性和系统性，而且要求观察者对所观察到的事实作出实质性的结论。例如，在试销某种新产品时，观察消费者对该产品的反应，通过受过专门训练的观察人员和隐蔽的录像机，记录下有多少人走过售货架，多少人停下来，细心地观看、选择、购买或者又重新放回，他们的性别、年龄情况，都有些什么表情和动作等。如在集贸市场调查时，可对集贸市场上农副产品的上市量、成交量和成交价格等情况进行观察和记录。

观察法的最大优点是它的直观性和可靠性。它简便、易行、灵活性强，可随时随地进行调查。但若观察不够深入、具体，就只能说明事实的发生，而不能说明发生的原因和动机。此外，也有些调查无法采用观察法，如对历史资料的收集和对居民手持现金数量的调查等。采用观察法，调查时间较长，耗费人力、物力较多，因而受时间、空间和经费限制较大。

上述各种收集数据的方法都有各自的优缺点，而这些优缺点都是相对而言的。在实际工作中，由于调查目的不同，调查的侧重点不同，调查对象的具体情况也不同，需要对这些方法进行比较分析，择优选用切合实际的调查方法。

选择具体的方法时，需要综合比较各种方法的调查范围、调查对象的可控性、影响回答的因素、回收率、回答速度、回答质量和费用等，从而选择最适合的方法。

第三节　问卷的设计

一、问卷的概念和作用

问卷是现代调查中使用最为普遍的用于收集数据的一种表述调查项目的形式。掌握问卷设计技术，对于取得满足调查目的的资料具有十分重要的意义。

问卷是指按询问提纲及要求填选答案的调查表。问卷不但有利于调查内容的系统化、标准化，便于对所取得的数据进行统计处理和定量分析，而且还可以节省调查时间，提高工作效率。由于许多问题都已经给出可供选择的备选答案，易于被被调查者所接受，因而问卷调查已成为收集数据的重要手段。问卷设计是否科学、可行，在很大程度上决定了数据收集工作的成败和获取数据的质量。因此，设计一份科学、完善的问卷，是调查得以成功的重要保证。

采用问卷调查，可以使调查研究的内容规范化，包括提问和答案等内容和形式的标准化；也可以使调查研究程序化。调查问卷可以使调查访问按问卷规定的提问和回答次序进行，因而有利于调查的程序化。

二、问卷的基本内容与格式

一份完整的调查问卷通常包括以下内容。

第一，问卷的标题。问卷的标题要概括说明调查研究的主题，使被调查者对所要回答的问题有一个大致的了解。问卷的标题应简明扼要，要易于引起被调查者的兴趣。

第二，问卷说明(前言)。问卷说明是给被调查者的简短信函，一般写在问卷的首项或封面上，其主要内容包括：①自我介绍，即调查人员的身份说明；②说明调查的目的及重要性，以引起被调查者的重视与关注；③相关问题的承诺，如对被调查者的相关信息和观点承诺保密，以解除被调查者的顾虑；④请求合作并表示谢意。

第三，被调查者基本情况。这是指被调查者的一些主要特征，如性别、年龄、民族、文化程度、职业、所在地区等。其目的主要是：①考察样本单位的分布是否合理；②便于数据处理时的交叉分组，即反映不同人群的观点、状况，以便从调查中发现规律与存在的问题等。

第四，调查的主题内容。这是调查者所要了解的基本内容，也是调查问卷中最重要的部分。它主要是以提问的形式提供给被调查者。这部分内容设计的好坏，直接影响到整个调查的效果。

第五，编码。它是将问卷中的调查项目变成数字，用自然数给各种答案编上号码的工作过程，其目的是便于分类整理，易于进行计算机处理和统计分析。其作用主要是：①对没有明确数量化的研究对象起数量化的作用。例如，要了解被调查者对目前收入水平的满意程度，鉴于满意程度本身是一个模糊的概念，我们需要将其程度在调查中测量出来。为此，可以将可能的结果分为五种情况：很满意、满意、一般、不太满意、不满意，并用数字1,2,3,4,5作为其相应的编码。②对已经数量化的研究对象起归纳、分类的作用，等等。

第六，作业证明的记载。在调查问卷的最后，要附上调查员的姓名、访问日期、时间等信息。如果有必要和可能，还可加上被调查者的姓名、电话等，以便于进行审核和进一步追踪调查。

三、问卷设计中的询问技术

问题是问卷的核心，设计问卷时，必须仔细研究问题的类型和提问的方法。

(一)问题的主要类型及询问方式

我们可以从不同的角度对问卷问题进行分类。

1. 根据所提问题性质的不同，可将问题分为直接性问题、间接性问题和假设性问题。

对于像性别、对某问题的一般性看法与建议这一类被调查者不敏感、一般也不会有顾忌的问题，可采用直接提问的方式。

对于可能涉及个人秘密或隐私等被调查者不愿意直接回答的问题,询问时可采用间接提问方式。如有关收入的问题,如果直接提问,会有很多人不愿意回答或即使回答也不会是真实的数据。这时,可以将收入分为若干组,由被调查者选择自己相应状况的组别即可;或直接问其家庭食品支出占消费支出的大概比重,由此推断其收入水平的高低类别。

对于涉及被调查者对某些问题的看法、立场或对未来的想法、期盼、建议等类似的问题,询问时可采用假设性提问方式。例如,若想了解消费者在消费行为方面的想法,可以提问:“如果在购买汽车和住房中您只能而且必须选择一种,您可能选择哪一种?”

2. 根据对问题的作答方式不同,问卷中的问题可分为开放性问题、封闭性问题等。

所谓开放性问题,是指问卷中的问题不列出所有可能的答案选项,而由被调查者自由作答。例如,“您对进一步改进统计学教学方法有何建议?”开放性问题的优点主要在于被调查者可以充分自由地按自己的想法与方式回答问题和发表意见,不受问卷设计者的干扰,也不受问卷中有限的选项的限制,有利于充分发挥被调查者的主动性和想象力。因此,开放性问题所得到的资料往往比较丰富、具体,且信息量大,特别适合于询问那些潜在的答案有很多,或者答案比较复杂,或者尚未弄清各种可能答案的问题。尤其是想要探求建设性的意见和建议时,可采用开放性的问题。当然,对于开放性问题,由于回答者提供答案的想法和角度不同,语言表述方式、特点不同,在对答案进行统计处理和分析时,工作量相对较大;同时,还可能因为分析者不能完全理解回答者的意思而导致调查结果出现偏差。此外,由于时间相对较紧或缺乏思考、事先没有准备等原因,被调查者往往会放弃回答或答非所问,使问卷的回收率(包括单题回收率)和有效率降低。因此,问卷设计中,开放性问题不宜过多。

所谓封闭性问题,是指在所提问题即题干的后面,列出事先设计好的所有可能的几种答案,由被调查者根据自己的具体情况从中选定相应的答案作为回答。

例如:

您的家庭目前收支情况总体上是(　　)。

A. 有较多的节余　　B. 略有节余

C. 收支基本平衡　　D. 入不敷出

封闭性问题由于答案标准化,回答会很方便,也易于进行各种统计处理和分析,有利于提高问卷的回收率和有效率。当然,设置封闭性的问题,要求所有选项是完备的,且各个选项之间应该是互斥的,否则,一旦设计有缺陷,如被调查者还有其他在答案中没有涉及的想法与情况,却只能在规定的范围内选择、回答,就可能无法正确回答问题,从而影响调查的质量。

为了避免封闭性问题可能存在的上述缺陷,设计答案选项时,可以将封闭性问题与开放性问题结合起来,形成半开放、半封闭性的问题,即主体选项是封闭性的,同时答案中另设计一个选项为"其他";当被调查者选择"其他"选项时,要求其进一步注明其内容。

例如:

您目前最迫切需要解决的问题是(　　)。

A. 购买住房　　B. 子女入学及教育

C. 提高收入　　D. 医疗保障

E. 就业　　F. 带薪休假

G. 其他(请写出)________

3. 根据所提问题内容的不同,问卷中的问题可分为事实性问题、行为性问题、动机性问题和态度性问题。

所谓事实性问题,是指问卷中的问题要求被调查者回答一些相关事实,其主要目的是为了获得反映客观实际的资料。因此,问题的含义必须清楚,要使被调查者容易理解并易于回答。通常,一份问卷的开头或结尾都要求回答被调查者的个人信息资料,如职业、性别、年龄、家庭状况、教育程度等,这些问题均为事实性问题。

行为性问题用于对被调查者的行为活动进行调查。

例如:

以下社区文化设施中,您最经常去的是(　　)(限选三项)。

A. 图书馆　　B. 文化站

C. 社区文化室　　D. 文化广场

E. 影剧院　　F. 博物馆

G. 健身运动场所　　H. 其他(请注明)________

设置动机性问题的目的是为了了解被调查者行为的原因或动机。应特别注意的是,在提出动机性问题时,应注意人们的行为既可以是由有意识的动机,也可以是由半意识动机或无意识动机产生的。对于前者,被调查者有时会因为种种原因不愿意真实回答;对于后两者,因为回答者对自己的动机往往不十分清楚,也会造成回答困难,并影响回答的有效性。

设置态度性问题的目的是为了了解被调查者对某一事物的态度、评价、意见等。例如,调查对统计学课程的态度时提出的"你是否喜欢学习统计学课程?”这一问题,就是态度性的问题。

问卷中的提问方式可分为各种不同的类型,在实际应用中,应针对各类问题的特点,恰当地选择使用。当然,几种类型的问题也经常是结合使用的,如前面的提到的半开放、半封闭性的结构性问题。同样,事实性问题除采取直接提问的方式以外,对于回答者不愿意回答的问题,也可以选择间接性的提问方式。

(二)设计问句时应注意的几个问题

对问句的设计,尤其是封闭性问题问句的设计,总体要求是:问卷中的问句表达要简明、生动,要注意概念的准确性,避免提一些似是而非、模模糊糊的问题。具体包括以下几点。

1. 避免提笼统、抽象的问题。对于一般的普通被调查者,避免提出过于专业化的问题,这样的问题容易造成理解上的困难,不易回答,且有时对实际调查工作无指导意义。例如,“您对×××超市的印象如何?”,这样的问题过于笼统,被调查者不容易把握提问者问的是对哪方面的印象,因而很难达到预期的效果。此问题的提出可具体一些,如:“您认为×××超市商品品种是否齐全?”“您认为×××超市营业时间是否恰当?”“您认为×××超市服务态度怎么样?”等。

2. 避免用不确切的词语,如“普通”“经常”以及一些形容词等。这些词语不同的人会有不同的理解,在问卷设计中应尽量避免或少使用。

例如:“您是否经常到×××超市购物?”在回答这个问题时,被调查者不好把握“经常”的概念指的是1周至少1次、1个月至少1次还是每天1次;提问时,可改写为:“您上周到×××超市购物几次?”,或在“经常”后面注明“指每周至少1次”等语句。

3. 避免使用含糊不清的句子。例如:“您这次是出门旅游,还是休息?”,出门旅游本身就是休息的一种形式,它和休息并不是互斥的关系。如果改写为:“您在下个休息日是出门旅游,还是在家休息?”则会好些,不会让被调查者在词语方面感到不知所措。

4. 避免引导性的提问。如果提出的问题不是折中的,而是暗含着调查者的观点和见解,则结果可能会使回答者跟着这种倾向回答,这种提问就是引导性的提问。例如:“大家都认为×××是一个优秀的企业家,您的看法如何?”引导性的提问会导致两种不良的后果:一是被调查者不加思考就同意题干中暗示的结论;二是由于引导性问题的提出容易使被调查者心理上产生某种顺向效应或逆反心理,从而导致最终选择与心理感受不一致的结果。因此,这种提问在调查中一定要避免。

5. 避免提断定性的问题。例如:“您一天抽多少支烟?”“您认为产品质量不好最主要的原因是什么?”等。这种问题为断定性的问题,如果被调查者根本就不吸烟,或者认为产品质量很好,就会使其无法回答。正确的处理方法是给此问题加上一个过滤性的问题,即:“您抽烟吗?”,然后再问:“如果抽烟,您一天抽多少支烟?”。当然,也可以对过滤性的问题采用跳问的方式,即如果选择“抽烟”,直接跳问到“您一天抽多少支烟?”这个问题上。

6. 避免提出令被调查者感到难堪的属于个人忌讳或敏感的问题。如涉及各地风俗及民俗习惯中忌讳的问题,以及关系个人利害关系和个人隐私的问题等。

7. 避免提出复合问题。所谓复合问题,是指在一个问题中包含多个内容,如:“你对×××电视机的清晰度和色彩满意吗?”对于这样一个封闭性的问题,被调查者很多时候都无法选择:如果被调查者只对其中一个方面满意,那么他回答“是”或回答“否”都会有问题。为避免此种情况出现,设计问句时,要分离语句中的提问部分,使得一个问题只问一个要点。

四、封闭性问题答案的设计技术

答案设计也同样是问卷设计的重要组成部分,封闭性问题中的答案设计显得尤为重要,需要进行反复的、多方面的、周密而细致的推敲。总体上,答案选项设计的基本要求是穷尽、完备且互斥。所谓穷尽、完备,是指答案选项应包括所有可能出现的情况,不至于被调查者因为找不到合适的选项而放弃回答;而互斥则是要求各选项之间互不包容、互不重叠,否则可能会导致被调查者作出双重选择,影响调查效果。

答案选项设计的基本方法与要求如下。

(一)答案选项设计的基本方法

1. 二选一。这是指所提出的问题只有两种答案,这两种答案是对立的,被调查者只需要从两个选项中选取其中的一个即可,不可能有更多的选择。如:“您的性别是?”,此问题的答案只能是“男”或“女”;而“您是否看过×××节目?”,答案只能是“是”或“否”。这种方法的优点是:易于理解,可迅速得到明确的答案。但是,该类问题的信息量有限,所掌握的信息只是最表层的,因而只适用于较为简单的事实性的问题。

2. 多项选择。这是指所提出的问题事先预备好两个以上(不含两个)的答案选项,被调查者可在各选项中选择其中一项或几项。

例如:

您认为目前对北京城市环境威胁最大的因素主要有(　　)(限选三

项)。

A. 塑料包装等白色污染物　　B. 废电池等电子垃圾

C. 噪声污染　　D. 机动车污染物排放

E. 工地扬尘　　F. 水污染

G. 生活垃圾　　H. 其他(请注明)________

应该注意的是:

第一,由于所设答案选项不一定能表达出被调查者所有的看法,所以,在问题的最后通常可设"其他"选项,以便使被调查者表达自己的看法;

第二,多项选择中,由于选项较多,选项的顺序可能会影响被调查者的选择,从而使调查结果发生偏差,因而选项的顺序既可以随机排列,也可以按字数的多少顺序排列。

3. 排序法。这是指在列出的若干答案选项中,由被调查者按选项的重要性程度决定其先后顺序的方法。排序时,可以将全部选项排序列,也可只对其中最重要的几项(可事先确定项数)排序列。

例如:

您认为目前对北京城市环境威胁最大的因素是(　　)(请按程度大小顺序排列)。

A. 塑料包装等白色污染物　　B. 废电池等电子垃圾

C. 噪声污染　　D. 机动车污染物排放

E. 工地扬尘　　F. 水污染

G. 生活垃圾　　H. 其他(请注明)________

4. 两两比较法。这是把若干可比较的事物整理成两两对比的形式,要求被调查者进行比较并作出肯定回答的方法。

例如:

请比较下列每一对文化产业园区,哪一个是您更喜欢的?(每一对中只选一个划√)

A. □中国(怀柔)影视基地　　□798 艺术区

B. □798 艺术区　　□潘家园古玩艺术品交易园区

C. □潘家园古玩艺术品交易园区　　□宋庄原创艺术与卡通产业区

D. □宋庄原创艺术与卡通产业区　　□琉璃厂历史文化产业园区

E. □琉璃厂历史文化产业园区　　□北京(房山)历史文化旅游区

F. □北京(房山)历史文化旅游区　　□前门传统产业区

……

两两比较法适用于对质量和效用等问题作出评价,应用两两比较法时,要考虑被调查者对所要回答问题中的问题与项目是否比较熟悉,否则将会导致空项的发生。

(二)答案选项设计的要求

进行答案选项设计时,要力求避免问题与答案不一致,也就是说,所提问题与所设答案应做到一致,避免所答非所问。例如,下面这个问题设计的答案选项就出现了问题与答案不一致的现象,这会使被调查者的回答显得多余或出现矛盾的选择。

例如:

您经常看哪个栏目的电视节目?

A. 经济生活　　　　B. 道德观察

C. 新闻联播　　　　D. 其他(请注明)________

E. 经常看　　　　　F. 偶尔看

G. 根本不看

五、问卷的编排设计和要求

设计好问卷的询问方式和相应的答案后,下一项工作就是对问卷进行编排。对问卷所设计的问题进行编排时,一般需要考虑以下两个问题。

(一)问卷的顺序

在设计问卷时,要注意问题的排列顺序。问题排序的基本要求是使问卷条理清楚,顺理成章,便于被调查者的回答与合作,从而提高回答问题的效果。一般问题的编排顺序是:

1. 容易回答的问题放在前面,较难回答的问题放在中间,敏感性的问题放在后面。

2. 封闭性的问题放在前面,开放性的问题放在后面。这是由于封闭性的问题有现成的答案,较易回答;而开放性的问题需要被调查者花费一些时间考虑并填写,放在前面容易让人产生畏难情绪,从而不利于调查的顺利进行。

3. 要注意问题之间的逻辑顺序,如可按时间顺序、类别顺序等进行排列。

(二)问题的衔接

问卷中的各种问题应很好地衔接起来,使符合某种回答条件和不符合某种回答条件的被调查者均可快捷、方便地找到其应该回答的问题和选项。

例如:

“您家有汽车吗?”(　　)

A. 有☐　　如果有,您家的汽车是:(a)国产　(b)进口　(c)合资

B. 无□

有时，如果连续几个问题都适合于具有某种条件的被调查者，设计时可以采用跳答的方法来解决。例如：

Q11. 您看过《××导报》这份报纸吗？（　　）

A. 经常看　　B. 偶尔看　　C. 从没看过（跳转到 Q22）

Q12. 您对《××导报》的总体评价是（　　）。

A. 满意　　B. 一般　　C. 不满意

Q13. ……

第四节　统计数据的质量

一、统计数据的质量

统计活动的全过程都在与数据打交道，从数据的收集开始到后续的整理、分析，每一个环节都少不了数据。统计数据质量的控制，应该贯穿统计活动的所有过程，其中，以调查阶段的数据质量最为重要。

当我们面对一组统计数据时，往往首先要考虑的问题是这些数据是否准确，是否可靠？数据的准确性与可靠性是统计工作的生命，如果研究、分析、描述问题所依据的数据存在问题，那我们就不可能得到正确的结论。

评价数据质量的标准或对数据的基本要求是准确、及时、全面、系统。其中，对数据准确性的评价，往往可以从统计数据误差的角度进行。为使数据质量检查有一个定量的描述依据，我们把统计数据质量的准确性解释为获得的观察值与客观现象实际数量水平之间的离差。离差大，说明数据的准确性即数据的质量较差；离差小，说明数据的准确性即数据的质量较好。

二、统计数据的误差

在进行数据观测与计量的过程中，很多因素都会造成误差。总体看，统计数据的误差包括抽样误差和非抽样误差两大类。

（一）抽样误差

利用概率抽样调查收集样本数据的主要目的，是为了对总体特征进行估计与推断，但是，由于样本是随机抽取的，因此，抽中不同的样本，就会有不同的样本估计值。即使所收集的样本数据完全正确可靠，它和总体真值之间也往往会存在差异，这种差异是由样本对总体的代表性所导致的，所以称为抽样误差。例如，对市场上某品牌产品进行质量抽检，抽检方法采用的是以随机抽样的方式从市场上所有该品牌产品中抽取，在不存在检测错误的情况下，假设得到的样本的产品合格率为96%，这并不代表该品牌产品的总体合格率就是96%，一般来说，我们认为可能是96%左右。因为如果再抽取一次，抽检的产品和上一次不会完全一样，其合格率未必正好等于96%，可能是97%，也可能是95%。即正常情况下，样本合格率和总体合格率多多少少会有点差异，这一差异即抽样误差。抽样误差并非是工作错误导致的误差。

如果我们用μ表示总体的均值，随机抽样得到样本的均值为$\bar{x}$，则$\bar{x}-\mu$就定义为抽样误差。在实际的抽样中，由于总体均值μ是未知的，因而实际的抽样误差$\bar{x}-\mu$也是无法知道的。但是，根据抽样原理，我们可以计算出所有可能样本均值与总体均值之间的平均离差程度，我们称其为抽样平均误差。由于抽样误差有正有负，相互抵消后其平均数为零，所以，我们采用计算标准差的方法来计算平均误差，并因而称其为抽样标准误差（后面简称为抽样误差），其定义用公式表示，则为$\sqrt{E(\bar{x}-\mu)^2}$。它可以根据不同的抽样方法的公式计算，抽样标准误差越小，说明该抽样方案的精度越高。抽样标准误差是用来以一定的概率控制抽样误差的重要工具。

一般在公布抽样调查的结果时，要说明抽样误差的大小，不管是以比例、均值还是其他形式。抽样误差将告诉我们，样本估计值离总体的实际值可能有多远，其具体计算我们将在后面的章节中加以介绍。

（二）非抽样误差

在实际的数据观测与计量中，除了由于样本的随机性导致的代表性的抽样误差外，还会有由于其他因素产生的误差，如有的来自于调查员的疏忽，记录出错；有的来自被调查者有意或无意的虚报或瞒报；也有的来自指标设计、问卷设计中存在的问题，导致被调查者对问题的错误理解；等等。这些误差统称为非抽样误差或偏差。实际工作中几种比较典型的导致非抽样误差的因素主要有以下两点。

1. 未响应导致的误差，也称为无回答误差。未响应误差是指在调查中被抽中的调查者拒绝回答所提出的问题而导致的误差。无回答一般有两种情况：一是有意无回答，二是无意无回答。对于后者，我们用其他样本单元的数据替代即可，不会导致显著的偏差；而前者即有意无回答则可能会导致总体数据估计的偏差。有意无回答现象对总体数据估计推断可能产生的影响有：

第一，由于无回答而使有效的样本量减少，从而使抽样误差增大，达不到原抽样设计时调查精度的要求。样本量的大小会直接影响到抽样误差，这将在后面的章节中加以介绍。

第二，由于无回答而带来估计量的偏误，而且这种偏误并不会由于样本量的增大而减少。无回答偏差的产生主要来自于回答的人与无回答人之间态度或标志值的差异，因此，偏差的大小就取决于回答者和无回答者之间对问题看法的差别和无回答的问卷在问卷中的比例。

例如，某单位对其职工的年个人收入（包括在本单位内及本单位外的全部收入）进行调查，假设抽取了 100 人进行了调查，调查时这 100 人均在单位，但只有 80 人回答了该问题，计算结果是其年平均收入为 144 870元，如果没有作答的 20 人与这 80 人的水平相近，则 144 870 元就可作为推断全部职工个人年平均收入的数据。但是，随后的进一步调查发现，没有作答的 20 人大多数都在外有兼职收入，计算起来，这 20 人的个人年平均收入为 162 800 元，这样，被抽中的 100 人的平均收入就应为 $(144\ 870\times80+162\ 800\times20)/100=148\ 456$ 元，高于 80 人的平均水平 144 870元。

再例如，假定我们计划调查 1 200 人，却只有 1 000 人接受了调查，这意味着我们缺少了 200 人的数据。在 1 000 个我们调查的响应者中，我们发现 600 即 60% 的人赞成某事物而其余人反对。如果我们假定另外 200 人也赞成，那么在 1 200 人中就有 800 人赞成，比例为 67%。但另一方面，如果我们假定那 200 人反对，那么 1 200 人中只有 600 人赞成，比例为 50%。因此，仅仅由于未响应误差，观测样本中 60% 的赞成比例便有可能实际上只是 50% 和 67% 之间的一个随机数，这就可能给我们研究结论造成很大的影响。

实际调查时，对调查者、研究者来说，高拒绝率是一个很大的问题。对于拒绝回答问题的人，我们要分析是什么使得被调查者有了不响应和响应的区别？相对于响应者来说，未响应者是富有的还是贫穷的？保守的还是自由的？有影响力的还是缺乏影响力的？如果他们响应的话，他们的回答会对结果有怎样的影响？

一些经验表明，在大部分情况下，未响应者和响应者并无多大的差别。如果我们开始时有一个高的响应率，那么就可假定未响应者也依同样的比例作出回答。但是，如果响应率很低，那么不响应的影响可能就会很大。

2. 抽样框导致的误差。所谓抽样框，就是在抽样时，用以从中抽取样本单位的包括全部总体单位的一个名单或框架。抽样框的形式可以是全部总体单位的名单，也可以是其他的形式（如地图），甚至可以是一个概念。比如,如果想了解观众对新上映的大片的评价,但我们找不到所有观看影片的观众名单,也用不了地图,这时,抽样框应定义为该电影上映期间观看该影片的观众。这就是一个概念框。

根据研究目的所确定的理想总体称为目标总体,抽样框所代表的总体通常称为抽样总体。理论上讲,这两个总体应该是一致的。然而,实际调查中,我们会发现,与目标总体完全一致的抽样总体经常找不到,或者说,要取得这样的抽样框,需要过多的无法承受的人力、物力和财力。这时,我们通常只能用一个接近目标总体并且容易取得和便于操作的抽样框来代替。由于样本是从抽样框中抽取出来的,因而用样本的数据进行推断的应该是抽样框所代表的总体的数据,和目标总体的数据多少会有一定的差距,即误差。我们把由于抽样框与目标总体不一致而导致的误差称为抽样框误差,它是偏差的一种。

由于抽样框导致的调查偏差甚至调查失败,最典型的例子被称为抽样中的泰坦尼克事件,它就是1936年美国总统竞选时《文学摘要》杂志所做的民意测验。《文学摘要》是美国一家著名的杂志社,为了预测1936年美国总统竞选的结果,该杂志社发出近1 000万张问卷,调查共和党候选人兰登和民主党候选人罗斯福谁将获胜。这项调查的样本量应该说足够多,但调查结果却和实际的选举结果完全相反。该调查数据与选举结果的数据见表2-1。

表2-1　民意测验的调查结果与实际选举结果

候选人	得票率的调查结果(%)	实际选举的得票率(%)
罗斯福	43	62
兰登	57	38

导致民意测验失败的原因之一,就是由于抽样框存在问题。因为该杂志社当时是以电话簿作为抽样框进行抽样,而当时电话并不普及,只有比较富有的人才装得起电话,其中较多的是共和党人,因而民意测验较多地反映了这部分人的意见;而实际选举中,共和党人只是其中的一部分而不是全部,这就势必会造成调查的误差。

抽样框与目标总体不一致有多种情况,最常见的是抽样框中丢失目标总体单位和包含非目标总体单位。丢失目标总体单位也即抽样框有遗漏,如果丢失的总体单位的数据与未丢失的总体单位数据之间有差异,就会在估计总体平均数据时产生偏差,这种偏差可能偏大,也可能偏小,但在估计总体总值时,往往由于丢失总体单位而使估计值偏低。至于包含非目标总体单位,当抽中这些单位时,可以加以鉴别并将其剔除,因而对估计总体均值的影响比较小；但在估计总体总值时，会由于总体单位数中包含了非目标总体单位而偏大。当然，也有的抽样框既丢失了部分目标总体单位，同时也包含了一些非目标总体单位。实际调查中，这种误差是经常存在的，需要引起我们的高度重视。

抽样误差与非抽样误差的性质不同，前者是一种代表性误差，在随机抽样中有时抽中偏小的单位，有时则抽中偏大的单位，因而这种误差没有系统性的方向。而且，随着样本量的增大，其抽样误差会由于相互抵消而缩小。而非抽样误差则不同，它往往有系统性，根据不同的情况会偏向于某一方向。例如，有些反映成绩的数据可能会普遍偏高，而另一些指标尤其是逆指标（即越小越高的指标）则普遍偏低。此外，非抽样误差不会因样本量的增大而减少。

三、统计数据质量的检查与要求

对统计数据质量的检查，主要有两大类方法：后验方法和抽样检查。

（一）后验方法

后验方法是在调查工作已经完成后，不用亲临调查现场，而是通过对数据进行逻辑关系分析和计算比较，以及将调查数据与独立来源的资料加以对比，以确定调查数据的质量。所谓逻辑关系分析，就是把调查数据与人们普遍接受的对现象某些特征或关系的看法进行比较，以判断有无矛盾的地方。如对人口普查数据，我们可以审查年龄和婚姻状况之间的逻辑关系，若年龄 15 岁的人，其婚姻状况为已婚，则该数据很可能有问题。当然，对有些数据需要进行相关的计算比较，如利用数据之间的平衡关系，看其是否平衡，以此分析数据的质量。此外，由于现象之间客观上存在一定的量值范围和比例关系，根据这种量值的范围和比例关系，可以规定检查的参照标准，从而检查数据误差的大小。如一般来说，收入水平越高，其食品支出所占的比重则应越低，据此，可以通过一定的标准来大致分析数据的质量。

使用后验方法检查数据质量，要注意其适用条件，因为后验方法常常要求所研究的现象变化具有某种规律性，对那些调查特征变化无常的统计活动，后验方法的效果不会很好。同时，后验方法仅适用于对最后调查结果的检查，不能用于单项数据误差的评估，因而对于改进调查过程中的数据收集方法作用不大。

（二）抽样检查

抽样检查是指在一次调查之后，在尽量短的时间内再从这些被调查单位中随机抽取一定数量的单位组成样本进行重新调查，将两次调查的结果进行比较,以分析调查数据的质量,并对所收集的数据进行修正。如在进行人口普查时,就是通过抽样调查的方式对普查数据进行质量评估和数据的修正。

通过抽样方法进行数据质量检查所得到的结论,是完全根据样本资料得出的,因此,不管有没有相关的统计数据可依,无论过去是否做过类似的调查,都不会影响已收集到的数据质量的评估。抽样检查数据质量应用灵活,适用于各种场合,也适用于调查数据中各部分的检查。但是也应该注意,进行抽样检查,必须是在一次调查之后不久就要进行,以免调查对象及调查环境已发生较大的变化而导致评估无效。同时,由于样本数据是检查的标准,因而样本数据的抽取、收集与核查,需要安排专业的统计人员进行。此外,样本单位的确定要考虑到随机性的要求,而且,在考虑预算费用约束的条件下,要保证有合理的样本量。

思考与练习

1. 数据的来源有哪些?它们各有什么特点?

2. 什么是抽样调查?它有什么特点?有哪几方面的优越性和作用?

3. 概率抽样调查、重点调查和典型调查这三种非全面调查的区别是什么?

4. 什么是统计调查方案?一个周密的调查方案应包括哪些内容?如何理解调查目的、调查对象、调查单位及调查项目之间的关系?

5. 形成调查误差的主要因素有哪些?如何提高数据的质量?

6. 某汽车公司想通过市场调查了解他们新推出的系列家用轿车投入市场的相关问题:该系列汽车的知名度,该系列汽车的市场占有率,用户对该系列汽车的评价及满意程度。

(1)请你设计出一份调查方案。

(2)你认为这项调查采取哪种调查方法较为合适?

第三章　数据的图表展示

数据收集的目的是使研究者能够透过数据，使所研究问题的内容变得更加清楚，并对其研究对象的本质有客观、深入的认识。但是，在实践中，我们通过调查或实验收集到的原始资料一般是杂乱无章的，很难直观地从中看出有意义的东西，特别是当数据规模比较大时，往往让人不知所措，更叫人难以消化，也无法进一步进行深入的统计分析与研究。因此，客观上要求对原始资料进行加工整理，以使其条理化、系统化，用一个精简的摘要来显示出其重要内容。当然，在整理及综合大量数据时，如果采用了不恰当或不适宜的方法，就会使事实受到扭曲，形成统计陷阱。如何对数据进行整理、综合和展示，这就是本章的主题。

第一节　定性数据的图表展示

一、统计分组

统计分组是根据事物内在的特点和调查研究任务的要求，按某种标志将所研究现象的总体划分为若干组成部分的一种统计方法。通过这种分组形式，将不同性质的现象分开，相同性质的现象归纳在一起，从而反映出被研究现象总体的本质差异和特征。这是数据整理中极其重要的一步。

统计分组的意义主要是：①划分现象的类型，并反映各类型组的数量特征；②按照某一标志将性质不同的单位进行分组，这样就可以计算出各组的数量在总体中所占的比重，以说明总体的内部结构；③通过分组，可以揭示现象与现象之间的依存关系。

对现象总体进行分组时，分组的标志可以是一个，也可以是几个。有时为了从不同侧面反映总体的特征，需要运用几个标志对数据进行分组，以形成一个完整的分组体系。数据的分组体系分为平行分组体系和复合分组体系两种不同的形式。

（一）平行分组体系

将数据按照一个标志进行分组，称为简单分组；将数据的几个简单分组平行排列形成的体系，构成平行分组体系。例如，根据人口普查数据资料，将全部人口按性别、民族、地区分别进行简单分组并平行排列，就是一个平行分组体系，其框架如表 3－1 所示。

表 3－1　平行分组体系

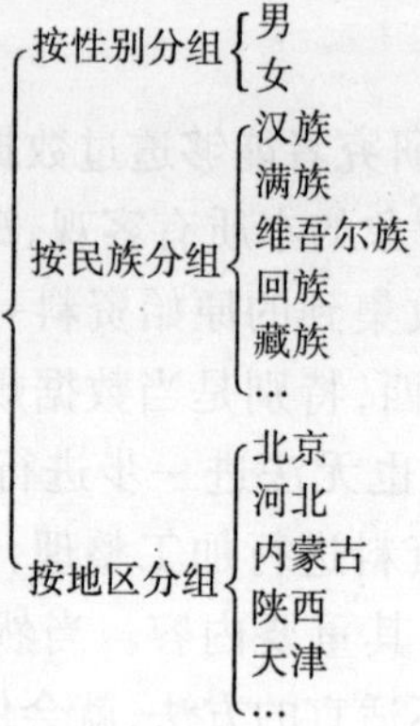

（二）复合分组体系

如果将数据同时按两个或两个以上的标志层叠起来分组，称为复合分组；由复合分组形成的分组体系，称为复合分组体系。上面的例子中，如果先按性别分组，然后在此基础上再按地区、民族等标志进行分组，即形成复合分组体系，见表 3－2。

表 3－2　复合分组体系

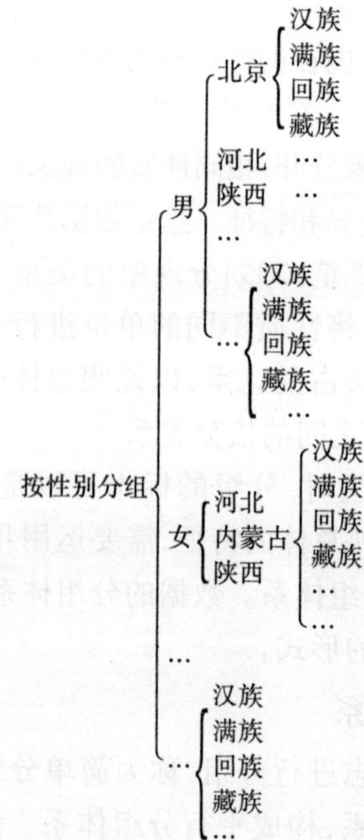

二、定性数据的频数分布表

定性数据包括分类数据和顺序数据。定性数据本身就是对事物的一种分组，因此，只要先把所有的类别都列出来，然后统计出每一类别的数据个数（即频数），就可以进一步形成分组列表，也称频数分布表。如将人口按性别分为男、女两组，并统计出其各自的频数；按经济类型将企业划分为国有企业、集体企业、私营企业、外商独资企业、中外合资企业；等等。

【例3－1】我们将2018年某地区城镇从业人员按其所在企业的登记注册类型分组，并进行统计，形成下面的频数分布表（见表3－3）。

表3－3 2018年某地区城镇从业人员按企业登记注册类型的频数分布表

企业按登记注册类型分类	从业人员数（万人）
国有单位	187.7
集体单位	14.9
联营单位	2.2
有限责任公司	194.8
股份有限公司	46.3
外商投资	72.7
港澳台商投资	33.4
私营企业	159.6
个体	65.1
其他	18.3
合计	795.0

【例3－2】某商店为了解消费者对商店各方面服务质量的满意度，特地进行了问卷调查，对每一方面的评价均分为满意（A）、比较满意（B）、一般（C）、不太满意（D）、不满意（E）几个级别。下面是调查员对随机抽到的50名顾客对商店服务员服务态度满意程度的看法（见表3－4）。

对此数据，我们可以用EXCEL生成频数分布表。其基本作表方法如下：

首先，需要将各类别用一个数字代码来表示，如满意用"1"，比较满意用"2"，一般用"3"，不太满意用"4"，不满意用"5"表示；其次，将满意程度替换成代码，并将其单独输入一列，作为接收区域。最后，在EXCEL【数据分析】选项对话框中选择【直方图】命令，然后在【直方图】对话框中的【输入区域】方框内输入数据的区域，在【接收区域】方框内输入代码区域，在【输出区域】的方框内输入结果输出的位置，所得到的频数分布如表3－5所示。

表3－4　顾客对商店服务员服务态度的满意程度

A	B	C	D	E
满意	满意	不太满意	满意	比较满意
比较满意	比较满意	一般	不太满意	满意
比较满意	满意	比较满意	一般	满意
满意	比较满意	比较满意	一般	一般
比较满意	一般	不太满意	不太满意	不太满意
比较满意	满意	比较满意	一般	满意
一般	不太满意	不太满意	一般	比较满意
比较满意	满意	不满意	一般	不太满意
满意	不太满意	一般	一般	不太满意
满意	比较满意	满意	比较满意	一般

表3－5　顾客满意度频数分布表

满意度	人数
满意	15
比较满意	14
一般	12
不太满意	8
不满意	1
合计	50

对原始数据资料进行整理，编制频数分布表是一种常用的方法。通过编制频数分布表，可以使统计资料得到大幅度的精简，从而使资料中蕴涵的信息能够集中、概括地显示出来。

通过频数分布表，我们可以了解不同类型数据的分布特征，例如，从例3－2中可以看到，顾客对该商店服务员的服务态度总体上是满意的，满意及比较满意的顾客共29人，只有9人表示不满意或不太满意。

三、定性数据的统计图示

用一张好的统计图观察数据的特征，会比用统计数据及数据的频数分布表更加形象和直观。一般适用于定性数据的统计图主要有条形图、帕累托图、饼图和环形图等。

(一)条形图与柱形图

条形图是用宽度相同的条形来表示数据多少的图形,主要用于观察不同类别数据的多少和进行各项信息的比较等。绘制条形图时,各类别可以放在纵轴上,也可以放在横轴上,没有尺度,只用来表示数据的类型和各项信息的名称;而相应各类数据的多少或指标的大小,则用条形图中的长方形的长度(或高度)来表示。

一般地,反映数据分布特征多用柱形图,而用数量观察各项信息的大小可以采用条形图。如果数据是对同一事物在若干不同时间点或段的度量,一般以横坐标表示时间,纵坐标表示数据的大小,即应当使用柱形图。

例如,表 3-5 中的数据可以用柱形图表示,见图 3-1。

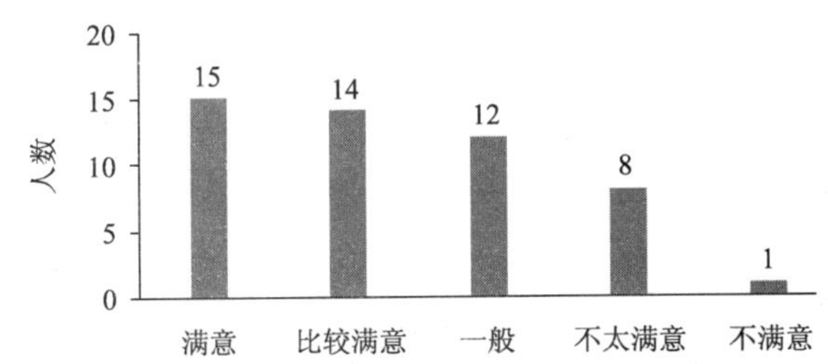

图 3-1 对服务员服务态度满意程度的柱形图

【例 3-3】2018 年某集团公司下属四个分公司的职工人数如表 3-6 所示。

表 3-6 某集团公司职工人数

分公司	甲	乙	丙	丁
人数(人)	263	420	580	380

我们用条形图显示上述数据的结果,见图 3-2。

(二)帕累托图

帕累托图是按各类别数据出现的频数的多少排序后绘制的条形图。通过对条形的排序,容易看出哪类数据出现的多,哪类数据出现的少。如例 3-3 中的数据可以用帕累托图表示,见图 3-3。

(三)饼图

饼图一般用来描述和表现各类数据或某一类数据占全部的百分比。

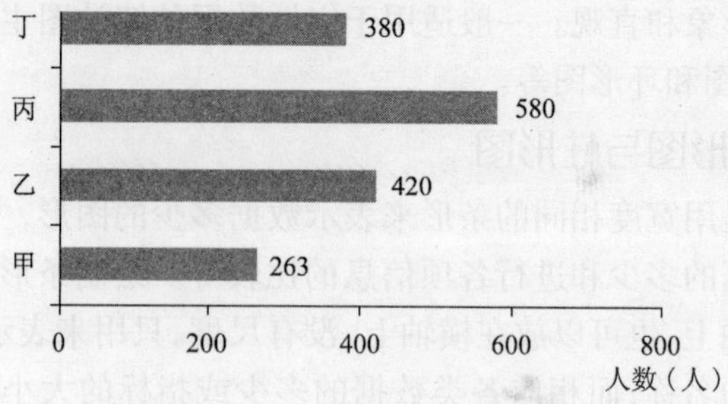

图 3－2　分公司职工人数条形图

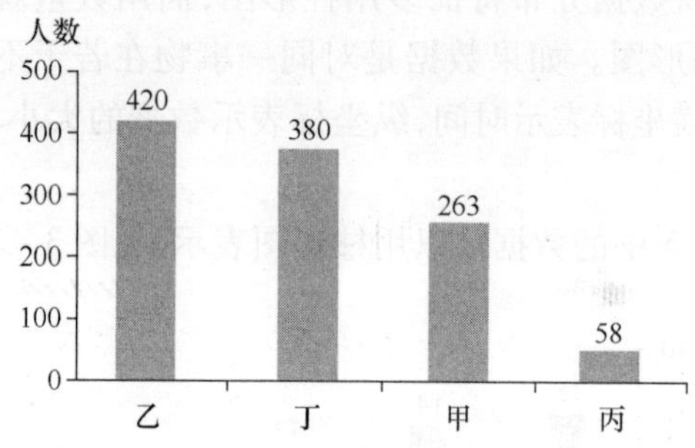

图 3－3　分公司职工人数帕累托图

如满意人数所占百分比、各分公司职工人数占总公司全部职工人数的比重、同一种产品各品牌的市场占有率等。饼图是用圆形及圆内扇形的角度来表示所有数据内部构成的图形，对于反映、研究结构性问题十分有用。如例 3－2 顾客对某商店服务员服务态度满意度构成的饼图如图 3－4 所示。

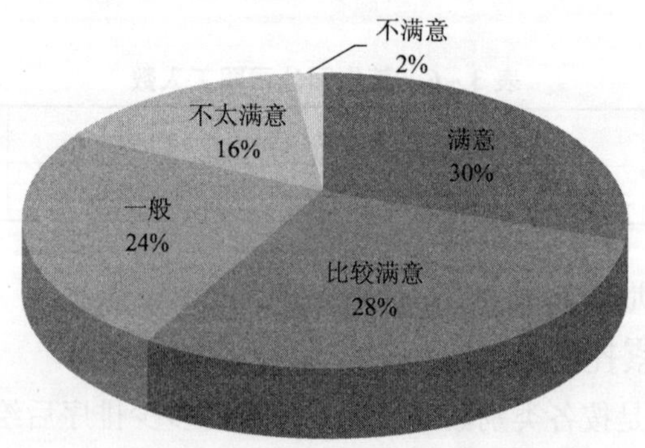

图 3－4　对服务员服务态度满意度的饼图

使用饼图时必须注意：①饼图中的分类数量最好不要太多；如果分类过多，一般是从这些分类中选择其中几个最重要的，然后把剩余的部分全部合并成一个，称做“其他”。②各类所占百分比之和必须是100%。③各类型数据所占百分比要与扇形区域的面积比例基本一致。

（四）环形图

饼图只能显示数据集合中各类数据所占的比例。比如，要反映某一地区（A）的50名居民对公共服务满意度的不同态度的构成状况，可以用饼图来表示；但如果要比较A地区、B地区、C地区、D地区等四地居民对公共服务满意度几种态度的构成差异，就需要绘制四个饼图，这种做法既不经济也不便于比较。为便于比较，我们可以把饼图叠在一起，挖去中间的部分，形成环形图。环形图与饼图类似，但又有区别。每个地区数据集合用一个环来表示，一个地区的每一类数据用环中的一段表示。因此，环形图可显示多个数据集合各部分所占的相应的比例，从而有利于对各数据集合构成的比较。

【例3－4】表3－7是A，B，C，D四个地区居民对公共服务的满意度构成的统计数据资料，要求绘制环形图比较四个地区的差异。

表3－7　各地区对公共服务满意度几种态度的构成（%）

满意度	地区			
	A	B	C	D
满意	30	28	18	15
比较满意	28	25	25	30
一般	24	24	26	24
不太满意	16	13	18	15
不满意	2	10	13	16

根据表3－7的数据，可以绘制环形图如图3－5所示。

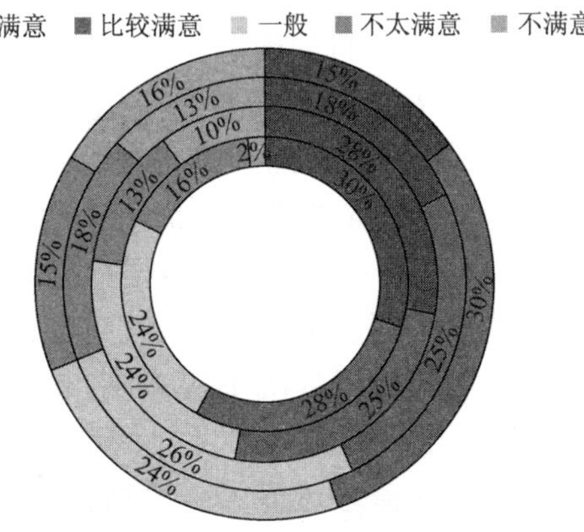

图3－5　四个地区居民对公共服务满意程度构成的环形图

图 3-5 中，从里向外的四个环分别是 A，B，C，D 四个地区的满意度构成。

第二节　定量数据的图表展示

一、定量数据的频数分布表

定性数据本身往往就是对事物的一种分组，在对其进行整理时，只需要进行统计计数即可。但定量数据（包括定距数据和定比数据）在生成频数分布表时，需要先将原始数据按照某种标准分成不同的组别，然后再统计出各组别的数据频数，形成频数分布表。下面结合具体的例子说明定量数据频数分布表的形成过程。

【例 3-5】假定有如图 3-6 所示的一组样本数据资料。

	C	D	E	F	G	H	I	J
1	87	65	89	85	77	94	69	97
2	68	95	96	50	63	88	91	90
3	93	79	74	65	74	89	83	51
4	94	67	92	92	93	70	87	86
5	86	54	62	76	86	73	86	70
6	112	110	108	102	100			

图 3-6　样本数据资料

对类似图 3-6 的定量数据的频数分布确定组别，需要三个步骤。①确定无重叠的组别数；②确定每一组别的宽度；③确定组别限制。

（一）确定组数

组数的确定即所分组的数目的确定。组数的确定方法有两种。一种是首先确定总体各单位在所选定的数量分组标志下的差别，有几种质的差别就分几组，要尽量保证组间数据资料的差异性与组内数据资料的同质性。例如，学生的考试成绩分为优、良、中、及格、不及格 5 种本质的差异，故可分 5 组。另一种方法是根据数据的多少、数据差异的大小来确定，一般数据越多，差异越大，组数就越多；而数据越少，差异越小，则组数就越少。划分的组数既不应太多，也不应太少。组数过多，达不到通过分组简单化数据资料的目的；组数太少，将造成分组后资料的还原能力差，丢失的信息过多。一般情况下，组数应以不低于 5 组、不高于 15 组为宜。例如，图 3-6 中的样本数据资料，我们根据经验先确定组数为 7 组。

(二)确定组距

组距就是组的宽度,是每组观察值的最大差,即每组观察值变化的范围它是组最大值与组最小值之差。对于分布均匀、没有特殊意义的数据,通常建议各组别的组距相同。这就是说,组数和组距的选择不是独立决定的,较多的组数意味着较小的组距;反之,较少的组数意味着较大的组距。在采取等组距分组的情况下,组距的确定方法为,首先找出数据的最大值和最小值,然后利用下面的公式近似地计算出组距:

$$组距 = \frac{最大值 - 最小值}{组数}$$

根据上式计算出来的组距可能带有小数,为了编表和计算方便,通常把它取成相对整的一个数,例如,在本例中,最大值是 112,最小值是 51,计算出(112 - 51) ÷7 =8.71,可以取 10 作为组距。

(三)确定组限

组限是组与组之间的界限,或者说是每组观察值变化的范围,组限包括上组限和下组限,其中各个组的起点值为下组限,终点值为上组限。位于各组中间的点称为组中值,它可以作为各组观察值一般水平的代表,但其代表性的高低,取决于组中数据变化是否呈均匀分布状态。

确定组限时,一般要求:①第 1 组的下限应小于或等于所有数据中的最小值,最后一组上限应大于或等于所有数据中的最大值。②组限值应尽量取整数,如 5 的整数倍、10 的整数倍等。本例中,我们确定第 1 组的下限为 50,最高一组的上限为 120。③对于连续型变量,相邻两组的组的上下限要重叠,避免出现遗漏的现象。这样,各组分别为:50 ~ 60,60 ~ 70,70 ~ 80,80 ~ 90,90 ~ 100,100 ~ 110,110 ~ 120 。在此基础上进行数据的统计,即可形成频数分布表,见表 3 - 8。

表 3 - 8　频数分布表

各组组别	组中值	频数	频率/%
50 ~ 60	55	6	10.91
60 ~ 70	65	7	12.73
70 ~ 80	75	11	20.00
80 ~ 90	85	13	23.64
90 ~ 100	95	13	23.64
100 ~ 110	105	3	5.45
110 ~ 120	115	2	3.64
合计	—	55	100.00

频数(频率)分布表通过各组观察值出现的频繁程度来反映数据的分布状况。在统计实践中,有时仅仅有频数或频率还不够,还需要说明大于或小于某一特定值的频数或频率是多少,这时,就需要在上面的频数(或频率)分布表的基础上进一步形成累积频数(或频率)分布表。累积频数(或频率)分布表包括向上累积和向下累积频数(或频率)分布表,本例中的累积频率分布表如表 3 - 9 所示。

表 3 - 9　累积频数(频率)分布表

各组组别	组中值	频数	频率/%	向上累计频率/%	向下累积频率/%
50 ~ 60	55	6	10.91	10.91	100.00
60 ~ 70	65	9	16.36	27.27	89.09
70 ~ 80	75	10	18.18	45.45	72.73
80 ~ 90	85	13	23.64	69.09	54.55
90 ~ 100	95	13	23.64	92.73	30.91
100 ~ 110	105	3	5.45	98.18	7.27
110 ~ 120	115	1	1.82	100.00	1.82
合计	—	55	100.00	—	—

由表 3 - 9 可以看出,80 以下的数据占 45.45%,70 以上的数据占 72.73%。

对定量数据,我们可以用 EXCEL 生成频数分布表。其基本做表方法如下:

第一,定义组限,确定接收区域,即单独输入一个数列,数列中每个单元格输入各组的上限,如 50 ~ 60 组,只需要输入 60;60 ~ 70 组,只需要输入 70 即可……

第二,在 EXCEL【数据分析】选项对话框中选择【直方图】命令,然后在【直方图】对话框中的【输入区域】方框内输入数据的区域,在【接收区域】方框内输入各组上限所在的区域,在【输出区域】的方框内输入结果输出的位置,点击"确定"即可完成。

对定量数据进行分组,要能够充分显示客观现象本身的状态。例如,如果知道所研究的现象通常服从钟形分布,那么编制的频数分布表也应该是靠近中间的频数比较多,而越往两头的组,其频数应该比较少。

二、定量数据的统计图示

上一节我们介绍了定性数据的图示方法,这些方法也都适用于定量数据。但定量数据还有一些特定的图示方法,它们并不适用于定性数据。

（一）直方图

定性变量的可能值相对较少，因而我们通常可以用饼图、柱图或条形图来表示数据的分布，但是像收入、产值、身高等定量变量的可能值太多，所以，要显示所有数据的分布，可以考虑直方图。

直方图是用于展示定量数据分布的一种常用图形，它是用矩形的宽度和高度来表示频数分布。通过直方图可以观察数据分布的大体形状，如分布是否对称。根据表 3－9 的数据，可以绘制直方图如图 3－7 所示。

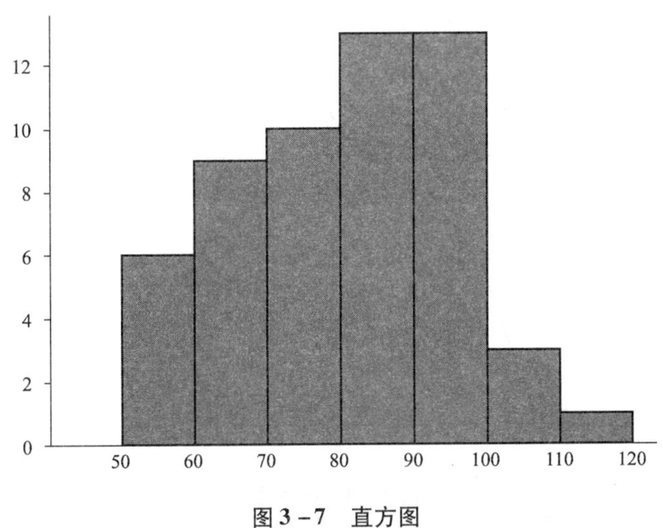

图 3－7 直方图

如果绘制直方图使用的是频数资料，这种直方图就是频数直方图；而若使用的是频率资料，该直方图则称为频率直方图。频率直方图中各个长方形的面积与全部面积之和的比等于各组的频率，频率直方图与频数直方图的形状完全一致。但是，如果频率直方图中长方形的高度小于 1 或 100%，对确定长方形高度的刻度比较有利。同时，频率相对比较稳定，进行直接比较时，不受样本容量大小的影响。

绘制直方图时需要注意的是，直方图是用于展示定量数据分布特征的工具，直方图中邻近的长方形是相互连接的；不像条形图，直方图在邻近组的长方形之间没有自然的间隔，这是直方图的一般规定。同时，与条形图不一样，条形图中的长方形的宽没有意义，而直方图中长方形的宽则表示各组的组距。一般的直方图中的长方形的宽相等，即各组的组距相同，但是，若为实现某种特殊目的而编制的频数分布表是不等组距的，各组频数或频率的大小与组距的长短有一定的关系，这时要想绘制直方图以真实地反映数据分布情况，需要将纵坐标改为频数（或频率）密度，即：

$$频数密度 = \frac{组频数}{该组组距}$$

(二)折线图

折线图又称为多边形图,它是把直方图中各长方形顶端的中点顺次用线段连接起来,得到的表示频数(或频率)分布情况的一种统计图。绘制直方图的准备工作是编制频数分布表,而绘制折线图的基础是直方图。有了直方图之后,只要把直方图各长方形顶端的中点标出来,然后用线段连接起来即可,见图3-8。

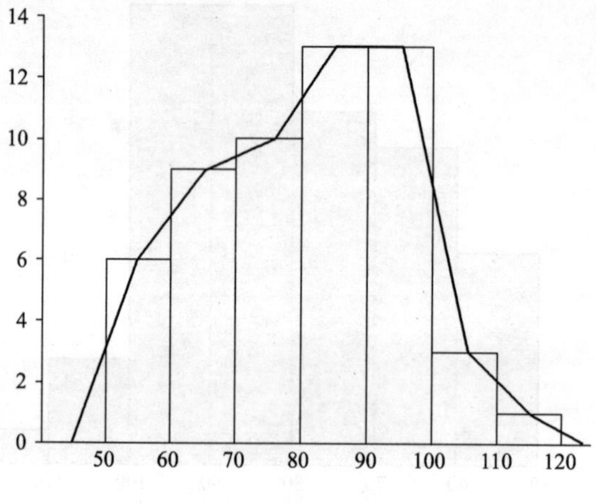

图3-8　折线图

绘制的折线图在描绘频数分布的轮廓和特征时,看上去比直方图更加简洁明了。尤其是在对截面资料进行多重比较时,用折线图会比直方图更加清晰。这可以从如图3-9所示的两个数据集合的数据分布折线图看出来。

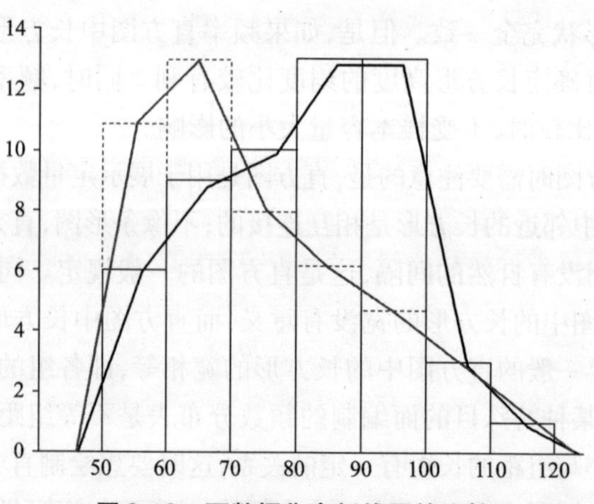

图3-9　两数据集合折线图的比较

从图 3 –9 可以看出,两个数据集合的分布有明显的差异,其中虚线基础上的折线图反映出数据主要集中在 60 ~ 70 之间,而实线直方图基础上的折线图反映出数据主要集中在 80 ~ 100 之间。进行比较时,折线图的对比功能显然要强于直方图。

(三)曲线图

统计实践中,有许多事物不但其自身是逐渐变化的,而且连其变化的速度也是逐渐变化的。折线图虽然展示了变量间变化的趋势,但是我们也不难发现,在各实心点处,数据的变化会发生突变。曲线图弥补了折线图的这一不足,它用一条光滑的曲线近似地描绘频数分布折线图,得到反映频数分布的曲线图。根据图 3 –8 绘制的曲线图见图3 –10。

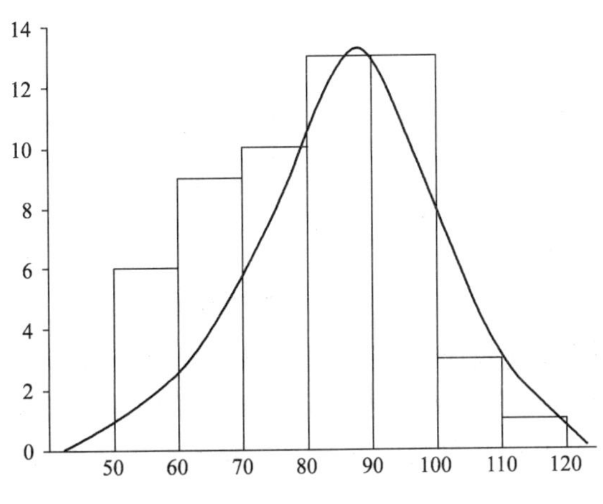

图 3 –10　曲线图

(四)茎叶图

所谓茎叶图,是指把每个观察数据划分为两个部分,并分别用茎或叶表示,然后把数据的茎按从小到大的顺序排列,再在每个茎的后面列出数据的叶的部分,由此所得到的图形称为茎叶图。

在统计数据的整理过程中,进行统计分组和编制频数分布表,绘制直方图、折线图和曲线图,是使用较普遍的传统方法。它在整理统计数据、提炼统计信息方面发挥着重要的作用。但是,上面这些图形在反映数据分布特征的同时,也存在着一定的局限,如当原始资料被整理成频数分布表、绘制直方图之后,就再也看不到原始数据资料的信息了,也就是说,它在反映分布特征的同时,缺乏数据资料的还原能力。

若根据分组之后的数据资料反映数据的分布特征,可以采用直方图、折线图和曲线图。但是,如果采用未经分组的、且数据较少的原始数

据反映数据的分布特征，则可以考虑采用茎叶图。

【例 3－6】已知下面 50 个数据（见图 3－11），要求绘制茎叶图。

59	73	87	65	89	85	77	94	69	97
56	80	68	95	96	50	63	88	91	90
96	92	93	79	74	65	74	89	83	51
74	79	94	67	102	92	100	108	87	86
54	87	86	112	62	76	86	110	86	70

图 3－11　已知数据

将这些数据绘制成茎叶图，如图 3－12 所示。

茎	叶
5	9 6 0 1 4
6	5 9 8 3 5 7 2
7	3 7 9 4 4 4 9 0 6
8	7 9 5 0 8 9 3 7 6 7 6 6 6
9	4 7 5 6 1 0 6 2 3 4 2
10	0 2 8
11	0 2

图 3－12　茎叶图

茎叶图的绘制比较简单，它的主要技巧是设计合适的茎，一旦茎确定下来，数据就固定在相应的各个组中，剩下的工作就是在每个观察值的茎的后面填补上数字剩余的部分。一般茎放在左边，叶放在右边，茎与叶之间隔开。

茎叶图的主要作用是可以反映未经分组数据的分布特征。例如，图 3－12显示出 80～89 的数据最多，而 110 以上的数据最少，表现出两头少、中间多的总体特征；若在图中用线将每个茎后的叶框上，就近似为横着的直方图了（见图 3－13）。当然，茎叶图除了可以反映数据的分布特征，还保留了原始的数据资料，这是直方图无法做到的。

茎	叶
5	9 6 0 1 4
6	5 9 8 3 5 7 2
7	3 7 9 4 4 4 9 0 6
8	7 9 5 0 8 9 3 7 6 7 6 6 6
9	4 7 5 6 1 0 6 2 3 4 2
10	0 2 8
11	0 2

图 3－13　茎叶图

利用 EXCEL 无法绘制出茎叶图。如果使用茎叶图，可以借助于

SPSS 软件。利用 SPSS 绘制茎叶图的做法如下：

首先，选择[Analyze]下拉菜单，并选择[Descriptive Statistics - Explore]选项，进入主对话框；其次，在主对话框中将变量选入[Variables]；最后，点击[Plots]，在对话框中选择[Stem - and - Leaf]，点击[Continue]回到主对话框后点击 OK 即可。

（五）箱线图

箱线图是由一组数据的最大值、最小值、中位数、两个四分位数等5个值绘制而成的。它用于表示一组数据的分布特征，反映数据分布是否对称、是否存在离群点等，同时还可以进行多组数据分布特征的比较，这也是箱线图最大的优点。

箱线图的绘制方法是：首先找出一组数据的最大值、最小值、中位数和两个四分位数，然后用两个四分位数画出箱线图中箱体的两条线，再将最大值和最小值用线段相连接，中位数位于箱体的中间，如图 3 - 14 所示。

图 3 - 14　箱线图基本构成

【例 3 - 7】2010 ~ 2018 年某地区按登记注册类型分企业类型人均利润资料如表 3 - 10 所示。绘制其箱线图。

表 3 - 10　按登记注册类型分企业类型人均利润(百元)

年　份	国有单位	城　镇集体单位	股份合作单　位	联营单位	有限责任公　司	股份有限公　司
2010	9 441	6 241	7 479	10 608	9 750	11 105
2011	11 045	6 851	8 446	11 882	11 024	12 333
2012	12 701	7 636	9 498	12 438	11 994	13 815
2013	14 358	8 627	10 558	13 556	13 358	15 738
2014	16 445	9 723	11 710	15 218	15 103	18 136
2015	18 978	11 176	13 808	17 476	17 010	20 272
2016	21 706	12 866	15 190	19 883	19 366	24 383
2017	26 100	15 444	17 613	23 746	22 343	28 587
2018	30 287	18 103	21 497	27 576	26 198	34 026

根据表 3 - 10 中的数据，绘制出该地区 2010 ~ 2018 年各类企业就业人员平均劳动报酬如图 3 - 15 所示。

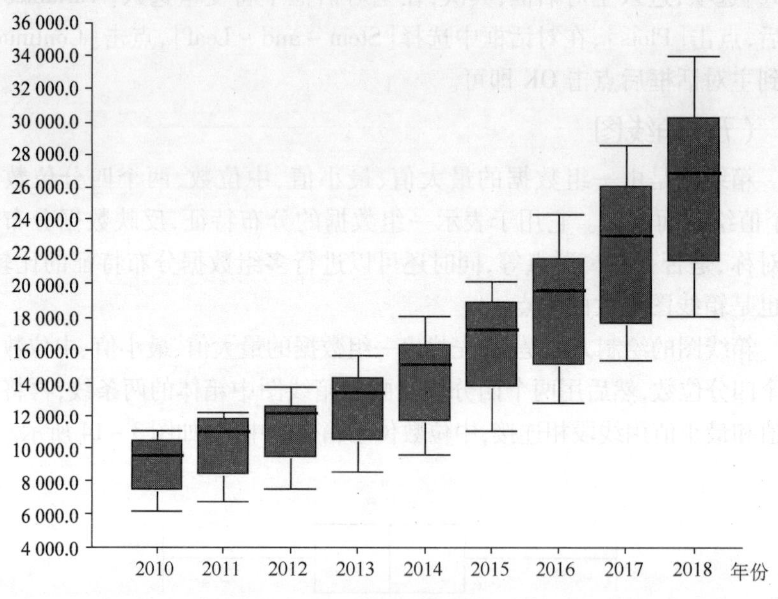

图 3 - 15　箱线图

图 3 - 15 显示：随着时间的推移，各类企业人均利润的中位数水平、最大值、最小值、分位数均逐渐提高；同时，人均利润的最大值与最小值之差也在逐渐拉大。

当然，图 3 - 15 显示的是不同年度各类企业人均利润的箱线图，我们也可以用同样的方法绘制显示不同类型企业人均利润的箱线图。

（六）雷达图

当我们掌握了一个单位的多个指标的数据时，就可以采用柱形图或条形图反映该单位各个指标的水平。例如，2018 年某地区城镇居民生活消费支出的数据如表 3 - 11 所示。

表 3 - 11　2018 年某地区城镇居民家庭平均每人全年消费性支出

项　　目	总平均	低收入	中等收入	中等偏上	高收入户	最高收入
食品	4 259.81	2 846.26	4 181.25	5 043.63	6 087.25	7 874.14
衣着	1 165.91	598.65	1 136.46	1 432.93	1 857.49	2 643.01
居住	1 145.41	688.39	1 060.58	1 265.94	1 795.45	2 681.92
家庭设备用品及服务	691.83	309.58	616.31	837.63	1 209.95	1 925.62

续表

项　　目	总平均	低收入	中等收入	中等偏上	高收入户	最高收入
医疗保健	786.20	457.21	748.68	977.89	1 257.64	1 589.70
交通通信	1 417.12	5 32.52	1 078.83	1 633.57	2 632.91	4 985.66
教育文化娱乐服务	1 358.26	594.68	1 171.44	1 630.13	2 297.17	3 959.34
杂项商品与服务	418.31	168.04	351.14	494.91	750.33	1 322.74

这时，为了直观地反映该地区城镇居民家庭平均消费支出，我们可以绘制下面的柱形图(见图 3－16)，以予以展示。

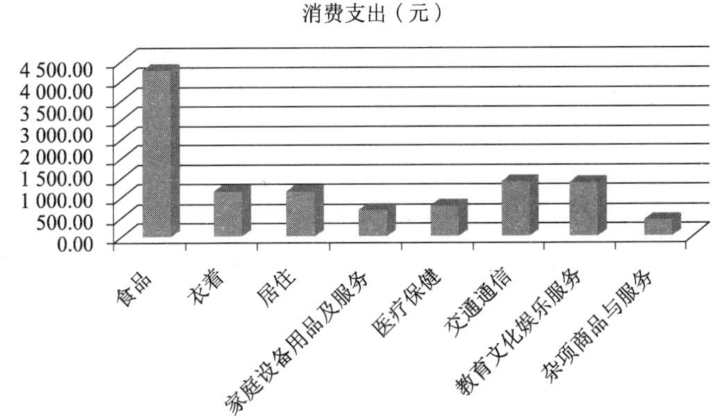

图 3－16　2018 年某地区城镇居民家庭消费支出柱形图

但是，如果我们想反映并比较不同收入居民家庭的消费支出，就会涉及 5 个数据集合(5 类收入水平不同的家庭)的 8 个指标(8 类消费支出)。这时，可以采用下面的雷达图表示表 3－11 中的数据(见图3－17)。

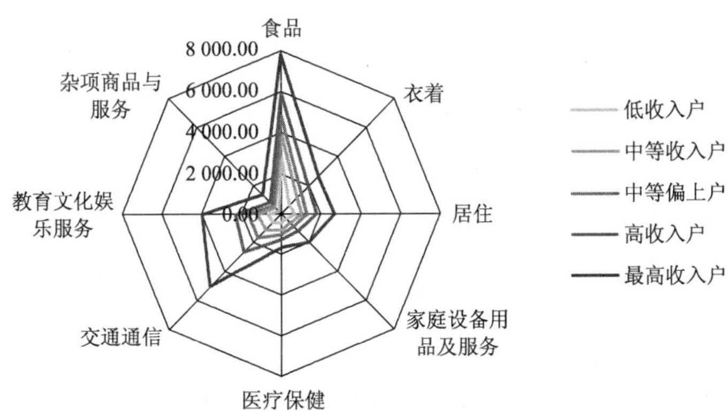

图 3－17　2018 年某地区不同收入城镇居民家庭消费支出雷达图

雷达图是从一个点出发,用每一条射线代表一个变量;将多个变量的数据点连接成线,即围成一个区域;多个数据集合围成多个区域,即形成雷达图。利用雷达图,可以研究多个数据集合之间的相似程度或差异程度。

从图3－17中可以看到,该地区城镇居民家庭消费支出中,食品支出额都是最多的,杂项商品与服务支出最少;最高收入居民家庭的各项支出额普遍高于其他收入水平的家庭;除最高收入家庭外,其他收入水平家庭的消费支出结构具有很大的相似性。

(七)散点图

散点图一般用来表现两个变量之间的相互关系。两个变量的任何一对取值都在平面直角坐标系上代表一个点。在平面坐标系上将所有这样的点绘制出来,便形成了散点图。

【例3－8】某年度31个地区批发零售业和住宿餐饮业全社会固定资产投资额见表3－12,请绘制散点图。

表3－12　两行业全社会固定资产投资额　　单位:亿元

编号	批发和零售业	住宿和餐饮业	编号	批发和零售业	住宿和餐饮业	编号	批发和零售业	住宿和餐饮业
1	17.6	55.1	11	160.2	85.1	21	2.3	35.3
2	54.2	23.0	12	135.4	86.0	22	20.8	19.7
3	307.1	72.3	13	63.2	68.5	23	66.5	68.8
4	53.4	26.3	14	89.7	116.0	24	18.4	14.1
5	109.3	53.8	15	562.6	203.1	25	75.3	33.6
6	243.2	119.8	16	280.2	114.1	26	6.5	7.4
7	170.3	59.0	17	189.4	88.5	27	132.1	69.3
8	91.9	30.1	18	154.2	74.5	28	38.7	12.8
9	44.6	37.3	19	175.6	144.4	29	7.7	3.1
10	387.2	182.9	20	59.2	42.6	30	6.1	2.1
						31	19.1	10.3

根据表3－12数据,绘制出这31个地区批发零售业和住宿餐饮业两个行业的全社会固定资产投资额的散点图,见图3－18。

散点图可以非常直观地显示出两个变量之间的相互关系以及数据的变化趋势。特别是在回归分析中,通过对散点图的分析与观察,我们

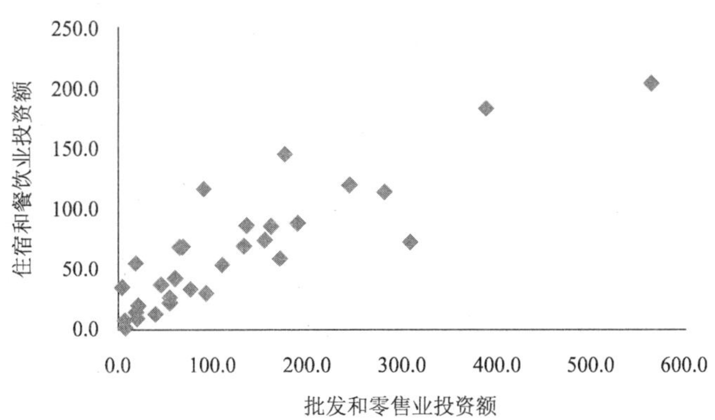

图 3-18 批发零售业和住宿餐饮业全社会固定资产投资额散点图

可以正确地选择回归模型，并可以对回归模型的适宜性作出初步判断。

第三节 统计图表应用中的几个问题

一、合理使用统计图

统计图是传达数据信息的最有效的方式之一。与统计表相比，适合的统计图可以把数据的特征信息更加清楚、直观地显示出来，其最主要的特点是直观的视觉效果。当然，虽然统计图可以给人以深刻的印象，但是，如果选择了不合适的图或绘制不当，统计图就会产生陷阱，起到误导人的作用。一般在绘制统计图时，要注意以下几点。

第一，要画什么样的图，首先要看数据的类型。如果我们要反映的数据是像职业、教育程度之类的定类、定序数据，并且要展示数据的分布情况，就可以采用柱形图；若要展示数据的内部结构，可以采用饼图；若要表示出一个数量变量如何随着时间改变，就可以用线图，包括折线图和曲线图。当然，如果我们面对的数据是数值型（定距或定比）的数据，而要反映的是其分布，则可以用直方图或茎叶图；在观测值的个数不多时，可以采用茎叶图，而数据资料多时，可以采用直方图。

当然，看一个图的时候，要寻找整体形态，并要注意是否有异于整个形态的异常值。要描述直方图或茎叶图的整体形态，可以用形状、中心或偏离度。有些分布有简单的形状，如对称或偏斜；但有些分布不太规则，无法用一个简单的形状来展示。

第二，注意统计图坐标轴的刻度。用同一数据集合可以绘制出不同的统计图,给人以不同的感觉,甚至会得到不同的结论,而其中的奥秘很可能在于刻度的确定。如绘制时间数列的折线图或曲线图时,如果将纵轴拉长或缩短,其绘制的统计图的效果会有很大的不同。例如,利用2000~2018年某产品出厂价格指数,可以分别绘制出两张折线图(如图3-19所示),其中,左图显示出价格指数较为平稳,而右图则显示出具有较大的波动;仔细看图,两者的差异主要在于纵轴的刻度不同。折线图或曲线图没有所谓正确的刻度,通过对刻度的选择,同样都是正确的图形,却可以给人很不同的印象。所以,一定要注意统计图中的刻度。

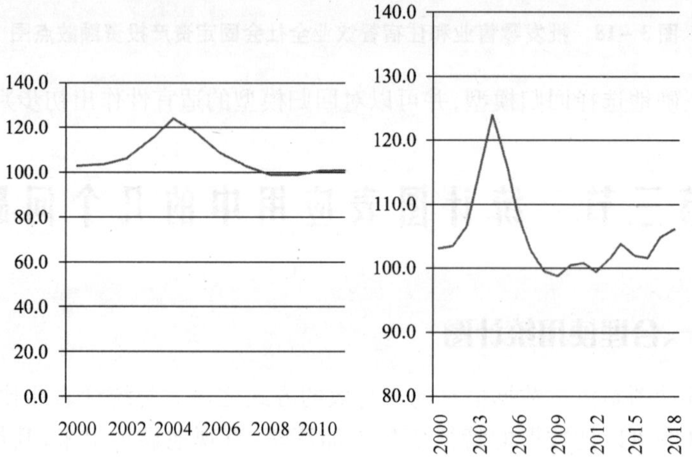

图3-19　2000~2018年出厂价格指数折线图

第三,绘制统计图时,要在标志和说明里表示清楚图里面画的是什么、单位是什么等信息,要让数据很醒目。要切实注意的是,我们需要统计图的美观,但要注意让看图者的注意力集中在数据本身,而不是标识,也不是背景的图样;我们绘制的统计图是一个呈现数据的图,而不是在从事艺术创作,绘制图形时,应避免一切不必要的修饰,图形所体现的视觉效果与数据所体现的事物特征应一致。

第四,注意不同类型统计图的作用,选用恰当的统计图。例如,与柱形图相比较,饼图的好处是可以让我们看到数据集合内部的构成特征,其各部分之和为100%;但是,由于角度比长度难比较,因而用饼图中的扇形或扇形的角度去比较各部分的大小,则不是一个最好的办法。这时我们可以采用柱形图,如图3-20所示,它反映的是不同学历人群所占比重的多少。要反映构成的特征用饼图;若要比较谁多谁少,则采用柱形图更加合适。

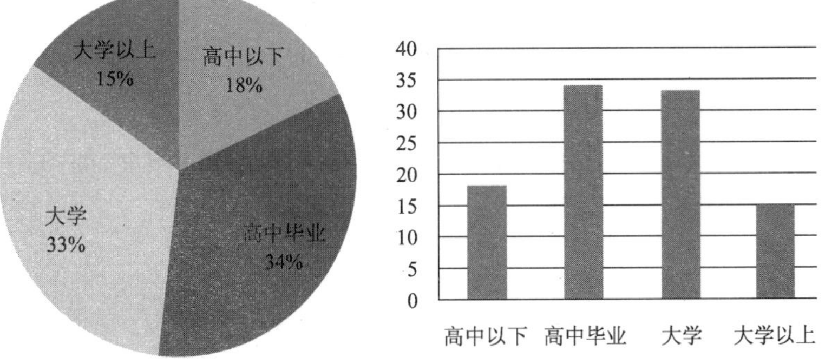

图 3－20　不同学历人群所占百分比的饼图与柱形图

第五,柱形图是通过比较代表各数量的柱形的高度,来比较各个数量的大小。但是我们眼睛所看到的,除了高度之外还有面积。当所有长条的宽度一样时,面积(高度乘宽度)和高度成正比,所以,我们眼睛接收到的信息是正确的印象,因而我们画柱形图时,每个长条都要一样宽,如图 3－20 右图所示。当然,从艺术美感的角度看,柱形图比较单调,因而有时可能需要用象形图来表示(如图 3－21)。象形图其实就是柱形图,只是以具体的图形代替了柱形。但是,要特别注意的是,与柱形的宽度都一样不同,在提高象形图高度的同时,其宽度往往也随之加大,这样,当高度增加一倍时,图形的宽度与高度同时加大,因而给人的视觉就不是大了一倍,而是大了很多,这就容易给人以误导,让人产生错觉。

图 3－21　象形图

二、统计图的绘制

绘制统计图，我们可以使用 EXCEL，也可以使用 SPSS 等多种软件。

(一)利用 EXCEL 绘制统计图

首先在 EXCEL 中点击“插入”菜单，并选择具体的图形，如图 3－22 所示。

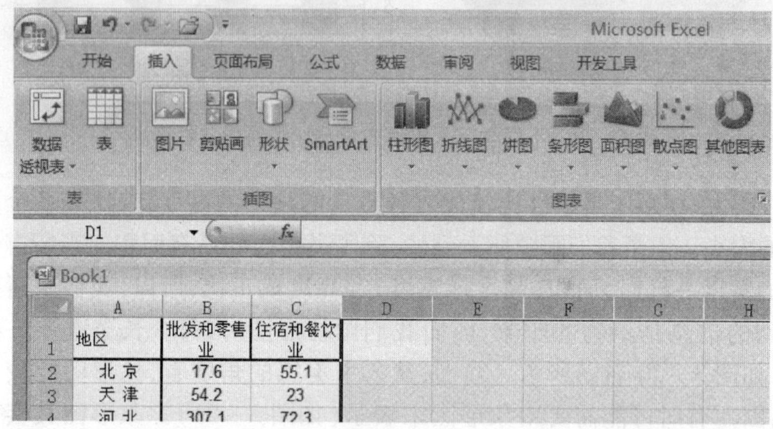

图 3－22

然后，在各种图形中再进一步选择即可(见图 3－23)。

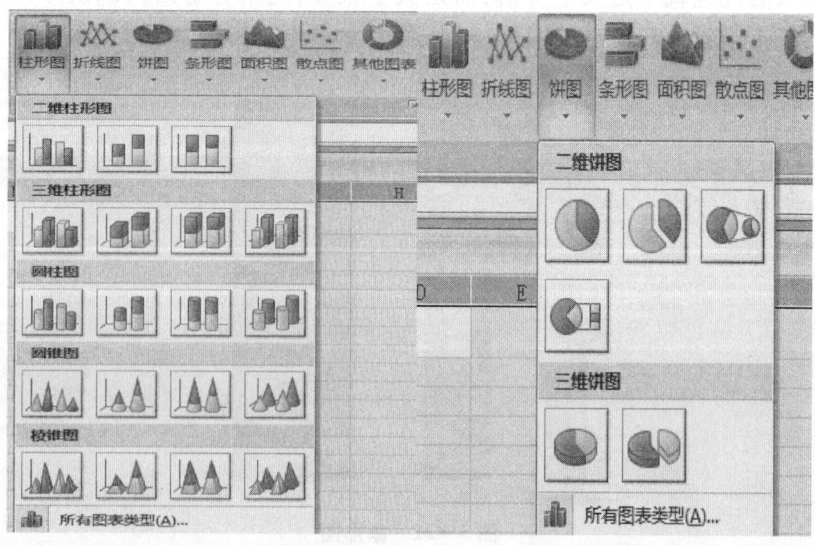

图 3－23

(二)利用 SPSS 软件绘制统计图

打开 SPSS 后,点击“Graphs”下拉菜单,在各种选项中选择相应的图形即可。如柱图选择“Bar”选项,线图选择“Line”选项,盒型图选择“Boxplot”选项,散点图选择“Scatter/dot”选项,直方图选择“Histogram”选项,等等。见图 3-24。

Untitled - SPSS Data Editor

File Edit View Data Transform Analyze Graphs Utilities Window

10 :

	VAR00001	VAR00002	var
1	17.60	55.10	
2	54.20	23.00	
3	307.10	72.30	
4	53.40	26.30	
5	109.30	53.80	
6	243.20	119.80	
7	170.30	59.00	
8	91.90	30.10	
9	44.60	37.30	
10	387.20	182.90	
11	160.20	85.10	
12	135.40	86.00	
13	63.20	68.50	

Gallery
Interactive
Map
Bar...
3-D Bar...
Line...
Area...
Pie...
High-Low...
Pareto...
Control...
Boxplot...
Error Bar...
Population Pyramid...
Scatter/Dot...
Histogram...

图 3-24

进行到这一步后,在各图形选项中按软件提示继续输入具体要求即可。

如散点图的绘制,在点击“Scatter/dot”选项后,选择散点图的类型,如选择“Simple Scatter”,点击“Define”进入下一画面,再点击散点图中位于纵轴的变量进入 Y 轴,点击散点图中位于横轴的变量进入 X 轴,之后点击“OK”即可(见图 3-25 及图 3-26)。

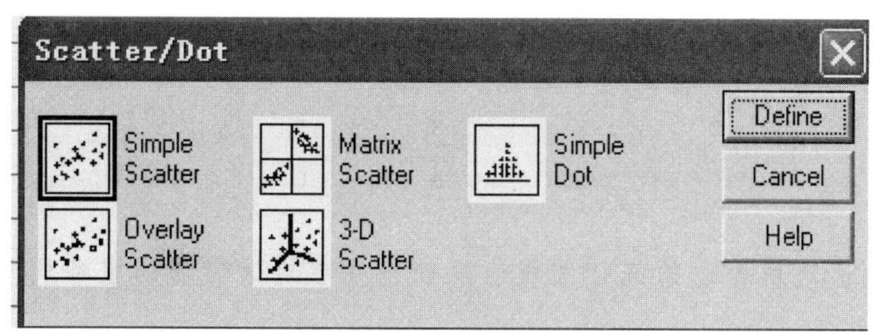

图 3-25

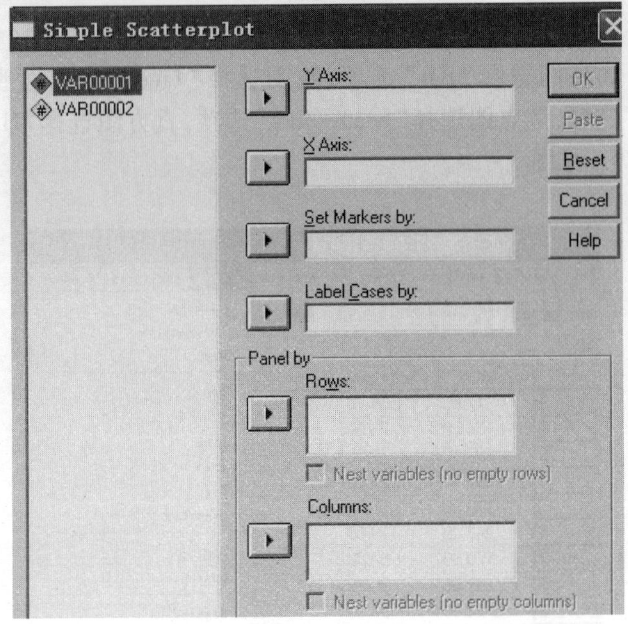

图 3-26

当然，具体的一些细节如标题的设置等问题，读者可以再查阅 SPSS 的使用手册或专用书籍。

思考与练习

1. 为了解消费者对某商场服务质量的评价，随机抽取了部分消费者进行评价，服务的满意度等级分别表示为：很满意(A)，较满意(B)，不太满意(C)，不满意(D)。调查结果如下：

A	C	D	A	D	B	A
B	C	B	B	A	C	B
B	C	C	C	A	A	C
D	D	C	B	B	A	B
B	C	B	B	C	B	A

试选用合适的统计图或表反映消费者对该商场的服务质量的评价。

2. 已知某班级学生统计学成绩如下：

92	75	62	90	62	84	92
84	74	86	71	95	72	84
81	75	76	74	92	90	76
62	63	77	81	88	92	82
86	71	83	83	71	88	93

要求：

(1)对学生的成绩进行分组；

(2)选用合适的统计图或表反映学生的成绩。

3. 东、中、西部及东北地区2018年四个地区的居民家庭消费支出基本情况如下表所示(计量单位:元)，要求选用合适的统计图表示并比较各地区的特点。

项　　目	A地区	B地区	C地区	D地区
食品	14 927.98	13 596.91	13 913.96	13 724.71
衣着	11 237.33	11 083.59	11 087.15	11 213.78
居住	11 354.42	7 976.53	8 891.77	11 167.61
家庭设备用品及服务	8 834.94	6 607.25	5 588.38	5 503.94
医疗保健	4 860.71	6 706.30	6 664.45	8 897.83
交通通信	11 945.53	8 917.92	11 089.89	11 039.62
教育文化娱乐服务	11 761.25	11 048.30	11 035.14	11 050.93
杂项商品与服务	8 512.58	9 312.22	8 333.30	9 439.81

4. 某大型超市连续40天的商品销售额如下(单位:万元)：

42　24　25　43　38　35　33　36　42　41

48　36　44　38　39　34　45　46　33　42

37　25　48　33　31　36　47　23　38　45

41　33　39　35　48　33　40　33　35　34

要求：根据数据分组，编制频数分布表，并绘制直方图和折线图。

第四章　数据的统计量描述

在对统计数据进行整理和显示后，我们便对数据分布的基本特征有了一个初步的了解，但这种了解还只是表面上的，并不能准确地描述出数据的分布。为了更深入、详细地了解数据分布的数量特征，还需要找到相应的统计量。对统计数据分布特征的描述通常可以从三个方面进行：一是数据分布的集中趋势，二是数据分布的离散程度，三是数据分布的偏斜程度。

第一节　数据集中趋势的测度

对数据的集中趋势进行描述，是对数据的总体特征进行准确描述的重要内容之一。集中趋势是指一组数据集中于某一中心水平的倾向。测度集中趋势，也是寻找数据一般水平的中心值或代表值。反映一组数据集中趋势水平的指标包括平均数、中位数和众数等。

一、平均数

平均数也称均值，一般包括算术平均数和几何平均数两种形式。利用平均数，可以将处在不同地区、不同单位的某一现象进行空间对比分析；可以将不同时间内的某一现象进行时间对比分析，以反映该现象一般水平的变化趋势和规律。

（一）算术平均数

算术平均数是一组数据相加后除以数据的个数而得到的结果，是度量数据水平的常用统计量，在参数估计和假设检验中经常用到。算术平均数的计算包括简单算术平均和加权算术平均两种形式。

1. 简单算术平均数。若有 n 个数据 $x_1, x_2, \cdots, x_n$，则该组数据的平均数为：

$$\bar{x} = \frac{x_1 + x_2 + \cdots + x_n}{n} = \frac{\sum_{i=1}^{n} x_i}{n}$$

【例 4 - 1】某单位 6 名职工职级工资水平如图 4 - 1 所示。

A	B	C	D	E	F	G
职工姓名	张三	李立	王清	章玉	刘一民	郑新
职级工资	2860	2150	2550	3200	1800	2800

图 4－1

则该单位职工的职级工资平均为：

$$\bar{x}=\frac{\sum_{i=1}^{n}x_i}{n}=\frac{2\ 860+2\ 150+2\ 550+3\ 200+1\ 800+2\ 800}{6}=2\ 560(\text{元})$$

2. 加权算术平均数。若原始数据较多且对其进行了分组，编制成了频数分布数列，这时若要计算算术平均数，则应采用加权算术平均数，即将各组变量值乘以相应的频数，然后加总求和，再除以总频数。其计算公式为：

$$\bar{x}=\frac{x_1f_1+x_2f_2+\cdots+x_nf_n}{f_1+f_2+\cdots+f_n}=\frac{\sum xf}{\sum f}$$

【例 4－2】有 22 名职工的收入水平如表 4－1 所示。

表 4－1

收入(元)	6 800	7 150	7 550	7 800	7 860	8 200
人数(人)	3	5	8	3	2	1

则该 22 名职工的平均工资为：

$$\bar{x}=\frac{\sum xf}{\sum f}=\frac{163\ 870}{22}=7\ 448.64(\text{元})$$

若分组资料为组距分组，则相应地取各组资料的组中值作为该组职工工资的平均水平，再代入上式计算平均工资。

【例 4－3】有 22 名职工的工资分组资料见表 4－2。

表 4－2

工资收入(元)	人数(人)	组中值
6 000 ~ 6 500	3	6 250
6 500 ~ 7 000	5	6 750
7 000 ~ 7 500	8	7 250
7 500 ~ 8 000	3	7 750
8 000 ~ 8 500	2	8 250
8 500 ~ 9 000	1	8 750
合　计	22	—

计算这22人平均工资如下：

$$\bar{x}=\frac{\sum xf}{\sum f}=\frac{6\,250\times3+6\,750\times5+7\,250\times8+7\,750\times3+8\,250\times2+8\,750\times1}{22}=$$

$$\frac{159\,000}{22}=7\,227.27(\text{元})$$

从上面的计算公式可以看出，加权算术平均数受两个因素的影响：一是各组变量值的大小，二是各变量值出现的频数的多少。当各组变量值固定不变时，则频数起着决定性的作用。出现频数较多的变量值对平均数的影响作用大些，使平均数向其靠拢；出现频数少的变量值对平均数的影响作用小些，平均数远离该变量值。变量值出现的频数在计算平均数的过程中起权衡轻重的作用，故将其称作权数。

当各组频数都相等，即在$f_1=f_2=\cdots=f_n$的情况下，加权算术平均数与简单算术平均数存在下面的关系：

$$\bar{x}=\frac{\sum xf}{\sum f}=\frac{f\sum x}{\sum f}=\frac{\sum x}{n}$$

由此可见，简单算术平均数是加权算术平均数的一个特例，即简单算术平均数是权数相等条件下的加权算术平均数。

权数也可以用各组频数与总频数之比即频率来表示。将各组变量值乘以相应的频率后求和，即得到加权算术平均数，其计算公式为：

$$\bar{x}=\sum x_n\cdot\frac{f_n}{\sum f}$$

在频数分布数据中，各组变量值出现的频数与总频数同时发生变化，频率不变时，加权算术平均数的数值不变。

权数是计算算术平均数的核心问题，权数体现了各组变量值在数据集合中的重要程度。计算算术平均数的权数主要有两类：客观权数和主观权数。

（1）客观权数。客观权数是指与被平均的变量存在客观联系的指标。客观权数的确定可以从以下两个方面考虑：一是在频数分布中，以各变量值出现的频数或频率为权数；二是根据事物之间的相互联系，选择与变量存在直接数量关系的指标为权数。

【例4－4】计算某公司所属的20个分公司的平均利润率，资料见表4－3。

表4－3　某公司经营资料

利润率（%）	分公司数（个）	职工人数（人）	销售额（万元）
5以下	2	200	300
5～10	8	500	5 000

续表

利润率(%)	分公司数(个)	职工人数(人)	销售额(万元)
10 ~ 15	9	600	8 000
15 以上	1	120	400
合计	20	1 420	13 700

平均利润率的含义为所有分公司单位销售额所获取的利润。利润率等于利润额除以销售额。利润率与销售额之间存在直接数量关系,而与分公司数和职工人数没有直接关系。计算利润率的平均数并不改变利润率本身的意义,因此,应该选用销售额为权数,而不用分公司数或职工人数为权数。该公司的平均利润率为:

$$\bar{x}=\frac{2.5\%\times 300+7.5\%\times 5\ 000+12.5\%\times 8\ 000+17.5\%\times 400}{13\ 700}=10.6\%$$

(2)主观权数。在有些情况下,缺少或不存在客观权数的资料,但又需要体现被平均对象在总体中的重要程度。这时,需要根据人们的经验设定权数。这种权数称为主观权数。一般来讲,在总体中作用较大的赋予较大的权数,作用较小的赋予较小的权数。

【例 4 -5】为综合评价学校的教学工作情况,可以将教学工作分解为教学条件、教学状态和教学效果三个方面。评分的方法是,各项内容满分为 100,每项内容赋予不同的权数,教学条件和教学状态权数设为 3;教学效果的地位显得更重要些,权数设为 4。然后,根据各项内容所评的分数进行加权平均得出平均分,来综合评价学校的教学工作情况。若某校教学工作三个方面的得分分别是教学条件 80 分、教学状态 85 分、教学效果 90 分,则教学工作综合得分为:

$$\bar{x}=\frac{80\times 3+85\times 3+90\times 4}{3+3+4}=85.5$$

算术平均数是根据全部数据计算得到的,因此受数据中极端数值的影响较大。当数据中存在极大值时,会使计算出的算术平均数偏大;当数据中存在极小值时,会使计算出的算术平均数偏小。无论出现极大值还是极小值,计算的平均数都不能正确反映数据集合的一般水平,也不能准确测定数据集合的集中趋势。因此,在实际运用算术平均数时,如果存在过大或过小的数据,可以将其剔除,然后计算余下的数据的平均数,并称其为切尾平均数;或者采用其他集中趋势的度量指标,如下面要介绍的众数或中位数等。

算术平均数是将所有数据进行平均,所以,它适用于对定量数据计算平均数,而定类数据和定序数据无法通过计算算术平均数来说明总体的集中趋势。

(二)几何平均数

几何平均数是 n 个数值乘积的 n 次方根。几何平均数有两种计算方法:简单几何平均和加权几何平均法。

1. 简单几何平均数。若数据集合中每个数据只出现一次,计算其几何平均数应采用简单几何平均法,其计算公式为:

$$G=\sqrt[n]{x_1\cdot x_2\cdot\cdots\cdot x_n}=\sqrt[n]{\prod}$$

其中,G 表示几何平均数;$\prod$表示连乘积符号。

【例 4-6】某企业生产某产品的整个生产过程包括连续流水作业的 3 道工序,这 3 道工序分别在 3 个车间加工,3 个车间的产品合格率分别为 80%,95%和 90%。则这 3 个车间的平均合格率为:

$$G=\sqrt[3]{0.8\times0.95\times0.9}\times100\%=88.1\%$$

【例 4-7】某企业 2014～2018 年产值的发展速度分别为 116%,110%,115%,112%,108%,则该企业产值的平均发展速度为:

$$G=\sqrt[5]{116\%\times110\%\times115\%\times112\%\times108\%}=112.16\%$$

2. 加权几何平均数。当数据集合中每个数据出现的次数不止一次时,计算平均数应采用加权几何平均法。其计算公式为:

$$G=\sqrt[f_1+f_2+\cdots f_n]{x_1^{f_1}\cdot x_2^{f_2}\cdot\cdots\cdot x_n^{f_n}}=\sqrt[\sum f_x]{\prod x^f}$$

【例 4-8】某银行在 10 年内几次调整贷款利率(按复利计息),其各年的利率分别为:第 1 年 8%,第 2 年至第 5 年 6.5%,第 6 年至第 8 年 5%,第 9 年至第 10 年 4%。则这 10 年的平均贷款利率的计算过程如下:

$$G=\sqrt[1+4+3+2]{1.08^1\times1.065^4\times1.05^3\times1.04^2}=1.0569$$

平均贷款利率为 105.69% - 100% = 5.69%。

几何平均数是用各变量值乘积开方的方法计算平均数,因此,当总体中有一变量值为 0 时,几何平均数的计算结果则为 0。在社会经济问题的研究中,这种计算没有意义。

几何平均数与算术平均数的应用条件不同。算术平均数应用于按算术级数形式变化的事物,即事物总量等于各变量值的总和求平均水平;而几何平均数应用于按几何级数形式变化的事物,即事物总量等于各变量值的乘积求平均水平。在社会经济领域中,几何平均数常用来计算平均比率或平均速度。

二、中位数

中位数是指将数据集合中所有数据按大小顺序排列,处于中点位置的数据。中位数将数据分为相等的两部分，一部分变量值小于中位数，另一部分变量值大于中位数。中位数的确定方法有以下三种。

第一，根据未分组的原始数据确定中位数。首先将数据按大小顺序排列，确定中位数所在的位置；然后根据中位数的位置，找出对应的数据即为中位数。

当数据的个数为奇数时，中位数所在的位置为$\frac{n+1}{2}$，该位置上的数值为中位数；当数据的个数为偶数时，中位数的位置有两个，一个是$\frac{n}{2}$，另一个是$\frac{n}{2}+1$，这两个位置上的数值的平均数则为中位数。

【例4-9】某单位6名职工的职级工资水平如图4-2所示。

A	B	C	D	E	F	G
职工姓名	张三	李立	王清	章玉	刘一民	郑新
职级工资	2860	2150	2550	3200	1800	2800

图4-2

将职级工资按由低到高顺序排列如下：1 800，2 150，2 550，2 800，2 860，3 200，中间位置为6/2=3和6/2+1=4，则中位数为(2 550+2 800)/2=2 675元。

第二，根据单项式变量分布数列确定中位数。

【例4-10】已知323个家庭的人口数资料编制成单项式分布数列如表4-4所示。

表4-4

家庭人口数	家庭数	累计数
1	25	25
2	75	100
3	180	280
4	33	313
5	10	323
合　计	323	—

对于这样的单项式分布数列的数据，要计算其中位数，首先要确定中位数所在的位置$\frac{n+1}{2}=\frac{323+1}{2}=162$，然后在数列中找到中位数所在

的具体位置上的值,即计算累计频数为162的组所对应的数据,本例中为第3组的数据3。故家庭人口数的中位数为3人。

第三,根据组距分组数列确定中位数。

【例4-11】若按年龄将1 300人分为5组,形成组距数列见表4-5。

表4-5

年龄	人数	向上累计	向下累计
20~30	120	120	1 300
30~40	400	520	1 180
40~50	530	1 050	780
50~60	200	1 250	250
60以上	50	1 300	50
合计	1 300	—	—

要计算这1 300人的平均年龄,由于无法知道其原始的年龄数据,因而只能借助于分组数据近似地估计其中位数。其计算方法是:

首先确定中位数所在组,计算公式为 $\frac{\sum f}{2}$,然后利用公式计算中位数的近似值。计算时可以采用下限公式,也可以采用上限公式。计算公式为:

下限公式:

$$M_e = L + \frac{\frac{\sum f}{2} - S_{m-1}}{f_m} \cdot d$$

上限公式:

$$M_e = U - \frac{\frac{\sum f}{2} - S_{m+1}}{f_m} \cdot d$$

式中:L 表示中位数所在组的下限;U 表示中位数所在组的上限;f_m 表示中位数所在组的频数;$\sum f$ 表示各组频数之和;S_{m-1},S_{m+1} 分别表示中位数所在组以前、以后各组的累计频数;d 表示中位数所在组的组距。

本例中,利用上限公式计算中位数如下:

中位数所在的位置 $\frac{\sum f}{2} = \frac{1\ 300}{2} = 650$,故中位数所在组为第3组,即40~50岁这一组。

$$M_e = U - \frac{\frac{\sum f}{2} - S_{m+1}}{f_m} \cdot d = 50 - \frac{\frac{1\ 300}{2} - 250}{530} \times (50-40) = 42.45(\text{岁})$$

由于中位数是根据所有数据的中点位置确定的,因而,中位数不受极端数值的影响。当总体分布的偏斜程度较大时,中位数对于测定所有数据的集中趋势,反映数据集合的一般水平,具有较大的实用性;在有极端数值出现时,中位数作为分析现象集中趋势的数值,比平均数更具有代表性。此外,中位数是根据数据大小顺序排列后确定的,因此,其适用于定序数据及可以排序的定量数据,而定类数据则不宜使用中位数。

三、众数

众数是总体中出现次数最多的标志值。根据掌握的资料不同,众数有不同的计算方法。

(一)根据单项式变量数列确定众数

确定单项式变量数列的众数比较简单,只需要找出次数最多的数据即可。

(二)根据组距分布数列估计众数

根据组距分布数列估计众数的近似值,较单项式数列确定众数要复杂一些。计算时,首先根据数列中各组频数确定众数所在的组,然后利用公式计算出众数的近似值。其计算公式是:

下限公式:

$$M_0 = L + \frac{\Delta_1}{\Delta_1 + \Delta_2} \cdot d$$

上限公式:

$$M_0 = U - \frac{\Delta_2}{\Delta_1 + \Delta_2} \cdot d$$

式中:L 表示众数所在组的下限; U 表示众数所在组的上限;Δ_1,Δ_2 分别表示众数所在组的频数与前一组、后一组频数之差;d 表示众数所在组的组距。

上例中,40~50 岁一组有 530 人,最多,则该组为众数所在的组,可将有关数据代入下限(或上限)公式中计算众数:

下限公式:

$$\begin{aligned} M_0 &= L + \frac{\Delta_1}{\Delta_1 + \Delta_2} \cdot d \\ &= 40 + \frac{530-400}{(530-400)+(530-200)} \times (50-40) = 42.83(\text{岁}) \end{aligned}$$

由于众数容易求得,一般采用直接观测法即可,它不仅适合于定量变量,也适宜于反映定类数据的集中趋势。众数是以数据出现次数的多寡来反映现象的集中趋势,因此,当分布数列中有一组数据具有非常大的频数时,往往优先采用众数反映其集中趋势。

众数是根据数据出现的频数的多少确定的,因此不受极端值的影响。在组距数列中,各组分布的频数受组距大小的影响,所以,根据组距分布数列估计众数时,要保证各组组距必须相等。若出现有多个众数时,说明数据集合中存在着不同性质的事物,为了认识事物的本质特征,可将其分解为两个或几个不同的分布加以分析与研究。

四、算术平均数、中位数和众数的关系

平均数、中位数和众数各自具有不同的特点。例如,均值(即平均数)包含了样本的很多信息,但它容易受少数极端值的影响;中位数是数据按照大小排列之后位于中间的那个数,不易受极端值影响,所以比均值稳健。除了中位数和均值之外,反映数据集中趋势的还有众数。但众数反映的信息也不多,又不一定唯一;在连续变量的情况下,可能没有重复的数据,这时也不可能有众数。实践中,众数用得不如均值和中位数普遍,但在定性变量中,由于众数记录的是频率,用得要多一些。

使用哪种测度指标来反映数据的集中趋势,要根据我们所掌握的数据的类型来确定。例如,对于分类数据,只适用于计算众数,而不能计算中位数和均值;对于顺序数据,只适用于计算众数和中位数,不能计算均值;对于数值型数据,主要是用均值作为集中趋势的测度值,此外还可以利用众数、中位数等。

从分布的角度看,众数始终是一组数据分布的最高值,中位数是处于一组数据中间位置上的值,而均值则是全部数据的算术平均。三者之间的关系是:对于具有对称单峰分布特征的数据集合,这三个度量应该大体上差不多;而如果单峰的分布形状在右边拖尾,那么一般说来,中位数小于均值;反过来,如果单峰的分布形状在左边拖尾,均值则一般小于中位数。也就是说,和中位数相比,均值总是在长尾巴那边。三个测度指标在不同分布状况下的关系可用图 4－3 表示。

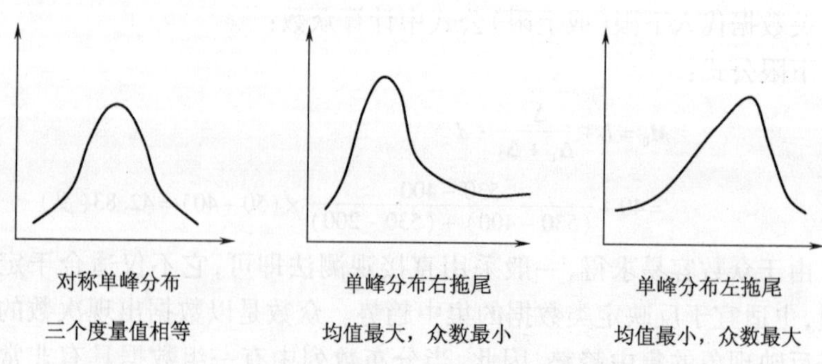

图 4－3　均值、中位数及众数三个测度指标间的关系

第二节 数据离散程度的测度

集中趋势反映了数据聚集的中心位置与数值，而要反映各数据之间的差异状况如何，则需要考察数据的离散程度。数据的离散程度是数据分布的另一个重要特征，它所反映的是各数据值远离其中心值的程度。数据的离散程度越大，集中趋势的测度值对该组数据的代表性就越差；离散程度越小，其代表性就越好。

描述数据离散程度的测度值主要包括极差、四分位差、平均差、标准差、方差等。

一、极差与四分位差

（一）极差

极差是数据集合中最大值与最小值之差，即：

$$R = x_{\max} - x_{\min}$$

极差说明了总体中所有数据值的变动范围。极差越大，说明数据的变动范围大，从而说明数据的差异大，反之则小。

极差的计算简单，但它是由全部数据中两个极端值决定的，忽略了其他数据的差异。当两个极端值差异较大，而其他数据却集中于较小区间内或均匀分布在两个极端数值之间时，极差就不能确切地反映全部数据之间的差异。

（二）四分位差

四分位差是一组数据75%位置上的四分位数与25%位置上的四分位数之差，也称为内距或四分位差。其中，四分位数是将全部数据等分为四部分的三个点上的数据，其中每部分包含25%的数据。显然，中间的四分位数就是中位数，因此，通常所说的四分位数是指处在25%位置上的数值和处在75%位置上的数值，见图4－4。

25%	25%	25%	25%
Q_L	Q_M	Q_U	

图4－4

四分位数与中位数的计算方法类似，根据原始数据计算四分位数时，首先要对数据进行排序，然后确定四分位数所在的位置，该位置上的数据就是四分位数。一般地，25%和75%位置上的四分位数位置的确定方法为：

25%分位数位置：

$$Q_L = \frac{n}{4}$$

75%分位数位置：

$$Q_u = \frac{3n}{4}$$

如果位置是整数，四分位数就是该位置对应的数值；如果是在整数加0.5 的位置上，则取该位置两侧值的平均数；如果是在整数加0.25或0.75的位置上，则四分位数等于该位置前面数据加上按比例分摊位置两侧数值的差值。

因为四分位数只计算了中间50%数据的极差，与极差相比，它基本不受极端值的影响。但是，与极差一样，四分位极差也仅仅是通过两个数据之差反映数据的离散程度，没有反映全部数据或大部分数据之间的差异程度。

二、方差与标准差

方差和标准差是反映数据离散程度最常用、最重要的测度值。方差是一组数据中各数值与其算术平均数离差平方的平均数，标准差是方差的平方根。根据总体数据计算的称为总体方差或总体标准差，根据样本数据计算的称为样本方差或样本标准差。用 σ^2 表示总体方差，用 σ 表示总体标准差，S_{n-1}^2 代表样本方差，S_{n-1} 代表样本标准差。

（一）总体方差和标准差

计算总体方差和标准差时，根据所拥有的资料的不同，有两种计算方法：简单平均法和加权平均法。

1.简单平均法。若有限总体中的数据已知且未经分组，则总体方差是每个数据与算术平均数的离差平方的简单算术平均数。其计算公式是：

$$\sigma^2 = \frac{\sum_{i=1}^{N}(x_i - \bar{x})^2}{N} = \frac{\sum_{i=1}^{N} x^2}{N} - \left(\frac{\sum_{i=1}^{N} x}{N}\right)^2$$

式中，σ^2 表示方差；N 表示数据个数。

与方差不同，标准差与变量值的计量单位相同，其实际意义比方差清楚。因此，在对社会经济现象进行分析时，我们更多地使用标准差，其计算公式为：

$$\sigma = \sqrt{\frac{\sum_{i=1}^{N}(x_i - \bar{x})^2}{N}}$$

【例4－12】有6名学生统计学的考试成绩分别为68，72，78，84，88，90，计算该6名学生成绩的方差和标准差。

首先，计算平均成绩：

$$\bar{x} = \frac{\sum_{i=1}^{N} x}{N} = 80$$

然后，按方差的计算公式计算方差：

$$\sigma^2 = \frac{\sum_{i=1}^{N}(x_i - \bar{x})^2}{N} =$$

$$\frac{(68-80)^2+(72-80)^2+(78-80)^2+(84-80)^2+(88-80)^2+(90-80)^2}{6}$$

$$= 65.33$$

$$\sigma = \sqrt{65.33} = 8.08$$

若同时，该6名同学的数学的平均成绩也是80，但数学成绩的标准差为10，则表明统计学成绩的差异程度小于数学。

2. 加权平均法。若有限总体中的数据经过分组形成频数分布数列，则方差需要采用加权平均法。其计算公式为：

$$\sigma^2 = \frac{\sum_{i=1}^{k}(x_i - \bar{x})^2 f_i}{\sum_{i=1}^{k} f_i} = \frac{\sum_{i=1}^{k} x^2 f_i}{\sum_{i=1}^{k} f_i} - \left(\frac{\sum_{i=1}^{k} x f_i}{\sum_{i=1}^{k} f_i}\right)^2$$

其中 k 为组数。

【例4－13】表4－6是某班50名学生的统计学成绩的分组资料，计算该班学生成绩的方差。

表4－6

分　数	人数f_i	组中值x_i
60以下	2	55
60～70	8	65
70～80	22	75
80～90	14	85
90～100	4	95
合　计	50	

计算过程如下：

首先，计算平均成绩：

$$\bar{x} = \frac{\sum_{i=1}^{k} x_i f_i}{\sum_{i=1}^{k} f_i} = 77$$

然后，利用方差的计算公式得到方差：

$$\sigma^2 = \frac{\sum_{i=1}^{k}(x_i - \bar{x})^2 f}{\sum_{i=1}^{k} f} = \frac{4\,400}{50} = 88$$

由此可得标准差:

$$\sigma = \sqrt{88} = 9.38$$

若已知总体分布,则总体方差 $\partial(\mathrm{x}) = \mathrm{E}(\mathrm{X} - \mathrm{EX})^2$

(二)样本方差与标准差

样本方差与标准差与总体方差与标准差的计算是有区别的:总体方差是用数据个数或总频数去除离差平方和,而样本方差通常是用于估计或推断总体方差。为了得到总体方差的无偏估计量,样本方差的计算是用样本数据个数或总频数减 1 去除离差平方和,其中,样本数据个数减 1 即$n-1$ 称为自由度。这样,样本方差及标准差的计算公式是:

未分组数据的方差:

$$s^2 = \frac{1}{n-1}\sum_{i=1}^{n}(x_i - \bar{x})^2 = \frac{(x_1 - \bar{x})^2 + \cdots + (x_n - \bar{x})^2}{n-1}$$

未分组数据的标准差:

$$s = \sqrt{\frac{1}{n-1}\sum_{i=1}^{n}(x_i - \bar{x})^2} = \sqrt{\frac{(x_1 - \bar{x})^2 + \cdots + (x_n - \bar{x})^2}{n-1}}$$

分组数据的方差:

$$s^2 = \frac{\sum_{i=1}^{k}(x_i - \bar{x})^2 f_i}{\sum_{i=1}^{k} f - 1}$$

分组数据的标准差:

$$s = \sqrt{\frac{\sum_{i=1}^{k}(x_i - \bar{x})^2 f_i}{\sum_{i=1}^{k} f_i - 1}}$$

三、离散系数

标准差是反映数据离散程度的绝对值,其数值的大小受两方面因素的影响。一方面,受数据本身水平高低的影响,也就是说与变量值的均值的大小有关。数据总体绝对水平高的,其离散程度的测定值一般就大;绝对水平小的数据集合,其离散程度的测定值一般也就小。另一方面,它们与原数据的计量单位有关。采用不同计量单位的数据,其数据离散程度的测定值也就不同。

在比较几组数据的离散程度时,需要消除变量值水平和计量单位对离散程度测定值的影响,计算离散程度的相对指标即离散系数。

离散系数是测定变量值离散程度的相对指标,可以用数据的标准差与其相应的均值之比来表示。其计算公式是:

$$V_\sigma = \frac{\sigma}{\bar{x}} \text{ 或 } V_s = \frac{s}{\bar{x}}$$

离散系数与平均数代表性的优劣呈反方向关系:离散系数大,说明变量值的差异程度大,数据的稳定性差,平均数的代表性差;离散系数小,说明变量值的差异程度小,数据的稳定性强,平均数的代表性强。

【例 4 - 14】甲、乙两个地区职工的月平均工资分别是 3 200 元和 3 500 元,其职工工资的标准差分别为 210 元和 220 元。问:哪个地区职工工资的差异大?

要分析哪个地区职工工资的差异大,需要计算离散系数:

$$V_\sigma(\text{甲}) = \frac{\sigma}{\bar{x}} = \frac{210}{3\ 200} = 0.065\ 625$$

$$V_\sigma(\text{乙}) = \frac{\sigma}{\bar{x}} = \frac{220}{3\ 500} = 0.062\ 857$$

经过比较,可以看到,乙地区的平均工资高于甲地区,且乙地区职工工资的差异程度要小于甲地区。

第三节　数据分布形状的度量

通过直方图和茎叶图,可以知道数据的分布形状、分布特征。进一步,我们可能还需要更加准确地从定量的角度了解、描述数据的分布是否对称;如果分布不对称,其偏斜程度如何,其分布的扁平程度又如何;等等。要进行这样的分析,就需要计算相应的统计量,包括偏态系数和峰态系数。

一、偏态系数

偏态系数是用来反映数据分布偏斜程度的统计量。当数据是单峰分布时,有对称分布和非对称分布两种,其中非对称分布称为偏态分布,包括右偏(正)分布(即右拖尾)和左偏(负)分布(即左拖尾),如图 4 - 5 所示。

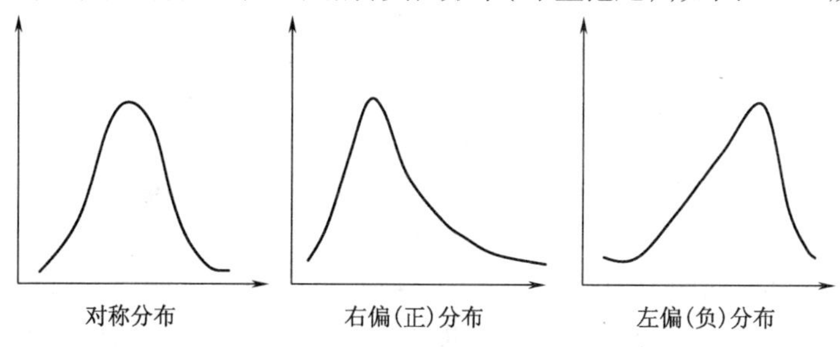

图 4 - 5

在本章第一节即“数据集中趋势的测度”一节中，我们已经提到，数据呈现对称分布时，一个基本的特征是平均数、中位数和众数相等；如果数据呈现右偏分布，则其众数在左边，往往小于中位数和平均数，而平均数一般大于众数和中位数；如果数据呈现左偏分布，则其众数在右边，往往大于平均数和中位数，而平均数通常小于中位数和众数。

为了准确地测定数据分布的偏斜程度并进行比较分析，需要计算偏态系数，常用的统计量有以下两种。

（一）Pearson 偏度系数

Pearson 偏度系数是以标准差为度量单位计算的众数与算数平均数的离差，其计算公式是：

$$SK = \frac{\bar{X} - M_0}{\sigma}$$

SK 通常取值为 -3 至 $+3$ 之间，其绝对值越大，表明偏斜程度越大；反之，则表明偏斜程度越小。

当 $SK=0$ 时，分布为对称分布；当 $SK<0$ 时，分布呈左偏分布，或称负偏态；当 $SK>0$ 时，分布呈右偏分布，或称正偏态。

（二）矩法偏度系数

Pearson 偏度系数的思想比较容易理解，但其精度不高。矩法偏度系数则能够弥补这一不足，其计算公式为：

$$SK = \frac{\sum_{i=1}^{k}(x_i - \bar{x})^3 f_i}{\sum_{i=1}^{k} f_i} \div S^3$$

其中：$\frac{\sum_{i=1}^{k}(x_i - \bar{x})^3 f_i}{\sum_{i=1}^{k} f_i}$ 为三阶中心矩，S^3 为标准差的三次方。

可以看到，矩法偏度系数就是三阶矩与标准差的三次方之比。

同样，当 $SK=0$ 时，分布为对称分布；当 $SK<0$ 时，分布呈左偏分布，或称负偏态；当 $SK>0$ 时，分布呈右偏斜分布，或称正偏态。

二、峰态系数

在社会经济现象中，与正态分布曲线相比，许多变量数列分布曲线顶部的形态会有所不同，而这种差异通常具有重要的社会经济意义。

从本章前面两节中，我们已经了解到，集中趋势越明显，离散程度越小，频数分布的形状就越高耸；而集中趋势越不明显，离散程度越大，频数分布的形状就显得越加扁平。峰态系数就是用来反映数据分布峰值的高低，说明数据分布曲线的顶端尖削或扁平程度的系数。以正态分布为参照标准，比正态分布尖削的分布为尖峰分布，比正态分布扁平的分布为平顶分布。见图 4 －6。

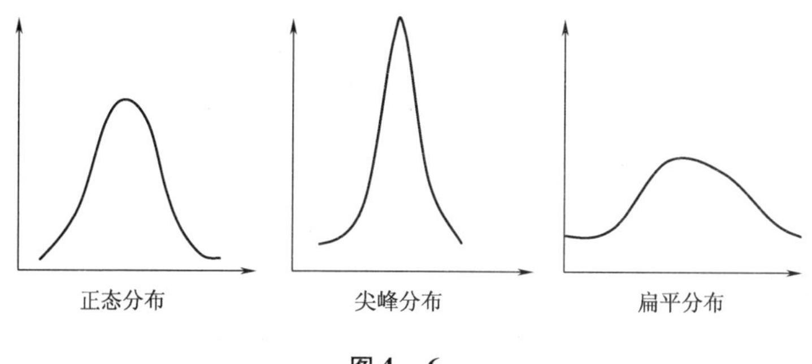

图 4 －6

峰态系数作为峰度的测量指标，常常可用标准差的四次方除以四阶中心矩的方法来计算，其计算公式是：

$$\beta = \frac{\sigma^4}{m_4}$$

其中：$m_4 = \frac{\sum_{i=1}^{k}(x_i - \bar{x})^4 f_i}{\sum_{i=1}^{k} f_i}$；$\sigma = \sqrt{\frac{\sum_{i=1}^{k}(x_i - \bar{x})^2 f_i}{\sum_{i=1}^{k} f_i}}$。

一般地，当 $\beta = 3$ 时，数据的分布峰度表现为与正态相同；当 $\beta > 3$ 时，为尖峰分布，表明数据分布曲线的顶部较正态分布曲线更为陡峭，且 β 越大，顶部就越陡峭；当 $\beta < 3$ 时，为平顶分布，表明数据分布在众数附近，比较分散，使得频数分布曲线的峰顶较正态分布曲线平缓，且 β 值越小，顶部就越平坦。

第四节　描述数据特征的统计量的计算与应用

本章前三节介绍了描述数据特征的统计量及计算方法与公式。在计算中，当数据较少时，我们可以利用计算器计算这些指标；而当数据较多时，我们可以直接采用相关的软件进行计算。

一、用 EXCEL 计算

例如，有如图 4－7 所示 X，Y 两组数据，在数据分析分析工具的菜单中，选择描述统计命令（见图 4－8），确定数据区域与输出区域后，按确定键即可得到计算结果（见表 4－7）。

	A	B	C	D	E	F	G	H	I
1	x	234	143	187	161	150	228	153	16
2	y	159	198	160	152	161	162	163	19

图 4－7

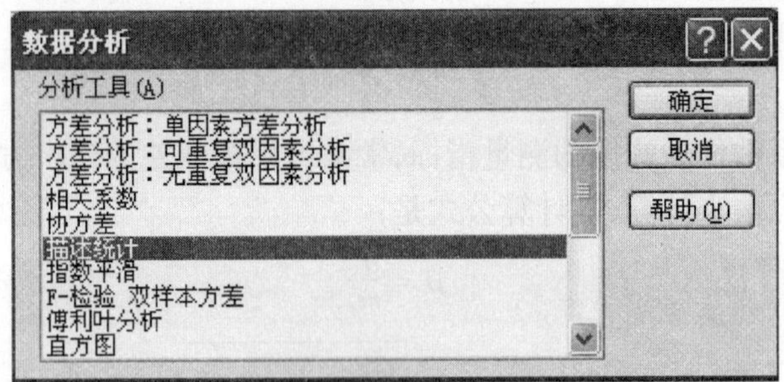

图 4－8

表 4－7

X		Y	
平均	181.83	平均	177.00
标准误差	5.87	标准误差	4.63
中位数	178.50	中位数	168.00
众数	187.00	众数	165.00
标准差	28.78	标准差	22.69
方差	828.32	方差	515.04
峰度	－1.11	峰度	0.72
偏度	0.34	偏度	1.33
区域	93.00	区域	81.00
最小值	141.00	最小值	152.00
最大值	234.00	最大值	233.00
求和	4 364.00	求和	4 248.00
观测数	24.00	观测数	24.00

计算结果显示出了两个变量的平均数、中位数、众数、标准差、方差、偏度系数、峰度系数等描述指标，这样我们就可以对两组数据的特征进行描述和对比分析了。

二、用 SPSS 软件计算

用 SPSS 软件计算的过程如下：

第一步，打开或输入数据后，在“Analyze”下拉菜单中，选择描述统计“Descriptive Statistics”，再选择“Descriptives”选项（见图 4－9）。

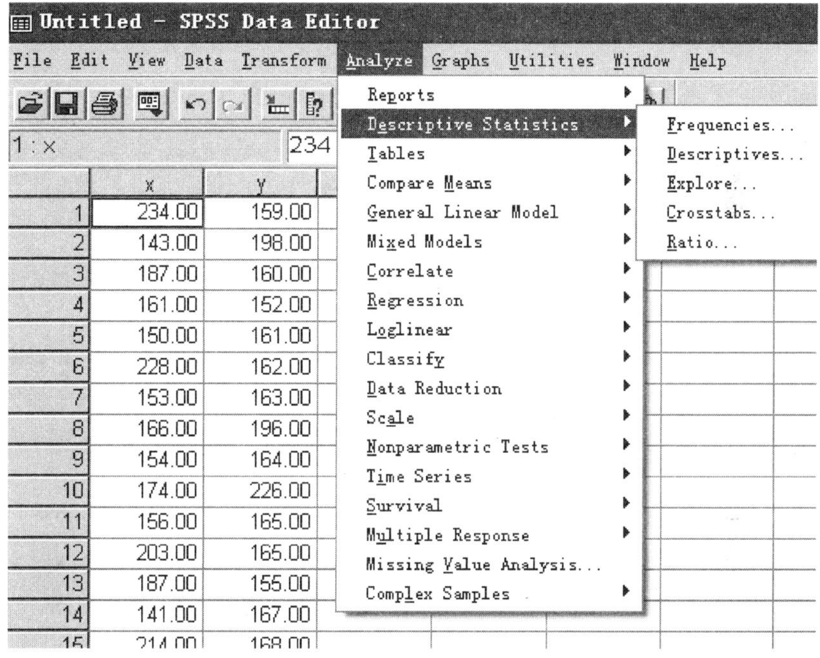

图 4－9

第二步，将要描述的数据变量点击选入“Variable”中（见图 4－10）。

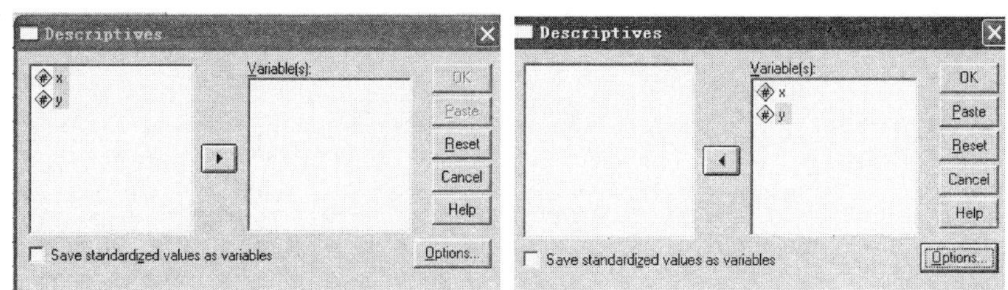

图 4－10

第三步,点击"OK",即可得到主要的数据描述统计量(见图4-11)。

Decscriptive Statistics

	N	Range	Mean	Std.	Variance	Skewness		Kurtosis	
						Statistic	Std. Error	Statistic	Std. Error
x	24	93.00	181.833 3	28.780 53	828.319	0.366	0.472	-1.107	0.918
y	24	81.00	177.000 0	22.694 57	515.043	1.333	0.472	0.718	0.918
Valid N (listwise)	24								

图4-11

思考与练习

1. 说明平均数、中位数和众数的特点及应用条件。

2. 说明反映数据离散程度的指标及其特点与应用条件。

3. 简要说明为什么要计算离散系数。

4. 如何理解权数的意义?在什么情况下,应用简单算术平均和加权算术平均计算的结果是一致的?

5. 已知某班级学生统计学课程的成绩如下:

92	75	62	90	62	84	92
84	74	86	71	95	72	84
81	75	76	74	92	90	76
62	63	77	81	88	92	82
86	71	83	83	71	88	93

计算该班考试成绩的描述统计量,并对其成绩进行综合分析。

6. 某企业某班组工人日产量资料如下表所示:

日产量分组(件)	工人数(人)
50~60	5
60~70	13
70~80	19
80~90	10
90~100	8
合　计	55

根据表中数据指出：

(1)表中变量数列属于哪一种变量数列；

(2)表中的变量、变量值、上限、下限、次数；

(3)计算组距、组中值、频率；

(4)计算平均数与标准差。

第五章　概率抽样与抽样分布

第一节　随机变量的概率分布

一、随机变量

考虑进行投掷一枚均匀的骰子的随机试验。在各次试验中，可能会出现不同的点数，因此，“出现的点数”是一个变量，它的可能取值为1，2，3，4，5，6中的一个。虽然在一次试验中到底出现哪一个点数是随机的，其具体结果不能准确地加以预料，但是，它取每一个值的概率却是确定的，皆为1/6。这样我们就可以用“出现的点数”这一变量的所有可能取值以及这些值出现的概率来描述这个随机现象。

随机试验的结果，多数情况下可以用数值描述，而用于描述试验结果的变量称为随机变量。例如，上面的“出现的点数”就是一个随机变量，它的所有可能取值即数据为1，2，3，4，5，6。再如，测量一群孩子的身高，这群孩子的“身高”就可看做是一个随机变量。但在有些情况下，试验结果本身表现为某种非数值的属性，如观察一群人的性别，其具体数据就表现为“男性”和“女性”；观察产品质量是否合格，其具体数据表现为“合格”与“不合格”；等等。在这种情况下，可用数字代表上面的数据，如用1代表男性，用0代表女性；用1代表合格，用0代表不合格等。对于随机变量，我们可以用 X,Y,Z 等表示。

在引进随机变量后，随机事件即随机试验的结果就可用随机变量的取值来表示，这样就把对随机事件及其概率的研究转化为对随机变量取值及其概率的研究，以便于分析、研究随机现象的数量规律。

按照随机变量的特性，通常我们可以把随机变量分为离散型随机变量和连续型随机变量两类。若随机变量 X 的所有可能取值可以一一列举，即所有可能取值为有限个或无限可列个，则称 X 为离散型随机变量；而如果随机变量 X 的所有可能取值不能逐个列举出来，而其所有可能值为某一区间(例如，一批电子元件的寿命就是在某一区间范围内)，这时称 X 为连续型随机变量。

二、离散型随机变量的概率分布

（一）离散型随机变量概率分布的表示方法

研究一个随机变量，需要知道它所有可能的取值以及取这些值的相应的概率。随机变量所有可能取值及其相应的概率称为随机变量的概率分布。作为概率分布，其必须满足两个基本条件：第一，每个变量值的概率均为非负；第二，所有可能取值的概率之和必须等于1（或100%）。

对于离散型随机变量 X，设其所有可能取值为 $x_1, x_2, \cdots, x_k, \cdots$，取这些值的概率依次为 $p_1, p_2, \cdots, p_k, \cdots$，其概率分布的表示方法主要有以下三种：

1. 公式法。具体为：

$$P\{X = x_k\} = p_k \qquad (k = 1, 2, \cdots)$$

2. 列表法（见表5－1）。

表5－1

X	x_1,	x_2,	$\cdots$	x_k,	$\cdots$
p	p_1,	p_2,	$\cdots$	p_k,	$\cdots$

3. 图示法。以横轴代表 X 取值，纵轴代表概率 P，将随机变量的取值和相应的概率形成的坐标点绘制在直角坐标系上，并将这些点与相应的横坐标上的 X 连接起来，即是离散型随机变量的概率图（见图5－1）。通常称 $P(X)$ 为随机变量 X 的概率函数。

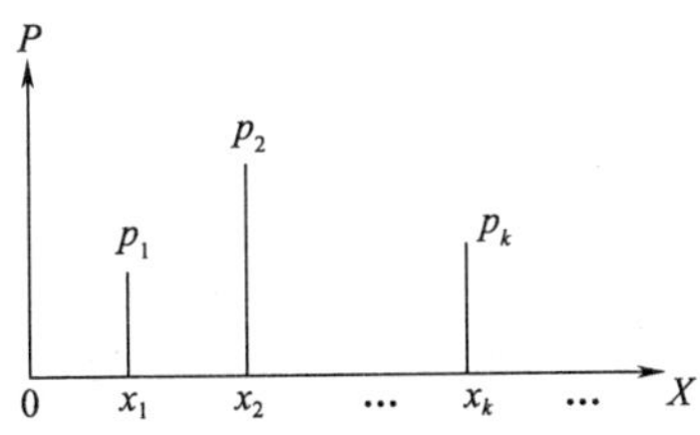

图5－1

离散型随机变量的概率分布被确定后，我们不仅可以知道它取各个可能值的概率，而且还可以求出它在某范围内取值的概率，所以，离散型随机变量的概率分布较好地描述了相应的随机试验。

（二）离散型随机变量的期望值与方差

虽然随机变量的概率分布包含了随机变量概率性质的一切信息，但在实践中,我们往往需要对随机变量的分布特征进行一些精练的、概括性的度量,如变量的中心位置及离散程度等等。为了获得概率分布的中心位置及变量变异程度或离散程度,我们需要计算随机变量的期望值和方差。

1. 离散型随机变量的期望值。

【例5-1】某企业有设备四台,一段时间内它们发生故障的次数如表5-2所示。

表5-2

设备(编号)	1	2	3	4
故障次数	3	0	2	2

则平均每台设备发生故障的次数为:

$$\frac{3+0+2+2}{4}=1.75(\text{次})$$

【例5-2】某台设备一段时间内发生故障的次数 X 以及相应的概率见表5-3。

表5-3

X	0	1	2	3
P	0.65	0.21	0.12	0.02

那么,该设备这段时间内平均发生故障的次数应为:

$$0\times0.65+1\times0.21+2\times0.12+3\times0.02=0.51(\text{次})$$

可以看到,例5-1中计算的是每台设备发生故障的平均数,它是普通的算术平均数;而在例5-2中是用概率做权数,计算的是加权算术平均数,这就是离散型随机变量的数学期望的概念。随机变量的期望值记为 $E(X)$,其计算公式是:

$$E(X)=\sum_i x_i p(X=x_i)=\sum_i x_i p_i$$

一个随机变量的数学期望是对该随机变量概率分布中心位置的度量,它反映了随机变量的平均取值。

描述统计中的平均数与随机变量的数学期望具有相似的性质和作用,即它们都是反映集中趋势的指标。但描述统计中的平均数是对某一组观察到的具体数据而言的,而随机变量的数学期望则是对某一抽象分布而言的,它代表了该类数据的总体水平,反映的并不是已观察到的数据,而是假设的潜在可能发生的数据。

2. 离散型随机变量的方差。随机变量的方差是用来反映随机变量取值的离散程度的。随机变量 X 的方差定义为 X 每一个取值与其期望值离差平方之期望值，记为$D(X)$。

离散型随机变量方差的计算公式是：

$$D(X)=E[X-E(X)]^2=\sum_i[x_i-E(X)]^2\cdot p_i=E(X^2)-(EX)^2$$

由方差的定义可知，若 X 的取值比较集中，则方差较小；若 X 的取值比较分散，则方差较大。

将 X 方差 $D(X)$ 开平方，则得到随机变量 X 的标准差。

【例 5－3】某企业在其销售的产品包装内设置了相应的奖项，其中一等奖 8%，奖金 50 元；二等奖 10%，奖金 30 元；三等奖 15%，奖金 10 元。求任意购买一件商品获奖金额的数学期望和方差。

解：X 所有的取值为 50，30，10，0，取这些值的概率 P 分别为 0.08，0.10，0.15 和 0.67。

计算数学期望：

$$E(X)=\sum_i x_ip_i=50\times0.08+30\times0.1+10\times0.15+0\times0.67=8.5$$

即每购一件商品，所中奖的平均奖金额为 8.5 元。

其次，计算 $E(X^2)$ 如下：

$$E(X^2)=\sum_i x_i^2p_i=50^2\times0.08+30^2\times0.1+10^2\times0.15+0^2\times0.67=305$$

则 X 的方差为：

$$D(X)=E(X^2)-(EX)^2=305-8.5^2=232.75$$

（三）常用的离散型随机变量的概率分布

1. 两点分布或 0－1 分布。设随机变量 X 只可能取 0 与 1 两个值，它们的概率分布是：

$$P(X=k)=p^k(1-p)^{1-k},k=0,1$$

则称 X 服从参数为 P 的两点分布。其数学期望值为 p，方差为$p(1-p)$。

2. 二项分布。实际问题中，有许多试验的所有可能结果只有两种，要么是“是”，要么是“否”，这时如果试验若干次，则结果为“是”的次数就是一个随机变量。与其相似的具有以下特征的试验称为贝努里试验：①试验包含了 n 次相同的试验；②每一次试验结果只有两个可能的结果：“是”或“否”，“成功”或“失败”，等等；③每次试验出现“是”的概率均为 p，“否”的概率为 $1-p$；④每次试验都是相互独立的；⑤试验结果为“是”或“否”是可以计数的，即试验结果对应一个离散型随机变量。

以 X 表示 n 次重复独立的贝努里试验中结果“是”出现的次数，则该次数服从二项分布，$X=k$ 的概率为：

$$P(X=k)=C_n^kp^k(1-p)^{n-k}\qquad(k=0,1,2,\cdots,n)$$

从上式中可以看出，当 $n=1$ 时，二项分布就转化为两点分布，所以，两点分布是二项分布的特殊情况，二项分布是两点分布的推广，二项分布在实践中有着广泛的应用。

可以证明，服从二项分布的随机变量的期望值和方差分别为：

$$E(X)=np, D(X)=np(1-p)$$

标准差为：

$$\sqrt{D(X)}=\sqrt{np(1-p)}$$

【例 5-4】若某企业 80% 职工的工资超过了平均工资，现从所有职工中采用重复抽样方式抽取 20 人，问 20 人中恰好有 16 人的工资超过平均工资的概率是多大？

解：我们把抽取一个职工进行调查作为一次试验，由于是采用重复抽样的方法，抽取 20 个职工可以看成是进行了 20 次独立的试验。抽取每一个职工其工资超过平均工资的概率为 0.8，则抽取 20 人有恰好有 16 人工资超过平均工资的概率为：

$$P(X=16)=C_{20}^{16}0.8^{16}\times(1-0.8)^{20-16}=0.218$$

而 20 人中工资超过平均工资的人数平均为：

$$E(X)=np=20\times0.8=16$$

方差为：

$$D(X)=np(1-p)=20\times0.8\times0.2=3.2$$

3. 泊松分布。泊松分布是很常见的一种分布，许多随机现象都服从泊松分布。例如，一匹布上疵点的个数，书中一页纸上印刷错误的个数，一天中进入某商店的人数，某段时间内仪器出现故障的次数，等等。

泊松分布常用来描述在一指定时间范围内或者在指定的面积、体积之内，某一事件出现的个数的分布。服从泊松分布的随机现象主要集中在社会生活和物理学领域。在社会生活中，又尤其适用于各种对服务的需求现象或排队现象。

设随机变量 X 可取无穷多个值 0，1，2，…，其概率分布为：

$$P(X=k)=\frac{\lambda^k}{k!}e^{-\lambda}\qquad(k=0,1,2,\cdots)$$

则称 X 服从参数为 λ 的泊松分布。其中，λ 的含义为给定的时间间隔内事件的平均数。可以证明：泊松分布的数学期望与方差均为 λ，即 $E(X)=\lambda$，$D(X)=\lambda$。

【例 5-5】假定某企业职工在周三请事假的人数 X 近似服从泊松分布，且设周三请事假的平均人数为 2.5 人。要求：

（1）计算周三请事假的人数 X 的标准差和期望值；

（2）在给定的某周三正好请事假的人数为 5 人的概率。

解：(1) X 的标准差 $=\sqrt{D(X)}=\sqrt{\lambda}=\sqrt{2.5}\approx 1.58$

X 的期望值 $=E(X)=\lambda=2.5$

(2) $P(X=5)=\dfrac{2.5^5 e^{-2.5}}{5!}=0.066\ 801$

三、连续型随机变量的概率分布

（一）概率密度函数与分布函数

1. 概率密度函数。由于连续型随机变量可以取某一区间或整个实数轴上的任意一点，所以，我们不能像对离散型随机变量那样，列出每一个变量值及其相应的概率，而必须用其他方法。当连续型随机变量分布曲线可以用数学函数形式 $f(x)$ 表示时，我们称 $f(x)$ 为概率密度函数。

概率密度函数应满足下面两个条件：

(1) $f(x)\geqslant 0$；

(2) $\int_{-\infty}^{+\infty} f(x)\,dx=1$。

需要指出的是，$f(x)$ 并不是一个概率，而是一个函数，$f(x)\neq P(X=x)$。连续型随机变量取任一个别值的概率为零，用分布数列或通项公式不仅不可能描述一个连续型随机变量，而且也无意义，这是与离散型随机变量不同的一个重要特征。另外，由于连续型随机变量取任一值的概率等于零，所以，连续型随机变量在任一区间上取值的概率与是否包含区间端点无关，即：

$$P(a<X<b)=P(a<X\leqslant b)=P(a\leqslant X<b)=P(a\leqslant X\leqslant b)=\int_a^b f(x)\,dx$$

连续型随机变量 X 在 a 与 b 之间的概率可以表示为概率密度函数 $f(x)$ 在 $[a,b]$ 区间上的曲线下方的面积，如图 5－2 所示。

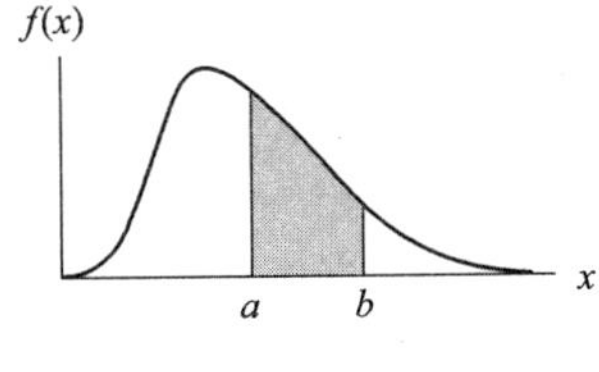

图 5－2

当连续型随机变量的概率密度函数确定后，可以通过定积分求得连续型随机变量在任一区间上取值的概率，所以，连续型随机变量的概率密度描述了相应的随机试验。

2. 分布函数。连续型随机变量也可以用分布函数 $F(x)$ 来表示，分布函数定义为：

$$F(x) = P(X \leqslant x) = \int_{-\infty}^{x} f(t)\,\mathrm{d}t \qquad (-\infty < x < +\infty)$$

它也是建立在概率密度 $f(x)$ 的基础之上的。因此，$P(a < X < b)$ 也可以写成：

$$\int_{a}^{b} f(x)\,\mathrm{d}x = F(b) - F(a)$$

分布函数与概率密度函数的关系是：分布函数对 x 的导数为概率密度，即：

$$F'(x) = f(x)$$

分布函数的概念看起来很抽象，实际上它具有明确的意义。它是一种概率，对任意给定的一个 x，$\{X \leqslant x\}$ 是一个随机事件，而 $F(x)$ 就是这一事件发生的概率。

分布函数具有以下基本性质：

(1) $0 \leqslant F(x) \leqslant 1$；

(2) $F(x)$ 是一个单调非减的函数（如图 5－3 所示）。

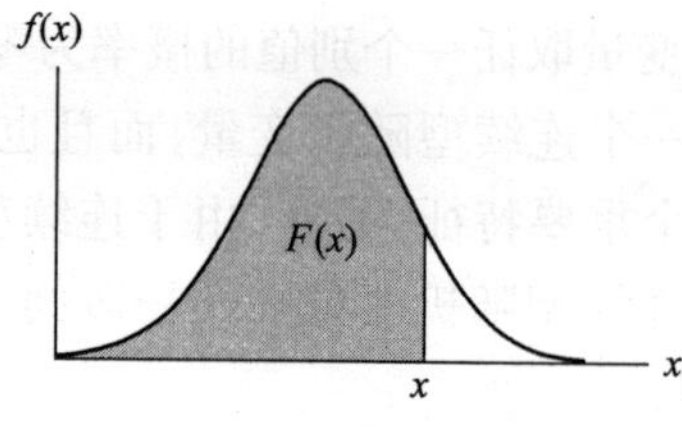

图 5－3

（二）连续型随机变量的期望值与方差

已知连续型随机变量 X 的概率密度为 $f(x)$，若 $\int_{-\infty}^{+\infty} xf(x)\,\mathrm{d}x$ 绝对收敛，则称其为 X 的数学期望，记作 $E(X) = \int_{-\infty}^{+\infty} xf(x)\,\mathrm{d}x$。

方差 $D(X)$ 如下：

$$D(X) = \int_{-\infty}^{+\infty} [X - E(X)]^2 f(x)\,\mathrm{d}x = E(X^2) - [E(X)]^2$$

（三）常见的连续型随机变量的概率分布

1. 均匀分布。如果随机变量 X 的概率密度函数为：

$$P(x) = \begin{cases} \dfrac{1}{b-a}, & a \leqslant x \leqslant b \\ 0, & \text{其他} \end{cases}$$

则称 X 服从区间[a , b]上的均匀分布,如图 5 - 4 所示。

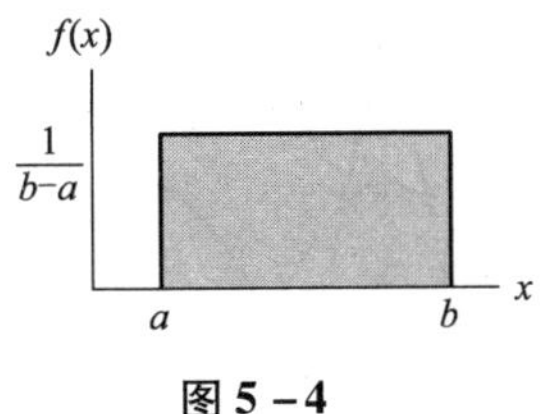

图 5 - 4

显然,服从均匀分布的随机变量在其取值范围[a,b]内的概率密度函数是一个常量,也就是说,均匀随机变量在其区间内取任何一个相等区间段数值的概率都相同,其在任何小区间上取值的概率的大小只与该小区间的长度成正比,而与该小区间的具体位置无关。

在区间[a,b]上均匀分布的随机变量 X 的数学期望和方差分别为:

$$E(X)=\frac{a+b}{2}$$

$$D(X)=\frac{(b-a)^2}{12}$$

2. 正态分布。正态分布是所有概率分布中最重要的一种分布,之所以这样说,是因为实践与理论两方面的原因。实践方面的原因在于其常见性,如产品的长度、宽度、高度,人体的身高、体重,测量的误差,等等,都近似服从正态分布。事实上,如果影响某一随机变量的因素很多,而每一个因素都不一定能起决定性作用,且这些影响因素可以叠加,那么,这一个随机变量就被认为是服从正态分布的。从理论上说,正态分布可以导出一些其他的分布,而有些分布在一定条件下又可近似地用正态分布来描述,因此,正态分布在理论研究与实际应用中均具有重要地位。

我们先来看正态分布及其特征。

(1)一般正态分布。如果随机变量 X 的概率密度是:

$$f(x)=\frac{1}{\sigma\sqrt{2\pi}}e^{-\frac{(x-\mu)^2}{2\sigma^2}}\quad(-\infty<x<+\infty)$$

则称 X 服从一般的正态分布,简称正态分布,记作 $X\sim N(\mu,\sigma^2)$。其中:μ 为随机变量 X 的期望值,σ 为 X 的标准差,它们是正态分布的两个参数。见图 5 - 5。

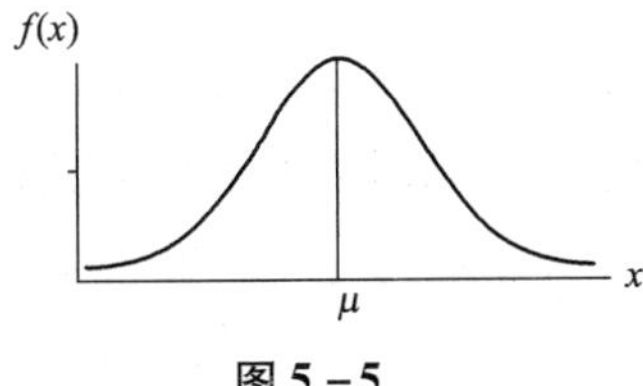

图 5 - 5

正态分布的概率密度$f(x)$具有以下性质(见图5-6):

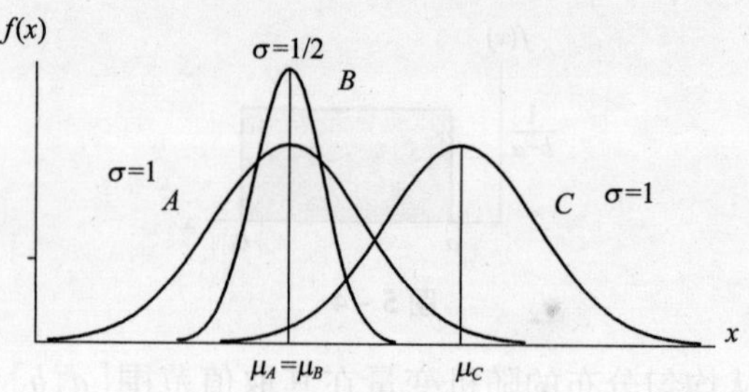

图5-6

第一,$f(x)\geqslant 0$,即整个概率密度曲线都在x轴的上方,且呈钟形;

第二,曲线$y=f(x)$关于直线$x=\mu$对称,并在$x=\mu$时达到极大值,$f(x)=\dfrac{1}{\sigma\sqrt{2\pi}}$;

第三,μ决定了图形的中心位置,曲线的陡缓程度由σ决定。σ越大,X的方差越大,曲线越平缓;σ越小,X的方差越小,曲线越陡峭;

第四,当x趋于无穷大时,曲线以x轴为其水平渐进线。

(2)标准正态分布。如果正态分布的期望值为0,方差为1,则称$f(x)=\dfrac{1}{\sqrt{2\pi}}e^{-\frac{x^2}{2}}$为标准正态分布,记为:$X\sim N(0,1)$。对于标准正态分布,通常用$\varphi(x)$表示概率密度,用$\Phi(x)$表示分布函数,即$\varphi(x)=\dfrac{1}{\sqrt{2\pi}}e^{-\frac{x^2}{2}}$,$\Phi(x)=\int_{-\infty}^{x}\dfrac{1}{\sqrt{2\pi}}e^{-\frac{t^2}{2}}dt$。

标准正态分布的概率密度函数的图形如图5-7所示。

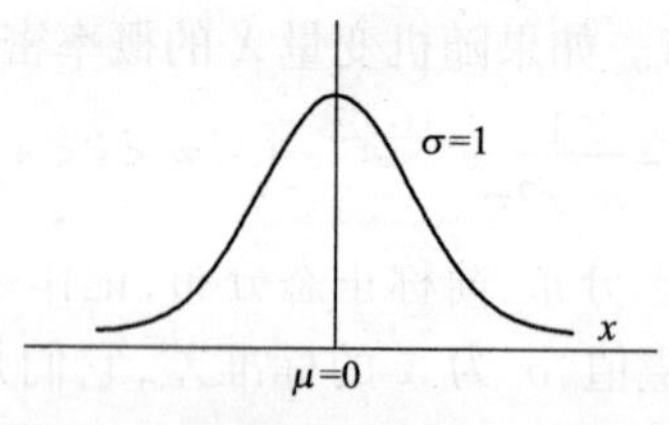

图5-7

标准正态分布的重要意义在于:任何一个一般的正态分布,都可以通过线性变换(即标准化变换)转换为标准正态分布。

设$X\sim N(\mu,\sigma^2)$,可以证明:$Z=\dfrac{X-\mu}{\sigma}\sim N(0,1)$。这就是将一般正

态分布转化为标准正态分布的公式。

我们再来看正态分布曲线下的面积和正态分布表。

可以证明：$\int_{-\infty}^{+\infty} f(x)\,\mathrm{d}x = 1$ 及 $\int_{-\infty}^{+\infty} \varphi(x)\,\mathrm{d}x = 1$，即正态曲线下的面积为1。

如果要直接计算一般正态分布曲线下的面积，需要采用积分的方法。除此以外，我们可以将服从一般正态分布的变量 X 转化为服从标准正态分布的变量 Z，然后利用标准正态分布表得到相应的结果。如图5－8所示。

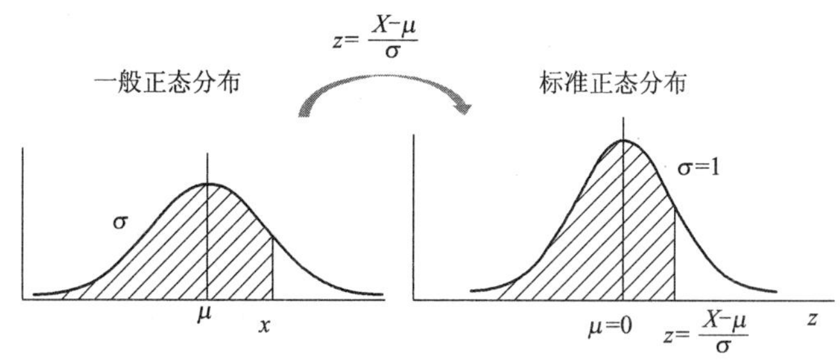

图5－8

对于标准正态分布，由 $\Phi(x)$ 的对称性可知：

$$\Phi(-x) = 1 - \Phi(x)$$

若 Z 服从标准正态分布，由于正态曲线下的面积为1，所以 $\Phi(0) = 1/2$，查本书附录——标准正态分布表可知，$P(Z < 1.5) = P(-\infty < Z < 1.5) = \Phi(1.5) = 0.9332$，则：

$$P(Z > 1.5) = 1 - P(Z < 1.5) = 1 - 0.9332 = 0.0668$$

$$P(|Z| < 1.5) = P(-1.5 < Z < 1.5) = \Phi(1.5) - \Phi(-1.5) =$$

$$\Phi(1.5) - [1 - \Phi(1.5)] = 2\Phi(1.5) - 1 = 2 \times 0.9332 - 1 = 0.8664$$

对于一般的正态分布，要计算其某一区间内的概率，需要首先将其转换为标准正态分布，然后按上面标准正态分布的方式查表计算即可。

【例5－6】设 $X \sim N(5, 3^2)$，求以下概率：

(1) $P(X \leqslant 10)$；

(2) $P(2 < X < 10)$。

解：

(1) $P(X \leqslant 10) = P\left(\frac{X-5}{3} \leqslant \frac{10-5}{3}\right) = P\left(\frac{X-5}{3} \leqslant 1.67\right) =$

$$P(Z \leqslant 1.67) = \Phi(1.67) = 0.9525$$

(2) $P(2<X<10)=P(\frac{10-5}{3})-P(\frac{2-5}{3})=\Phi(1.67)-\Phi(-1)=$

$\Phi(1.67)-[1-\Phi(1)]=0.9525-[1-(0.8413)]=0.7938$

【例5-7】设某种零件的长度服从正态分布，其平均长度为10毫米，标准差为0.2毫米，试问：

(1)从该批零件中随机抽取一件，其长度不到9.4毫米的概率是多少？

(2)为了保证产品质量，要求以95%的概率保证零件的长度在9.5～10.5毫米之间，这一要求能否得到保证？

解：已知 $X\sim N(10,0.2^2)$

(1) $P(X<9.4)=P(\frac{X-10}{0.2}<\frac{9.4-10}{0.2})=P(Z<-3)=1-\Phi(3)=0.0013$

(2) $P(9.5<X<10.5)=P(\frac{10.5-10}{0.2})-P(\frac{9.5-10}{0.2})=\Phi(2.5)-$
$\Phi(-2.5)=0.9876$

即可以用98.76%的概率保证该批零件的长度在9.5～10.5毫米之间。

若 X 服从二项分布，可以证明当 n 很大，而 $0<p<1$ 是一个定值时，$\frac{X-np}{\sqrt{np(1-p)}}$ 近似服从 $N(0,1)$，进一步可以得到：$P(a\leqslant X\leqslant b)\approx\Phi(\frac{b-np}{\sqrt{np(1-p)}})-\Phi(\frac{a-np}{\sqrt{np(1-p)}})$。这一正态近似很重要，它提供了计算二项分布概率的一种实用、简便的近似方法。

【例5-8】100台车床彼此独立地工作着，每台车床的实际工作时间占全部时间的80%，求：

(1)任一时刻，有70～86台车床在工作的概率；

(2)任一时刻，有80台以上车床在工作的概率。

解：将任一时刻观察每台车床是否工作看成是一次试验，依题可看做100重贝努里试验，每次试验成功（车床工作）的概率 $P=\frac{80}{100}=0.8$。

设 X 表示100台车床中工作着的车床台数，其期望值 $E(X)=np=100\times0.8=80$，标准差 $\sqrt{D(X)}=\sqrt{np(1-p)}=\sqrt{100\times0.8(1-0.8)}=4$。

于是：

(1) $P(70\leqslant X\leqslant86)=\Phi\left(\frac{86-80}{4}\right)-\Phi\left(\frac{70-80}{4}\right)=\Phi(1.5)-\Phi(-2.5)$

$=\Phi(1.5)+\Phi(2.5)-1=0.9270$

$$(2)P(X>80)=P(80<X\leqslant 100)=\Phi\left(\frac{100-80}{4}\right)-\Phi\left(\frac{80-80}{4}\right)=$$
$$\Phi(5)-\Phi(0)=1-0.5=0.5$$

第二节 概率抽样方法

一、基本概念

（一）总体与样本

在统计学中，我们把研究对象的全体称为总体，它可以是由具有某种共同性质的许多个体如企业、居民户、职工等组成，也可以是由某一现象的许多个别观察值所组成。总体是一个具有确切分布的随机变量 X，组成总体的每一个单位称为个体、元素或总体单位。

总体可以根据其所包含的总体单位的数目分为有限总体和无限总体。所谓有限总体，是指总体单位能够明确确定范围，而且单位的数目是有限可数的。如所要分析、研究的企业职工总体，一批待检验的灯泡，等等。而无限总体是指总体中包含的总体单位数是无限多的。如空气中的颗粒，可以无限延续下去的科学试验所产生的结果，等等。把总体区分为有限总体和无限总体，主要是为了判别在抽样过程中逐个抽取个体时，每次抽取是否独立。在无限总体中，抽取的每一个总体单位之间可以看作是独立的；而在有限总体抽取总体单位时，每次抽取不一定是独立的，它可能会受到以前抽取结果的影响。

样本是指按照一定的抽样原则从总体中抽取一部分单位的集合，抽取样本的目的是通过对样本的观察、研究，达到对总体的认识。

（二）概率抽样

我们在本书第二章已经提到过概率抽样的概念。为进一步阐述抽样分布的理论，在此再次提到概率抽样。所谓概率抽样，是指按照随机原则在总体中抽取样本的方法，这样抽取的样本称作随机样本。在这种抽样方法的基础上，我们可以根据抽样分布的理论与方法，用样本去推断总体，并对所得结果给出一定的置信度。

二、简单随机抽样

简单随机抽样是指对总体不作任何处理，完全按照随机原则，直接从总体全部单位中抽选出样本单位加以观察。简单随机抽样在抽取样本时,完全不受主观意志的支配,从理论上说,它最符合抽样调查的随机原则,是概率抽样的基本形式。简单随机抽样的具体方法有直接抽选法、抽签法、随机数字表法等。

(一)直接抽选法

直接抽选法就是直接从调查对象中随机抽选。例如,从水池中直接抽选一定数量的水样进行化验,从商品仓库中不同的地点取出若干同类商品的样本进行质量检验等。这种方法一般适用于小型总体,对于大型总体,很难实施此法。

(二)抽签法

抽签法是给总体的每个单位进行编码,然后从中抽选,直到抽够规定的数量为止。在理论上,此方法简单;但在实践中,在总体单位数目很多的情况下,用此方法编码工作量过大,另外,也很难将各单位搅动均匀,因此,这种方法也有其局限性。

(三)随机数字表法

随机数字表法是将0,1,2,. . . ,9这10个数字,按照随机原则编排成数字表,再利用随机数字表抽选样本单位。这种方法首先要对总体各单位进行编号,然后在随机数字表中任选一数字开始向任何方向数,遇到属于总体单位编号范围内的数字号码,就确定为样本单位,一直到抽够规定的样本单位数时为止。若是不重复抽样,则碰到重复的数字就舍去,并继续往下数。

简单随机抽样有两种抽样的方法:重复抽样和不重复抽样。重复抽样是指从总体中抽取一个单位后,把这个单位放回总体再抽取第二个单位,直至抽取第 n 个单位为止。这样,一个单位有可能被重复抽中,故称为重复抽样。不重复抽样是每次抽取一个单位后,不再将其放回总体,而在所有未入样的单位中等概率抽样,因此,每个总体单位不可能被重复抽中,故称为不重复抽样。若总体中单位数目为 N,从中抽取 n 个单位为样本,从排列组合的方式看,采用重复抽样的方法共有 N^n 个可能的样本;而采用不重复抽样的方法则有 $C_N^n=\frac{N!}{n!\ (N-n)!}$个可能的样本。

简单随机抽样的特点是:总体中每一个单位被抽中的机会均等,且方便简单,易于掌握。当我们要观察的总体各单位之间的数据差异程度不大时,或其数据本身分布均匀,或者我们对总体了解很少时,适合采用这种调查方式。如果各单位之间相差较大,则不宜采用此种方式。

简单随机抽样是抽样调查的最基本的形式,本书在介绍统计推断方法时,除特别说明外,均采用简单随机抽样方式。

三、分层抽样

分层抽样又称类型抽样或分类抽样。这种抽样方法是先将总体各单位按某一主要标志分层(组),而后在各层中按随机原则抽取若干个样本单位,由各层的样本单位组成一个样本。若总体中有单位数 N 个,将总体划分为 K 层,第 i 层总体单位数为 N_i 个($i=1,2,3,\cdots,k$),再从各层中随机抽取样本单位 n_i 个,构成样本。例如,我们的研究目标总体是人时,可以将人群按性别、年龄等分组,再分别从男性、女性人群中随机抽取具体人员,或从不同年龄人群中再随机抽取具体的被调查者构成样本。再如,要调查电视节目的收视率,可以将目标总体划分为城市和乡村后再进行随机抽样; 在农产品产量调查中,可按地形条件分为山区、丘陵、平原三层后再随机抽取;等等。当然,采用分层抽样,需要事先对总体有一定的认识,有某些资料可以利用,同时,还应该能够从各层中随机抽取一定的单位数。

分层抽样是将分组方法与随机抽样结合的抽样方法,是一种经常采用的方法,因为它具有如下优点:

第一,能够保证样本的代表性。因为在抽样前通过分层,可以把总体中某一标志特征比较接近的单位归为一层,将差异较大的分开,使各层的分布比较均匀,而且每一层中的各单位都有中选的机会,使样本更接近于总体的分布,从而可以保证所抽取的样本具有一定的代表性。如按收入水平分组的分层抽样,可以保证收入高、中、低的人群均有单位进入样本。

第二,适当地分配各层样本,可以较大地提高抽样的精度。由于分层抽样是在各层中抽选样本单位,按抽样推断的理论,内部差异越小,对总体的估计精度就越高。各层中各单位之间的差异本身就小于总体中所有单位之间的差异,而影响总体估计精度的主要是各层的层内差异,因而,在总体各单位之间差异较大时,运用分层抽样可以得到比用简单随机抽样更准确的估计结果。

第三,分层抽样可以按自然的地区或行政系统分层,从而使抽样的组织与实施比较方便,同时,分层抽样除了可以估计总体的水平外,还可对每一层的水平进行估计。例如,在调查消费支出水平时,利用按收入分层的分层抽样的样本,除了可以估计所有人的平均消费支出外,还可以对高、中、低等不同收入水平人群的消费支出分别进行估计,并进行比较分析。

采用分层抽样方法,在对总体分层以后,从各层抽取样本单位,可以根据各层的单位数等比例抽样,也可以不等比例抽样。所谓等比例抽样，就是从各层中按相同的比例抽取样本单位数，样本单位在各层的分配比例同总体单位在各层的分配比例相同。当总体中各层的层内差异显著时，为了提高样本的代表性，提高总体参数估计的精度和抽样效率，抽样时，对内部差异较大的层抽取的样本比例可以高一些，对内部差异较小的层抽取的样本比例可以低一些，这种方法称为不等比例抽样。

四、等距抽样

等距抽样又称机械抽样或系统抽样，它是将总体全部单位按某一标志特征排序，并在该序列中的前 N/n 个单元中随机抽取第一个样本单元，而后按固定的顺序和相等间隔在总体中抽取若干样本单位，构成样本。

等距抽样的最大优点在于，这种抽样方法组织形式简便，易于实施。在设计这种抽样方案和抽取样本单位时，只要具备所调查总体的基本资料，如总体单位的标号、名单或某些方面的数据等，便可利用这些基本资料构成总体抽样框，然后在此抽样框的基础上按相等的间隔抽取各样本单位。例如，在农村经济抽样调查、人口抽样调查和产品质量抽样检验中，就广泛地采用了等距抽样。

在已知总体某些相关信息的情况下，采用等距抽样能保证样本单位在总体中均匀地分布，从而提高样本对总体的代表性，有利于提高对总体参数估计的精度。例如，在我国农产品产量抽样调查中，总体单位按前三年或当年预计的粮食平均产量由低到高顺序排队，这时，总体各单位的粮食产量呈现线性变动趋势。按这种总体单位的顺序等距地从总体中抽取样本单位，这样的样本结构大致能反映出总体的结构，所以，能取得较好的抽样估计效果。

等距抽样要计算抽样间隔。间隔 d 等于总体单位数 N 除以样本单位数 n，即 $d=\frac{N}{n}$。

例如，从 10 000 名职工中抽取 2%（即将 200 名）进行调查，抽样间隔为 50，职工可按姓氏笔画排列，并在 1~50 名职工中随机抽取第一人，如抽中的第一个样本的顺序号是 5，则第二个样本单位顺序号则为 5 + 50 = 55 号，第三个样本单位的顺序号为 105，其余类推，最后一个样本单位的顺序号为 9955 号。

总体的排列顺序是针对总体单位的某一数据标志（即某一方面）而言的。当总体排队时所依据的数据标志不是所要调查的数据标志，或者与所要调查的数据无关或基本无关时，这种排序称为无关标志排队。例如，调查职工生活水平时将职工按其姓氏笔画排序，对产品质量检查按产品入库顺序排序等，都是无关标志排队。而当总体排序所依据的数据标志就是所要调查的项目，或与所要调查的项目有密切关系或有一定关系时，这种排队方法就称为有关标志排队。例如，对农产品产量进行调查，把地块按往年平均产量的高低排序；对职工家庭生活水平进行调查，按职工工资水平的高低进行排队等；都是按有关标志排队。按有关标志排队的等距抽样，其估计效果一般要好于无关标志排队的等距抽样。

等距抽样按样本单位抽选的方法不同，可分为随机起点等距抽样、半距起点等距抽样和对称等距抽样等。

（一）随机起点等距抽样

当抽样间隔 d 确定以后，在第一组（即前 d 个单位）随机抽选第一个样本单位，设顺序号为 a，则第二个样本单位的顺序号为 $d+a$，其余类推，第 n 个样本单位的顺序号为 $(n-1)d+a$。当总体各单位按无关标志排队时，随机起点等距抽样是可以应用的。当总体各单位按有关标志排序时，随机起点等距抽样可能会产生系统性误差，即偏大或偏小。

（二）半距起点等距抽样

这种抽样方法要求各样本单位都选在各组的中点。各样本单位的顺序号是：第一个样本单位的顺序号是 $\frac{d}{2}$，第二个样本单位的顺序号是 $d+\frac{d}{2}$，其余类推，则第 n 个样本单位的顺序号是 $(n-1)d+\frac{d}{2}$。无论按有关标志排序还是按无关标志排序，都可以采用这种方法。

此法的优点是简单易懂，易于实践。当总体按有关标志排序时，中间项的数值的代表性比较强，从而保证了样本对总体有充分的代表性。当总体排序确定后，样本量确定，则样本单位也随之确定。

（三）对称等距抽样

这种抽样方法要求在前 d 个单位中随机抽取第一个样本单位，假设该单位的顺序号为 a，然后在第二组与第一个样本单位对称的位置抽取第二个样本单位，它的序号为 $2d-a$。在第三组与第二组样本单位对称的位置抽取第三个样本单位，它的序号是 $2d+a$，以后抽出的样本单位序号依次为 $4d-a$, $4d+a$, $6d-a$, $6d+a$, …。此方法保留了半距起点等距抽样的优点，而且又避免了它的局限性，使其优点更加明显。

五、整群抽样

整群抽样是将总体各单位划分为若干群，然后以群为单位，从总体中随机抽取一部分群，对被抽中群内的所有单位进行全面调查。整群抽样对总体划分群的基本要求是:群与群之间不重叠,即总体中的任何一个单位只能属于某个群;全部总体单位毫无遗漏,即总体内的任一单位必属于某个群。总体中各群内所包含的单位数可以相同,也可以不相同。

整群抽样划分群的目的与分层抽样划分层的目的有很大的区别:分层抽样划分层的目的是将数据相近的总体单位划归同一层,从而减少层内单位的差异;分层抽样抽取的单位仍是总体的基本单位。例如,某城市进行居民住户调查,将该市居民户按某一标志特征划分为若干层,抽样调查的单位是居民户。而整群抽样划分群的目的是扩大总体"单位",抽取的单位不是总体的基本单位,而是总体的群单元。例如,调查城市居民住户,将该城市居民住户按居民委员会行政区域划分为若干群,抽样调查的单位是整个群,即对抽中的样本群中的全部居民住户进行全面调查。

整群抽样的优点主要是设计和组织抽样比较方便,能节省人力、财力、物力和时间。整群抽样的缺点是:相对于简单随机抽样,在相同的调查单位下,用整群抽样估计总体时,其估计精度相对较低。

六、多阶段抽样

当总体很大时,可以把抽样过程分为几个过渡阶段,到最后才具体抽到样本单位,这样的组织形式称为多阶段抽样。例如,二阶段抽样是将一个很大的总体划分为若干个样本群(称为一阶单位),而每群都包括许多个单位(称为二阶单位)。抽样时,先从总体中抽取若干一阶单位,再从抽中的一阶单位中抽取若干个二阶单位,进行调查观测和抽样推断。如果抽样是以更多个阶段进行,那么,可以继续在抽中的各二阶单位中抽取三阶单位,再从抽中的各三阶单位中抽取四阶单位……,以最后阶段单位作为样本的基本单位,这就形成了多阶段抽样。

例如,对我国职工家庭收支情况进行调查,第一阶段先抽选调查城市,第二阶段从中选的调查城市的各部门中抽取调查行政单位,第三阶段再从抽中的行政单位中抽选职工,确定具体的调查户,调查其每月实际生活收支情况。

多阶段抽样的主要优点是有利于抽样的组织和实施,可以提高抽样估计精度并满足各阶段对调查数据的需求。多阶段抽样还特别适用于大批量生产的产品检验,可以节约人力、物力和财力,因而在实践中得到了广泛的应用。

第三节 抽样分布与中心极限定理

一、总体分布

总体是一个具有确切分布的随机变量 X,总体分布就是 X 的分布。因此,总体分布是指研究对象这一总体的各单位标志变量的分布状况,即总体各单位数据分布状况的一种概括。研究对象的总体分布随客观情况而异,不同的客观对象具有不同的总体分布。如新生婴儿的性别,或是男性或是女性,二者必居其一,在概率分布中属于两点分布,根据以往的大量统计资料可以看到,男女性别比例大致相同,男婴略多于女婴。再如,人的身高一般近似地服从正态分布,接近平均身高的人较多,而特别高和特别矮的人都比较少,表现为中间多,两头少的布局。此外,统计资料表明,职工收入的分布一般属于正偏分布(见图 5-9),即中等及中下收入职工占大多数,而比较高和特别高收入的职工是少数。

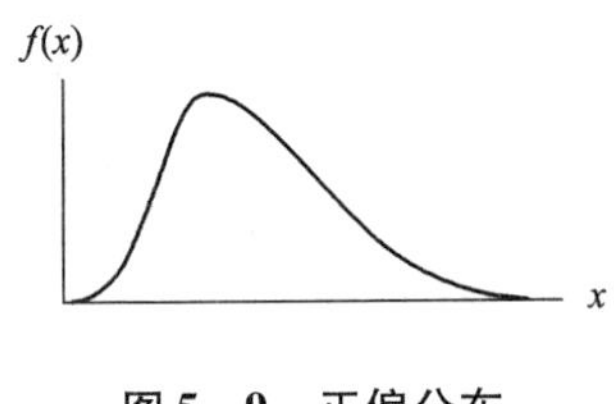

图 5-9 正偏分布

二、样本分布

如果我们能掌握总体分布,就能掌握总体的信息。但这往往比较困难。一般我们只能从总体中随机抽取样本,利用样本获取信息,从而去认识总体。当然,若从总体中抽取一个样本容量为 n 的样本,那么这个样本中所有单位的数据也是有差异的,并且形成一个分布,称之为样本分布。由于样本是从总体中抽取的,其中就包括总体的一些信息,所以,样本分布也称为经验分布。例如,某地区全部职工的收入服从正偏分布,如果从该地区全部职工中随机抽取人数为 n 的职工为样本,这 n 个职工的收入也存在一个分布,即样本分布。显然,随机抽取的样本,其分布一方面要受总体分布的制约,受总体分布的影响,一般应与总体分布相近似。例如,由于高收入及特高收入的职工相对较少,被抽中的概率相对较低,因而,随机抽中的职工中高收入者也相对较少。另一方面,由于样本的抽取是随机的,因而样本分布不可能与总体分布完全一致,特别是当抽取的单位数即样本容量比较小时,这种差别可能还比较大。当然,随着样本容量的增大,样本的分布会逐渐接近总体分布。

三、抽样分布

我们按随机的原则从总体中抽取样本的目的,是用样本统计量估计总体指标,如用样本平均数估计总体平均数,用样本比例估计总体比例,用样本方差估计总体方差,等等。但由于样本统计量是随机的,因而样本平均数、比例、方差随样本不同而不同,即样本统计是是随机变量。为了用样本统计量估计总体指标,我们需要研究样本指标围绕总体指标变动的规律性,研究样本统计量的分布,即抽样分布。

所谓抽样分布,是指抽取的总体单位数即样本容量 n 一定时,从总体中按随机抽样的原则,所有可能抽取的样本的统计量的分布,也称为样本统计量的概率分布。与样本分布是经验分布不同,抽样分布是一个理论分布。直观地看,如果总体单位数为 N,抽取样本的容量为 n,采用不重复抽样的方式,就有 C_N^n(不考虑顺序)或 P_N^n(考虑顺序)个可能的样本,每一个样本都可以计算一个样本的均值 $\bar{x}$、样本比例 p 和样本方差 s^2,这 C_N^n 个 $\bar{x}$,p 或 s^2 所形成的分布就是抽样分布。

【例 5-9】为了介绍方便,我们假设一个总体包括四个单位,其数值分别为 1,2,3,4。现从中随机抽取容量为 2 的简单随机样本,请列出样本均值 $\bar{x}$ 的分布,即 $\bar{x}$ 的抽样分布。

解:总体分布见表 5-4。

表 5-4

X	1	2	3	4
P	0.25	0.25	0.25	0.25

在重复抽样下,共有 $4^2=16$ 个可能的样本。由于每个样本被抽中的概率相同,均为 1/16,所有可能的样本及均值如表 5-5 所示。

表 5-5

样本单位 \ 均值 \ 样本单位	1	2	3	4
1	1	1.5	2	2.5
2	1.5	2	2.5	3
3	2	2.5	3	3.5
4	2.5	3	3.5	4

这样，样本均值的抽样分布见表 5 –6。

表 5 –6

均值	1	1.5	2	2.5	3	3.5	4
次数	1	2	3	4	3	2	1
概率	1/16	2/16	3/16	4/16	3/16	2/16	1/16

可见，总体分布表现为等概率分布，但其样本均值的抽样分布并不是等概率分布，即虽然样本分布与总体分布近似，但抽样分布与总体分布可能会有很大的差异。

四、中心极限定理

由于正态分布在统计学中具有特别重要的地位，因此，关于寻找极限分布函数为正态分布的普遍条件，即在什么条件下随机变量将趋近于正态分布，就成为人们非常关注的问题。由此，产生了有关此问题的定理，即中心极限定理。

中心极限定理证明了随着样本容量 n 的不断增大，无论原来的总体是否是正态分布，其样本均值将趋向于正态分布。在实际工作中，运用抽样推断去认识研究对象时，其总体分布不一定是正态分布，但只要样本容量足够大，其样本均值就趋向于正态分布，从而可以进行总体参数的各种估计和检验，因而可以说，中心极限定理在抽样推断中起着十分重要的作用。

实际应用中，究竟样本容量多大才能使样本均值趋向于正态分布，这一方面取决于样本总体分布的形状和偏离正态分布的程度，另一方面取决于样本统计量的性质。大量的实践和模拟证明：随着 n 的增大，样本均值趋向于正态的速度是相当快的，当 $n \geqslant 30$ 时，均值就可以近似地服从正态分布。

第四节　常用的抽样分布

一、样本均值 $\bar{x}$ 的抽样分布

均值是一个对总体进行描述的重要的度量指标，要想知道总体的均值，最常用的方法是从总体中抽取样本并根据样本来推断总体均值。因而，了解样本均值 $\bar{x}$ 的分布，对于认识、把握总体均值非常重要。要确定

一个分布,需要明确两个方面的问题,一是弄清它的概率分布的形式,二是要了解这一分布的一些主要特征。

(一)样本均值 $\bar{x}$ 的抽样分布形式

关于样本均值 $\bar{x}$ 的抽样分布形式,这与原有总体的分布及样本容量的大小有关:

1. 若原总体分布是正态分布,则不论样本容量大小,样本均值 $\bar{x}$ 的抽样分布都服从正态分布。

2. 若原总体分布是非正态分布,当从总体中抽取的是一个大样本,即一般认为 $n \geqslant 30$ 时,由中心极限定理可知,其样本均值 $\bar{x}$ 的抽样分布也近似服从正态分布。当从总体中抽取的是小样本,则样本均值 $\bar{x}$ 的抽样分布不一定近似正态分布,不能按正态分布去推断总体的均值。

(二)样本均值 $\bar{x}$ 分布的主要数量特征

关于样本均值 $\bar{x}$ 分布的主要数量特征,我们主要讨论其数学期望值与方差。抽样分布的这两个数量特征值不仅和原总体分布的均值和方差有关,而且还与抽样方法是重复抽样还是不重复抽样有关。

1. 样本均值 $\bar{x}$ 的抽样分布的数学期望比较简单,可以证明,无论是重复抽样还是不重复抽样,其数学期望始终等于总体均值,即 $E(\bar{x})=\mu$,其中 μ 是总体的均值。

2. 样本均值 $\bar{x}$ 的抽样分布的方差与抽样的方式有关:

第一,在重复抽样的条件下,样本均值 $\bar{x}$ 的抽样分布的方差为总体方差的 $1/n$,即 $D(\bar{x})=\dfrac{\sigma^2}{n}$;

第二,若为不重复抽样,则 $D(\bar{x})=\dfrac{\sigma^2}{n}\left(\dfrac{N-n}{N-1}\right)$,其中 $\left(\dfrac{N-n}{N-1}\right)$ 称为有限总体不重复抽样的修正系数。

综上所述,样本均值抽样分布的特征值如表 5-7 所示。

表 5-7 样本均值分布的主要数量特征

原总体均值和方差	抽样方式	$\bar{x}$ 的数学期望	$\bar{x}$ 的方差
有限总体(μ,σ^2)	重复抽样	μ	$\dfrac{\sigma^2}{n}$
有限总体(μ,σ^2)	不重复抽样	μ	$\dfrac{\sigma^2}{n}\left(\dfrac{N-n}{N-1}\right)$
无限总体(μ,σ^2)	重复抽样	μ	$\dfrac{\sigma^2}{n}$
无限总体(μ,σ^2)	不重复抽样	μ	$\dfrac{\sigma^2}{n}$

【例 5－10】某企业从一批电子元件中随机抽取了 64 个元件以测试其使用寿命。根据过去的经验，该企业生产的该种电子元件的标准差为 320 小时，要求计算样本平均寿命与总体均值相差 80 个小时以上的概率。

解：由于企业所生产的电子元件是大批量的，抽样比例虽然很小但已经是大样本，所以样本均值的抽样分布为正态分布，其均值为 μ，方差为 $\frac{\sigma^2}{n}$，根据题意，要求 $P(|\bar{x}-\mu|>80)$，计算时可以将其分解为两个部分，即：

$$(1)\ P(\bar{x}>\mu+80)=P\left(\frac{\bar{x}-\mu}{\sqrt{\sigma^2/n}}>\frac{\mu+80-\mu}{\sqrt{320^2/64}}\right)=P(Z>2)$$

$$(2)\ P(\bar{x}<\mu-80)=P\left(\frac{\bar{x}-\mu}{\sqrt{\sigma^2/n}}<\frac{\mu-80-\mu}{\sqrt{320^2/64}}\right)=P(Z<-2)$$

经过计算得到：$P(|Z|>2)=0.0456$，即样本平均寿命与总体均值相差 80 小时以上的概率为 4.56%。

二、样本比例 p 的抽样分布

在管理实践中，有大量的需要掌握有关比例的问题，如产品的次品率、合格率、电视的收视率等等。样本比例是在 n 个样本单位中具有某种特征的单位所占的比例：

$$p=\frac{1}{n}\sum_{i=1}^{n}x_i \qquad x=\begin{cases}1 & \text{具有某种特征}\\ 0 & \text{不具有某种特征}\end{cases}$$

p 是一随机变量，随着 n 的增大，p 近似正态分布。

其一，若采用重复抽样，其数学期望和方差分别为：

$$E(p)=P,D(p)=\frac{P(1-P)}{n}$$

p 的抽样分布为：

$$p\sim N\left(P,\frac{P(1-P)}{n}\right)$$

其二，若采用不重复抽样，其数学期望和方差分别为：

$$E(p)=P,D(p)=\frac{P(1-P)}{n}\left(\frac{N-n}{N-1}\right)$$

p 的抽样分布为：

$$p\sim N\left(P,\frac{P(1-P)}{n}\left(\frac{N-n}{N-1}\right)\right)$$

【例 5－11】某企业正常情况下生产产品的次品率为 8%，设产品的

批量较大，随机抽取100个产品进行检验，试求次品率在7%～9%的概率。

解：因为 $n=100$ 属于大样本，故样本比例 p 近似服从正态分布。同时由于抽样比例较小，修正系数$\frac{N-n}{N-1}$可以忽略。因此 p 的标准差为：

$$\sqrt{\frac{0.08\times0.92}{100}}=0.0271$$

这样：

$$P(0.07<p<0.09)=P\left(\frac{0.07-0.08}{0.0271}<Z<\frac{0.09-0.08}{0.0271}\right)=$$

$$P(-0.37<Z<0.37)=0.289$$

故产品次品率在7%～9%之间的概率为28.9%。

第五节　几个重要的小样本抽样分布

在实际应用中，由于受到人力、物力、财力等条件的限制，往往不一定能获取到大样本。同时，总体的方差也往往是未知的，要利用样本对总体指标进行推断，这就需要寻找总体方差未知且应用小样本情况下的抽样分布。

一、χ^2 分布

设 $X\sim N(\mu,\sigma^2)$，则 $Z=\frac{X-\mu}{\sigma}\sim N(0,1)$，令 $Y=Z^2$，则 Y 为自由度为1的χ^2 分布，记为 $Y\sim\chi^2(1)$。

进一步导出：当总体 $X\sim N(\mu,\sigma^2)$，从中抽取样本容量为 n 的样本，则：

$$\frac{\sum_{i=1}^{n}(x_i-\bar{x})^2}{\sigma^2}\sim\chi^2(n-1)$$

χ^2 分布通常可用于总体方差的估计和许多非参数检验。

二、t 分布

在抽样中设 X 服从正态分布，即 $X\sim N(\mu,\sigma^2)$，从中抽去容量为 n 的样本，则样本均值 $\bar{x}$ 的抽样分布为：$\bar{x}\sim N\left(\mu,\frac{\sigma^2}{n}\right)$，通过标准化，$Z=\frac{\bar{x}-\mu}{\frac{\sigma}{\sqrt{n}}}\sim$

$N(0,1)$为标准正态分布。

但当总体方差未知时，$t=\frac{\bar{x}-\mu}{S/\sqrt{n}}\sim t(n-1)$，称 t 服从自由度为 $n-1$ 的 t 分布。

t 分布类似正态分布，为一对称分布，但一般情况下较标准正态分布平坦和分散。当自由度增大时，t 分布也趋向于正态分布。因此，在总体方差未知但大样本时，即 n 较大时，$\frac{\bar{x}-\mu}{S/\sqrt{n}}$近似地服从标准正态分布。

t 分布广泛应用于正态总体方差未知且小样本时的估计和检验。

三、F 分布

设 U 是服从自由度为 n_1 的χ^2 分布的随机变量，即 $U\sim\chi^2(n_1)$；V 是服从自由度为 n_2 的χ^2 分布的随机变量，即 $V\sim\chi^2(n_2)$；且 U 和 V 相互独立。则 $F=\frac{U/n_1}{V/n_2}$服从自由度为 n_1 和 n_2 的 F 分布。

在抽样中，设总体 $X_1\sim N(\mu_1,\sigma^2)$，$X_2\sim N(\mu_2,\sigma^2)$，分别从中抽取容量为 n_1 和 n_2 的样本。则：

$$\frac{\sum_{i=1}^{n_1}(x_{1i}-\bar{x}_1)^2}{\sigma^2}=\frac{(n_1-1)s_1^2}{\sigma^2}\sim\chi^2(n_1-1)$$

$$\frac{\sum_{i=1}^{n_2}(x_{2i}-\bar{x}_2)^2}{\sigma^2}=\frac{(n_2-1)s_2^2}{\sigma^2}\sim\chi^2(n_2-1)$$

两个独立的χ^2 分布分别除以自由度后相比得到 F 分布，即：

$$\frac{\frac{(n_1-1)s_1^2}{\sigma^2}/n_1-1}{\frac{(n_2-1)s_2^2}{\sigma^2}/n_2-1}=\frac{s_1^2}{s_2^2}\sim F(n_1-1,n_2-1)$$

为正态总体下两个方差之比，所以也称为方差比分布。

F 分布广泛应用于方差分析、回归分析和协方差分析等。

思考与练习

1. 说明总体分布、样本分布和抽样分布的含义。
2. 解释中心极限定理的含义及其应用意义。
3. 样本统计量分布与总体分布的关系是什么？
4. 从均值 500，方差 225 的总体中，抽取一个样本容量为 100 的简单随机样本，其样本均值服从什么分布，样本均值的期望值与方差各是什么？

5. 举例说明随机抽样中的各种抽样方法的具体做法及其特点与应用条件。

6. 设离散型随机变量 X 的分布律如下表所示。

X	-1	0	1
P	$\frac{1}{4}$	$\frac{1}{2}$	$\frac{1}{4}$

求：

(1) $E(X)$；

(2) $E(X^2)$；

(3) $D(X)$。

7. 设一批某种零件的长度服从正态分布，其平均长度为 10cm，标准差为 1cm，试问：

(1) 从该批零件中随机抽取件，其长度不到 9.7cm 的概率是多少？

(2) 为了保证产品质量，要求以 95% 的概率保证零件的长度在 9.7～10.3cm 之间，这一要求能否保证？

第六章　参数估计

第一节　参数估计的基本问题

一、抽样推断及其基本概念

抽样推断就是从研究对象的全部单元中抽取一部分单元进行调查，从中取得数据，并从这些数据中获取信息，以此来推断全体，包括参数估计与假设检验。

所谓参数，从狭义上讲，是指决定某一理论分布的分布函数中一个或若干个数值，如正态分布的期望值 μ 和方差 σ^2，它决定了变量分布的形状、重心位置和离散程度。从广义上讲，参数反映的是总体数据特征和决定有关模型的数值，除数据分布的期望值和方差、总体数据的平均数、比例外，还包括诸如两个变量中回归模型的回归系数、相关模型中的相关系数，等等。统计是研究客观现象的数量表现及其规律性的学科，因此，其主要目的就是要取得各种参数。当然，了解参数的方法除了全面调查外，就是通过抽样调查，利用样本数据加以估计。例如，用所抽取的部分职工的工资计算平均数去估计全部职工的平均工资，用产品的抽样合格率估计全部产品的合格率，等等。

总体是客观现象或数据的全体，总体的范围一旦确定，参数就会确定，它是一个不变的常数。在对总体参数进行估计时，需要利用样本的统计量，这些统计量的具体值是根据样本数据计算得到的。样本的随机性决定了样本统计量是一个随机变量。这些用于估计总体参数的样本统计量即样本函数的名称，称为估计量。如样本的算术平均数是估计总体均值的估计量。而抽取一个样本并计算这个样本估计量所得到的数值，称为估计值，它是估计量的具体表现。

二、评价估计量的标准

估计总体参数时，需要设计相应的估计量。如对于总体均值，可以用不同的统计量来进行估计。然而在估计时，我们并不知道总体数据的均值，那么，如何找到最接近总体数据均值的估计量呢？在对总体参数进行估计时，需要选择一个好的估计量。选择估计量，需要比较不同估计量的抽样分布,因为抽样分布比较全面地概括了统计量的所有可能的结果。性质优良的估计量一般要满足以下几个方面的要求:

第一,估计量是随机变量,但是性质优良的估计量,即使它的取值会随着样本的随机性而随机波动,在总体上却应集中在参数真值的附近,围绕着参数的实际值而对称地变化,即估计量应不存在系统偏差。

第二,估计量数值的随机变化程度小,估计的效果比较好。

第三,当样本容量不断增大时,估计量的值要能稳步地趋向总体参数的实际值。

第四,样本数据来自于总体数据,它当然包含了总体的信息,这些信息构成了样本推断总体参数的依据。为了提高估计的精度,估计量要能充分地吸收样本中所包含的关于参数的信息。

第五,当假定的理论分布与总体数据的实际分布存在差距时,估计量的估计值不应受到太大的影响。

与上面的要求相对应,统计学家们在评价估计量时总结出五个评价标准,即无偏性、有效性、一致性、充分性和稳健性。实际应用中,尤其强调以下三个性质。

(一)无偏性

无偏性是指估计量抽样分布的数学期望等于总体的参数的值。假定总体有 N 个单位,按不重复、不考虑顺序方法随机抽取 n 个单位组成样本,则样本总数为 C_N^n,对每一个样本观察值,都可以计算一个统计量的值,如果 C_N^n 个估计值的平均数等于参数的真值,则称该统计量是无偏的。

设总体参数为 θ,所选择的估计量为$\hat{\theta}$,如果 $E(\hat{\theta})=\theta$,则称 $\hat{\theta}$ 为 θ 的无偏估计量。

如图 6－1 所示,左图中的估计量 $\hat{\theta}$ 的期望值为总体真值 θ,即 $E(\hat{\theta})=\theta$,为无偏估计量;而右图中的统计量 $\hat{\theta}$ 的期望值与总体真值不等,即$E(\hat{\theta})\neq\theta$,为有偏估计量。

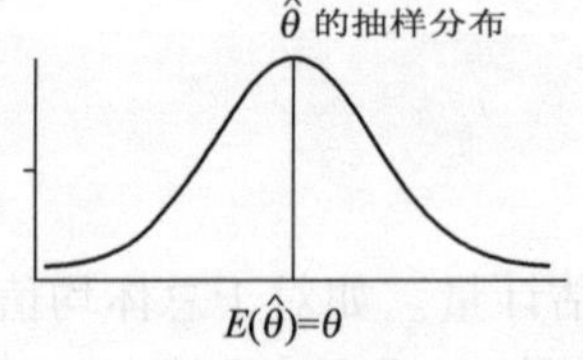

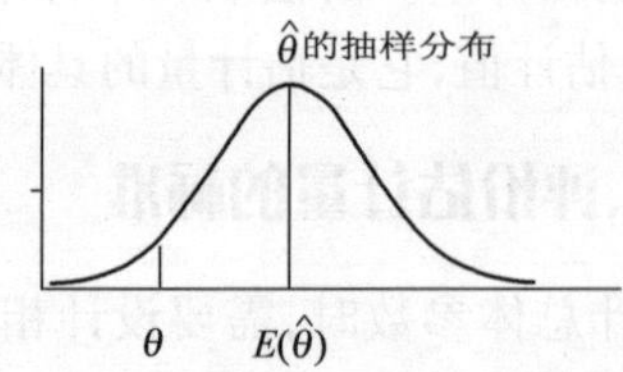

图 6－1　无偏估计量(左)和有偏估计量(右)

（二）有效性

有效性是指估计量的方差尽可能小。一个无偏的估计量并不意味着它就非常接近被估计的总体参数的真值。估计量的值与参数真值接近的程度是用估计量的方差来度量的。同一总体参数的两个无偏估计量相比，有更小方差的估计量为更有效估计量。

由图 6－2 可以看到，$\hat{\theta}_1$ 与 $\hat{\theta}_2$ 均是 θ 的无偏估计量，但 $\hat{\theta}_1$ 的方差比 $\hat{\theta}_2$ 的方差小，说明估计量 $\hat{\theta}_1$ 有更多的估计值将会落在总体参数真值的附近，即 $\hat{\theta}_1$ 比 $\hat{\theta}_2$ 更有效。

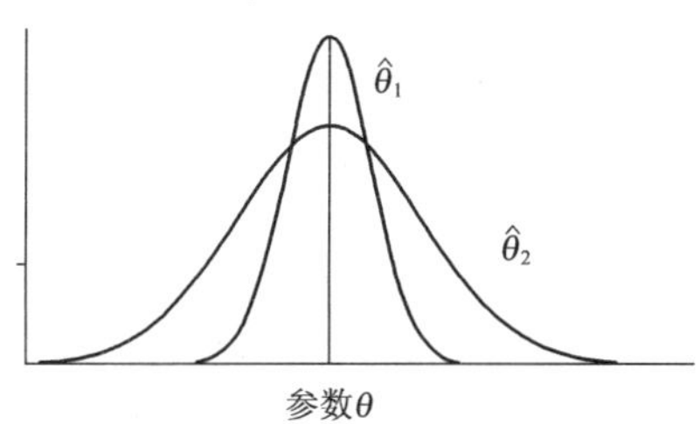

图 6－2　估计量 $\hat{\theta}_1$ 与 $\hat{\theta}_2$ 的抽样分布

（三）一致性

一致性是指随着样本容量的增大，即随着抽取的样本单元数的增多，估计量的估计值越来越接近于总体参数的真值。如果一个估计量是一致估计量，那么样本越大就越精确。因而可以通过增加样本容量来提高参数估计的精度和增加估计的可靠性。当然，如果不是一致估计量，抽取大样本无法提高估计的精度与可靠度，其结果就是浪费时间和费用。

三、点估计与区间估计

参数估计的方法有点估计和区间估计两种。

（一）点估计

点估计就是用估计量 $\hat{\theta}$ 的某个取值直接作为总体数据参数的估计值。如用随机抽取的部分职工的平均工资 $\bar{x}$ 直接作为全部职工平均工资的估计值，用抽取的部分学生的考试及格率直接作为全部学生考试的及格率的估计值，用抽取的部分产品的合格率直接作为全部产品合格率的估计值等等。

由于样本是随机抽取的，一个被抽中的具体的样本得到的估计值很可能不同于另一个（或另一次）样本的估计值，也很可能不同于总体参数的真值。点估计的缺陷是没有办法给出估计的可靠性，也无法确定点估计值与总体参数真值接近的程度，因为一个点估计量的可靠性是由其抽样分布的标准误差来衡量的。因此，我们对总体参数真值进行估计时，往往不能完全依赖于一个点估计值，而应围绕点估计值构造出总体参数的一个区间。

（二）区间估计

区间估计是在点估计的基础上给出总体参数估计的一个区间，该区间通常是由样本估计量的值即点估计值加减估计误差得到的。例如，从某批产品中随机抽取一个容量为 n 的样本，并计算得出样本的平均使用寿命为 1 000 小时，则该批产品平均寿命参数的点估计值为 1 000 小时。但在实践中，仅靠这样一个点估计值往往是不够的，全部产品平均寿命正好为 1 000 小时的可能性很低。若全部产品的使用寿命近似地服从正态分布，那么估计将会有一半产品的使用寿命达不到总体平均数，同时一半左右产品的使用寿命在平均数以上。因此，对总体参数的估计往往需要给出一个范围，即提出该批产品平均使用寿命的上限和下限，如 800 ~ 1 200 小时之间，这就是估计的区间。当然，如果只给出参数的可能取值范围，并没有明确指出参数究竟会取哪一个值，从这一点看，估计的区间似乎没有点估计那样清晰。但是，区间估计除了给出估计的区间外，还需要说明估计结果的置信程度，并能把估计的置信度与估计的区间有机地联系起来，这就是区间估计的好处。

从上面的描述可以看出，区间估计是指根据样本资料给总体参数划出一个大致的范围，以期该范围能够覆盖参数的真实值，在给出这一范围的同时，给出相应的概率，作为估计置信度的一个度量。

区间估计是用样本估计量的值去估计总体参数，由于估计量是随机变量，那么由估计量构成的区间也应是随机区间。既然是随机区间，它可能包含总体参数，也可能不包含总体参数。那么，该随机区间包含总体参数的可能性有多大呢？这种把估计区间与概率保证程度（置信度）联系起来的区间，称为置信区间。

设 $X_1, X_2, \cdots, X_n$ 为总体的一个样本，θ 为总体参数，由样本确定的估计量为 $\hat{\theta}_1 = \hat{\theta}_1(X_1, X_2, \cdots, X_n)$ 和 $\hat{\theta}_2 = \hat{\theta}_2(X_1, X_2, \cdots, X_n)$，对于给定的 $\alpha(0<\alpha<1)$，如果使 $P(\hat{\theta}_1 \leqslant \theta \leqslant \hat{\theta}_2) = 1-\alpha$ 成立，则称 $[\hat{\theta}_1, \hat{\theta}_2]$ 为 θ 的置信区间。其中 $\hat{\theta}_1$ 为置信区间的下限，$\hat{\theta}_2$ 为置信区间的上限，$1-\alpha$ 称为置信度或置信水平。

从经典统计学的角度来看，总体参数是确定的值，不存在是否会落在某个区间的问题，相反，倒是存在着建立的估计区间是否包含参数的真实值的问题。因为用样本构造的估计区间是不固定的，是一个随机区间，它会随着样本的不同而变化。在实际问题中，估计时往往只抽取一个样本，此时所构造的区间是与该样本相联系的在一定的置信水平下的置信区间，它有可能包含总体参数，也有可能不包含。置信度的含义可以直观地理解为：如果抽取 100 个样本，做 100 个置信区间，则将有$100(1-\alpha)$个区间包含总体参数的真值，而不包含参数真值的将平均有 100α 个区间。如图 6－3 所示。图 6－3 中间的横线表示总体均值真值，若从某总体中随机抽取 20 个样本，将会得到 20 个由样本所构造的置信区间，当置信度为 95% 时，这之中将有 19 个区间包含了总体参数（均值）的真值，一个（即样本 11）区间没有包含总体参数真值。当然，进行区间估计时，我们一般只抽取一次（个）样本，不可能抽取很多次，这时只能希望所构造的区间是大量包含总体参数真值区间的一个，但又无法避免它也有可能是少数几个不包含参数真值的样本区间中的一个。

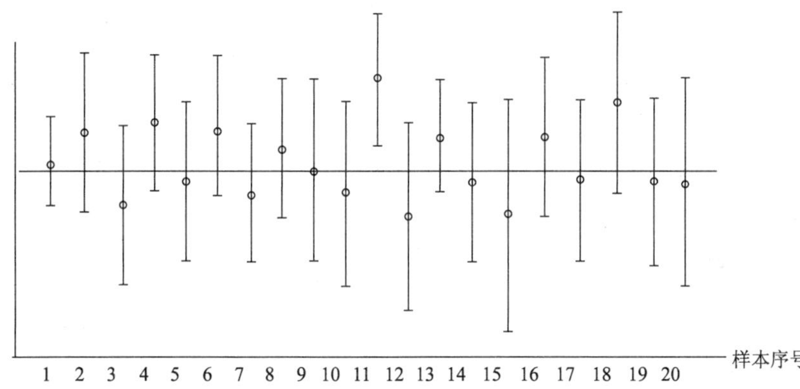

图 6－3　参数估计的 20 个置信区间

四、参数估计的原理

已知总体服从正态分布，即：$X \sim N(\mu,\sigma^2)$。若从总体中抽取一个容量为 n 的样本，则样本均值 $\bar{x}$ 的抽样分布为：$\bar{x} \sim N\left(\mu,\frac{\sigma^2}{n}\right)$，对其进行标准化，得到：

$$Z=\frac{\bar{x}-\mu}{\frac{\sigma}{\sqrt{n}}} \sim N(0,1)$$

那么,在$1-\alpha$的置信度下,有:

$$P\left(\left|\frac{\bar{x}-\mu}{\frac{\sigma}{\sqrt{n}}}\right|\leqslant Z_{\frac{\alpha}{2}}\right)=1-\alpha$$

或:

$$P\left(-Z_{\frac{\alpha}{2}}\leqslant\frac{\bar{x}-\mu}{\frac{\sigma}{\sqrt{n}}}\leqslant Z_{\frac{\alpha}{2}}\right)=1-\alpha$$

上式可以写成下面的形式:

$$P\left(\bar{x}-Z_{\frac{\alpha}{2}}\frac{\sigma}{\sqrt{n}}\leqslant\mu\leqslant\bar{x}+Z_{\frac{\alpha}{2}}\frac{\sigma}{\sqrt{n}}\right)=1-\alpha$$

即在$1-\alpha$的置信度下,总体参数的区间为:

$$\left(\bar{x}-Z_{\frac{\alpha}{2}}\frac{\sigma}{\sqrt{n}},\bar{x}+Z_{\frac{\alpha}{2}}\frac{\sigma}{\sqrt{n}}\right)$$

从上式可以得出:

当置信度为68.27%时,置信区间为$\left(\bar{x}-1\cdot\frac{\sigma}{\sqrt{n}},\bar{x}+1\cdot\frac{\sigma}{\sqrt{n}}\right)$;

当置信度为95%时,置信区间为$\left(\bar{x}-1.96\cdot\frac{\sigma}{\sqrt{n}},\bar{x}+1.96\cdot\frac{\sigma}{\sqrt{n}}\right)$;

当置信度为95.45%时,置信区间为$\left(\bar{x}-2\cdot\frac{\sigma}{\sqrt{n}},\bar{x}+2\cdot\frac{\sigma}{\sqrt{n}}\right)$;

当置信度为99.73%时,置信区间为$\left(\bar{x}-3\cdot\frac{\sigma}{\sqrt{n}},\bar{x}+3\cdot\frac{\sigma}{\sqrt{n}}\right)$。

可以看到,置信区间越大,估计结果即估计误差就越大;如果置信区间无限大,估计也就失去了意义。置信区间的大小与置信水平的高低存在着正向变动关系,要提高估计信度,估计区间当然越大越好,但置信区间的大小与估计的精确程度呈反向关系,因此,在样本大小一定的情况下,既要提高估计精度,降低估计的误差,又要保证较高的信度,并不容易做到。精度和信度是区间估计的一对矛盾,优良的区间估计不能仅偏重于某一方面的要求,而是要兼顾精度和信度。

第二节 一个总体参数的区间估计

虽然区间估计的原理相同,但当所具备的条件不同(如总体分布是否已知,总体方差是否已知,随机抽取的是大样本还是小样本,抽样方式是重复抽样还是不重复抽样,等等)时,总体参数估计的具体做法还存在差异。

一、一个总体均值的区间估计

已知 $x_1, x_2, \cdots, x_n$ 为来自均值为 μ，方差为 σ^2 的总体的一个随机样本，样本均值为 $\bar{x} = \frac{1}{n}\sum X_i$，要求在 $1-\alpha$ 的置信度下，对 μ 进行区间估计。

（一）样本来自于总体方差 σ^2 已知的正态分布总体

如果总体是正态分布，且总体方差 σ^2 已知，按上节区间估计原理所得到的区间估计公式，可知置信度 $1-\alpha$ 下的区间为：

$$\left(\bar{x} - Z_{\frac{\alpha}{2}}\frac{\sigma}{\sqrt{n}}, \bar{x} + Z_{\frac{\alpha}{2}}\frac{\sigma}{\sqrt{n}}\right)$$

其中，$Z_{\frac{\alpha}{2}}$与给定的置信度有关，可以通过查正态分布表得到。

一般地，总体均值的区间估计有如下几个步骤：

第一，确定置信度，也称为可靠性或把握程度。置信度的确定可以根据估计的需要确定，一般来说，在社会经济现象中，通常用95%就可以了。

第二，根据置信度并利用标准正态分布表确定 $Z_{\frac{\alpha}{2}}$值。

第三，抽取一个容量为 n 的样本。

第四，算出样本平均数 $\bar{x}$ 和样本平均数的标准差 $\sigma_{\bar{x}}$，在重复抽样时，样本平均数的标准差 $\sigma_{\bar{x}} = \frac{\sigma}{\sqrt{n}}$，有限总体不重复抽样时的标准差 $\sigma_{\bar{x}} = \frac{\sigma}{\sqrt{n}}\sqrt{\frac{N-n}{N-1}}$。

第五，构造置信区间：$\left(\bar{x} - Z_{\frac{\alpha}{2}}\frac{\sigma}{\sqrt{n}}, \bar{x} + Z_{\frac{\alpha}{2}}\frac{\sigma}{\sqrt{n}}\right)$。

【例6-1】某企业生产一批电子元件，为测量估计该批产品的平均耐用时间，从该批产品中采用重复抽样的方法抽取了250个元件，测量并计算出样本的平均耐用时间为6 500小时。已知该企业生产的电子元件服从正态分布，总体标准差为150小时，现要求以95%为置信度，构造该批电子元件的平均耐用时间的置信区间。

解：本题中，已知总体数据服从正态分布，总体方差已知，置信度为95%时 $Z_{\frac{\alpha}{2}} = 1.96$，所以，总体平均数的置信区间为：

$$\bar{x} \pm Z_{\frac{\alpha}{2}}\frac{\sigma}{\sqrt{n}} = 6\ 500 \pm 1.96 \cdot \frac{150}{\sqrt{250}} = 6\ 500 \pm 18.6$$

即在6 481.4～6 518.6小时之间。

（二）从非正态分布的总体中抽取一大样本，且总体方差 σ^2 已知

在很多情况下，我们估计的总体数据为非正态分布，但根据中心极限定理，当样本容量 n 足够大时，无论总体服从什么分布，$\bar{x}$ 的抽样分布将近似地服从正态分布。因此，这时我们可以用 $\left(\bar{x}-Z_{\frac{\alpha}{2}}\frac{\sigma}{\sqrt{n}},\bar{x}+Z_{\frac{\alpha}{2}}\frac{\sigma}{\sqrt{n}}\right)$ 来近似地计算出总体均值 μ 的置信区间。

例如，上例中，若不知道该批电子元件服从什么分布，但由于抽取了 $n=250$ 的大样本，同时根据历史数据又知道总体数据方差为150小时，这时的区间估计结果便与上面情况相同。

（三）从非正态分布的总体中抽取一大样本，且总体方差 σ^2 未知

若从总体中抽取一大样本，不论是来自何分布的总体，根据中心极限定理，样本统计量的抽样分布近似地服从正态分布，这样，利用样本均值估计总体均值置信区间的公式为 $\left(\bar{x}-Z_{\frac{\alpha}{2}}\frac{\sigma}{\sqrt{n}},\bar{x}+Z_{\frac{\alpha}{2}}\frac{\sigma}{\sqrt{n}}\right)$。但若总体方差 σ^2 未知时，则可以用样本的方差 S^2 作为总体方差的估计量，这时总体均值的置信区间为 $\left(\bar{x}-Z_{\frac{\alpha}{2}}\frac{S}{\sqrt{n}},\bar{x}+Z_{\frac{\alpha}{2}}\frac{S}{\sqrt{n}}\right)$。

（四）样本来自于总体方差 σ^2 未知的正态分布的总体

设 X 服从正态分布，即 $X\sim N(\mu,\sigma^2)$，从中抽取容量为 n 的样本，则样本均值 $\bar{x}$ 服从正态分布，即 $\bar{x}\sim N\left(\mu,\frac{\sigma^2}{n}\right)$，则 $Z=\frac{\bar{x}-\mu}{\frac{\sigma}{\sqrt{n}}}\sim N(0,1)$ 为标准正态分布。但是当总体方差未知时，用样本标准差 S 作为总体标准差 σ 的估计值，则 $\frac{\bar{x}-\mu}{S/\sqrt{n}}$ 服从自由度为 $n-1$ 的 t 分布。

然而，随着自由度的增大，t 分布也趋向于标准正态分布。因此，在总体方差未知但样本为大样本即 n 较大时，$\frac{\bar{x}-\mu}{S/\sqrt{n}}$ 近似地服从标准正态分布。根据样本均值的分布，我们可以得到总体参数的置信区间的公式：

1. 大样本下，置信度 $1-\alpha$ 下的区间为：

$$\left(\bar{x}-Z_{\frac{\alpha}{2}}\frac{S}{\sqrt{n}},\bar{x}+Z_{\frac{\alpha}{2}}\frac{S}{\sqrt{n}}\right)$$

2. 小样本下，置信度 $1-\alpha$ 下的区间为：

$$\left(\bar{x}-t_{\frac{\alpha}{2}}(n-1)\frac{S}{\sqrt{n}},\bar{x}+t_{\frac{\alpha}{2}}(n-1)\frac{S}{\sqrt{n}}\right)$$

【例 6-2】某电子元件厂要估计新型产品的平均使用寿命，在生产线上随机抽取了 9 个元件并进行了测试，取得了下面的数据（小时）：

5 100　5 100　5 400　5 260　5 400　5 100　5 320　5 180　4 940

假设产品使用寿命服从正态分布，要求以 95% 的置信度估计这种新产品的平均使用寿命的置信区间。

解：根据题目的已知信息得知，总体服从正态分布，总体方差 σ^2 未知，$n=9$ 为小样本。

经计算可得：样本均值 $\bar{x}=5\ 200$，样本标准差 $S=156.5$。

在置信度 95% 的要求下，$t_{\frac{\alpha}{2}}(9-1)=2.306$。

则置信区间（小时）为：

$$\bar{x}\pm t_{\frac{\alpha}{2}}(9-1)\frac{S}{\sqrt{n}}=5\ 200\pm 2.306\cdot\frac{156.5}{9}=(5\ 079,5\ 320)$$

二、一个总体比例的区间估计

总体比例是指总体中具有某种特征的单元所占的比例，它也是实际工作中常见的要估计的参数之一。例如，估计产品的合格率、对公共服务表示满意的人数占全部人员的比例、一片林木中受病害树木的比例、企业中亏损企业所占的比例等。它实际上是前面总体均值的一种特例，即反映每个样本单元特征的变量是一个定性变量，记为 X。当其具有某种特征（如产品为合格）时用 1 表示，不具有该种特征（如产品为不合格）时用 0 表示。若总体中包含有 N 个单元，则具有某种特征所占的比例（如合格率）$P=\frac{1}{N}\sum_{i=1}^{n}X_i$；若从中随机抽取 n 个单元作样本，则样本比例 $p=\frac{1}{n}\sum_{i=1}^{n}X_i$。可以证明，样本比例是总体比例的一个无偏估计量，可以在此基础上进行总体比例的区间估计。

当样本量足够大时，样本比例 p 近似地服从正态分布，期望值为 $E(p)=P$，方差为 $D(p)=\frac{PQ}{n}$，其中 $Q=1-P$。由于实际工作中总体比例 P 是未知的，我们所要估计的也正是这个总体比例 P，所以，区间估计时就需要用样本 p 来代替总体比例 P。

如果 nP 和 $n(1-P)$ 两者皆大于 5，并且 n 相对总体来说很小，则在置信度 $1-\alpha$ 下的总体比例的区间估计公式为 $p\pm Z_{\frac{\alpha}{2}}\sqrt{\frac{p(1-p)}{n}}$。

如果研究总体是有限的，尤其是抽样比例较大时，就要采用有限总体修正系数，从而总体比例的区间估计公式为 $p \pm Z_{\frac{\alpha}{2}}\sqrt{\frac{p(1-p)}{n}}\sqrt{\frac{N-n}{N-1}}$。

【例 6 －3】质检部门为检查某企业产品的合格率，在其所生产的产品中随机抽取了 120 个产品进行检验，检验结果为 120 个产品中有 114 个合格产品，样本合格率为 95%。用 95% 的置信度估计该企业产品合格率的置信区间。

解：已知 $n = 120$，$p = \frac{114}{120} = 95\%$，根据置信区间公式得：

$$p \pm Z_{\frac{\alpha}{2}}\sqrt{\frac{p(1-p)}{n}} = 0.95 \pm 1.96 \times \sqrt{\frac{0.95(1-0.95)}{120}} = 95\% \pm 1.99\%$$

即置信区间（93.01%，96.99%），也就是说，该企业产品合格率的置信区间为 93.01% ~96.99%。

三、一个总体方差的区间估计

现实中，我们有时需要对衡量数据之间差异程度或数据偏离总体平均水平程度的方差进行估计。如企业生产的电子元件的平均寿命虽然合乎要求，但若电子元件使用寿命的方差很大，那么这些产品的质量还是有问题的。因而，我们在了解其平均寿命的同时，往往还需要了解其总体方差或标准差的大小。

总体方差 σ^2 通常是未知的，需要我们通过样本数据对其进行估计。在总体正态分布的条件下，统计量 $\frac{(n-1)S^2}{\sigma^2}$ 近似地服从 $n-1$ 的 χ^2 分布，记作 $\chi^2(n-1)$。

在 $1-\alpha$ 的置信水平下，$\chi^2_{1-\frac{\alpha}{2}(n-1)} < \frac{(n-1)S^2}{\sigma^2} < \chi^2_{\frac{\alpha}{2}(n-1)}$。

通过不等式的变换，得到 σ^2 的置信区间如下：

$$\frac{(n-1)s^2}{\chi^2_{\frac{\alpha}{2}(n-1)}} < \sigma^2 < \frac{(n-1)s^2}{\chi^2_{1-\frac{\alpha}{2}(n-1)}}$$

【例 6 －4】电子元件厂从企业生产的产品中随机抽取了 31 个产品并进行了测试，根据样本数据计算的使用寿命的方差为 300 小时，要求：

（1）构造 σ^2 的 95% 的置信区间；

（2）构造 σ 的 95% 的置信区间；

（3）回答构造上述区间时作了何种假设。

解：根据已知条件可知：样本方差 $s^2 = 300$，$n-1 = 31-1 = 30$，查自由度为 30 的 χ^2 分布表得到：$\chi^2_{\frac{\alpha}{2}} = \chi^2_{0.025}(30) = 46.979$，$\chi^2_{1-\frac{\alpha}{2}} = \chi^2_{0.975}(30) = 16.791$。

(1)代入公式得:

$$\frac{(31-1)\times 300}{46.979}<\sigma^2<\frac{(31-1)\times 300}{16.791}$$

$$191.6<\sigma^2<536$$

即 σ^2 的95%的置信区间为191.6～536小时;

(2)总体标准差的置信区间为13.8～23.15小时;

(3)在对总体方差的置信区间进行估计时,假设总体分布近似地服从正态分布。

第三节 两个总体参数的区间估计

在实际生活与工作中,我们经常要对来自两个不同总体的平均数进行比较,如比较两个地区职工的平均工资、两个单位的产品合格率,或是两个品牌产品的使用寿命,等等。但是在比较时,我们往往无法直接得到总体的数据,因而只能通过样本数据进行估计。

一、两个总体均值的区间估计

设 $x_1,x_2,\cdots,x_n$ 为来自均值为 μ_x,方差为 σ_x^2 的总体的随机样本,$y_1,y_2,\cdots,y_m$ 为来自均值为 μ_y,方差为 σ_y^2 的总体的随机样本,且相互独立,$\bar{x},\bar{y}$ 分别为两个样本的平均值,$S_{\bar{x}}^2,S_{\bar{y}}^2$ 为样本方差。

(一)两个总体服从正态分布且方差已知

当两个总体均服从正态分布,$\bar{x}-\bar{y}$ 也服从正态分布,或者不管两个总体是否服从正态分布,只要被抽出的两个随机样本相互独立,而且样本容量足够大,那么,根据中心极限定理,样本平均数之差的抽样分布就逼近正态分布,即:

$$\bar{x}-\bar{y}\sim N(\mu_x-\mu_y,\frac{\sigma_x^2}{n}+\frac{\sigma_y^2}{m})$$

这样:

$$\frac{(\bar{x}-\bar{y})-(\mu_x-\mu_y)}{\sqrt{\frac{\sigma_x^2}{n}+\frac{\sigma_x^2}{m}}}\sim N(0,1)$$

那么,$1-\alpha$ 置信水平下两总体均值之差 $\mu_x-\mu_y$ 的置信区间为:

$$(\bar{x}-\bar{y})\pm Z_{\frac{\alpha}{2}}\sqrt{\frac{\sigma_x^2}{n}+\frac{\sigma_x^2}{m}}$$

【例6-5】从两地各随机抽取25户居民家庭,调查其子女一个月的课外教育费用支出。利用样本数据计算得到:A 地平均消费支出 450 元,B 地平均消费支出 325 元。已知两个地区居民子女课外教育费用支出均服从正态分布,且 A 地总体方差为 750,B 地总体方差为 850,试构造两地区居民家庭在子女课外教育平均支出差异的置信区间(置信水平 95%)。

解:由于两总体均服从正态分布,因此 $\bar{x}_A-\bar{y}_B$ 服从正态分布,根据上面区间估计公式得到:

$$(\bar{x}_A-\bar{x}_B)\pm Z_{\frac{\alpha}{2}}\sqrt{\frac{\sigma_A^2}{n}+\frac{\sigma_B^2}{m}}=(450-325)\pm1.96\times\sqrt{\frac{750}{25}+\frac{850}{25}}=(109.32,140.68)$$

即两地区居民家庭子女课外教育费用平均支出之差的 95% 的置信区间是 109.32 元到 140.68 元之间。

(二)两个总体服从正态分布,总体方差未知但相等

如果两个总体均服从正态分布,总体方差未知但已知它们相等,从这两个总体中各随机抽取一个独立的随机样本时,要构造 $\mu_x-\mu_y$ 的置信区间,首先要利用样本数据计算出它们的共同方差 σ^2 的估计值 s_p^2。对此,通常可以采用两个样本方差的加权平均数,权数则是它们的自由度,即:

$$s_p^2=\frac{(n-1)s_x^2+(m-1)s_y^2}{n+m-2}$$

这时,$\bar{x}-\bar{y}$ 的标准差为:

$$\sqrt{\frac{s_x^2}{n}+\frac{s_x^2}{m}}=s_p\sqrt{\frac{1}{n}+\frac{1}{m}}$$

可以证明:$t=\dfrac{(\bar{x}-\bar{y})-(\mu_x-\mu_y)}{s_p\sqrt{\frac{1}{n}+\frac{1}{m}}}$服从自由度 $n+m-2$ 的 t 分布。

这样,可以估计 $\mu_x-\mu_y$ 的置信区间,其估计公式为:

$$(\bar{x}-\bar{y})\pm t_{\frac{\alpha}{2}(n+m-2)}s_p\sqrt{\frac{1}{n}+\frac{1}{m}}$$

或:

$$(\bar{x}-\bar{y})\pm t_{\frac{\alpha}{2}(n+m-2)}\sqrt{\frac{(n-1)s_x^2+(m-1)s_y^2}{n+m-2}}\cdot\sqrt{\frac{1}{n}+\frac{1}{m}}$$

【例 6-6】某企业有两台生产同一种产品的机器设备,为分析两台机器所生产的产品重量的差异,从两台机器所生产的产品中分别随机抽取 11 个和 21 个产品作为样本,并对产品重量进行了测量。根据测量结果计算得到:$\bar{x}=610$ 克,$\bar{y}=595$ 克,$s_X^2=18$,$s_Y^2=20$,已知两台机器生产均处正常状态,其产品重量均近似服从正态分布,且方差相同,试构造 μ_x-

μ_y 的 95% 的置信区间。

解：根据总体方差相等的假设，可以计算出共同方差 σ^2 的估计值 s_p^2：

$$s_p^2=\frac{(n-1)s_x^2+(m-1)s_y^2}{n+m-2}=\frac{(11-1)\times 18+(21-1)\times 20}{11+21-2}=19$$

$\mu_x-\mu_y$ 的置信区间为：

$$(\bar{x}-\bar{y})\pm t_{\frac{\alpha}{2}(n+m-2)}s_p\sqrt{\frac{1}{n}+\frac{1}{m}}=(610-595)\times 2.042$$

$$\times\sqrt{19}\times\sqrt{\frac{1}{11}+\frac{1}{21}}=15\pm 3.313$$

根据计算得到，两台机器设备生产的产品的重量差的 95% 的置信区间为 11.68 ~ 18.31 克之间。

（三）两个总体服从正态分布，总体方差未知且不等

两个总体服从正态分布，总体方差未知且不等时，统计量 $t'=\dfrac{(\bar{x}-\bar{y})-(\mu_x-\mu_y)}{\sqrt{\dfrac{s_x^2}{n}+\dfrac{s_x^2}{m}}}$ 不再服从自由度 $n+m-2$ 的 t 分布。解决这一问题的办法可以采用修正的方法调整自由度，自由度调整的公式是：

$$df=\frac{\left(\dfrac{s_x^2}{n}+\dfrac{s_y^2}{m}\right)^2}{\dfrac{(s_x^2/n)^2}{n-1}+\dfrac{(s_y^2/m)^2}{m-1}}$$

这时统计量 $t'=\dfrac{(\bar{x}-\bar{y})-(\mu_x-\mu_y)}{\sqrt{\dfrac{s_x^2}{n}+\dfrac{s_x^2}{m}}}$ 近似服从于自由度为 df 的 t 分布，这样，$\mu_x-\mu_y$ 的置信区间为：

$$(\bar{x}-\bar{y})\pm t_{\frac{\alpha}{2}}(df)\sqrt{\frac{s_x^2}{n}+\frac{s_y^2}{m}}$$

上例中，若两个总体的方差不等，构造 $\mu_x-\mu_y$ 的置信区间方法如下：

首先计算自由度：

$$df=\frac{\left(\dfrac{s_x^2}{n}+\dfrac{s_y^2}{m}\right)^2}{\dfrac{(s_x^2/n)^2}{n-1}+\dfrac{(s_y^2/m)^2}{m-1}}=\frac{\left(\dfrac{18}{11}+\dfrac{20}{21}\right)^2}{\dfrac{(18/11)^2}{10}+\dfrac{(20/21)^2}{20}}\approx 23$$

查 t 分布表，当自由度 23，置信度 95% 时，$t=2.07$。

代入区间估计的公式得：

$$(\bar{x}-\bar{y})\pm t_{\frac{\alpha}{2}}(df)\sqrt{\frac{s_x^2}{n}+\frac{s_y^2}{m}}=(610-595)\pm 2.07\times\sqrt{\frac{18}{11}+\frac{20}{21}}=15\pm 3.33$$

即两台机器设备生产的产品的重量差的95%的置信区间为(11.67, 18.33)。

(四)两个总体不服从正态分布且总体方差未知

对于不服从正态分布的两个总体,往往依据中心极限定理随机抽取大样本,如果两个总体方差未知,就用样本方差 s_x^2 和 s_y^2 分别作为总体方差 σ_x^2 和 σ_y^2 的估计值,当两个样本容量足够大时,$\mu_x - \mu_y$ 的置信区间估计公式是:

$$(\bar{x}-\bar{y}) \pm Z_{\frac{\alpha}{2}}\sqrt{\frac{s_x^2}{n}+\frac{s_y^2}{m}}$$

二、两个总体比例的区间估计

为了估计两个总体比例之差 $P_1 - P_2$,我们可以从每一个总体中各抽取一个随机样本,计算两个样本的比例之差 $p_1 - p_2$,并根据 $p_1 - p_2$ 的分布进行置信区间估计。

当两个样本容量 n_1 和 n_2 都很大,且总体比例不太接近于0或1时,两个独立样本的 $p_1 - p_2$ 的抽样分布近似地服从正态分布,其期望值为 $P_1 - P_2$,标准差为:

$$\sigma_{p_1-p_2}=\sqrt{\frac{P_1(1-P_1)}{n_1}+\frac{P_2(1-P_2)}{n_2}}$$

由于总体比例为未知参数,所以可以用样本标准差 $s_{p_1-p_2}$ 作为总体标准差的估计量,计算公式是:

$$s_{p_1-p_2}=\sqrt{\frac{p_1(1-p_1)}{n_1}+\frac{p_2(1-p_2)}{n_2}}$$

于是,两总体比例之差的置信区间估计公式为:

$$(p_1-p_2) \pm Z_{\frac{\alpha}{x}}\sqrt{\frac{p_1(1-p_1)}{n_1}+\frac{p_2(1-p_2)}{n_2}}$$

【例6-7】为了分析新职工和老职工在生产产品质量方面的差异,分别在新职工和老职工中随机抽取了200件产品和220件产品,经检测得到新职工产品的非优等品率为15%,而老职工产品的非优等品率为3%,试在95%的置信度下估计新老职工产品质量差异的置信区间。

解:根据已知条件:$n_1 = 200, n_2 = 220$;$p_1 = 15\%, p_2 = 3\%$;置信度95%时,$Z_{\frac{\alpha}{2}} = 1.96$。

两个总体比例之差的置信区间为:

$$(p_1-p_2) \pm Z_{\frac{\alpha}{x}}\sqrt{\frac{p_1(1-p_1)}{n_1}+\frac{p_2(1-p_2)}{n_2}}=$$

$$(0.15-0.03) \pm 1.96 \times \sqrt{\frac{0.15\times0.85}{200}+\frac{0.03\times0.97}{220}}=$$

$$0.12 \pm 0.053$$

即新老职工产品非优等品率之差的95%的置信区间是(6.7%，17.3%)，说明老职工生产的产品质量明显好于新职工生产的产品质量。

三、两个正态总体方差比的区间估计

实际问题中，经常会遇到比较两个总体方差的问题。比如，希望比较两个地区居民收入差距的大小，比较两台机器设备加工产品的精度及生产的稳定性，等等。

由于两个样本方差比服从自由度为 n_1-1,n_2-1 的 F 分布，可以用 F 分布来构造两个总体方差 $\frac{\sigma_1^2}{\sigma_2^2}$ 的置信区间(置信区间见图6-4)。

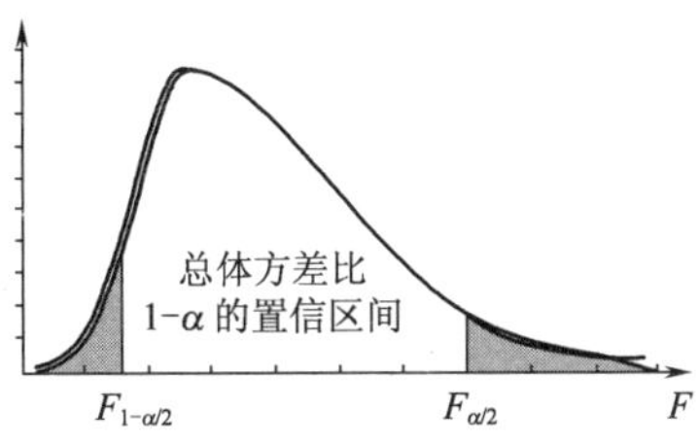

图6-4 总体方差比的置信区间

建立两个总体方差比的置信区间，也就是要找到一个 F 值，使其满足 $F_{1-\alpha/2}(n_1-1,n_2-1)\leqslant F\leqslant F_{\alpha/2}(n_1-1,n_2-1)$。由于 $\frac{s_1^2}{s_2^2}\cdot\frac{\sigma_2^2}{\sigma_1^2}\sim F(n_1-1,n_2-1)$，故可用它来代替 F，于是有：

$$F_{1-\frac{\alpha}{2}(n_1-1,n_2-1)}\leqslant\frac{s_1^2}{s_2^2}\cdot\frac{\sigma_2^2}{\sigma_1^2}\leqslant F_{\frac{\alpha}{2}(n_1-1,n_2-1)}$$

据此，可以得到总体方差比的区间估计公式如下：

$$\frac{s_1^2/s_2^2}{F_{\frac{\alpha}{2}(n_1-1,n_2-1)}}\leqslant\frac{\sigma_2^2}{\sigma_1^2}\leqslant\frac{s_1^2/s_2^2}{F_{1-\frac{\alpha}{2}(n_1-1,n_2-1)}}$$

第四节 样本容量的确定

实践中，要进行总体参数的估计，首先要解决抽取多大样本的问题。如果使用一个比需要大的样本，就会产生浪费；反之，如果样本太小，又会使估计的误差太大或置信度太低。

一、影响样本容量的主要因素

在参数估计中，人们总是愿意提高估计的置信度。但是，在一定样本量和抽样方式下，欲提高置信度，就要扩大置信区间，而过宽的置信区间在实际的估计问题中又没有意义。例如，估计居民对某项政策的支持率在35%～75%之间，估计地区居民平均收入在2 000～6 000元之间，显然没有太大的意义。反过来，如果要缩小置信区间，就会降低置信度，太低的置信度，也同样没有意义。当然，如果既要缩小置信区间又提高置信度，就要增加样本容量，因为增加样本容量可以使统计量分布的离散程度缩小，从而使更多的样本落在总体真值周围。但是，样本容量的增加又会带来工作量的增加、费用的增多、时间的延长、非抽样误差的加大等问题，因此，样本容量并不是越大越好。适当的确定样本容量，是抽样估计的一个重要问题。从理论上说，样本容量的大小主要取决于以下几个因素：

第一，对估计精度的要求，即希望得到的估计值与总体真值之间的离差在什么样的范围以内，或想构造多宽的置信区间。估计区间越大，精度越低，则其他条件相同时，样本容量就越小；估计区间越小，精度越高，则其他条件相同时，样本容量就越大。

第二，对置信度的要求，即对于规定的置信区间来说想要多大的置信度。置信度与样本容量成正比，当其他条件相同时，置信度越高，样本容量也要越大；而置信度越低，对样本容量的要求也就越小。

第三，总体方差的大小。总体方差是说明总体内部各单位之间差异大小的，其与样本容量成正比关系，总体的方差越大，要求的样本容量越大；反之，如果总体方差越小，对样本容量的要求也越小。

此外，实际工作中，调查经费与调查时间的限制也直接影响到样本容量的大小。

二、估计总体均值时样本容量的确定

（一）估计一个总体均值时样本容量的确定

总体均值的置信区间由样本均值和估计误差两部分组成。在重复抽样或无限总体抽样条件下，估计误差为 $\Delta = Z_{\alpha/2}\dfrac{\sigma}{\sqrt{n}}$，$Z_{\alpha/2}$的值和样本量$n$共同确定了估计误差的大小，一旦确定了置信度$1-\alpha$，$Z_{\alpha/2}$的值就确定了。对于给定的$Z_{\alpha/2}$的值和总体标准差$\sigma$，可以确定任一允许的估计误差所需要的样本容量，其计算公式是：

$$n = \frac{(Z_{\frac{\alpha}{2}})^2 \sigma^2}{\Delta^2}$$

如果总体方差不知道，可以用以前的相同或类似的样本方差来代替，也可以用试调查的办法，选择一个初始样本，以该样本的方差作为总体方差的估计值。

【例 6-8】欲估计某校大学本科毕业生毕业后的起薪水平，打算进行一次随机抽样调查。现根据过去经验得知起薪水平的标准差大约为600 元，要求在 95% 的置信水平下进行估计，且允许误差不超过 200 元，试确定样本容量。

解：根据已知条件，知 $\sigma = 600$ 元，$\Delta = 200$ 元，$Z_{\frac{\alpha}{2}} = 1.96$

代入样本容量的计算公式：

$$n = \frac{(Z_{\frac{\alpha}{2}})^2 \sigma^2}{\Delta^2} = \frac{1.96^2 \times 600^2}{200^2} \approx 35$$

即应至少随机抽取 35 人进行调查。

上面样本容量的确定是在重复抽样的条件下。当我们采用不重复抽样时：

$$\Delta = Z_{\alpha/2} \frac{\sigma}{\sqrt{n}} \sqrt{\frac{N-n}{N-1}}$$

从而得到的样本容量为：

$$n = \frac{N {Z_{\alpha/2}}^2 \sigma^2}{(N-1)\Delta^2 + {Z_{\alpha/2}}^2 \sigma^2}$$

上例中，若已知该校某年毕业生人数 2 000 人，采用不重复抽样，则应抽取的人数为：

$$n = \frac{N {Z_{\alpha/2}}^2 \sigma^2}{(N-1)\Delta^2 + {Z_{\alpha/2}}^2 \sigma^2} = \frac{2\,000 \times 1.96^2 \times 600^2}{(2\,000-1) \times 200^2 + 1.96^2 \times 600^2} = 34$$

即采用不重复抽样时，应至少随机抽取 34 人进行调查。

（二）估计两个总体均值之差时样本容量的确定

对于给定的估计误差 Δ 和置信水平 $1-\alpha$，估计两个总体均值之差所需要的样本量为：

$$n_1 = n_2 = \frac{(Z_{\frac{\alpha}{2}})^2 \ (\sigma_1^2 + \sigma_2^2)}{\Delta^2}$$

其中：n_1，n_2 为来自两个总体的样本容量，σ_1^2，σ_2^2 分别为两个总体的方差。

【例 6-9】某校为了解男女生在日常生活费支出水平的差异，打算采取抽样调查的方式进行调查，并对男女生支出差进行置信区间估计。已知男生和女生生活费支出的方差分别是 8 100 和 6 400，如果要求估计

的置信度为95%，估计误差不超过40元，试确定样本容量。

解：根据已知条件得：$\sigma_{男}^2=8\ 100$，$\sigma_{女}^2=6\ 400$，$\Delta=40$，置信度95%时，$Z_{\frac{\alpha}{2}}=1.96$，则样本容量为：

$$n_1=n_2=\frac{1.96^2\times(8\ 100+6\ 400)}{40^2}=35$$

三、估计总体比例时样本容量的确定

（一）估计一个总体比例时样本容量的确定

在重复抽样或无限总体抽样条件下，总体比例置信区间的估计误差为$\Delta=Z_{\frac{\alpha}{2}}\sqrt{\frac{P(1-P)}{n}}$。可以看到，$Z_{\frac{\alpha}{2}}$、总体比例$P$和样本量共同决定了估计误差的大小。由于总体比例是固定的，因此，估计误差由样本量来确定，样本量越大，估计误差越小，估计的精度越好。从估计误差的角度，我们可以推导出估计总体比例时所需要的样本容量，其计算公式为：

$$n=\frac{(Z_{\frac{\alpha}{2}})^2P(1-P)}{\Delta^2}$$

确定样本容量时，如果总体比例P未知时，可以用类似的样本比例来代替，也可以用试调查的结果，即选择一个初始样本，以该样本的比例作为P的估计值。当P无法知道时，也可以取使$P(1-P)$达到最大值的P，即$P=0.5$。

【例6-10】根据以往的经验，某企业生产的产品的合格率约为95%，现要求确定：当估计误差不超过5%时，应抽取多少产品作样本？

解：根据已知条件得：

$$P=0.95,\Delta=0.05,Z_{\frac{\alpha}{2}}=1.96$$

将其代入计算公式得：

$$n=\frac{1.96^2\times0.95\times(1-0.95)}{0.05^2}=73$$

若该企业生产的产品合格率为未知数，也无相关的资料，这时应取$P=0.5$，随机抽取的产品数为：

$$n=\frac{1.96^2\times0.5\times(1-0.5)}{0.05^2}=385$$

（二）估计两个总体比例之差时样本容量的确定

对于给定的估计误差Δ和置信水平$1-\alpha$，估计两个总体比例之差时所需的样本容量的计算公式为：

$$n_1=n_2=\frac{(Z_{\frac{\alpha}{2}})^2\ [P_1(1-P_1)+P_2(1-P_2)]}{\Delta^2}$$

思考与练习

1. 说出点估计和区间估计的不同以及各自的优缺点。

2. 如果一条广告说,某药品的有效率为80%,其误差为正负3%,那么这条广告给出了什么信息?你相信这条广告吗?这条广告的发布者隐瞒了什么信息?

3. 如果在置信度不变的情况下,你要使目前所得到的置信区间的长度减少一半,样本量应增加到目前样本量的多少倍?如果保持置信区间长度不变,样本量增加会使置信度发生什么变化?

4. 如果得到均值的一个95%置信区间为(3.5,4.3),是否可以说区间(3.5,4.3)以95%的概率覆盖总体均值?是不是也可以说总体均值以95%的概率落入区间(3.5,4.3)之中?为什么?怎样才是合适的说法。

5. 有一个商店雇员问了10个顾客是否喜欢该商店的服务,结果是有7个人说喜欢。于是该雇员根据公式 $p \pm Z_{\frac{\alpha}{2}}\sqrt{\frac{p(1-\hat{p})}{n}}$ 得到喜欢该商店服务的顾客比例的95%置信区间为(0.42,0.98)。这样做有什么不妥吗?

6. 某企业随机抽取50个工人,对其产量进行了统计,其结果如下:

日产量分组(件)	工人数(人)
50～60	5
60～70	13
70～80	19
80～90	10
90～100	8
合计	55

根据上表样本数据,以95%的置信度估计该企业职工平均每人日产量的区间。

7. 武汉市第四次人口普查显示,该市老年人口老龄化(65岁以上)比率为14.7%。若你作为某大学暑期社会实践队成员到武汉市对该市人口老龄化问题进行研究,随机调查了800名当地市民,发现有114人年龄在65岁以上。那么你的调查结果是否支持该市老龄化率为14.7%的看法?($\alpha=0.05$)

8. 某班级男生的身高呈正态分布,并且已知平均身高为170cm,标准差为 12cm。

(1)若抽查 10 人,有多大可能这 10 人的平均身高在 166.2 ~ 173.8cm之间?

(2)如果进行一次男生身高抽样调查,要求以 95% 把握程度保证允许误差不超过 3cm,问需要抽查多少人?

(3)如果把握程度仍为 95%,抽样精确度提高 1 倍,需抽查多少人?

(4)如果允许误差仍为 3cm,保证程度提高为 99.73%,需抽查多少人?

9. 某厂商准备在北京投资一家快餐店,为进行可行性研究,现随机调查了在 7 家快餐店就餐的 49 位顾客,其消费额如下:

38	26	24	30	42	18	30	25	26
34	44	20	35	24	26	34	48	18
46	19	30	36	42	32	45	36	21
26	28	31	42	45	36	24	28	27
36	47	53	30	24	32	46	26	

请以可靠程度 94.45%,推算在快餐店就餐的顾客的平均消费额。

10. 某地区有 20 000 亩小麦,采用不重复抽样调查其中的 2 000 亩,测得平均亩产量为 500 公斤,标准差为 125 公斤,请以可靠程度95.45%,计算 20 000 亩的平均亩产量。

11. 为了了解某地区目前居民收入情况,现随机抽取 25 人登记其月收入,得资料如下:

收入(百元)	10 以下	10 ~ 20	20 ~ 30	30 ~ 40	40 以上
人数(人)	2	3	15	3	2

要求:

(1)若该地区居民收入服从 $X \sim N(\mu, 100)$ 的分布,即总体方差为 100,试以 95% 的置信水平估计目前该地区居民月收入的可能范围。

(2)若该地区居民收入服从 $X \sim N(\mu, 100)$ 的分布,若要求置信水平为 95.45%、估计总体平均数 μ 的误差不超过 200 元,在简单重复抽样的情况下,最少需抽取多少人进行调查?

12. 某企业生产一批灯泡 10 000 只,随机抽取 400 只作耐用时间试验和合格检验,测算结果,平均使用时间为 2 000 小时,标准差为 12 小时,其中有 80 只不合格。

要求:

(1)试计算使用寿命和合格率的抽样标准误差。

(2)计算合格率的 95.45% 的置信区间。

第七章　参数的假设检验

假设检验与参数估计一样,是要通过抽样取得样本并采集数据,用其对总体进行推断,是统计推断的主要内容之一。如上章所述,参数估计是通过样本的观察结果来推断未知总体参数的取值范围和置信度,而假设检验是预先对总体参数的取值作出假定,提出关于总体参数数值的某种说法,然后用样本数据进行验证,作出是否拒绝预先所作出的假设的决策。假设检验可以作为帮助研究人员和管理人员判断、决策的一种辅助手段,是进行实证分析的重要方法。当然,由于样本的随机性,这种推断也同样具有一定的风险。

第一节　假设检验的基本问题

一、假设检验的基本概念

(一)假设检验的思想

假设检验的基本思想是依据概率论中的小概率原理,应用反证法,通过观察样本的出现是否属于小概率事件来判别关于总体假设的真伪。

所谓小概率原理,就是认为小概率发生的随机事件在一次试验中几乎不可能发生;如果真的发生了,那么关于这个事件的说法(即原假设)就值得怀疑。例如,厂商声称,他们厂的产品合格率很高,可以达到99.9%,如果厂商所讲的是真的,即他们厂的产品合格率的确是99.9%,根据小概率原理,随机抽取1件产品就是次品的情况几乎不可能发生。但是,如果这种情况确实发生了,随机抽取的1件产品就是次品,那么我们就有理由拒绝厂商的说法,不认为他们的产品合格率能够达到99.9%,或者说其次品率不只0.1%。这就是反证法的应用。

当然,在假设检验中应用反证法具有概率的性质,它只是认为小概率事件几乎不可能发生,而非绝对不可能发生。发生的概率虽然很小,但也不是完全没有可能性。因此,应用反证法得出某种结论时有一定的风险。如随机抽取1件产品是次品的概率很小,但也存在0.1%的可能性,而当我们拒绝厂商的说法时,存在着0.1%的犯错误的可能性。

（二）原假设与备择假设

所谓假设，是关于总体的某种预先判断。对总体进行假设检验，首先要对研究的总体提出假设。假设包括原假设和备择假设。其中，原假设是待检验的假设，而假设检验就是检验原假设的真伪，备择假设则是原假设被拒绝后替换的假设。

（三）检验统计量

对原假设进行检验时，必然要根据样本的数据来判断。对样本数据进行加工并用来判断是否拒绝原假设的统计量称为检验统计量，如要检验原假设 $H_0:\mu=\mu_0$，即要检验总体均值是否为 μ_0，那么，可以计算样本均值 $\bar{x}$，若样本均值 $\bar{x}$ 与假设的总体均值 μ_0 相差很大，则有充分的理由拒绝原假设。但是，样本均值 $\bar{x}$ 与假设的总体均值 μ_0 相差多大才是很大，需要进行测量。如根据抽样分布理论，当总体是正态分布或从总体中抽取一个大样本时，样本均值服从正态分布，这时衡量两者之间的差异的大小可以用样本均值的标准差作为标准，看两者之间的差是几个抽样标准差，即将样本均值标准化，计算 $Z=\dfrac{\bar{x}-\mu_0}{\dfrac{\sigma}{\sqrt{n}}}$，作为检验统计量。当然，统计量的选择要根据研究的参数及其估计量的分布、抽样方式、总体方差是否已知等多种因素来确定。

（四）显著性水平

假设检验的基本原理是小概率原理，所谓小概率原理，是指发生概率很小的事件在试验中几乎不可能发生，若要在试验中发生，则检验统计量就会落入小概率发生的范围即拒绝域中，就要拒绝原假设。拒绝域的大小取决于小概率的大小，而多大的概率为小概率呢？这需要根据不同的研究对象确定，有的选择 0.05，有的选择 0.01，通常用 α 来表示。显然，α 越小，越不容易推翻原假设，而一旦拒绝原假设，原假设为真的的可能性就越小。因此，检验时通常要先确定显著性水平 α。

（五）拒绝域和接受域

假设检验根据检验统计量的具体计算结果来判断是否拒绝原假设 H_0，因此，在假设 H_0 为真的情况下，将抽样所有可能结果组成的样本空间划分为两部分：一部分是原假设为真时允许范围内的变动，称为接受域；另一部分是超过了一定的界限，即样本均值与假设的总体均值之间的差异过大，大过我们能接受的范围，即当原假设为真时只有很小的概率才能出现的范围，因而当统计量落入这一范围时便应拒绝原假设，这一区域称为拒绝域。接受域和拒绝域之间的分割点通常称作临界值。

当拒绝域在两侧时[见图 7－1(a)],称为双侧检验;当拒绝域在一侧时[见图 7－1(b)],称为单侧检验。

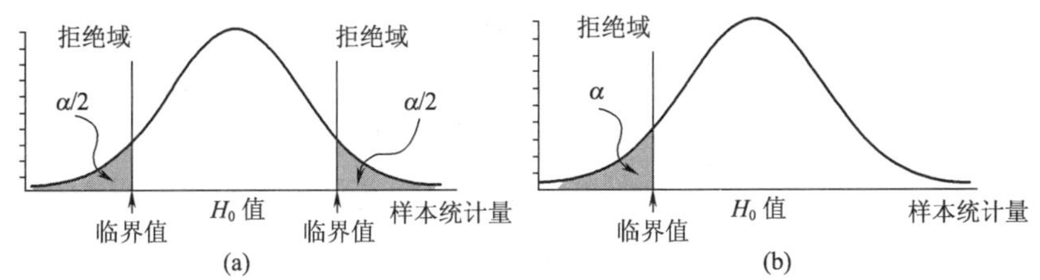

图 7－1

二、假设检验的基本步骤

一个完整的假设检验的过程,通常包括以下几个基本步骤。

(一)提出原假设和备择假设

原假设一般用 H_0 表示,备择假设是原假设的对立假设,是在原假设被拒绝后的替换假设,用 H_1 表示。

上述两种假设不能同等看待。原假设作为被检验的假设,应当从已知的原总体(或假设的总体)出发,假设总体没有显著变化,它不会被轻易否定,一旦被否定,必有充分的理由。如果原假设没有被拒绝,只能理解为否定原假设的根据还不充分,而不能认定它一定正确。

比如,在正常情况下,零件的平均长度是 2 厘米。现进行了某种技术改造措施,零件的平均长度是否还是 2 厘米呢?这就需要通过随机样本进行检验。这时,应首先提出原假设 $H_0:\mu=2$ 厘米,同时,提出备择假设 $H_1:\mu\neq2$ 厘米。在原假设条件下,如果样本的出现属于小概率事件,则有较充分的理由(小概率原理)拒绝原假设,即认为技术改造后,零件的平均长度已不再是 2 厘米。如果样本的出现不属于小概率事件,则不能拒绝原假设,但这只是表明尚无充分的理由否定原假设 $\mu=2$ 厘米,而不能认定零件的平均长度一定就是 2 厘米。

以总体均值的假设检验为例,根据实际问题的不同,提出的原假设和备择假设有如下三种类型:

第 1 种:

$$H_0:\mu=\mu_0,H_1:\mu\neq\mu_0$$

第 2 种:

$$H_0:\mu \geqslant \mu_0, H_1:\mu < \mu_0$$

第3种：

$$H_0:\mu \leqslant \mu_0, H_1:\mu > \mu_0$$

其中,第1种称为双侧检验;第2种、第3种分别称为左单侧检验和右单侧检验,又统称单侧检验。

确定原假设和备择假设在假设检验中十分重要,它直接关系到检验的结果。一般来说,原假设和备择假设是一个完备的事件组,而且相互对立。这意味着,在一项假设检验中,原假设和备择假设必有一个成立,而且只有一个成立。由于原假设所表达的含义总是指参数没有变化或变量之间没有关系,因此等号"="通常放在原假设。这样一来,在双侧检验中,一个总体均值的原假设和备择假设就是 $H_0:\mu=\mu_0, H_1:\mu\neq\mu_0$;在单侧检验中,原假设通常是研究者要搜集证据予以推翻的说法,而研究者推翻的假设和研究者支持的假设最终会取决于研究者本人的意向,因而假设的确定带有一定的主观色彩。实际统计检验时,即使是对同一个问题,由于立场不同,研究目的不同,也可能提出截然不同的假设,但是,只要假设的建立符合研究者的目的,就是合理的。

例如,一种零件生产的尺寸标准是5厘米,如果零件的平均直径大于或小于5厘米,则表明生产过程不正常,需要对生产设备进行调整。这时,研究者想搜集证据予以支持的假设应该是生产过程不正常,即平均直径不是5厘米,因为如果研究者认为生产过程正常,就不需要进行检验了,所以,建立的原假设和备择假设应为:$H_0:\mu=\mu_0, H_1:\mu\neq\mu_0$。

再如,食品厂生产的某种产品包装上称其净重量为500克,地方消协从消费者的利益出发,从产品中随机抽取一批产品来验证其包装说明是否属实。此检验的目的是要保障消费者的利益,倾向于证明该批产品的净重量不足500克,因而建立的原假设和备择假设应为:$H_0:\mu\geqslant\mu_0, H_1:\mu<\mu_0$。

当然,如果从企业的立场出发,则更倾向于证明该批产品净重量大于或等于500克,因而建立的原假设应为:$H_0:\mu\leqslant\mu_0, H_1:\mu>\mu_0$。

(二)确定检验统计量

在建立好假设以后,是否拒绝 H_0,是根据检验统计量的具体结果是否落入拒绝域而定。这就要确定什么是检验统计量及该统计量服从什么分布。检验统计量及其分布(包括数学期望和方差)是由许多因素决定的。如检验的是什么参数,总体的分布形式是否已知,总体的方差是否知道;若检验的参数是两个总体均值之差,则还需知道两个总体的方差是否相等。不同的情况要采用不同的统计量,如 Z 统计量、t 统计量、χ^2 统计量及 F 统计量等等。

(三)确定显著性水平和相应的拒绝域

确定显著性水平以后,拒绝域也随之而定。显著性水平的大小应根据研究问题的要求而定。如果要求拒绝原假设的难度大些,显著性水平 α 应该小一些;反之,α 可稍大一些,可取 0.05 或 0.1。

(四)作出决策

在规定了显著性水平后,就可以根据原假设与对立假设的设置情况,找出拒绝域与接受域的临界点。例如,统计量若服从正态分布,对 $\alpha=0.05$ 的双侧检验,标准化后的统计量为 $Z_{\frac{\alpha}{2}}$,其临界值为 ±1.96,当统计量 $|Z|>1.96$ 时,就拒绝原假设 H_0,否则就没有充分的理由拒绝原假设。

但是,应当注意的是,显著性水平的大小有时会影响假设检验的结果。例如,对同一问题,当显著性水平 $\alpha=0.1$ 时拒绝了原假设,当 $\alpha=0.01$ 时就可能不拒绝原假设。

三、假设检验中的两类错误

假设检验是根据小概率原理来判断的,因此,有可能会判断错误。因为在原假设为真的情况下,有些(只是很少)样本统计量的估计值会落入小概率的拒绝域内,而按决策规则就要加以拒绝。另外,在原假设非真的情况下,也有可能有一些统计量的估计值落入接受域的范围之内而没有充分的理由拒绝原假设。因此,可以把这些情况归结为两类错误:第一类错误是原假设 H_0 为真而被拒绝的错误,这是犯了弃真的错误,犯此种错误的概率是 α,所以也叫 α 错误或第一类错误;第二类错误是指原假设 H_0 为伪而检验的结果不予以拒绝,这类错误称为取伪错误,发生这种错误的概率通常用 β 表示,故也称为 β 错误或第二类错误。β 的确定比较困难,需要在决策为不拒绝原假设的条件下,通过具体的概率计算才能知道。

在假设检验中,犯上述两类错误的可能性的大小是一对矛盾。在样本容量一定的条件下,降低犯弃真错误的可能性(α 降低),必然会增大犯取伪错误的可能性(β 增大);反之亦然。要想使犯两类错误的可能性都小,必须增大样本容量;而实践中,样本容量的增大是有限的。

实际工作中,处理上述矛盾,要考虑到实际问题的性质及决策错误所能承担的风险。通常的做法是控制犯弃真错误的概率,即控制显著性水平 α。根据所研究的实际问题的性质,如果犯弃真错误的损失较大,α 的取值可小些;反之,α 取值可大些。这种控制显著性水平的假设检验,称为显著性检验。

四、假设检验结论的解读

如前所述，拒绝或接受（没有充分理由拒绝）一个假设都有可能发生错误。相对而言，作出拒绝判断的理由要充分些，因为通过样本数据，我们有充分的理由拒绝（是因为小概率事件发生了）；但接受假设的信心就不是很足。这是因为，拒绝一个说法，只要找到反例即可，即当前样本就可以说明假设不可靠；而要接受某种说法，只是表明依据现有的抽取出来的样本，还不足以判断假设不成立，只是暂时找不到充分的理由拒绝假设，但这并不等于以后的观察或试验还找不到证据。因而，在对假设检验结果的表述中，应尽量避免使用接受的肯定语气。随着显著性水平取值的减小，拒绝假设的理由将变得更加充分。

假设检验总是在一定的显著性水平 α 下进行的，按照统计频率的思想，显著性水平 α 是指，当原假设为真时，在 100 次抽样检验中，求出的检验统计量的值平均有 100α 次落在否定域，即给出 100α 次拒绝的判断，而有 $100(1-\alpha)$ 次不能作出拒绝的判断。

第二节　一个总体参数的假设检验

与参数估计相同，总体参数的假设检验，常用的主要有总体均值 μ，总体比例 P 和总体方差 σ^2 的检验。

一、关于总体均值 μ 的假设检验

按总体参数检验的步骤，在确定原假设后采用什么检验统计量，取决于总体是否服从正态分布、总体方差 σ^2 是否已知以及所抽取的样本是大样本还是小样本等。

（一）大样本检验

按照中心极限定理，在大样本情况下，无论总体是否服从正态分布，样本均值的抽样分布均近似服从正态分布，其抽样标准差为 $\frac{\sigma}{\sqrt{n}}$。将样本均值 $\bar{x}$ 经过标准化后，即可得到检验的统计量。可以证明，样本均值经标准化后得到的 $Z=\frac{\bar{x}-\mu_0}{\frac{\sigma}{\sqrt{n}}}$ 服从标准正态分布，而关于原假设的拒绝与接受域的临界值可查正态分布表。当总体方差 σ^2 未知时，可以用样本

方差 S^2 代替。

【例 7－1】某汽车生产厂商声称其某种型号汽车的排放量指标的平均水平低于 20 个单位。在抽查了 30 台汽车后之后，得到下面的指标：18.0，20.7，18.9，21.9，20.7，21.4，18.3，22.8，24.2，24.4，…，22.1。该样本均值为 21.13，标准差为 2.1，现想在 0.01 的显著性水平下，确认能否由此认为该指标均值超过 20？

解：首先确定原假设和备择假设：

$$H_0:\mu\leqslant 20 \quad H_1:\mu>20$$

由于抽取的是大样本，根据中心极限定理，样本均值近似服从正态分布，总体方差未知，可用样本方差代替，故可以计算 Z 检验统计量：

$$Z=\frac{\bar{x}-\mu_0}{\frac{S}{\sqrt{n}}}=\frac{21.13-20}{\frac{2.1}{\sqrt{30}}}=2.94$$

显著性水平 0.01 时，查正态分布表，得到临界值 $Z_{0.01}=2.326$。

由于 $Z=2.94>Z_{0.01}=2.326$，落在拒绝域范围内，故拒绝原假设，可以认为该型号汽车的排放量指标高于 20 个单位。

【例 7－2】某种袋装食品采用自动生产线包装，每袋的重量标准为 250 克，标准差为 5 克，为检验生产线工作是否正常，质检人员在一批产品中随机抽取了 40 袋进行检验，测得每袋的平均重量为 253 克，取显著性水平 $\alpha=0.05$，检验该生产线包装的袋装食品重量是否正常。

解：此问题关心的是重量是否合格，超过或不足 250 克均不符合要求，因而属于双侧检验，提出的原假设和备择假设为：

$$H_0:\mu=250 \quad H_1:\mu\neq 250$$

由于是大样本，总体方差已知，故可计算 Z 检验统计量：

$$Z=\frac{\bar{x}-\mu_0}{\frac{\sigma}{\sqrt{n}}}=\frac{253-250}{\frac{5}{\sqrt{40}}}=3.79$$

查正态分布表得：$\alpha=0.05$ 时，$Z_{0.05/2}=1.96$。

因为 $Z=3.79>Z_{0.05/2}=1.96$，故拒绝原假设，认为袋装食品的重量不符合标准要求。

（二）小样本检验

在小样本下（通常指 $n<30$），进行假设检验时，通常首先需要假定总体服从正态分布。至于检验统计量服从什么分布，与总体方差是否已知有关。

当总体方差 σ^2 已知时，由于总体服从正态分布，因而，即使在小样本情况下，样本均值标准化后标准正态分布，此时，可采用服从标准正态

分布的 Z 检验统计量进行检验。检验统计量为 $Z=\frac{\bar{x}-\mu_0}{\frac{\sigma}{\sqrt{n}}}$。

当总体方差 σ^2 未知时，可以用样本方差 S^2 代替总体方差 σ^2。如果总体服从正态分布，但在小样本情况下，样本均值标准化后服从不再服从标准正态分布，而是服从自由度为 $n-1$ 的 t 分布，则检验统计量为：$t=\frac{\bar{x}-\mu_0}{\frac{s}{\sqrt{n}}}$。

【例 7－3】某种零件的长度服从正态分布，质量要求长度为 120 毫米，总体标准差为 5 毫米，为检验生产工作是否正常，质检人员在一批零件中随机抽取了 10 件产品进行了测量，测量结果为：

122　108　120　118　119　124　113　122　120　123

现要在显著性水平 $\alpha=0.05$ 条件下，检验零件的生产线工作是否正常。

解：根据题意确定原假设和备择假设：

$$H_0:\mu=120 \quad H_1:\mu\neq 120$$

根据样本数据计算结果得到样本平均数 $\bar{x}=118.9$。

总体服从正态分布，且总体标准差已知为 5 毫米，故可以计算服从标准正态分布的 Z 检验统计量：

$$Z=\frac{\bar{x}-\mu_0}{\frac{\sigma}{\sqrt{n}}}=\frac{118.9-120}{\frac{5}{\sqrt{10}}}=-0.6957$$

$\alpha=0.05$ 时，$Z_{\frac{0.05}{2}}=1.96$。

由于 $|Z|=0.6957<Z_{\frac{0.05}{2}}=1.96$，故不拒绝原假设，样本提供的证据还不足以推翻原假设，应认为生产线工作正常。

【例 7－4】上例中，若总体方差未知，在显著性水平 $\alpha=0.05$ 条件下，检验零件的生产线工作是否正常。

解：根据题意确定原假设和备择假设：

$$H_0:\mu=120 \quad H_1:\mu\neq 120$$

根据样本数据计算结果，得到样本平均数 $\bar{X}=118.9$。

总体服从正态分布，且总体方差未知，根据样本数据计算，得到样本标准差 $S=4.932$，故可以计算服从 t 分布的 t 检验统计量：

$$t=\frac{\bar{x}-\mu_0}{\frac{\sigma}{\sqrt{n}}}=\frac{118.9-120}{\frac{4.932}{\sqrt{10}}}=-0.7053$$

$$\alpha=0.05\text{ 时，}t_{\frac{0.05}{2}}(n-1)=2.262$$

由于 $|Z| = 0.7053 < t_{\frac{0.05}{2}}(n-1) = 2.262$，故不拒绝原假设，样本提供的证据还不足以推翻原假设，应认为生产线工作正常。

(三)总体均值 μ 的假设检验在 SPSS 中的实现

使用 SPSS 软件，点击“Analyze”下面“Compare Means”中的“One - Sample T Test，”然后将要检验的变量选入“Test Variable”中，在“Test Value”中输入原假设中总体均值 μ_0 的值，再点击“OK”即可。

以下面的数据为例：某种零件的长度服从正态分布，按标准要求长度为 120 毫米，为检验生产工作是否正常，质检人员在一批零件中随机抽取 10 件产品进行了测量，测量结果见图 7－2。

	长度
1	122.00
2	108.00
3	120.00
4	118.00
5	119.00
6	124.00
7	113.00
8	122.00
9	120.00
10	123.00

图 7－2

若总体方差未知，在显著性水平 $\alpha = 0.05$ 条件下，检验零件的生产线工作是否正常。

利用 SPSS 软件进行计算，选择相应的选项(见图 7－3)后出现图 7－4。

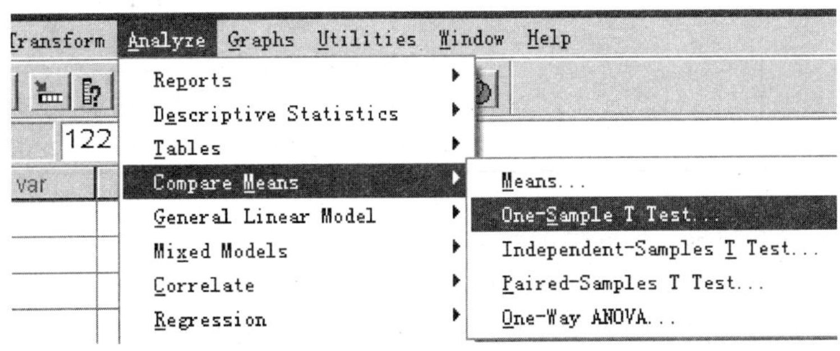

图 7－3

显示出下面的界面(见图 7-4),然后将变量"长度"选入"Test Variable"中,在"Test Value"中输入原假设中总体均值的μ_0,如输入120,

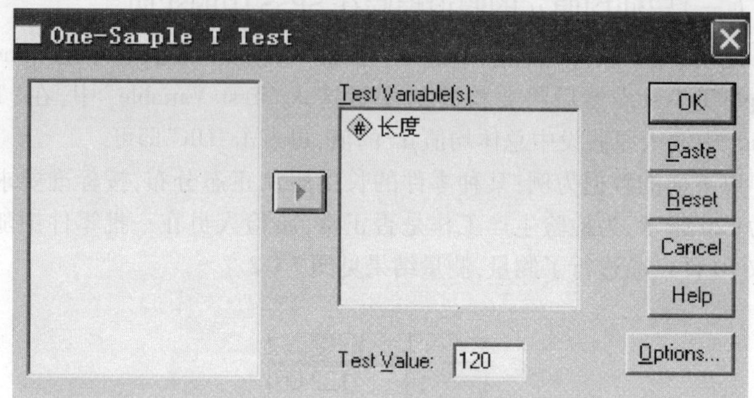

图 7-4

再点击"OK",得到输出结果(见表 7-1)并解释如下。

1. 关于样本的统计数据。表 7-1 的输出结果表示,样本容量$n=10$,样本均值118.9,样本标准差4.931 76,样本均值标准差1.555 956。

表 7-1　One-Sample Statistics

	N	Mean	Std. Deviation	Std. Error Mean
长度	10	118.900 0	4.931 76	1.555 956

2. 检验统计量(见图 7-6):$t=-0.705$,自由度$n-1=9$。

表 7-2　One-Sample Test

	TestValue = 120					
	t	df	Sig. (2-tailed)	Mean Difference	95% Confidence Interval of the Difference	
					Lower	Upper
长度	-0.705	9	0.498	-1.100 00	-4.628 0	2.428 0

3. 检验结果。检验结论的得出可以有两种方式:

第一是查t统计分布表得到一定显著性水平下的临界值,然后根据检验统计量的值与临界值比较的结果得出是否拒绝原假设的结论。

第二是用P值决策。从统计上看,如果原假设H_0是正确的,所得到的样本结果会像实际观测结果那样的概率为P,也称为P值,也称为观察到的实际显著性水平（SIG）。当 P 值小于所确定的显著性水平 α 时，说明实际观测数据出现的概率比要求的小概率还要小，那就要说明有充分的理由拒绝原假设。上面计算结果显示出双侧检验的 *SIG* 值（即 P 值）为0.498，没有充分的理由拒绝原假设。P 值与原假设的对或错的概率无关，它是关于数据的概率。也就是说，P 值反映的是某个总体的许多样本中某一类数据出现的经常程度，它是指当原假设正确时，得到目前这个样本数据的概率。如果原假设是正确的，即得到我们所抽取的这个样本的概率很小，几乎不太可能发生，那么，我们就有充分的理由认为原假设有问题，从而得出拒绝原假设的结论。

利用 P 值决策的规则很简单，如果 $P<\alpha$，拒绝 H_0；如果 $P>\alpha$，不拒绝 H_0。要注意，SPSS 的这类 t 检验的标准输出都是以双侧检验的"p_值"来输出的。因此在解决单侧检验问题时，要把计算机输出的"p_值"减半才能够得到真正的单侧检验的"p_值"。

二、关于总体比例 P 的假设检验

总体比例的检验的思路和程序与总体均值检验类似。在构造检验统计量时，通常考虑大样本的情况，利用样本比例 p 与总体比例 P 之间的距离与标准差之比来衡量，即看样本比例 p 与总体比例 P 之差是多少个标准差。由于在大样本情况下样本比例 p 近似服从正态分布，因而检验统计量样本比例 p 与总体比例 P 之间的距离与标准差之比即 $Z=\dfrac{p-P_0}{\sqrt{\dfrac{P_0(1-P_0)}{n}}}$ 则近似地服从标准正态分布。

【例7－5】一项调查结果显示某市老年人口比重为14.7%，该市老年人口研究会为了检验该项调查是否可靠，随机抽取了400名居民，发现其中有老年人57人，问调查结果是否支持该市老年人口比重占14.7%的说法（取 $\alpha=0.05$）？

解：确定原假设和备择假设：

$$H_0: P=14.7\% \quad H_1: P\neq 14.7\%$$

计算样本比例：

$$p=\frac{57}{400}=0.1425=14.25\%$$

计算检验统计量：

$$Z=\frac{p-P_0}{\sqrt{\dfrac{P_0(1-P_0)}{n}}}=\frac{0.1425-0.147}{\sqrt{\dfrac{0.147(1-0.147)}{400}}}=-0.254$$

这是一个关于总体比例的双侧检验，当 $\alpha = 0.05, Z_{\frac{0.05}{2}} = 1.96$。

因为 $|Z| = 0.254 < Z_{\frac{0.05}{2}} = 1.96$，故没有充分的理由拒绝该市老年人口比重为14.7%的说法。

总体比例的左侧检验和右侧检验，与大样本情况下的总体均值的检验方法类似。

【例7－6】一项电话调查表明，有23%的被访问者对某种产品很满意。现在想知道，这是否和企业管理者所期望的至少25%有显著不足，为此可以进行假设检验。

首先，确定原假设和备择假设：

$$H_0: P \geq 0.25, H_1: p < 0.25$$

如果 n 为被访问的人数，x 为对产品很满意的人数，那么样本中的对产品很满意人数的比例为 $P = x/n = 0.23$。检验统计量则是在零假设下当大样本时近似标准正态的统计量：

$$z = \frac{p - P_O}{\sqrt{\frac{P_O(1 - P_O)}{n}}} = \frac{0.23 - 0.25}{\sqrt{\frac{0.25 \times (1 - 0.25)}{n}}}$$

这个数值用手算也不费力气。

但是要注意，样本量对于假设检验的结果就十分重要。现在假定 $p = x/n = 0.23$ 不变。

当样本量为 $n = 1\ 500$ 时，那么，得到的检验统计量：

$$z = \frac{0.23 - 0.25}{\sqrt{\frac{0.25 \times (1 - 0.25)}{1\ 500}}} = -1.788\ 85$$

P－值为0.036 8。因此，可以认为，在确定显著性水平为0.05时，说很满意人数至少25%是过分了，也就是拒绝零假设。

当样本量为 $n = 100$，那么，得到检验统计量：

$$z = \frac{0.23 - 0.25}{\sqrt{\frac{0.25 \times (1 - 0.25)}{n}}} = -0.046\ 188$$

P－值为0.322 1。因此，在确定显著性水平为0.05时，没有足够的理由拒绝25%的零假设。

利用SPSS软件操作的方法是：在“Analyze”下拉菜单中，选择“Nonparamitric Tests ”中的“Binomial”，然后在“Define Dichotomy”的“Cut point”中输入计算比例时的数据划分的标准（如计算大于120的比例，则输入120即可），在“Test Proportion”中输入原假设中的总体比例 P_0，如0.5，最好点击“OK”，即可得到计算结果。

利用软件时，上面的 p_- 值计算往往在公式中加上用连续变量近似离散变量分布时常用的连续性纠正，因此，结果和用上面公式直接手算的稍有不同。

三、关于总体方差 σ^2 的假设检验

方差是测度数据差异程度的量，在统计实践中，仅仅保证观测到的数据的均值在某一正常的水平上，并不意味着总体就是正常的，反之亦然。相同均值的产品方差小的质量就稳定些，而方差大的产品，其质量或性能相对不稳定。与总体方差的区间估计类似，一个总体方差的检验，其检验统计量也是使用服从 χ^2 分布的统计量。

进行总体方差 σ^2 的检验，其检验的步骤及原理与均值相同。但是在检验时，不论样本量的规模多大，都要求总体服从正态分布，其中，检验的统计量为：

$$\chi^2 = \frac{(n-1)S^2}{\sigma_0^2}$$

其中，S^2 是样本方差，σ_0^2 为原假设中的对总体方差的假设水平。

在给定显著性水平 α 时，双侧检验的拒绝域如图 7－5 所示，单侧检验的拒绝域分布在一侧的尾部。

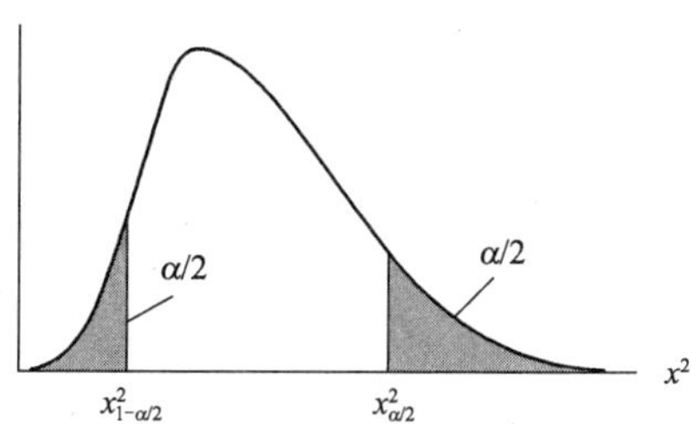

图 7－5

【例 7－7】根据长期正常生产的资料得知，某厂所生产的产品的某质量参数指标服从正态分布，其方差为 0.002 5。现从某日生产的产品中随机抽取 20 个产品，测得样本方差为 0.004 2。试判断该日生产的产品质量参数的波动与平日有无显著差异（$a=0.05$）？

解：首先确定原假设和备择假设：

$$H_0: \sigma^2 = 0.0025, H_1: \sigma^2 \neq 0.0025$$

根据已知资料 $n=20$，$\alpha=0.05$，自由度 $=20-1=19$ 时，$\chi^2_{0.025}(20-1)=35.8523$。

计算检验统计量：

$$\chi^2 = \frac{(20-1)\times 0.0042}{0.0025} = 31.92$$

因为$\chi^2=31.92<\chi^2_{0.025}(20-1)=35.8523$,所以不能拒绝原假设,表明该日产品质量参数的波动与平时相比没有显著差异。

第三节 两个总体参数的假设检验

两个总体参数的检验通常包括两个总体均值之差$\mu_1-\mu_2$的检验、两个总体比例之差P_1-P_2的检验和两个总体方差比$\frac{\sigma_1^2}{\sigma_2^2}$的检验。两个总体参数的假设检验的基本原理与一个总体参数的检验相似,最大的不同在于检验统计量,即构造由两个样本数据计算的检验统计量。

一、两个总体均值之差的检验

$x_1,x_2,\cdots,x_n$是来自均值为μ_x,方差为σ_x^2的总体的一个样本,$y_1,y_2,\cdots,y_m$是来自均值为μ_y,方差为σ_y^2的总体的一个样本,且两个样本相互独立,$\bar{x},\bar{y}$为样本均值,s_x^2,s_y^2为样本方差,α是检验的显著性水平,要求对两个总体的均值之差$\mu_x-\mu_y$进行检验。

(一)独立大样本条件下的总体均值差的假设检验

根据中心极限定理,在大样本情况下,两个样本均值均近似地服从正态分布,这样,两个样本的均值之差$\mu_x-\mu_y$也近似地服从正态分布:

$$\bar{x}-\bar{y}\sim N(\mu_x-\mu_y,\frac{\sigma_x^2}{n}+\frac{\sigma_y^2}{m})$$

则:

$$\frac{(\bar{x}-\bar{y})-(\mu_x-\mu_y)}{\sqrt{\frac{\sigma_x^2}{n}+\frac{\sigma_y^2}{m}}}\sim N(0,1)$$

双侧检验时:

$$H_0:\mu_x-\mu_y=\mu_0 \quad H_1:\mu_x-\mu_y\neq\mu_0$$

构造的检验统计量为:

$$Z=\frac{(\bar{x}-\bar{y})-(\mu_x-\mu_y)}{\sqrt{\frac{\sigma_x^2}{n}+\frac{\sigma_y^2}{m}}}$$

拒绝域为:

$$\left|\frac{(\bar{x}-\bar{y})-(\mu_x-\mu_y)}{\sqrt{\frac{\sigma_x^2}{n}+\frac{\sigma_y^2}{m}}}\right|>z_{\frac{\alpha}{2}}$$

单侧左侧检验时：

$$H_0:\mu_x-\mu_y\geqslant\mu_0\quad H_1:\mu_x-\mu_y<\mu_0$$

拒绝域为：

$$\frac{(\bar{x}-\bar{y})-(\mu_x-\mu_y)}{\sqrt{\frac{\sigma_x^2}{n}+\frac{\sigma_y^2}{m}}}<-z_\alpha$$

单侧右侧检验时：

$$\mathrm{H}_0:\mu_x-\mu_y\leqslant\mu_0\quad \mathrm{H}_1:\mu_x-\mu_y>\mu_0$$

拒绝域为：

$$\frac{(\bar{x}-\bar{y})-(\mu_x-\mu_y)}{\sqrt{\frac{\sigma_x^2}{n}+\frac{\sigma_y^2}{m}}}>z_\alpha$$

如果两个总体的方差 σ_x^2,σ_y^2 未知时，可以用样本方差 s_x^2,s_y^2 来代替。

【例 7－8】有甲、乙两台设备生产同类型产品，它们生产的产品的重量分别服从方差 $\sigma_{甲}^2=70,\sigma_{乙}^2=90$ 的正态分布。从甲生产的产品中随机抽取 35 件，测得平均重量 $\bar{X}_{甲}=137$ 克，从乙生产的产品中随机抽取 45 件，测得平均重量 $\bar{x}_{乙}=130$ 克。试问在 0.01 的显著性水平下，这两台设备生产的产品重量有无显著差异。

解：根据已知条件 $\sigma_{甲}^2=70,\sigma_{乙}^2=90,\bar{x}_{甲}=137,\bar{x}_{乙}=130,n_{甲}=35,n_{乙}=45$。

根据问题要求提出原假设和备择假设：

$$\mathrm{H}_0:\mu_{甲}-\mu_{乙}=0,\mathrm{H}_1:\mu_{甲}-\mu_{乙}\neq0$$

构造的检验统计量为：

$$Z=\frac{(\bar{x}_{甲}-\bar{x}_{乙})-(\mu_{甲}-\mu_{乙})}{\sqrt{\frac{\sigma_{甲}^2}{n_{甲}}+\frac{\sigma_{乙}^2}{n_{乙}}}}=\frac{(137-130)-0}{\sqrt{\frac{70}{35}+\frac{90}{45}}}=3.5$$

当 $\alpha=0.01$ 时，查正态分布表得到临界值为：

$$z_{\frac{\alpha}{2}}=Z_{0.005}=2.58$$

因为 $3.5>2.58$，说明 H_0 成立时检验统计量的值落在了拒绝域范围内，故拒绝原假设 H_0，说明这两台设备生产的产品重量有显著差异。

（二）独立小样本条件下的两个正态总体均值差的假设检验

1. 两个总体方差 σ_x^2,σ_y^2 已知时，无论样本量的大小，从两个正态分布的总体中随机抽取的两个样本均值之差的抽样分布都服从正态分布，这时，用于假设检验的检验统计量为：

$$Z=\frac{(\bar{x}-\bar{y})-(\mu_x-\mu_y)}{\sqrt{\frac{\sigma_x^2}{n}+\frac{\sigma_y^2}{m}}}$$

2. 两个总体的方差未知但相等时，即 $\sigma_x^2=\sigma_y^2$，则需要用来自两个总体的随机样本的样本方差估计总体方差 S_p^2，其估计公式是：

$$S_p^2=\frac{(n-1)S_x^2+(m-1)S_y^2}{n+m-2}$$

这样，检验统计量为：

$$t=\frac{(\bar{x}-\bar{y})-(\mu_x-\mu_y)}{\sqrt{\frac{\sigma_x^2}{n}+\frac{\sigma_y^2}{m}}}=\frac{(\bar{x}-\bar{y})-(\mu_x-\mu_y)}{\sqrt{\frac{(n-1)S_x^2+(m-1)S_y^2}{n+m-2}}\sqrt{\frac{1}{n}+\frac{1}{m}}}\sim t(n+m-2)$$

3. 两个总体的方差未知且不相等时，可以用样本方差 S_x^2，S_y^2 作为总体方差 σ_x^2，σ_y^2 的估计量，这时检验统计量服从自由度为 v 的 t 分布：

$$t=\frac{(\bar{x}-\bar{y})-(\mu_x-\mu_y)}{\sqrt{\frac{S_x^2}{n}+\frac{S_y^2}{m}}}\sim t(v)$$

其中：自由度的计算公式是 $v=\frac{\left(\frac{S_x^2}{n}+\frac{S_y^2}{m}\right)^2}{\frac{\left(\frac{S_x^2}{n}\right)^2}{n-1}+\frac{\left(\frac{S_y^2}{m}\right)^2}{m-1}}$，自由度取其计算结果四舍五入后的整数。

其拒绝域需要根据检验统计量的分布和检验属于单侧检验还是属于双侧检验确定，确定方法不再赘述。

【例 7－9】工厂管理人员对组装新产品的两种方法所需要的时间进行了测试，想了解一下组装的顺序是否影响组装所需的时间，为此，在采用两种组装方法的工人中各随机抽取了 12 个工人，测试结果（所用时间：分钟）如下：

甲方法	31	34	29	26	32	35	38	34	30	29	32	31
乙方法	26	24	28	29	30	29	31	26	29	32	28	32

假设两种组装方法所用的时间皆服从正态分布，且方差相同，问：在 0.05的显著性水平下，两种组装方法所需的时间在总体上有无显著差异？

解：根据背景资料可知，两个总体服从正态分布，总体方差未知。

利用样本数据计算得到：$\bar{x}=31.75$，$\bar{y}=28.67$，$(n-1)S_x^2=112.25$，$(m-1)S_y^2=66.67$。

根据题目要求提出原假设和备择假设：

$$H_0:\mu_x-\mu_y=0,\ H_1:\mu_x-\mu_y\neq 0$$

由于总体服从正态分布、总体方差未知但相等、小样本，则构造检验统计量为：

$$t=\frac{(\bar{X}-\bar{Y})-(\mu_x-\mu_y)}{\sqrt{\frac{(n-1)S_x^2+(m-1)S_y^2}{n+m-2}}\sqrt{\frac{1}{n}+\frac{1}{m}}}$$

$$=\frac{(31.75-28.67)-0}{\sqrt{\frac{112.25+66.67}{12+12-2}}\sqrt{\frac{1}{12}+\frac{1}{12}}}=2.646$$

当 $\alpha=0.05$ 时，查 t 分布表得 $t_{\frac{0.05}{2}}(22)=2.0789$。

因为 $t=2.646>t_{\frac{0.05}{2}}=2.0789$，故拒绝原假设，认为两种组装方法所需要的时间存在有显著的差异。

（三）配对样本数据的假设检验

配对样本的检验需要假定两个总体配对差值构成的总体服从正态分布，而且配对差是由差值总体中随机抽取的。其配对样本数据差值的假设检验，是首先计算配对样本数据的差值 d，然后就差值 d 按单一总体的均值的假设检验方法检验即可。

（四）两个总体均值之差的检验的软件实现

1. EXCEL。在数据分析中，应根据实际问题选择具体的情况，如若两总体方差相等，则选择“t 检验：双样本等方差假设”；若总体方差不等或要进行配对样本的检验，则选择相应的选项。点击确定后输入变量 1 和变量 2 的区域，并确定显著水平 α 值、确定输出区域后，按确定即可。

例如，两变量（$n=m=8$）数据资料如图 7－6 所示，若检验两变量均值是否有显著差异，则采用 EXCEL 计算结果如图 7－7 和图 7－8 所示。

	A	B
1	5	6
2	4	6
3	7	7
4	3	4
5	5	3
6	8	9
7	5	7
8	6	6

图 7－6

图 7－8 中的计算结果显示：两变量平均值分别为 5.375 和 6，若两总体方差相同，估计出的共同的方差为 2.991 07，自由度为 14，计算 t 检验统计量的值为 －0.722 76，由于检验是否有显著差异，因而属于双侧检

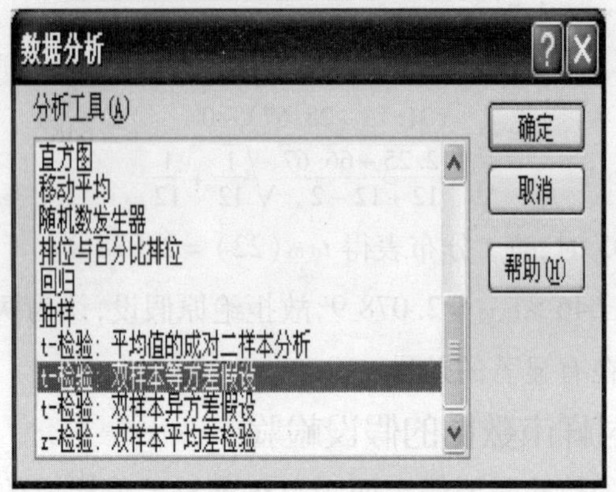

图 7－7

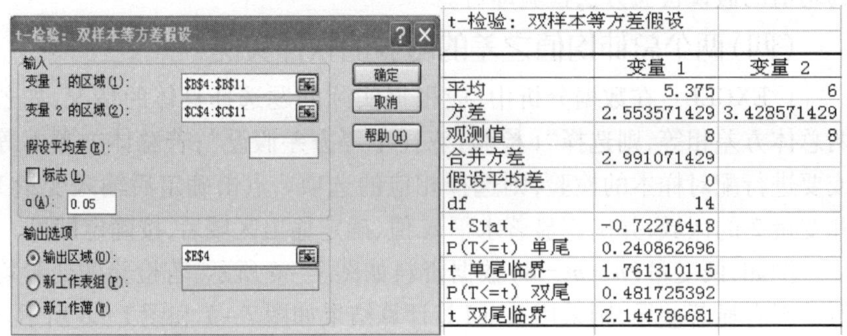

t-检验：双样本等方差假设		
	变量 1	变量 2
平均	5.375	6
方差	2.553571429	3.428571429
观测值	8	8
合并方差	2.991071429	
假设平均差	0	
df	14	
t Stat	-0.72276418	
P(T<=t) 单尾	0.240862696	
t 单尾临界	1.761310115	
P(T<=t) 双尾	0.481725392	
t 双尾临界	2.144786681	

图 7－8

验，双侧检验拒绝域的临界值为 2.144 787，由于 －0.722 76 的绝对值小于2.144 787，故不能拒绝原假设，认为两变量之间不存在显著性差异。若使用 P 值检验，由于双侧检验的 P 值为 0．481 7，大于 $\alpha=0.05$，故不能拒绝原假设。

2. SPSS。在 Analyze 下拉菜单中选择“Compare Means”，若进行两个独立样本的总体均值检验，选择“Independent－Samples T Test”；若进行配对样本数据的假设检验，则选择“Paired－Samples T Test”，然后输入要进行检验的变量，进行两个独立样本的总体均值检验，输入用于分组的变量并进行组别的定义；若进行配对样本数据的假设检验，则输入一对变量，点击“OK”即可。

例如，已知数据选项及输出结果如下图 7－9 至图 7－10 和表 7－3 所示。

	变量	分组变量
1	5.00	1.00
2	4.00	1.00
3	7.00	1.00
4	3.00	1.00
5	5.00	1.00
6	8.00	1.00
7	5.00	1.00
8	6.00	1.00
9	6.00	2.00
10	6.00	2.00
11	7.00	2.00
12	4.00	2.00
13	3.00	2.00
14	9.00	2.00
15	7.00	2.00
16	6.00	2.00

图 7 －9

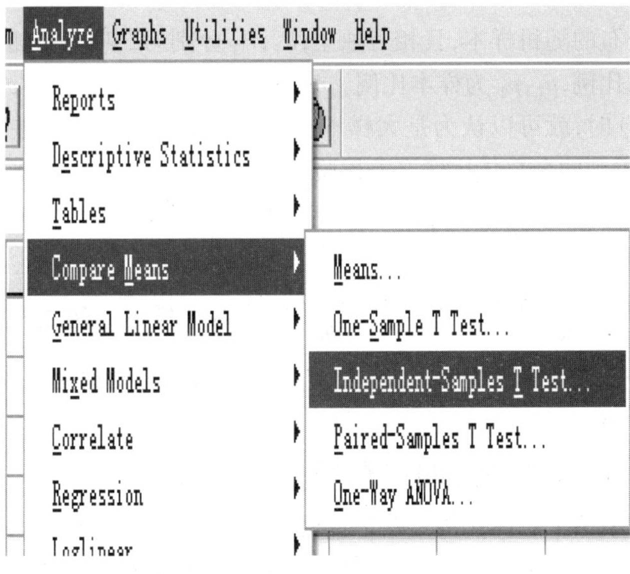

图 7 －10

表 7－3 **Independent Samples Test**

		Levene's Test for Equality of Variances		t－test for Equality of Means						
		F	Sig.	t	df	Sig. (2－tailed)	Mean Difference	Std. Error Difference	95% Confidence Interval of the Difference	
									Lower	Upper
变量	Equal variances assumed	0.003	0.956	－0.723	14	0.482	－0.625 00	0.864 74	－2.479 67	1.229 67
	Equal variances not assumed			－0.723	13.707	0.482	－0.625 00	0.864 74	－2.483 40	1.233 40

SPSS 输出结果表明，两组数据之间的方差相等（上面输出表格显示进行等方差检验 P 值为 0.956，不能拒绝方差相等的假设），在方差相等的一行中得到 P 值（表中为 Sig 值）等于 0.482，远大于 0.05，故不能拒绝原假设，即两变量均值之间不存在显著差异。

二、两个总体比例之差的假设检验

已知 $X_1, X_2, \cdots, X_n$ 为来自二项分布的随机样本，$Y_1, Y_2, \cdots, Y_m$ 为另一二项分布的随机样本，且相互独立，P_1, P_2 分别为二项分布随机变量取值为 1 的比例，p_1, p_2 为样本比例。$np_1, n(1-p_1), mp_2, m(1-p_2)$ 都大于或等于 10 时，就可以认为是大样本。根据两个样本比例之差的抽样分布，可以得到两个总体比例之差检验的统计量为：

$$Z = \frac{(p_1 - p_2) - (P_1 - P_2)}{\sigma_{p_1 - p_2}}$$

其中：$\sigma_{p_1 - p_2} = \sqrt{\dfrac{P_1(1-P_1)}{n} + \dfrac{P_2(1-P_2)}{m}}$ 为两个样本比例之差抽样分布的标准差。由于两个总体比例 P_1, P_2 未知，因而需要利用样本比例 p_1，p_2 来估计 $\sigma_{p_1 - p_2}$。

（一）检验两个总体比例之差是否相等

若检验两个总体比例之差是否相等，即 $H_0: P_1 - P_2 = 0, H_1: P_1 - P_2 \neq 0$ 时，需要将两个样本合并，并利用合并后的数据计算一个比例代替两个比例，即：

$$p_1 = p_2 = p = \frac{p_1 n + p_2 m}{n + m}$$

这样，检验统计量为：

$$Z=\frac{(p_1-p_2)}{\sqrt{p(1-p)\left(\frac{1}{n}+\frac{1}{m}\right)}}$$

（二）检验两个总体比例之差是否为某一常数

若检验两个总体比例之差是否等于某个常数，即 $H_0:P_1-P_2=d$，$H_1:P_1-P_2\neq d(d\neq 0)$ 时，可直接用两个样本比例作为两个总体比例的估计量，这样，两个总体比例之差的假设检验统计量为：

$$Z=\frac{(p_1-p_2)-d}{\sqrt{\frac{p_1(1-p_1)}{n}+\frac{p_2(1-p_2)}{m}}}$$

【例 7－10】100 个证券从业人员中有 27% 的人估计下个交易日股票价格指数将会上升，而 200 个普通投资者中有 35% 的人认为下个交易日股票价格指数将会上升，调查者认为，证券从业人员认为股票价格指数会上升的比例显著低于普通投资者，问在 0.05 的显著性水平下，能否认为样本提供的证据支持调查者的看法？

解：根据已知条件得：

$$p_1=0.27,p_2=0.35$$

确定原假设和备择假设为：

$$H_0:P_1-P_2\geqslant 0,H_1:P_1-P_2<0$$

由于检验的是证券从业人员的估计股指会上升的人数所占比例是否显著低于普通投资者，而不是检验两者之间的差值，因而原假设大于等于号的右边是 0，而不是某一不为 0 的常数，因而可以首先计算两个样本的合并比例，即：

$$p=\frac{p_1n+p_2m}{n+m}=\frac{0.27\times 100+0.35\times 200}{100+200}=0.31$$

这样检验统计量为：

$$Z=\frac{(p_1-p_2)}{\sqrt{p(1-p)\left(\frac{1}{n}+\frac{1}{m}\right)}}=\frac{(0.27-0.35)}{\sqrt{0.31(1-0.31)\left(\frac{1}{100}+\frac{1}{200}\right)}}=-1.72976$$

查正态分布表得：

$$z_{0.05}=1.645$$

因为 $|Z|=1.72976>Z_{0.05}=1.645$，故拒绝原假设，样本数据提供的证据支持调查者的看法，即证券从业人员认为股票价格指数会上升的比例显著低于普通投资者的比例。

【例 7－11】某企业生产产品时进行了技术改造，技术部门声称采用新技术后产品的次品率比原来至少降低了 8 个百分点，为此进行了测试,从新技术生产方法中抽取了300个,发现有33个次品,从利用原技术生产的产品中也抽取了300个,发现有84个次品,试在0.05的显著性水平下,说明新技术的采纳是否使次品率至少降低了8个百分点。

解:根据抽样的数据资料计算得到:

$$n_1=n_2=300, p_1=11\%, p_2=28\%$$

确定原假设和备择假设:

$$H_0: P_2-P_1\leqslant 8\%, H_1: P_2-P_1>8\%$$

由于检验的是两比例之差是不为0的常数,因而构造的检验统计量为:

$$Z=\frac{(p_2-p_1)-d}{\sqrt{\frac{p_1(1-p_1)}{n}+\frac{p_2(1-p_2)}{m}}}=\frac{(0.28-0.11)-0.08}{\sqrt{\frac{0.11(1-0.11)}{300}+\frac{0.28(1-0.28)}{300}}}=7.912$$

查正态分布表得:

$$z_{0.05}=1.645$$

由于 $Z=7.912>Z_{0.05}=1.645$,故拒绝原假设,说明采用新技术生产的产品的次品率至少比原技术生产产品的次品率低8个百分点。

三、两个总体方差之比的假设检验

已知 $X_1, X_2, \cdots, X_n \sim N(\mu_x, \sigma_x^2), Y_1, Y_2, \cdots, Y_m \sim N(\mu_y, \sigma_y^2)$,且相互独立,$S_x^2, S_y^2$ 为样本方差,对$\frac{\sigma_x^2}{\sigma_y^2}$进行假设检验。

(一)μ_x, μ_y 已知

若 μ_x, μ_y 已知,则可以用 $S_x^2=\frac{1}{n}\sum_{i=1}^{n}(X_i-\mu_x)^2$ 和 $S_y^2=\frac{1}{m}\sum_{j=1}^{m}(y_j-\mu_y)^2$ 去估计 σ_x^2, σ_y^2,这时有:

$$\frac{nS_x^2}{\sigma_x^2}\sim\chi^2(n), \frac{mS_y^2}{\sigma_y^2}\sim\chi^2(m)$$

因此,得:

$$\frac{S_x^2/\sigma_x^2}{S_y^2/\sigma_y^2}\sim F(n,m)$$

对$\frac{\sigma_x^2}{\sigma_y^2}$进行检验,可以用$\frac{S_x^2/\sigma_x^2}{S_y^2/\sigma_y^2}$作为检验统计量。

(二)μ_x, μ_y 未知

如果 μ_x, μ_y 未知,则需要用 $S_x^2=\frac{1}{n-1}\sum_{i=1}^{n}(X_i-\mu_x)^2$ 和 $S_y^2=\frac{1}{m-1}$

$\sum_{j=1}^{m}(y_j-\mu_y)^2$ 去估计 σ_x^2,σ_y^2,这时有:

$$\frac{(n-1)S_x^2}{\sigma_x^2}\sim\chi^2(n-1),\frac{(m-1)S_y^2}{\sigma_y^2}\sim\chi^2(m-1)$$

因此,得:

$$\frac{S_x^2/\sigma_x^2}{S_y^2/\sigma_y^2}\sim F(n-1,m-1)$$

对$\frac{\sigma_x^2}{\sigma_y^2}$进行检验,可以用$\frac{S_x^2/\sigma_x^2}{S_y^2/\sigma_y^2}$作为检验统计量。

在进行双侧检验时,通常是用较大的样本方差除以较小的样本方差,这样做是为了能保证拒绝总发生在 F 分布的右侧,所以只需将检验统计量的值与右侧的 $\alpha/2$ 进行比较即可作出判断。

【例 7-12】两家企业生产的机械零件的平均使用寿命差别不大,价格也很相近,考虑购买哪家企业生产的机械零件,主要取决于方差的大小:如果方差相同,就选择距离近的企业的零件;如果方差不同,就选择方差小的企业的零件。已知从两个企业生产的零件中各随机抽取 25 个得到的样本,方差分别为 6.37 和 3.19,假设两企业生产的机械零件的使用寿命均服从正态分布,在显著性水平为 0.05 的条件下进行检验,以确定选用哪一家企业的机械零件。

解:根据已知条件得:

$$S_x^2=6.37,S_y^2=3.19,n=m=25$$

提出原假设和备择假设:

$$H_0:\sigma_x^2\geqslant\sigma_y^2,H_1:\sigma_x^2<\sigma_y^2$$

检验统计量为:

$$\frac{S_x^2}{S_y^2}\sim F(24,24)$$

计算得:

$$\frac{S_x^2}{S_y^2}=\frac{6.37}{3.19}=1.997$$

$\alpha=0.05$ 时,查 F 分布表得:

$$F_{0.05}(24,24)=1.98$$

故不能拒绝原假设,第二家企业生产的机械零件的方差更小一些,因而应选用第二家企业生产的机械零件。

思考与练习

1.“假设检验的目的是试图通过零假设”的说法对吗？对于本章的例子，这一点能够做到吗？举例说明为什么“不能拒绝零假设”并不等于“接受零假设”？

2. 如果关于两个候选人的民意调查显示候选人A有50%的支持率而候选人B有48%的支持率，那么是不是候选人A在整个选民中的支持率一定大于候选人B？我们还缺乏什么信息？假定这两个样本量分别为500和1 200，你们的结论是什么？如果两个样本量均为5 000呢？

3. 为了比较两种鞋底材料，20名试验者左右脚穿两种不同材料的鞋，然后记录下左右脚的磨损度。这是独立样本问题吗？如果不是，是什么问题，为什么？利用双尾检验：$H_0:\mu_1=\mu_2 H_1:\mu_1\neq\mu_2$，看两种材料的耐磨度是否一样。可选显著性水平$\alpha=0.05$。

4. 显著性水平是否是零假设正确的概率？如果不是，如何解释？

5. 负责任的态度是，在作出任何结论时都应该给出你的结论可能犯错误的概率。在假设检验中，这一点体现在哪里？

6. 一种元件，要求其使用寿命不低于1 000小时。现从中随机抽取25件，测得其平均寿命为950小时。已知该种元件寿命服从标准差为100小时的正态分布，试在显著性水平为0.01的要求下确定这批元件是否合格？

7. 已知某零件的尺寸服从正态分布，现从某天生产的零件中随机抽取10个，测得其长度（毫米）如下：

14.8	15.1	14.6	15.2	14.9
15.0	14.8	15.1	15.3	14.7

要求：

(1) 确定该种零件平均长度的置信区间，置信水平$1-\alpha=95\%$；

(2) 若要求该种零件的标准长度应为15毫米，试在显著性水平$\alpha=0.05$条件下，检验该种零件是否符合标准要求。

8. 甲、乙两厂生产同种零件，已知零件长度均服从正态分布，且$\sigma^2_{甲}=20^2$，$\sigma^2_{乙}=23^2$。从甲厂生产的零件中随机抽取81件，测得$\bar{x}_{甲}=400$厘米，从乙厂生产的零件中随机抽取100件，测得$\bar{x}_{乙}=420$厘米。根据以上调查结果，5%显著性水平下能否认为甲、乙两厂生产的零件平均长度相等？

9. 用两种方法生产组装产品，为比较两种方法组装效率是否有显著差异，现随机独立抽取两组各12人，进行试验，得数据如下：

原方法	新方法	原方法	新方法
28	27	36	31
30	22	37	26
29	31	38	32
37	33	34	31
32	20	28	33
28	30	30	26

假设新旧方法方差相等,在5%的显著性水平下,能否认为新旧方法组装产品的劳动生产率相等?

利用EXCEL统计功能计算如下:

t-检验:双样本等方差假设		
	变量1	变量2
平均	32.25	28.5
方差	15.477 272 73	18.454 545 45
观测值	12	12
合并方差	16.965 909 09	
假设平均差	0	
df	22	
t Stat	2.230 069 126	
P(T≤t) 单尾	0.018 132 009	
t 单尾临界	1.717 144 335	
P(T≤t) 双尾	0.036 264 019	
t 双尾临界	2.073 873 058	

第八章　方差分析

在第七章中我们介绍了如何通过检验来确定两个总体之间其参数是否有显著差异。但是,实际工作中还会遇到检验多个总体参数,如检验多个总体均值是否相等的问题,可以用前面假设检验内容介绍的两个总体均值检验的办法,依次对两个总体均值进行检验。但如果总体个数较多,对两两总体之间分别进行检验很麻烦,这样就提出能不能同时对这些总体的均值进行检验的问题。我们的回答是:可以,通过方差分析(Analysis of Variance,ANOVA)可以解决这一问题。另外,从下面方差分析的原理我们将会看到,在进行方差分析时,将所有的样本资料结合在一起,得到的结论比进行两两比较检验有更强的稳定性。

第一节　方差分析的原理

为了解方差分析的目的与原理,我们先看下面一个实际中经常遇到的问题。

【例8-1】某饮料生产企业研制出一种新型饮料。关于饮料的口味设计有四种类型,即荔枝味、草莓味、橘子味、猕猴桃味。除口味外,这四种饮料的营养含量、价格、包装等其他可能影响销售量的因素全部相同。现从地理位置相似、经营规模相仿的五家超市里收集了该种饮料的销售情况(见表8-1)。

表8-1　该新型饮料在五家超市的销售情况　　单位:瓶

超　市	荔枝味	草莓味	橘子味	猕猴桃味
1	312	265	279	308
2	283	287	251	296
3	308	251	285	324
4	279	291	242	317
5	296	272	265	328
均　值	295.6	273.2	264.4	314.6

从表8-1中的数据可以看到,这四种口味饮料的销售均值各不相

同，那么，这种不同到底是什么原因产生的呢？是由于抽样误差（因为我们的数据是随机抽样的样本数据）造成的还是饮料的口味对销售产生了影响？

在其他条件相同的情况下，上述问题就归结为一个检验问题，即：检验饮料口味对销售量是否有显著影响？

为此，提出检验的假设为：

$$H_0: \mu_1 = \mu_2 = \mu_3 = \mu_4$$

$$H_1: \mu_1, \mu_2, \mu_3, \mu_4 \text{ 不完全相等}$$

上面的问题就是要检验总体上这四种口味饮料的销售均值是否相等。对此，我们可用方差分析的方法来判断。

一、方差分析的原理

下面我们以口味是否影响饮料销售水平问题为例，介绍方差分析的原理。

首先，针对本例，我们可以用表 8－1 中的样本数据资料测量所有数据的差异程度，即计算出所有口味饮料的总的差的平方和：

$$\sum (x_{ij} - \bar{x})^2 = 115.929\ 5$$

由总平方和的计算公式可知，总平方和反映了每个超市每一种口味饮料的销售量与总平均数的差异大小。

其次，对数据差异的总平方和进行分解分析。将本例中四种口味的销售数据看作四个组，这个总差异又可以分解为两个部分：

一个是每一组内（即同种口味）的饮料销售量与本组的平均销量的差异，即组内平方和 $\sum (x_i - \bar{x}_i)^2$，将四个组的组内平方和相加，即得到总的组内平方和 $\sum \sum (x_i - \bar{x}_i)^2$。

另一个部分是组与组之间饮料销售量的差异，即组间平方和 $\sum (\bar{x}_j - \bar{x})^2$。

组内平方和的差异是由于抽选样本的随机性而产生的差异，即各口味产品销售自身的随机误差，如相同口味的饮料在不同的商场销售量也不同。而组间平方和的差异来自两个方面：一是由于抽选样本的随机性而产生的差异；二是由不同口味的差异造成的，即不同的饮料口味对销售量产生了影响。

如果不同的水平（饮料口味）对结果没有影响，那么在水平之间的差异中，就仅仅有随机因素的差异，而没有系统性差异（饮料口味产生的差异），它与水平内部的差异就应该近似。反之，如果系统性差异（饮料口味产生的差异）很大，那么水平之间的差异就会远远大于水平内部的差

异。因此,我们只要将水平之间的差异与水平内部的差异进行对比,就可以知道是否有系统性差异(饮料口味产生的差异)。

最后,计算检验统计量。我们不能直接将上面组间平方和与组内平方和进行对比(没有可比性),因此必须计算它们各自的平均差异程度,即组间方差($\frac{\sum(\overline{x_j}-\overline{x})^2}{r-1}$)和组内方差($\frac{\sum\sum(x_i-\overline{x_i})^2}{n-r}$),其中,$r$ 为分组的组数。将这两个方差进行对比,就构成了服从自由度为$(r-1, n-r)$的 F 分布的 F 统计量,即:

$$F=\frac{\text{组间方差}}{\text{组内方差}}$$

F-分布密度曲线图如图 8-1 所示。

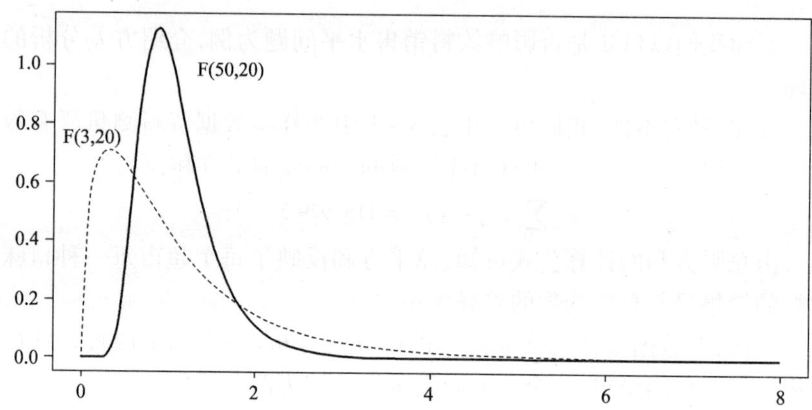

图 8-1　自由度为(3,20)和(50,20)的 F-分布密度曲线图′

资料来源:吴喜之:《统计学:从数据到结论》,中国统计出版社 2004 年版,第 52 页。

由 F 分布图可知,当计算出来的 F 统计量数值较大时,其对应的概率就会很小。当出现小概率时,我们就认为组间差异中的系统性因素(饮料的口味)产生的作用是显著的。F 统计量的计算和其对应的概率值都可由 SPSS 软件来完成。

二、方差分析的基本概念

方差分析包括三个基本概念。

第一,因变量(Dependent Variable),是我们要研究的变量。在例 8-1中,我们要分析的是饮料口味对销售量的影响,因而销售量就是我们所关心的变量,即因变量。

第二,因子(Factor),即试验中所要考虑和研究的影响因素,是能够人为进行控制的因素,也称因素或自变量。例 8-1 中,饮料的口味就是因子。

第三,因子的水平。为了研究因子对因变量的影响,需要考察因子的两个或更多个不同的取值情况,因子的这些取值称为因子的水平。例 8-1 中,饮料因子的水平有四个:荔枝味、草莓味、橘子味和猕猴桃味。

三、方差分析的种类

方差分析可以从不同的角度进行分类。

第一,按研究变量即因变量的多少,分为一元方差分析和多元方差分析,本章只讨论一元方差分析。

第二,按影响因素即因子的多少,可以分为单因素方差分析、双因素方差分析和多因素方差分析。

第三,按是否考虑协变量,是否考虑定量数据的影响因素,分为不考虑协变量的方差分析和考虑协变量的方差分析。

四、方差分析的假定条件

方差分析用到了 F 统计量,在应用时需注意,进行方差分析时,数据必须满足三个假定条件:

第一,对每个总体,研究变量服从正态分布(如果样本含量相同,可以放松这一假定);

第二,所有总体的研究变量的方差相等;

第三,研究变量各观察值之间相互独立。

第二节 单因子方差分析

例 8-1 中有一个变量即饮料的销售量和一个因子即饮料的口味,现利用 SPSS 软件进行方差分析的相关计算,过程与操作方法见表 8-2。

表 8-2 单因子方差分析的 SPSS 的实现

SPSS 选项:"Analyze"→"Compare Mean"→"One-Way ANOVA" 第一步:将变量"销售情况"放入"Dependent List";将变量"口味"放入"Factor"中; 第二步:点击"Options"进入,选择"Homogemety of Variance Test(进行方差分析的假定条件:所有总体的研究变量的方差相等的检验)",选择"Means Plots(画均值图)"; 第三步:点击"Post Hoc"进入,选择"Equal Variances Assumed"中的"LSD(进行多重 SPSS 的方差分析)"输出结果。

一、基本假定的检验

前面已经说过，方差分析中，对试验结果有三个基本假定：①正态性；②方差一致性（方差相等，如图 8－2 所示）；③相互独立性。在实际问题的分析中，如果数据不能满足这三个假定，方差分析中的 F 统计量不再服从 F 分布，方差分析的结论将不可靠。

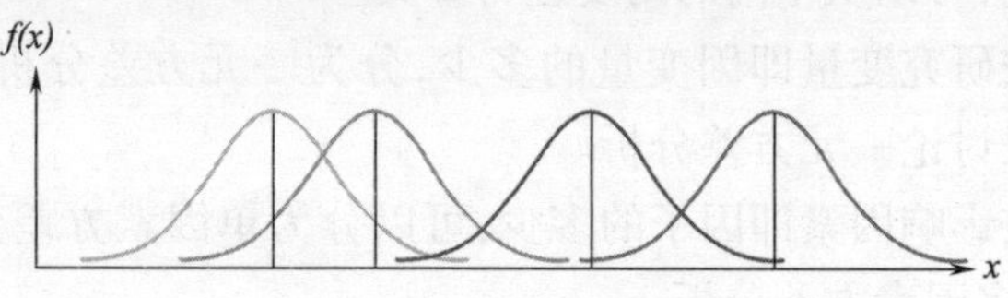

图 8－2　方差相同的分布

若在获取数据的过程中很好地遵循了随机原则，调查结果的相互独立性就不成问题。而正态性检验就不那么简单，当样本含量较小时，资料是否来自正态总体，难于进行直观判断和假设检验，常常需要根据过去的经验来判断。当样本含量较大时，无论资料是否来自正态分布总体，中心极限定理保证了样本均值的抽样分布仍然服从或接近服从正态分布。由于正态性与方差一致性往往是伴随的，即不服从正态分布的资料往往方差也不一致，因此，在进行均值比较时，对小样本资料进行方差一致性检验就显得更为重要。方差的一致性常用 Levene 方法检验。

Levene 方法能够对两组或多组资料进行方差一致性检验，不依赖于总体分布的具体形式，适合于任意分布，比其他方法更稳健。Levene 检验在国外已被广泛接受，被认为是方差一致性检验的标准方法。

例 8－1 中，我们需要进行方差一致性的检验，其检验的假设为：

$$H_0: \sigma_1^2 = \sigma_2^2 = \sigma_3^2 = \sigma_4^2$$

H_1：上述方差不全相等

Levene 检验的输出结果如表 8－3 所示。

表 8－3　Test of Homogeneity of Variances

Levene Statistic	df1	df2	Sig.
0.282	3	16	0.838

可以看出，Sig = 0.838 > 0.05，即在 5% 的显著性水平下，没有足够理由拒绝四个总体之间的方差相等的原假设，符合方差分析关于方差相等的前提条件。

二、方差分析结果

进一步，则是方差分析结果，见表 8 -4。

表 8 -4　ANOVA - 销售情况

	Sum of Squares	df	Mean Square	F	Sig.
Between Groups	76.846	3	25.615	10.486	0.000
Within Groups	39.084	16	2.443		
Total	115.929	19			

表 8 -4 中，组间平方和、组内平方和分别为 76.46，39.084；组间方差、组内方差分别为 25.615 和 2.443；F 值为 10.486；Sig = 0.000，是小概率。因此，应拒绝 $\mu_1 = \mu_2 = \mu_3 = \mu_4$ 的原假设，即在 0.05% 的显著性水平下，认为不同口味饮料的销售均值之间有显著性差异，从而得出口味对饮料销售有显著性影响的结论。

三、多重比较分析

上面所进行的方差分析中，已知不同口味饮料的销售均值之间存在显著性差异，但是我们不知道是哪一种或几种口味的饮料销售量与其他饮料有显著差异。因为在方差分析中，只要有一种口味的饮料销售均值与其他饮料不同，就可以拒绝原假设。也就是说，拒绝原假设并不表明任何两个均值之间都有差异。因此，还需要研究哪些均值之间有差异，哪些均值之间无差异。同时考查两两总体均值之间有无差异的问题称为多重比较问题。

SPSS 在进行多重比较分析时，有方差相等假设条件和方差不等假设条件下的多重比较方法。下面只介绍最常用的方差相等条件下的多重比较方法。

方差相等假设下的多重比较方法常用的是 LSD 法，是费雪（Fisher）提出的最小显著性检验（Least Significant Difference，LSD）方法，适用于总体方差相等的情况，而且对重复试验次数相同和不同的情况都适用。该方法运用 t 检验进行任意两个均值之间的配对比较，例 8 -1 中问题的多重检验的计算结果如表 8 -5 所示。

表 8-5 Multiple Comparisons(LSD)

(I)口味	(J)口味	Mean Difference (I-J)	Std. Error	Sig.	95% Confidence Interval	
					Lower Bound	Upper Bound
荔枝味	草莓味	2.240 0*	0.988 48	0.038	0.144 5	4.335 5
	橘子味	3.120 0*	0.988 48	0.006	1.024 5	5.215 5
	猕猴桃味	-1.900 0	0.988 48	0.073	-3.995 5	0.195 5
草莓味	荔枝味	-2.240 0*	0.988 48	0.038	-4.335 5	-0.1445
	橘子味	0.880 0	0.988 48	0.387	-1.215 5	2.975 5
	猕猴桃味	-4.140 0*	0.988 48	0.001	-6.235 5	-2.044 5
橘子味	荔枝味	-3.120 0*	0.988 48	0.006	-5.215 5	-1.024 5
	草莓味	-0.880 0	0.988 48	0.387	-2.975 5	1.215 5
	猕猴桃味	-5.020 0*	0.988 48	0.000	-7.115 5	-2.924 5
猕猴桃味	荔枝味	1.900 0	0.988 48	0.073	-0.195 5	3.995 5
	草莓味	4.140 0*	0.988 48	0.001	2.044 5	6.235 5
	橘子味	5.020 0*	0.988 48	0.000	2.924 5	7.115 5

* The mean difference is significant at the 0.05 level.

从输出结果看,荔枝味和猕猴桃味与草莓味和橘子味饮料之间销售量存在显著差异,而荔枝味和猕猴桃味之间、草莓味和橘子味之间的销售量不存在显著差异。

我们还可将四种口味饮料的平均销售量用图来描述(见图 8-3),更直观地观察它们之间的差异。

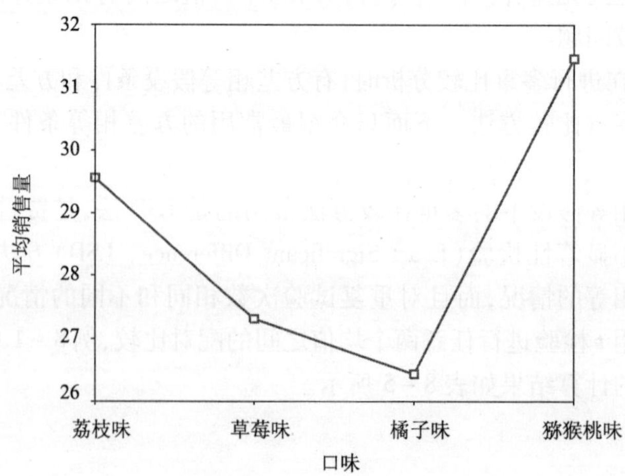

图 8-3 饮料销售均值

因此，通过方差分析，对这四种口味饮料的销售情况，我们可以得到以下结论：

第一，饮料的口味确实对饮料的销售情况产生了显著的影响，即不同口味的饮料，顾客对其偏好程度不同。

第二，受顾客欢迎的饮料是荔枝味和猕猴桃味的饮料，它们与草莓味和橘子味的饮料在销售量上存在明显的差异。

第三节 多因子方差分析

现实问题中，往往需要同时考虑多个因子对调查或试验结果的影响。为此，在进行多因子调查或试验并收集数据后，就可以采取多因子方差分析，从而得出各因子对所研究的变量的变化是否存在显著的影响。

【例 8 -2】在美国，GMAT 是商学院研究生入学的标准化考试，其分数在 200 到 800 分之间，分数越高越好。为尝试提高考生的分数，德克萨斯州的一所规模较大的学校打算为考生提供一种有效的 GMAT 考试辅导方式。从考生的生源看，主要来自三类本科学院：商学院、工学院和艺术与科学学院。他们做了一次试验，为参加试验的考生提供了三种方式的辅导：

辅导方式一：3 小时的综合复习，内容覆盖了 GMAT 中常考的题型；

辅导方式二：1 天的综合复习，内容覆盖了有关考试材料，还进行一次模拟考试并评分；

辅导方式三：10 周的强化训练，力图发现每个考生的弱点并针对每个学生设立个性化的改进课程。

他们想通过试验，确定哪种辅导方式能更好地提高考生的 GMAT 成绩，以便决定采用哪种辅导方式。

假定按照随机原则，从所有学生中采用分层抽样的方法，从商学院、工学院和艺术与科学学院随机抽取了 36 名考生分别参加三种学习方法试验，目的要考察“辅导方式”“考生所在学院”“辅导前的测试成绩”对 GMAT 考试成绩的影响是否显著。

表 8 -6 GMAT 考试成绩

	商学院		工学院		艺术与科学学院	
	考试成绩	辅导前成绩	考试成绩	辅导前成绩	考试成绩	辅导前成绩
辅导方式一	500.00	460.00	510.00	450.00	470.00	450.00
	520.00	480.00	520.00	460.00	490.00	460.00
	510.00	450.00	515.00	480.00	480.00	440.00
	530.00	460.00	530.00	490.00	500.00	400.00

续表

	商学院		工学院		艺术与科学学院	
	考试成绩	辅导前成绩	考试成绩	辅导前成绩	考试成绩	辅导前成绩
辅导方式二	520.00	460.00	540.00	520.00	512.00	460.00
	560.00	500.00	550.00	530.00	500.00	440.00
	530.00	520.00	520.00	540.00	520.00	400.00
	570.00	510.00	580.00	450.00	510.00	460.00
辅导方式三	570.00	520.00	630.00	530.00	540.00	500.00
	620.00	500.00	610.00	540.00	580.00	510.00
	630.00	500.00	590.00	500.00	620.00	480.00
	670.00	520.00	660.00	540.00	590.00	490.00

一、基本概念与模型

多因子方差分析与单因子方差分析的主要区别就是不仅要考虑因子的主效应影响，而且还要考虑因子之间的交互效应。

第一，主效应。主效应是指每个因子对因变量的单独影响。在这里，就是考虑“辅导方式(A)”和“考生所在学院(B)”对考试成绩的影响。

第二，交互效应。交互效应就是两个因子“辅导方式(A)”和“考生所在学院(B)”交互作用对考试成绩的影响。

第三，方差分析的基本模型。在考虑各因子及其交互效应，分析各因子是否对因变量变化产生显著影响时，其方差分析模型的基本形式为：

因变量 = 因素 A 的主效应 + 因素 B 的主效应 + 因素 A 与 B 的交互效应 + 随机误差

二、多因子方差分析的操作

可以利用 SPSS 软件进行多因子方差分析的相关计算，其操作方法如表 8－7 所示。

表 8－7　多因子方差分析在 SPSS 中的实现

SPSS 选项：“Analyze”→“General Linear Model”→“Univariate”
第一步：将变量“考试成绩”放入“Dependent Variables”；
第二步：将变量“辅导方式”和“所在院校”放入“Fixed Factor”中；
第三步：点击“Options”进入，选择“Homogemety of Variance Test(进行方差分析的假定条件：所有总体的研究变量的方差相等的检验)”，选择“Means Plots”(画均值图)；
第四步：点击“Post Hoc”进入，选择“Equal Variances Assumed”中的“LSD(进行多重比较检验)”；
第五步：点击“OK”。

计算结果见表8－8。

表8－8 Dependent Variable：考试成绩

Source	Type III Sum of Squares	df	Mean Square	F	Sig.
Corrected Model	78 347.000(a)	8	9 793.375	16.504	0.000
Intercept	10 886 700.250	1	10 886 700.250	18 346.367	0.000
辅导方式	67 922.167	2	33 961.083	57.232	0.000
所在院校	10 322.167	2	5 161.083	8.698	0.001
辅导方式 * 所在院校	102.667	4	25.667	0.043	0.996
Error	16 021.750	27	593.398		
Total	10 981 069.000	36			
Corrected Total	94 368.750	35			

R Squared＝0.830(Adjusted R Squared＝0.780)

从输出结果看，两个因子的显著性概率都小于1%。所以在1%的显著性水平下，两个因子都是显著性因子，即辅导方式和考生所在院校对考试成绩都有显著的影响。但是，辅导方式与考生所在学院交互作用的概率值为0.996，大于5%的显著性水平，因此，辅导方式与考生所在学院之间的交互作用对考试成绩来说，不存在显著的影响。

多因子方差分析的应用前提与单因子方差分析一样，也需要满足方差一致性（方差相等），从对方差一致性检验的结果看（见表8－9），Sig＝0.254＞0.05，因此，不能拒绝方差相同的原假设，即该检验结果显示满足方差一致性的要求。

表8－9 Levene's Test of Equality of Error Variances(a)

F	df1	df2	Sig.
1.370	8	27	0.254

Tests the null hypothesis that the error variance of the dependent variable is equal across groups.

a. Design：Intercept＋辅导方式＋所在院校＋辅导方式×所在院校。

三、包含协变量的多因子方差分析

从前面所叙述的进行方差分析的过程及结果，读者可能会注意到，在进行方差分析时，变量"辅导前的测试成绩"并没有作为对考试成绩的因子进行分析。而辅导前的测试成绩对最终的考试成绩是否会有影响？为什么没将该变量放入Factor中进行分析呢？这是因为，在方差分析中要求控制变量（Factor）是可控的，即放入Factor中的变量必须是定性变量。但实际中,有些因子的不同水平很难人为控制,但它们确确实实对观测变量产生了显著的影响。如辅导前的测试成绩可能对考试成绩会有影响。在方差分析中如果忽略这些因子的存在,而单单去分析其他因子对观测变量的影响,往往会夸大或缩小这些因子的影响作用,使得分析结论不正确。

因此,为了更加准确地研究控制变量的不同水平对因变量的影响,应尽量排除其他能够排除的因子对分析的影响作用,即将那些很难控制的因子(定量变量)作为协变量,进行方差分析。引入协变量的方差分析称为协方差分析。

协方差分析是将那些很难控制的因子作为协变量,在排除协变量影响的条件下,分析控制变量对因变量的影响,从而更加准确地对控制因子进行评价。

方差分析中的因子都是定性变量,而协方差分析中的协变量应是定量变量,即连续数值型,协变量之间没有交互影响,且与控制变量之间也没有交互影响。

这时的方差分析模型即包含协变量的方差分析的模型为:

因变量=因素A的主效应+因素B的主效应+因素A与B的交互效应+协变量+随机误差

进行协方差分析的方法与方差分析一样,只不过要将变量“辅导前的测试成绩”放入Covariatie中。

再看方差分析的结果(见表8-10),协变量“辅导前的成绩”对最终考试成绩没有显著的影响,而辅导方式和所在学院两个因子对考试成绩的影响则是显著的。因此,本例中可以不考虑协变量的影响。

表8-10　Tests of Between-Subjects Effects

Source	Type III Sum of Squares	df	Mean Square	F	Sig.
Corrected Model	78 636.815(a)	9	8 737.424	14.440	0.000
Intercept	24 408.154	1	24 408.154	40.339	0.000
辅导前	289.815	1	289.815	0.479	0.495
辅导方式	37 603.417	2	18 801.709	31.073	0.000
所在学院	7 588.652	2	3 794.326	6.271	0.006
辅导方式*所在学院	120.698	4	30.175	0.050	0.995
Error	15 731.935	26	605.074		
Total	10 981 069.000	36			
Corrected Total	94 368.750	35			

R Squared=0.833 (Adjusted R Squared=0.776)。

此外，我们从因子"辅导方式"的不同水平的均值比较检验结果中（见表8-11）可知，随着辅导时间的增加，平均考试成绩也在增加，而且，不同辅导方式对考试成绩都存在显著影响，即使考试成绩产生了显著差异。

表8-11 Pairwise Comparisons

(I)辅导方式	(J)辅导方式	Mean Difference (I-J)	Std. Error	Sig. (a)	95% Confidence Interval for Difference(a)	
					Lower Bound	Upper Bound
方式一	方式二	-28.083*	9.945	0.009	-48.488	-7.678
	方式三	-102.917*	9.945	0.000	-123.322	-82.512
方式二	方式一	28.083*	9.945	0.009	7.678	48.488
	方式三	-74.833*	9.945	0.000	-95.238	-54.428
方式三	方式一	102.917*	9.945	0.000	82.512	123.322
	方式二	74.833*	9.945	0.000	54.428	95.238

Based on estimated marginal means.

* The mean difference is significant at the 0.05 level.

[a] Adjustment for multiple comparisons: Least Significant Difference (equivalent to no adjustments).

来自不同学院的学生的考试成绩又如何呢？表8-12和图8-4表明：商学院与工学院的学生在考试成绩上没有显著的差异，而艺术与科学学院学生的考试成绩则明显低于另外两个学院学生的成绩。

表8-12 Pairwise Comparisons

(I) 所在院校	(J) 所在院校	Mean Difference (I-J)	Std. Error	Sig. (a)	95% Confidence Interval for Difference(a)	
					Lower Bound	Upper Bound
商学院	工学院	-2.083	9.945	0.836	-22.488	18.322
	艺术与科学学院	34.833*	9.945	0.002	14.428	55.238
工学院	商学院	2.083	9.945	0.836	-18.322	22.488
	艺术与科学学院	36.917*	9.945	0.001	16.512	57.322
艺术与科学院	商学院	-34.833*	9.945	0.002	-55.238	-14.428
	工学院	-36.917*	9.945	0.001	-57.322	-16.512

Based on estimated marginal means.

* The mean difference is significant at the 0.05 level.

[a] Adjustment for multiple comparisons: Least Significant Difference (equivalent to no adjustments).

最后，我们从表 8 - 13"辅导方式"与"所在学院"这一交互分析表可知，辅导方式三的平均成绩最高，其次是辅导方式二，考试成绩最低的是辅导方式一。在每种辅导方式下，商学院与工学院的学生平均成绩基本一致，而艺术与科学学院的学生成绩都比较低。

表 8 - 13　辅导方式 * 所在院校

辅导方式	所在院校	Mean	Std. Error	95% Confidence Interval	
				Lower Bound	Upper Bound
方式一	商学院	515.000	12.180	490.009	539.991
	工学院	518.750	12.180	493.759	543.741
	艺术与科学学院	485.000	12.180	460.009	509.991
方式二	商学院	545.000	12.180	520.009	569.991
	工学院	547.500	12.180	522.509	572.491
	艺术与科学学院	510.500	12.180	485.509	535.491
方式三	商学院	622.500	12.180	597.509	647.491
	工学院	622.500	12.180	597.509	647.491
	艺术与科学学院	582.500	12.180	557.509	607.491

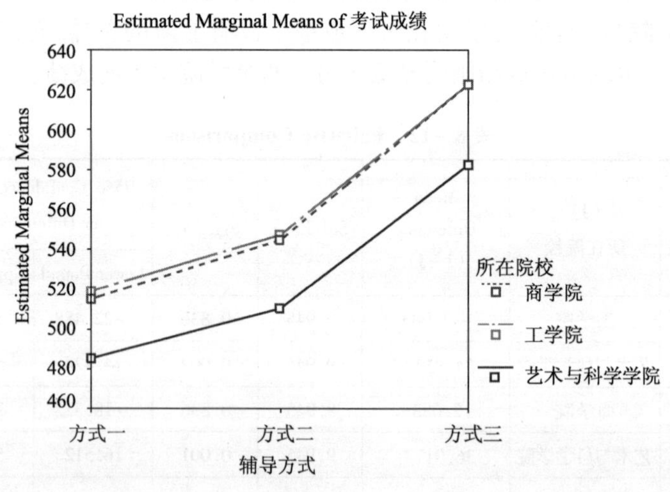

图 8 - 4

思考与练习

1. 如何理解方差分析的原理？F 检验在方差分析中的作用是什么？
2. 方差分析的前提条件有哪些？如何验证？
3. 为什么在方差分析中要进行多重比较检验？
4. 什么是方差分析中的交互效应？如何判断交互效应显著？
5. 什么是协变量？为什么要进行协方差分析？

第九章　非参数的假设检验

在实践中,我们经常会遇到一些假设检验的问题,有些可以使用前面介绍的参数假设检验的方法,但也有些问题不具备参数假设检验的条件,如星期一至星期日都会发生交通事故,那么交通事故的发生与星期几有关系吗?要回答这个问题,我们能用前面所介绍的 t 检验和 F 检验方法来验证它们之间的关系吗?其答案是不能。因为 t 检验和 F 检验都是在总体分布已知的条件下进行的,而在实际应用中,有许多数据并不知道它们来自什么分布的总体,这时就要用到非参数统计检验方法。

第一节　非参数检验的主要内容

参数的假设检验都是在总体分布已知的条件下进行的,如总体服从正态分布的统计检验。参数统计的大部分方法要求所分析的数据是定量的,如均值比较中的 t 检验、方差分析中的 F 检验等,都属于参数检验。而在实际应用中,有许多数据是定类数据和定序数据,而且并不知道他们的总体分布,这时就要用到非参数统计检验(Nonparametric Tests)。

非参数检验对总体的分布无需作任何假设,因此,非参数检验也称为自由分布检验(Distribution Free)。正因为如此宽松的条件,非参数统计的适用面更加广泛。但能够使用参数检验方法时,就要使用参数检验而不用非参数检验,因为参数检验仍比非参数检验更有效。在参数检验的方法不能使用的情况下,非参数检验的方法往往更加简便易行。

一、非参数检验的主要内容

以下是参数检验与非参数检验方法对照表(见表 9－1),它概括地说明了非参数检验各个方法及其与参数检验方法的关系,以及它们所适应检验的样本类型。

本章主要就这些非参数检验加以介绍。

表 9－1 参数检验与非参数检验方法对照表

样本类型	参数检验方法	非参数检验方法
单个样本	t 检验法	1. 卡方检验（Chi－square Test） 2. 符号检验：二项分布检验（Binomial Test） 3. 单样本柯尔莫哥诺夫—斯米尔诺夫检验（One－sample K－S test） 4. 游程检验（Run Test）
两个独立样本	独立样本 t 检验法	1. Mann－Whitney U 检验 2. 两样本 Kolmogorov－Smirnov Z 检验 3. Wald－Wolfowitz 游程检验
两个相关样本	配对 t 检验法	1. 符号检验（Sign） 2. Wilcoxon 符号秩检验
多个独立样本	单因素方差分析	K 个独立样本的 Kruskal－Wallis H 检验法
多个相关样本	多因素方差分析	Friedman 检验法

二、秩的概念

为了更好地理解非参数检验，先介绍在非参数检验中常用的非常重要的概念——秩。

所谓秩，就是该数据按照升幂排列之后，每个观测值的位置。如我们有数据如下：

12 15 2 6 14 25 56 45 35 41 5 8

将该数据按照升序重新排列为：

2 5 6 8 12 14 15 25 35 41 45 56

加上它们的大小次序号，即它们的秩，就可得到：

观测值	2	5	6	8	12	14	15	25	35	41	45	56
秩	1	2	3	4	5	6	7	8	9	10	11	12

这样，按照原先的数据次序就是：

X_i	12	15	2	6	14	25	56	45	35	41	5	8
R_i	5	7	1	3	6	8	12	11	9	10	2	4

这下面一行（记为 R_i）就是上面一行数据 X_i 的秩。

第二节　单样本非参数检验

由表 9－1 可知，单样本非参数假设检验的方法包括χ^2 检验（Chi－square Test）、二项分布检验（Binomial）、单样本柯尔莫哥诺夫—斯米尔诺夫检验（One－sample K－S Test）和游程检验（Run Test）。这些检验的主要用途如表 9－2 所示。

表 9－2　单样本参数检验的主要用途

单样本检验方法	用途
卡方检验（Chi－square Test）	检验样本内每一类别的实际观察数目与理论期望数目是否有显著性差异
二项分布检验（Binomial Test）	检验具有某种特征的比例 P 是否与预期的 P_0 一致
单样本柯尔莫哥诺夫—斯米尔诺夫检验（One－sample K－S Test）	用于检验总体是否服从某种已知的理论分布
游程检验（Run Test）	用于检验序列中事件发生过程的随机性分析

一、χ^2（卡方）检验

χ^2（卡方）检验（Chi－square Test）属于拟合优度检验，目的是检验样本中每一类别的实际观察数目与理论期望数目是否有显著性差异（具体的解释过程请参见第十二章中的列联分析）。需要进行χ^2 检验的应用很多，如检验单个样本是否与某个或某种已知的比例一致的问题，检验随机抽取的样本其所属总体是否为某种已知分布问题，等等。

【例 9－1】已知某金融机构的贷款类型有 5 种，各种贷款的预期偿还率分别为 5%，12%，36%，80%，95%。在一段时间内的 1 060 笔观察记录中，上述各种贷款按时偿还的分别为 22，50，148，390，450 笔，试问在 0.05 的显著性水平下，这些贷款的偿还率与预期的是否一致？

解：要检验实际贷款偿还率与预期偿还率是否一致，首先提出检验的原假设与备择假设如下：

H_0：各种贷款的偿还率分别为 5%，12%，36%，80%，95%。

或：

H_0：实际偿还率与预期一致；

H_1：各种贷款的偿还率分别为其他值。

或:

H_1:实际偿还率与预期不一致。

建立数据文件之后,先将还贷笔数这一变量加权,然后进行χ^2 检验,其目的就是利用样本分布与假设中总体理论分布之间的差异构造检验统计量,来检验总体的分布与理论分布是否一致。

χ^2 检验的操作见表 9 -3。

表 9 -3 χ^2 检验的操作:SPSS 中χ^2 检验的实现

先以还款数量作为权数,对数据进行加权。 SPSS 选项:Analyze → Nonparametric Tests → Chi - Square 第一步:将变量"还款类型"移入"Test Variable List"框内; 第二步:将预期偿还率 0.05、0.12、0.36、0.80 和 0.95 分别键入"Expected Values"框的"Values"项内; 第三步:点击"OK"即可。

检验结果如表 9 -4(1)和表 9 -4(2)所示。

表 9 -4(1) 还款数量

	Observed N	Expected N	Residual
A	22	23.2	-1.2
B	50	55.8	-5.8
C	148	167.4	-19.4
D	390	371.9	18.1
E	450	441.7	8.3
Total	1 060		

表 9 -4(2) Test Statistics

	还款数量
Chi - Square(a)	3.944
df	4
Asymp. Sig.	0.414

0 cells (0.0%) have expected frequencies less than 5.

从输出结果 Test Statistics 表中可以看到检验统计量$\chi^2=3.944$,渐进的显著性水平为0.414,大于给定的显著性水平0.05。因此,没有足够的理由拒绝 5 种贷款的偿还率分别为 5%,12%,36%,80%,95%。结果表明:样本的分布与理论分布的差异不显著,即这些贷款的偿还率与预期是一致的,说明5种贷款的偿还情况尚属正常。

二、二项分布检验

如果所研究的问题可以看作只有两种可能的结果——“是”或“非”、“成功"或“失败”,并且二者的出现均服从二项分布,要检验具有某种特征的比例 P 是否与预期的 P_0 一致,就可以使用二项分布(Binomial)检验,它是通过样本中这两种结果的频率来检验总体中这两种结果发生的概率是否为假设中所给定的值。

进行二项分布检验时,一般要求所检验的变量为二分变量,若不是,则需将其划分为二分变量:确定一个分割点,小于等于该值的成为第一类,即“是”;大于该值的成为第二类,即“否”。

要检验总体分布是否为二项分布 $B(p,N)$,设 n_1 和 n_2 分别表示第一类和第二类的观测值个数,记 $N=n_1+n_2$,$m=\min(n_1,n_2)$,则统计量为:

$$p_t^{*}=\begin{cases}p_t, 若\ m=n_1\\ 1-p_t, 若\ m=n_2\end{cases}$$

【例9-2】某商店统计了广告前后每日的销售情况(如表9-5所示),试分析广告对某商品的每日销量是否起作用。

表9-5　广告前后每日销售情况表　　　　单位:件

商　店	1	2	3	4	5	6	7	8	9	10	11	12	13	14	15
未做广告每日销量 X	2	2	2	2	2	3	3	3	2	3	2	3	2	3	3
广告后每日销量 Y	2	3	3	4	4	2	3	4	3	3	4	2	3	4	4
差值 $D=Y-X$	0	1	1	2	2	-1	0	1	1	0	2	-1	1	1	1
符号		+	+	+	+	-		+	+		+	—	+	+	+

若广告对该种商品的每日销量起作用,则说明做广告后每日销量应比未做广告时的每日销量有明显的增加。

事实上,若将做广告后的每日销量比未做广告时的每日销量增加简记为“成功”,那么反之则记为“失败”;并且记“成功”的概率为 P_+,“失败”的概率为 P_-,那么,假设可以写作:

$$H_0: P_+=P_-$$

$$H_1: P_+>P_-$$

既然原假设中概率相等,那么各自的概率即为0.5。

若使用SPSS的二项分布检验(Binomial Test),则需要先做变换,得到广告前后销量的差,再将得 0 的值作为缺失值,然后进行二项分布检验的基本操作,SPSS 过程见表 9-6。

表 9-6　SPSS 中的二项分布检验的实现

SPSS 选项:Analyze → Nonparametric Tests → Binomial, 第一步:将变量"前后差"移入"Test Variable List"栏下; 第二步:在"Test Proportion"框内键入欲检验的概率值,这里是 0.5; 第三步:在"Define Dichotomy"确定二分值的选项栏,点选"Cut point"项,并键入分割点值 0; 第四步:点击"OK"即可。

系统在结果输出窗口中输出的二项分布检验结果见表 9-7。

表 9-7　Binomial Test

前后差	Category	N	Observed Prop.	Test Prop.	Exact Sig. (2-tailed)
Group 1	≤0	2	0.17	0.50	0.039
Group 2	>0	10	0.83		
Total		12	1.00		

在表 9-7 的检验结果中,小于等于 0 的有 2 个,大于 0 的有 10 个,共 12 个;所观察的比例分别为 0.17 和 0.83,检验的比例为 0.5;精确的双侧检验显著性概率为 0.039,由此得出单侧检验的精确显著性水平为 0.019 5,小于显著性水平 0.05。因此,调查数据不支持 H_0,即广告前后每日销量没有显著的差异;调查数据支持 H_1,即可以认为广告对该种商品的促销起显著作用,也就是说,做了广告后每日销量比未作广告时的每日销量明显增加。

三、游程检验

游程检验(Runs Test)方法是检验一个二分变量(只取两个值的变量)的值的出现是否是随机的,是根据样本标志表现排列所形成的游程的多少来判断随机性的检验方法。它是对二分变量做检验,若不是二分变量,如定距尺度及其以上测量的变量,可以确定一个分割点,人为地规定:小于它的取值为 0,否则取值为 1,使其重编码为二分(定类)变量。

所谓游程,是指样本按照某种标志表现排列所形成的连续出现一个或多个相同的区段。如:

0000　111111　0　111111　000　111111
←→　←→　←→　←→　←→　←→

以上排列有 6 个区段,因此游程数目为 6。

【例 9-3】在某工厂的生产线上随机抽取部分产品进行质量检验，结果可简单地分为两类：合格、不合格。现随机抽取 30 个产品，不合格的记作 0，合格的记作 1，按从生产线上抽取的顺序排列，其结果为：

000011111111111111110001111111

需要检验的是：不合格的产品在生产过程中是否是随机产生的。

根据题意，应建立的假设为：

H_0：不合格的产品在生产过程中随机产生；

H_1：不合格的产品在生产过程中成群产生。

如果生产过程中的不合格产品是非随机产生的，那么需要对生产过程进行调节。SPSS 中游程检验的实现见表 9-8。

表 9-8　SPSS 中游程检验的实现

SPSS 选项：Analyze → Nonparametric Tests → Run

第一步：将变量"质量检验"选入"Test Variable List"框内；

第二步：在临界分割点"Cut Point"栏选用第四个选项："Custom"即用户自定义 → 指定临界分割点值为 1；

第三步：点击"OK"即可。

游程检验的输出结果如表 9-9 所示。

表 9-9　Runs Test

	质量检验
Test Value(a)	1.00
Cases < Test Value	7
Cases ≥ Test Value	23
Total Cases	30
Number of Runs	4
Z	-3.811
Asymp. Sig. (2-tailed)	0.000

a. Median.

输出结果显示：检验值为 1，小于检验值 1 的数目为 7，大于等于检验值 1 的数目为 23，总数目为 30，游程数目为 4，检验统计量 $Z=-3.811$，双尾渐近观察显著性水平小于 0.001，则单尾渐近观察显著性水平小于 0.000 5。

这相对于给定的显著性水平 $\alpha=0.05$ 来说是一个极小的值，因而数据不支持 H_0，而是支持备择假设 H_1，即认为不合格的产品在生产过程中是成群产生的。根据这次调查的结果,产品的缺陷有成群产生的倾向。因此,应该每天频繁抽取小样本检验,以保证质量检查的可靠性。

四、单个样本的 K - S 检验

单个样本的 K - S 检验(1 - sample K - S),即柯尔莫哥洛夫(Kolmogorov)—斯米诺夫(Smirnov)检验,主要是对单个样本的分布特征进行检验的过程。它是根据样本分布来确定总体是否服从某种已知的理论分布的检验。SPSS 中"1 - sample K - S"可以检验总体是否服从正态分布(Normal),这是系统默认选项,也是应用最多的内容;另外,还有对单个样本是否服从均匀分布(Uniform)、泊松分布(Poisson)和指数分布(Exponential)的检验。

检验统计量为:

$$Z=\sqrt{n}\max_{i}(|S(X_{i-1})-F_0(X_i)|,|S(X_i)-F_0(X_i)|)$$

该检验统计量渐近地服从正态分布。

这里,$S(X)$,$F_0(X)$分别表示样本的经验累积分布函数和已知的某种理论分布函数。

【例 9 - 4】某条大街在一年内的交通事故按星期日、星期一……星期六分为 7 类进行统计,记录如表 9 - 10 所示。

表 9 - 10 交通事故分类统计纪录

星期	日	一	二	三	四	五	六	合计
事故数	11	11	8	9	7	9	12	67

试问:事故的发生是否与星期几有关?($\alpha=0.05$)

分析:若事故的发生与星期几无关,说明一周之内每天发生交通事故的概率是相同的,即每天发生交通事故次数为均匀分布。

提出假设:

H_0:每天发生交通事故次数为均匀分布;

H_1:每天发生交通事故次数不为均匀分布。

SPSS 中单个样本 K - S 检验的实现见表 9 - 11。

表 9 - 11 SPSS 中单个样本 K - S 检验(1 - sample K - S)的实现

SPSS 选项:Analyze → Nonparametric Tests → 1 - sample K - S 第一步:将变量"事故数"选入"Test Variable List"框内; 第二步:在"Test Distribution"栏下确定欲检验的分布:这里选择"Uniform"一项,即均匀分布; 第三步:点击"OK"即可。

输出结果如表 9－12 所示。

表 9－12　单个样本的柯尔莫哥洛夫—斯米诺夫检验结果

1－Sample Kolmogorov－Smirnov Test

		事故数
N		7
Uniform Parameters(a,b)	Minimum	7.00
	Maximum	12.00
Most Extreme Differences	Absolute	0.229
	Positive	0.171
	Negative	－0.229
Kolmogorov－Smirnov Z		0.605
Asymp. Sig. (2－tailed)		0.858

a. Test distribution is Uniform.

b. Calculated from data.

柯尔莫哥洛夫—斯米诺夫检验结果显示：双侧渐近的显著性概率为 0.858，远远大于 0.05，因此，没有充分的理由拒绝原假设，即没有理由拒绝每天发生交通事故次数为均匀分布，换句话说，就是事故的发生与星期几无关。

第三节　独立样本的非参数检验

前面所介绍的是单个样本的非参数检验问题，但在实际工作中，还存在着大量的两个样本或多个样本的非参数检验问题。对它们进行处理，要首先明确样本之间是独立的还是相关的关系。例如，为了检验某种降脂新药对于不同年龄的人群的作用是否不同，就可以从不同年龄段的人群中抽选样本，以检验年龄在血脂降低幅度方面是否有显著性差异。这样得到的样本是独立样本，因为对于不同年龄段的人群，样本的血脂降低幅度的测量值之间不会产生相互影响，只是由于不同年龄段的人其各自的身体条件、生活条件等很多方面存在有较大差异，从而使得降脂药物的作用可能存在显著性差异。

仍以药物为例，要检验某种降脂新药的作用，可以抽选若干个高血脂患者，记录他们吃此新药前后的血脂指标值，这样得到的两个样本，事实上是研究对象自身配对的结果，他们吃新药前后的条件没有什么变化，能改变其血脂值的只有新药的作用。这样得到的两个样本即为配对样本，属于两个相关样本，且两个相关样本的容量相同。

本节介绍的是独立样本的检验。对从不同总体中独立抽出的样本进行检验，以便来确定原总体是否相等，这就是独立样本检验。根据总体的分类个数，独立样本的检验又可分为两个独立样本的检验和多个独立样本的检验。在两个或多个独立样本的非参数检验中，抽选的样本容量可以不相等。

一、两个独立样本的检验

两个独立样本的检验就是对来自两个不同总体的独立样本进行检验，从而确定这两个总体是否具有显著差异。

在 SPSS 的非参数检验中，给出了三种对两个独立样本检验的方法，它们分别是 Mann – Whitney U 检验、两个样本的 Kolmogorov – Smirnov Z 检验和 Wald – Wolfowitz 游程检验等（见表 9 – 13）。

表 9 – 13 两个独立样本检验方法及其用途

两个独立样本检验方法	用途
Mann – Whitney U 检验	假定两个总体分布形式类似，检验两个总体的中位数是否有显著性差异
两个样本的 Kolmogorov – Smirnov Z 检验	检验两样本所代表的两个连续总体的分布是否具有显著性差异
Wald – Wolfowitz 游程检验	检验两样本所代表的两个总体分布是否具有显著性差异

【例 9 – 5】美国某汽车协会每月编制一个顾客满意度指数，旨在测量顾客对新型汽车的满意程度，此指数越高，则意味着顾客越满意。表 9 – 14为随机抽出评比的 10 种汽车的资料。

表 9 – 14 顾客满意度指数

车型（制造商）	美国产或进口	顾客满意度指数
凌志（丰田）	进口	179
无限（日产）	进口	167
土星（通用汽车）	美国产	160
阿拉库（本田）	进口	148
梅塞德—奔驰	进口	145
丰田	进口	144

续表

车型(制造商)	美国产或进口	顾客满意度指数
奥迪	进口	139
卡迪拉克(通用汽车)	美国产	138
本田	进口	138
捷豹(福特)	美国产	137

现在我们想知道的是:顾客们是否对美国进口品牌的汽车更加满意?

(一)Mann - Whitney 检验

Mann - Whitney U 检验假定总体是连续分布的,检验两个总体的中位数是否有显著性差异。

Mann - Whitney 检验要求所分析的数据应是从两个相互独立的连续总体 Fx 和 Fy 中随机抽取出来的两个相互独立的随机样本:$x_1, x_2, \cdots, x_m$ 和 $y_1, y_2, \cdots, y_n$。数据的测量层次至少是定距尺度,若是定序尺度测量,则每个观察值的相对大小应该能够确定。

样本统计量为:

$$U = T_x - n_1(n_1 + 1)/2$$

其中,$T_x = X$ 等级的和,即 X 的秩和;n_1 为来自 X 的样本容量。

又设 n_2 为来自 Y 的样本容量;$N = n_1 + n_2$。

这样构造的渐近正态分布检验统计量为:

$$Z_{L,R} = \frac{T_x \pm 0.5 - n_1(N+1)/2}{\sqrt{n_1 n_2 (N+1)/12}}$$

对于例 9 - 5,我们可以利用 Mann - Whitney U 检验方法检验两个总体的顾客满意指数是否存在显著性差异。

首先设立假设:

H_0:美国产的与美国进口的新型汽车的顾客满意指数没有显著性差异;

H_1:美国产的与美国进口的新型汽车的顾客满意指数有显著性差异。

SPSS 的 Mann - Whitney U 检验实现过程见表 9 - 15。

表 9 - 15　SPSS 的 Mann - Whitney U 检验实现过程

SPSS 选项:Analyze → Nonparametric Tests → 2 Independent Samples 第一步:将变量"顾客满意度指数"选入"Test Variable List"框内,同时将分组变量"是否进口"移入到"Grouping Variable"框内;再单击"Define Groups"按钮,定义分组取值; 第二步:在"Test type"栏下确定欲检验的方法:SPSS 默认的是 Mann - Whitney U 检验方法;如果要用其他方法,可以另行选择; 第三步:点击"OK"即可。

得到 SPSS 输出结果如下（见表 9－16，表 9－17）。

表 9－16 秩（Ranks）

	是否进口	N	Mean Rank	Sum of Ranks
顾客满意度指数	进口	7	6.21	43.50
	美国产	3	3.83	11.50
	Total	10		

表 9－17 检验结果［Test Statistics（b）］

	顾客满意度指数
Mann－Whitney U	5.500
Wilcoxon W	11.500
Z	－1.143
Asymp. Sig. (2－tailed)	0.253
Exact Sig. ［2*(1－tailed Sig.)］	0.267

Grouping Variable：是否进口。

表 9－16 显示：在调查的 10 个新型汽车中，进口的有 7 个，平均秩为 6.21，秩和为 43.5；美国产的有 3 个，平均秩为 3.83，秩和为 11.5。

表 9－17 显示，顾客满意度指数为 5.5，Wilcoxon W 统计量的值为 11.5，转化成标准正态的近似值 $Z=-1.143$，相应的渐近（Asymp. Sig.）的双尾（2－tailed）显著性概率为 0.253，精确的双尾［2*（1－tailed Sig.）］显著性概率为 0.267。对于给定的显著性水平 $\alpha=0.05$ 来说，它们都足够大了，因此没有理由拒绝原假设，即认为顾客对美国产的新型汽车与美国进口的新型汽车的满意指数没有显著性差异。

（二）两个样本的 Kolmogorov－Smirnov Z 检验

两个样本的 Kolmogorov－Smirnov Z 检验的目的是检验两样本所代表的两个连续总体的分布是否具有显著性差异。

用于反映两总体是否存在显著差异的样本统计量为：

$$D=\max|S_1(x)-S_2(x)|$$

其中，$S_1(x)$，$S_2(x)$ 分别表示来自两个样本的累积经验分布函数。

在此基础上构造的渐近正态分布检验统计量为：

$$Z=\max_j|D_j|\sqrt{\frac{n_1n_2}{n_1+n_2}}$$

其中，$D_j=S_1(x_j)-S_2(x_j)$，且 n_1，n_2 分别表示来自两个总体的样本

容量。

对于例9－5，利用两个样本的 Kolmogorov－Smirnov Z 检验方法检验两个总体分布是否相同。

建立假设检验组：

$H_0: F_1(x) = F_2(x)$对所有 x

$H_1: F_1(x) \neq F_2(x)$对某个 x

这里也可用文字表述为：

H_0：美国产的与美国进口的新型汽车的顾客满意指数的分布没有显著性差异

H_1：美国产的与美国进口的新型汽车的顾客满意指数的分布有显著性差异

SPSS 的两个样本的 Kolmogorov－Smirnov Z 检验实现过程与 Mann－Whitney U 检验相同，差别只不过是在选择检验方法时，选择 Kolmogorov－Smirnov Z 检验即可。

SPSS 的输出的计算结果见表9－18。

表9－18　Test Statistics(a)

		顾客满意度指数
Most Extreme Differences	Absolute	0.524
	Positive	0.048
	Negative	－0.524
Kolmogorov－Smirnov Z		0.759
Asymp. Sig.（2－tailed）		0.612

a. Grouping Variable：是否进口。

上面的计算结果表明：两个样本的经验分布函数的差的绝对值的极差为0.524，其中正、负的极差分别为0.048，－0.524，转化成标准正态分布的统计量 $Z = 0.759$，相应的渐进（Asymp. Sig.）双尾（2－tailed）显著性概率为0.612。对于给定的显著性水平 $\alpha = 0.05$ 来说，已经足够大了，因此没有理由拒绝原假设，即认为美国产的与美国进口的新型汽车的顾客满意指数的分布没有显著性差异。

（三）Wald－Wolfowitz 游程检验

两样本的 Wald－Wolfowitz 游程检验假定总体是连续分布，检验两样本所代表的两个总体分布是否具有显著性差异。它是将两个样本的取值混合，按从小到大的顺序排列，观察来自两个不同总体出现的次序，以确定游程数目。

记 R_a 表示 a 的游程个数，R_a 服从超几何分布。

样本统计量为：

$$U = \text{游程的总数目}$$

若记 n_a, n_b 分别表示序列中 a, b 的个数，$n = n_a + n_b$，则渐近服从标准正态分布的统计量为：

$$\frac{R_a - \frac{n_a(n_b+1)}{n}}{\sqrt{\frac{n_a(n_a-1)n_b(n_b+1)}{n^2(n-1)}}}$$

对于例9－5，利用两样本的 Wald－Wolfowitz 游程检验，其结论应该与两个样本的 Kolmogorov－Smirnov 检验一致。

建立假设检验组：

H_0：美国产的与美国进口的新型汽车的顾客满意指数的分布没有显著性差异

H_1：美国产的与美国进口的新型汽车的顾客满意指数的分布有显著性差异

SPSS 的输出的计算结果为（见表9－19）。

表9－19　Test Statistics（b，c）

		Number of Runs	Z	Exact Sig.（1－tailed）
顾客满意度指数	Minimum Possible	4（a）	－0.573	0.283
	Maximum Possible	6（a）	1.064	0.833

a. There are 1 inter－group ties involving 2 cases.

b. Wald－Wolfowitz Test.

c. Grouping Variable：是否进口。

由检验结果可知，无论是 Minimum Possible 还是 Maximum Possible，对应的精确检验概率值（单尾）都大于0.05，因此，我们没有足够的理由拒绝原假设，即认为美国产与美国进口的新型汽车的顾客满意指数的分布没有显著性差异。

二、多个独立样本的检验

在经典的参数统计检验中，检验多个样本是否来自均值相同的总体，采用的是在方差分析的基础上的 F 检验。运用 F 检验的前提条件是：样本是从正态分布的总体中独立抽选的，总体具有相同的方差，并且分析数据的测量层次至少是定距尺度测量的。当这些假定条件不能被满足时，不宜采用参数统计的方法，而必须使用非参数检验方法。

比如例9-5中,若分析的不仅是对美国产或进口汽车,而是将进口车做一个细分:分成日本产和欧洲产,这样就会有三个独立样本,此时如果要对各自产地的汽车的顾客满意指数进行显著性检验,就要使用多个独立样本的非参数检验方法。

在计算工具上,SPSS提供了三种多个独立样本的非参数检验方法:Kruskal-Wallis、Median 和 Jonckheere-Terpstra 检验法。这里主要介绍第一种方法:Kruskal-Wallis(克鲁斯卡尔—瓦里斯)H检验法,检验目的是看多总体位置参数是否有显著性差异。Kruskal-Wallis H检验法是Mann-Whitney U检验法的推广,因此二者检验的思想类似。

设有 k 个总体,假定来自这 k 个总体的样本有连续分布 $F_1,\cdots,F_k$。先把这 k 个样本混合起来后进行排序,将各个总体观测值的秩之和记为 $R_i(i=1,\cdots,k)$。

如果各自不同样本的平均秩有很大的差异,那么就可以认为它们位置参数有差异。Kruskal-Wallis 检验统计量为:

$$H=\frac{12}{N(N+1)}\sum_{i=1}^{k}n_i\left(\frac{R_i}{n_i}-\bar{R}\right)^2=\frac{12}{N(N+1)}\sum_{i=1}^{k}\frac{R_i^2}{n_i}-3(N+1)$$

其中,n_i 为第 i 个样本容量;N 为各个样本容量之和:$N=n_1+n_2+\cdots+n_k$。

该检验统计量H的渐近分布为 $\chi^2(k-1)$。

【例9-6】假设某公司有三种主要方法供员工执行某生产任务使用。为检验这三种方法之间有没有差异,设计了两个方案:

方案1:先随机抽取6个员工,其中的每一个员工都使用方法1。然后随机抽取6名员工,这6名员工都使用方法2。最后再随机地抽取另6名员工,其中的每一名员工都使用方法3。他们完成该生产任务所用的时间(分钟)由表9-20(1)给出。

表9-20(1)　方案1完成任务时间

方法1	7.2	6.8	7.3	6.0	6.6	7.0
方法2	6.5	6.2	5.1	6.1	5.9	6.9
方法3	7.6	7.1	7.4	6.3	7.5	6.4

方案2:随机抽取6个员工,每一个员工分别用三种方法执行该生产任务。6名员工完成该任务所用的时间(分钟)由表9-20(2)给出。

表 9－20(2) 方案 2 完成任务时间

方法＼员工	1	2	3	4	5	6
方法 1	6.0	5.0	7.0	6.2	6.1	6.4
方法 2	5.4	5.2	6.5	5.9	6.0	5.8
方法 3	6.4	5.4	6.7	6.3	6.8	7.2

在这里就会产生一个问题:对这两个方案的数据检验,确定这三种方法之间有没有显著性差异时,能用相同的检验方法吗? 答案是应该使用不同的检验方法。因为在这两个方案中,样本的独立性是不同的。在方案 1 中,这三种方法是由不同的员工分别进行生产的,既由 18 个人完成的任务,因此,三种方法的样本数据之间没有关系,是独立样本,要用到独立样本的检验方法。而方案 2 中只抽取 6 个人,每个人要依次完成三种方法,因此,三种方法的样本数据之间存在相互关系,是相关样本,要利用相关样本的检验方法。有关相关样本的检验,我们将在下一节进行介绍。

下面是对方案 1 进行检验得到的数据,即对独立样本数据进行"三种方法之间有没有显著性差异"的检验($\alpha = 0.05$), 使用的是 Kruskal－Wallis H 方法。

首先建立原假设与备择假设:

H_0:三种方法之间没有差异

H_1:三种方法之间有差异

SPSS 中 Kruskal－Wallis H 方法的实现过程见表 9－21。

表 9－21 SPSS 中 Kruskal－Wallis H 方法的实现过程

SPSS 选项:Analyze → Nonparametric Tests →K Independent Samples 第一步:将分析变量"完成任务时间"选入"Test Variable List"框内,同时将分组变量"方法"移入到"Grouping Variable"框内;再单击"Define Groups"按钮,定义分组取值; 第二步:在 Test type 栏下确定欲检验的方法:SPSS 默认的是 Kruskal－Wallis H 检验方法;如果要用其他方法,可以另行选择; 第三步:点击"OK"即可。

SPSS 输出的计算结果见表 9－22 和表 9－23。

表 9－22 Ranks

完成任务时间		N	Mean Rank
方法	方法一	6	10.50
	方法二	6	5.17
	方法三	6	12.83
Total		18	

表 9－23 Test Statistics(a,b)

	完成任务时间
Chi－Square	6.503
df	2
Asymp. Sig.	0.039

a. Kruskal Wallis Test.

b. Grouping Variable：方法。

根据表 9－22 可知：三种方法完成该生产任务所用的时间（分钟）的平均秩分别为 10.50，5.17 和 12.83；又根据表 9－23 可知：Kruskal－Wallis H 统计量的渐近分布 $\chi^2=6.503$，相应的 p^- 值为 0.039，小于给定的显著性水平 $\alpha=0.05$，所以有充分理由拒绝原假设，即认为三种方法之间完成该生产任务所用的时间存在着显著性差异。

第四节　相关样本的非参数检验

在社会、经济、医学、教育等领域中，经常为了了解事物的发展变化，对同一样本在不同情况下进行前后两次调查或实验，而这样前后两次得到的数据就是两个相关的样本，或称为配对样本。如果进行多次调查或实验，那么得到的数据就是多个相关样本的数据，如例 9－6 中的方案 2。

一、两个相关样本的非参数检验

SPSS 提供的 2 Related Samples 过程即两个相关样本的非参数检验方法包括三个：Wilcoxon——威尔科克森符号秩检验法、Sign——普通符号检验法和 McNemar 检验法。其中，Wilcoxon 符号秩检验法比普通的符号检验法更有效，但对数据的假定要求也更严，即要求数据来自于连续对称分布的总体，而 McNemar 检验法用于只取两值的二分变量的检验。

(一)普通符号检验法(Sign)

当研究的问题很难用数值确切表示时,可以用符号表示,通过两个相关样本的每对数据差的符号(正、负)的检验来比较这两个样本是否具有显著性差异。研究的问题若只有两个可能的结果:"是"或"非",并且二者服从二项分布,可用符号"+"表示"是",用符号"-"表示"非",二者的概率分别记为 P^+ 和 P^-。普通符号检验法的目的为检验"是"与"非"发生的可能性大小是否有显著性差异,即原假设为检验 $P^+=P^-$,备择假设为 $P^+\neq P^-$,或 $P^+>P^-$。

设 n_+ 表示正号的数目,n_- 表示负号的数目,均服从 $p=0.5$ 的二项概率分布 $B(0.5,n)$。设 $k=\min(n_+,n_-)$,则(单)尾概率:

$$P(i\leqslant k)=\sum_{i=0}^{k}C_n^i\left(\frac{1}{2}\right)^2$$

其中,$n=n_++n_-$。

一般地,当样本容量 n 大于 20 时,使用的统计量是渐近的正态分布:$N(np,npq)$ 的 Z 检验统计量。其中:$p=q=1/2$。再进行连续性校正,则有:

$$Z=\frac{(k\pm0.5)-\dfrac{n}{2}}{\sqrt{n}/2}\sim N(0,1)$$

【例 9-7】仍然使用例 9-2 的数据,使用普通符号检验法(Sign)考察广告对某商品的每日销量是否起作用(见表 9-24)。

表 9-24 广告前后每日销售情况表 单位:件

商　店	1	2	3	4	5	6	7	8	9	10	11	12	13	14	15
未做广告时每日销量	2	2	2	2	2	3	3	3	2	3	2	3	2	3	3
广告后每月销量	2	3	3	4	4	2	3	4	3	3	4	2	3	4	4

这是一个配对样本,选取了 15 家商店,做广告对它们的每日销量的增加是否产生作用,可以使用符号检验法来检验。

首先建立假设:

H_0:做广告前与做广告后每日销量相同

H_1:做广告后比做广告前每日销量增加

SPSS 中的普通符号检验法操作方法见表 9-25。

表 9－25 SPSS 中普通符号检验法的实现过程

SPSS 选项：Analyze → Nonparametric Tests → 2 Related Samples 第一步：将源变量框内的两个变量“广告前”和“广告后”同时选中，将其移入检验配对变量框“Test Pair(s) List”内； 第二步：在“Test type”栏下确定欲检验的方法：选择“Sign 符号检验”一项；如果要用其他方法，可以另行选择； 第三步：点击“OK”即可。

非参数检验输出的计算结果见表 9－26。

表 9－26 Frequencies

广告后的每日销量 - 广告前的每日销量	N
Negative Differences(a)	2
Positive Differences(b)	10
Ties(c)	3
Total	15

a. 广告后的每日销量 < 广告前的每日销量。

b. 广告后的每日销量 > 广告前的每日销量。

c. 广告后的每日销量 = 广告前的每日销量。

这里，对 15 个商店的调查显示：广告后每日销量与广告前每日销量之差的符号，负的有 2 个，正的有 10 个，3 个没有变化。

SPSS 给出的检验统计量双侧检验的精确显著性水平为 0.039（见表 9－27），由此得出单侧检验的精确显著性水平为 0.019 5，小于给定的显著性水平 0.05，因此，调查结果不支持 H_0，即广告前后每日销量有显著的差异。所以我们认为，广告对该种商品的促销还是起了积极作用。这个结论与例 9－2 相同。

表 9－27 Test Statistics(b)

	广告后的每日销量 - 广告前的每日销量
Exact Sig. (2 - tailed)	0.039(a)

a. Binomial distribution used.

b. Sign Test.

（二）Wilcoxon（威尔科克森）符号秩检验

Wilcoxon（威尔科克森）符号秩检验是对普通符号检验的改进，它弥补了普通符号检验只考虑“是”与“非”二者差异的方向而未考虑差异的大小的问题，提供了更多的信息。

Wilcoxon 符号秩检验假定总体连续分布，检验两个相关样本是否具有显著性差异。它利用了（正、负）秩和的工具，当样本容量大于15时，也同符号检验类似，使用正态近似的 Z 统计量。按差值的正、负，给秩次记上“+”，“-”号。正秩和记为 T_+、负秩和记为 T_-，那么 $T=\min(T_+,T_-)$。当 n（这里 $n=n_+ + n_-$）较大时，渐近正态分布 Z 检验统计量为：

$$\frac{T-0.5-n(n+1)/4}{\sqrt{n(n+1)(2n+1)/24}} \sim N(0,1)$$

仍以上例为例，即在“2 Related Samples”主对话框的检验类型“Test Type”内选“Wilcoxon 符号秩检验”一项，即进行 Wilcoxon 符号秩检验。输出结果见表9-28。

表9-28 Ranks

		N	Mean Rank	Sum of Ranks
广告后每日销量 - 广告前每日销量	Negative Ranks	2(a)	5.00	10.00
	Positive Ranks	10(b)	6.80	68.00
	Ties	3(c)		
	Total	15		

a. 广告后的每日销量 < 广告前的每日销量。

b. 广告后的每日销量 > 广告前的每日销量。

c. 广告后的每日销量 = 广告前的每日销量。

从表9-28可以看出，广告后的每日销量与广告前的每日销量之差所形成的负秩（Negative Ranks）为2，负秩的均值为5，负秩总和为10；正秩（Positive Ranks）为10，正秩的均值为6.8，正秩总和为68；结（Ties）即广告后的每日销量与广告前的每日销量差值为0的数目为3。

从 Test Statistics 表即表9-29可以看出，Z 检验值为-2.392，双尾（2-tailed）检验的渐进显著性水平0.017小于给定的0.05显著性水平，表明广告后的每日销量与广告前的每日销量有显著性差异。Wilcoxon（威尔科克森）符号秩检验和普通符号检验的结果是一致的。若进一步将0.017除以2得到一个更小的值0.008 5，表明单尾（1-tailed）检验的渐进显著性水平小于0.01显著性水平，因此，可以认为，数据在1%的显著性水平上，广告后的每日销量大于广告前的每日销量，应该说广告对促销起作用了。

表 9 – 29 Test Statistics(b)

	广告后的每日销量 – 广告前的每日销量
Z	–2.392(a)
Asymp. Sig. (2 – tailed)	0.017

a. Based on negative ranks.

b. Wilcoxon Signed Ranks Test.

二、多个相关样本的非参数检验

多个相关样本的非参数检验是两个(配对)相关样本的非参数检验的推广。在实际工作中,常会遇到这样的情况:某种药物对治疗某种疾病是否有效,某种教学方法是否能提高学生的成绩,等等。当研究者希望知道多种处理结果是否相同时,往往需要采用多个样本进行统计检验。为了避免或尽量减少由于其他因素影响引起的几组之间的附加差异,研究中通常采用多个相关样本。例如,在接受几种不同教学方法的学生中,由于智力、接受能力、耐力等方面的不同,会导致不同方式处理的结果产生差异,这不是我们所要研究的问题,而是其他因素影响产生的附加差异,这些因素在进行不同的处理前必须排除。为获取相关样本,一般采用多个匹配的样本,或常常让每一研究对象作为自身的对照者的方式,因为目的是要完全控制其他因素的影响。因此,前面例 9 – 6 中的方案 2,就属于多个相关样本的非参数检验问题。

多个相关样本非参数检验最常用的方法是 Friedman 秩和检验,另外还有对定类尺度测量的数据所采用的 Cochran Q 检验。此外,还可以从多组秩之间关联程度测定的角度给出 Kendall 协同系数检验。这里只介绍 Friedman 秩和检验方法的原理,对另外两种方法有兴趣的读者可参阅相关书籍。

Friedman 秩和检验也称为双向排秩方差分析,它是对多个样本是否来自同一总体的检验。建立双侧检验的原假设和备择假设如下:

H_0:k 个样本间无显著差异;

H_1:k 个样本间有显著差异。

虽然与前面的多个独立样本的 Kruskal – Wallis 检验一样,都要进行排秩,但不同的是,Friedman 采用的是双向排秩,由于考虑到区组的影响,首先要在每一个区组中对各个处理排秩,然后再把每一个处理在各区组中的秩相加。如果 H_0 为真,那么每一处理的秩的和应该大致相等。

设 R_{ij}表示在 j 个区组中第 i 个处理的秩。若将处理而求得的秩的和记为:

$$R_i = \sum_{j=1}^{n} R_{ij}\ (i = 1,2,\cdots,k)$$

Friedman 检验统计量则定义为：

$$\chi^2 = \frac{12}{nk(k+1)}\sum_{i=1}^{k}\left[R_i - \frac{n(k+1)}{2}\right]^2 = \frac{12}{nk(k+1)}\sum_{i=1}^{k} R_i^2 - 3n(k+1)$$

其中，n 表示受试者区组的数目，k 为不同处理的种类。

该检验统计量近似服从自由度为 $k-1$ 的 $\chi^2(k-1)$ 分布。

【例 9－8】以例 9－6 中方案 2 的数据为例，利用 Friedman 秩和检验对“三种方法之间有没有显著性差异”进行检验。

首先建立假设：

H_0：三种方法之间没有差异

H_1：三种方法之间有差异

SPSS 中 Friedman 秩和检验的实现过程见表 9－30。

表 9－30 SPSS 中 Friedman 秩和检验实现过程

SPSS 选项：Analyze → Nonparametric Tests →K Related Samples 第一步：将分析变量“方法 1”、“方法 2”和“方法 3”同时选中，将其移入检验配对变量框“Test Pair(s) List”内； 第二步：在“Test type”栏下确定欲检验的方法：选择“Friedman 检验”一项； 第三步：点击“OK”即可。

SPSS 输出结果见表 9－31 和表 9－32。

表 9－31 Ranks

	Mean Rank
方法 1	2.00
方法 2	1.17
方法 3	2.83

表 9－32 Test Statistics(a)

N	6
Chi－Square	8.333
df	2
Asymp. Sig.	0.016

a. Friedman Test.

表 9－31 说明，三个方法完成该生产任务所用的时间(分钟)的平均

秩分别为2.00,1.17和2.83。

表9-32显示,Friedman的渐近分布统计量$\chi^2=8.333$,相应的p^-值为0.016小于给定的显著性水平$\alpha=0.05$。所以,有充分理由拒绝原假设,即认为三种方法之间完成该生产任务所用的时间存在着显著性差异。

思考与练习

1. 对非参数检验与参数检验进行比较,并说明前者有哪些优缺点。

2. 常用的非参数假设检验方法有哪些?各自的作用是怎样的?

3. 对两个相关样本的非参数检验法与经典的参数(配对)t检验进行比较,说明非参数检验适用于哪些情况。

4. 对两个独立样本的非参数检验方法进行比较,说明在何种情况下使用。

5. 对χ^2检验在非参数统计中的作用进行总结。

6. 为了研究广告对某商品的每日销量是否起作用,某公司对广告前后每日销售情况进行了调查,调查数据见下表。请使用符号检验法进行检验(显著性水平$\alpha=0.05$)。

广告前后每日销售情况表 单位:件

商　店	1	2	3	4	5	6	7	8	9	10	11	12
未做广告每日销量	3	2	2	2	2	3	2	3	2	3	2	3
广告后每日销量	3	3	3	4	4	2	2	4	3	3	4	2

7. 某城市公园管理部门在14个不同垒球场地比较一种新配方的化肥A与以前使用的化肥B。每个场地分两半,随机的选出一半使用化肥A,另一半使用化肥B。每英亩场地施60磅化肥。用1个月后割下的草的重量来衡量两种化肥对草皮生长的影响。试使用Wilcoxon符号秩检验法评价使用化肥A是否比使用化肥B产的草更多。数据列出如下表所示(显著性水平$\alpha=0.05$)。

1个月后割下的草的重量差异

场地	差值	场地	差值
1	25.1	8	20.4
2	-1.3	9	-2.1
3	17.6	10	26.9
4	-1.7	11	25.3

续表

场地	差值	场地	差值
5	22	12	20
6	0	13	25.2
7	20.9	14	-2.6

8. 从一个学院中随机抽取35位同学的统计学的分数，试用χ^2拟合优度检验或Kolmogorov－Smirnov法来检验该院统计学分数是否服从正态分布。数据如下表所示（显著性水平$\alpha=0.05$）。

35位学生成绩

61	61	62	63	64	65	66
73	73	74	75	77	81	87
83	80	75	66	68	68	95
45	48	48	87	89	93	83
58	69	52	66	68	68	77

9. 在一项聋的和不聋的儿童的眼睛运动的调查中，眼球运动率结果如下：

聋儿的：2.57 2.14 3.23 2.07 2.49 2.18 3.16 2.93 2.20

不聋的：0.89 1.43 1.06 1.01 0.94 1.79 1.12 2.01 1.12

试用Mann－Whitney－Wilcoxon法检验这二者眼球运动率是否有显著性差异（显著性水平$\alpha=0.05$）。

10. 在三种土地情况下，使用三种不同肥料，进行检验其是否有区别的试验：三种土壤面积一样，肥料因子有三个水平，表中数字为相应组合的产量（显著性水平$\alpha=0.05$）。

试检验使用这三种不同肥料是否有显著性差异。

三种不同肥料的产量 单位：公斤

	肥料a	肥料b	肥料c
土壤1	25	45	68
土壤2	28	37	49
土壤3	19	23	26

第十章　相关分析与回归分析

无论是社会经济现象还是自然科学现象,各种现象之间的相互联系和相互制约是一个普遍规律。社会经济的发展总是与一定的经济变量的数量变化紧密联系,经济现象的内部和外部联系中存在着一定的相关性。

研究变量之间的关系并利用这种关系,可以帮助于我们认识客观事物发展变化的规律,进行客观的预测和科学的决策,指导并控制社会经济活动的发展。如企业销售部经理在深入了解了广告费用和销售收入之间的关系后,才能尝试去预测一定水平的广告费用支出可能带来多少销售收入,从而作出科学的决策。又例如,企业在了解销售利润率与产品产量、产品价格等因素之间的关系后,可以通过各影响因素的变化去预测可能的销售利润率水平,并以此作为企业经营决策的依据。研究居民消费支出问题时,人们通常认为,较高的收入水平会带动消费支出水平的提高。对这一认识,我们也可以从表 10 – 1 中的数据资料及图 10 – 1 中看到。

【例 10 – 1】从表 10 – 1 和图 10 – 1 中可以看到,人均可支配收入水平越高的家庭,其消费支出水平也相对较高;相反,人均可支配收入水平较低的家庭,其消费支出水平也相对较低。

进一步,我们想知道,怎么判断两个变量之间是否相关,它们的相关形式怎么样,相关的程度如何?我们是否可能通过收入水平去估计、预测消费支出的水平?要想回答这些问题,就需要进行变量之间的相关关系分析及回归分析。这正是本章要解决的主要问题。

表 10 – 1　31 个家庭平均每人可支配收入与消费支出(元)

家庭代码	可支配收入 X	消费性支出 Y	家庭代码	可支配收入 X	消费性支出 Y
1	21 988.71	15 330.44	16	11 485.80	8 701.18
2	16 357.35	12 028.88	17	12 293.54	8 990.72
3	11 690.47	8 234.97	18	17 699.30	14 336.87
4	11 564.95	8 101.84	19	12 200.44	8 151.26
5	12 377.84	9 281.46	20	10 996.87	8 292.89
6	12 300.39	9 429.73	21	12 590.78	9 890.31
7	11 285.52	8 560.30	22	11 098.28	8 691.99
8	10 245.28	7 519.28	23	10 678.40	7 758.69

续表

家庭代码	可支配收入 X	消费性支出 Y	家庭代码	可支配收入 X	消费性支出 Y
9	23 622.73	17 255.38	24	11 496.11	7 921.83
10	16 378.01	10 715.15	25	11 130.93	7 532.07
11	20 573.82	14 091.19	26	10 763.34	8 427.06
12	11 473.58	8 531.90	27	10 012.34	7 875.78
13	15 506.05	11 055.13	28	10 276.06	7 512.39
14	11 451.69	7 810.73	29	10 859.33	7 817.28
15	14 264.70	9 666.61	30	10 313.44	7 874.27
			31	11 477.05	7 826.72

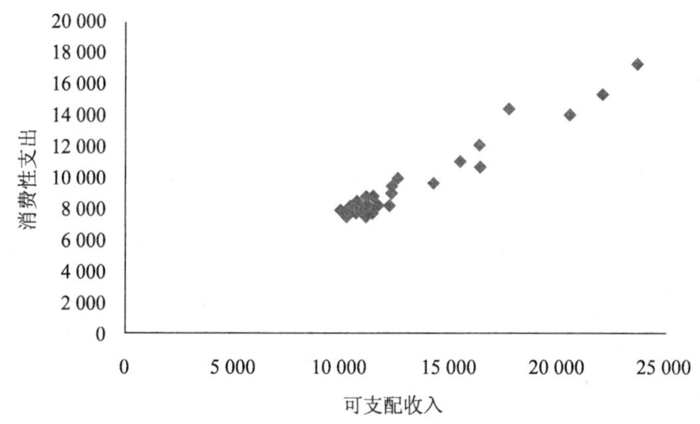

图 10－1 人均可支配收入与消费支出相关图

对现象之间数量关系的研究,统计上是从两个方面进行的:一方面是分析现象之间关系的密切程度,另一方面是找出现象之间数量变化的规律。本章针对此问题,介绍相关分析与回归分析的基本理论与方法,包括相关分析与回归分析两大部分。其中,回归分析是计量经济学理论与方法的基础。

第一节 相关分析

一、相关关系

互有联系的现象及变量之间联系的方式、关系的方式及密切程度各不相同，一种极端的情况是，一个变量的变化完全决定另一个变量的变化。例如，银行的一年期的存款利率是 2.7%，若存入的本金用 x 表示，则一年后的本利和为 $y = x + 2.7\% x$（扣除利息税），在此，本利和与本金之间是一种确定性的函数关系，在利率不变的情况下，本金的大小可以完全决定一年期的本利和。虽然经济现象、自然现象中还有很多类似的函数关系，但更多的情况是事物之间有密切的联系，但它们的关系并没有密切到一种现象可以完全决定另一种现象的程度，如总产出与投资额之间、粮食产量与施肥量之间、广告费用支出与产品销售额之间，等等。此外，虽然上面提到的人均可支配收入与消费支出之间密切相关，收入水平提高了，消费支出就大，但是，由于消费者支出水平还受到价格、消费习惯、年龄、收入预期等很多因素的影响，可支配收入并不能完全决定消费支出水平，这样，两者之间就是一种非确定的关系。我们将这种关系，即存在着一定的联系但又不是严格的、确定的关系称为相关关系，本章所要研究的也正是这种相关关系。

相关分析主要是分析现象之间是否存在相关关系，以及相关关系的方向、形式和关系的密切程度。具体来说，相关分析的主要内容有以下几方面：

第一，确定现象之间有无关系，这是相关分析的起点，只有存在相互依存关系，才有必要进行进一步的分析。

第二，确定相关关系的表现形式，只有判明了现象之间的相关关系的具体表现形式，才能运用相应的回归分析方法去解决。例如，如果把曲线相关误认为是直线相关，按直线相关来分析，便会出现认识上的偏差，导致错误的结论。

第三，测定相关关系的密切程度。现象之间的相关关系是一种不严格的数量关系，因此，给人的感觉是松散的。相关分析就是要从这种松散的数量关系中，判定其相关关系的密切程度。

二、相关关系的描述——散点图

对于两个变量 x 和 y，通过观察和实验，我们可以得到其若干组数据，记为 (x_i, y_i) $(i = 1, 2, \cdots, n)$，将这些数据按 x 的值由大到小（或由小到大）以序列表表示，即构成相关表。通过相关表可以粗略地看出两个变量之间存在着相关关系，如果两者之间变化方向是一致的，即存在着正相关；而若两者之间的变化方向是相反的，则为负相关。

如果将一一对应的两变量 (x_i, y_i) 描点于坐标系上，即构成散点图，又称为相关图，如前面图 10 - 1 所示。在 SPSS 中绘制相关图的过程见表 10 - 2。

表 10－2 绘制两变量的相关图在 SPSS 中的实现

SPSS 选项:通过 Graphs → Scatter → 在 SPSS 中提供的四种散点图(简单散点图、重叠散点图、矩阵散点图和三维散点图)中选定散点图的类型,如简单散点图(Simple) → Define → 指定散点图 y 轴上的变量名到 y Axis 框中,指定散点图的 x 轴上的变量名到 x Axis 框中—点击“OK”即可。

通过相关图所反映出的坐标点的分布状况,可以更直观地判断变量之间是否存在相关关系,以及相关的形态、方向。

其一,相关的形态。若变量 Y 与变量 X 的相关关系表现为线性组合,或绘制的散点图近似地表现为一条直线,则称之为线性相关,如图 10－2(a)和图 10－2(b);若 Y 与 X 是非线性组合,或绘制的散点图近似地表现为一条曲线,则称之为非线性相关或曲线相关,如图 10－2(c)。

其二,相关的方向。当两个变量的变动方向相同,即一个变量增加,另一个变量也相应地增加,或一个变量减少,另一个变量也相应地减少时,两个变量之间的关系称为正相关, 如图 10－2(a);若两个变量变动的方向相反,即一个变量增加的同时,另一个变量随之减少,两个变量之间的关系则称为负相关, 如图 10－2(b)。

通过图 10－2(a)可以看到,人均可支配收入与消费支出之间属于线性相关、正相关。

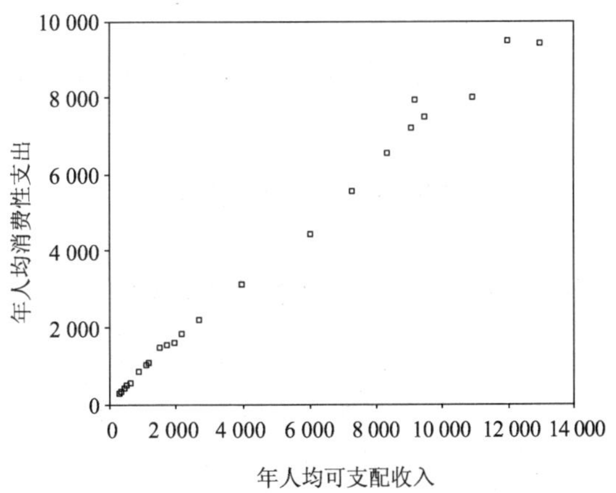

图 10－2(a) 正的线性相关

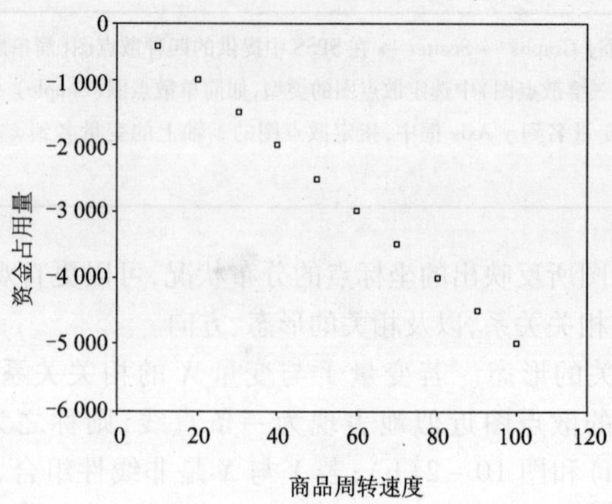

图 10－2(b)　负的线性相关

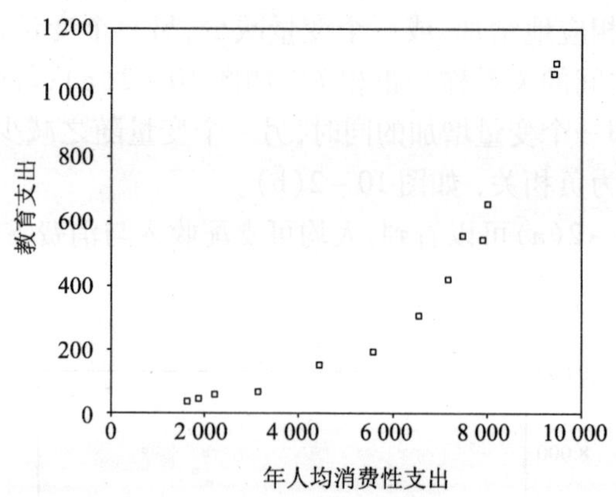

图 10－2(c)　非线性相关

三、相关程度的测定——相关系数的计算

散点图虽然能够直观地展现变量之间的相关关系，但不很精确。相关系数则是测定变量之间关系密切程度的量，它能够以定量的方式准确地描述变量之间的相关程度。相关系数有多种，对于不同类型的变量数据，应计算不同的相关系数。

(一) Pearson 简单相关系数

Pearson 简单相关系数是最常用的相关系数，它是用来度量两个定量变量 x 与 y 之间的线性相关程度，如人均可支配收入与消费支出的相关程度，身高与体重之间的相关程度，等等。利用总体数据计算的相关系数称为总体相关系数，一般用 ρ 表示。而很多情况下，我们所掌握的只是样本数据，利用样本数据计算的相关系数称为样本相关系数，用 r 表示，其计算公式是：

$$r = \frac{\sum_{i=1}^{n}(x_i - \bar{x})(y_i - \bar{y})}{\sqrt{\sum_{i=1}^{n}(x_i - \bar{x})^2(y_i - \bar{y})^2}} = \frac{n\sum_{i=1}^{n}x_iy_i - \sum_{i=1}^{n}x_i\sum_{i=1}^{n}y_i}{\sqrt{n\sum_{i=1}^{n}x_i^2 - (\sum_{i=1}^{n}x_i)^2}\sqrt{n\sum_{i=1}^{n}y_i^2 - (\sum_{i=1}^{n}y_i)^2}}$$

Pearson 简单相关系数的基本原理，是把每一对观测值 (x_i, y_i) 中的 x_i 值与均值 $\bar{x}$ 的距离与相应的 y_i 值与均值 $\bar{y}$ 的距离相乘，如果这个乘积为正，则说明相对于各自的均值，两个变量的变化趋势一样；如果这个乘积为负，那么说明他们的变化趋势相反。把样本中所有这些乘积相加，如果样本中的乘积多为正，则和为正；如果样本中的乘积多为负，则和为负；如果乘积正负号的个数差不多，则乘积和就接近零。再将其标准化，就得到上面的相关系数的计算公式。

相关系数的性质与其具体含义如下：

1. r 的取值范围在 $-1 \sim 1$ 之间，即 $-1 \leq r \leq 1$。$r > 0$，表明两个变量之间存在正线性相关关系；$r < 0$，表明两个变量之间存在负线性相关关系；当 $|r| = 1$ 时，表示为完全相关；当 $r = 0$ 时，表现为无线性相关；当 $0 < |r| < 1$ 时，表现为不完全相关。

2. r 具有对称性。x 与 y 之间的相关系数与 y 与 x 之间的相关系数相等。

3. r 的数值的大小与 x 和 y 的计量尺度无关。改变 x 和 y 的数据的计量尺度，并不改变 r 的数值。

4. r 是两个变量之间线性关系的度量指标，但无法反映两变量之间的因果关系。即使 r 很高，也不一定意味着 x 与 y 之间一定存在着因果关系。

此外，应该注意的是，Pearson 简单相关系数是反映两个变量的线性相关程度，但它并不能够度量变量之间的非线性相关程度。

由于样本的随机性和样本数量少等原因，利用样本数据计算出来的相关系数不能直接说明总体变量之间是否存在显著相关，需要进行统计检验。

检验的方法与步骤如下：

首先，确定原假设 H_0：两变量之间不存在线性相关，或 $\rho = 0$；

其次，计算检验统计量 $t = \frac{r\sqrt{n-2}}{\sqrt{1-r^2}}$，该统计量服从 $n-2$ 个自由度的 t 分布；

最后，查 t 分布表，看 t 检验统计量是否落在拒绝域中，若是则拒绝原假设，可以认为两变量之间存在显著的相关关系；或利用统计软件直接得到伴随概率，如果伴随概率小于或等于指定的显著性水平，则拒绝原假设，可以认为两变量之间存在显著的相关关系，否则不能拒绝原假设。

（二）Spearman 等级相关系数

Spearman 等级相关系数用来度量顺序变量间的线性相关程度，它利用的是非参数检验的分析方法。它不能直接通过变量值计算，而是利用数据的秩（即按样本数据大小排序的位次）进行计算。它适用于有序数据或不满足正态分布假设的等间隔数据。

Spearman 等级相关系数的计算公式是：

$$\theta = \frac{\sum (R_i - \bar{R})(S_i - \bar{S})}{\sqrt{\sum (R_i - \bar{R})^2 (S_i - \bar{S})^2}}$$

式中：R_i 是第 i 个 X 值的秩；S_i 是第 i 个 Y 值的秩；$\bar{R}$，$\bar{S}$ 分别是 R_i 和 S_i 的平均值。

同样，利用样本数据计算了 Spearman 等级相关系数后，需要对总体两个变量的等级相关的显著性进行统计检验，原假设为不存在显著的等级相关。一般情况下，如果样本数小于等于 30 时，则可利用 Spearman 等级相关统计量表（具体的检验统计量、相关概念及计算可以参考非参数统计方面的教科书），SPSS 将自动依据此表给出对应的伴随概率值；如果样本量大于 30，SPSS 将计算 Z 检验统计量：$Z = R\sqrt{n-1}$，该统计量近似服从正态分布，SPSS 将根据正态分布表给出相应的伴随概率值。

（三）Kendall tau-b 等级相关系数

Kendall tau-b 等级相关系数也是一种利用变量的秩，通过非参数统计反映两个有序变量或两个秩变量间的相关程度的分析方法。其度量的基本原理是，把所有的样本点配对，然后看每一对中的 x 和 y 的观测值是否同时增加或减少。若两个变量同时增长或下降，称这两点协同，否则就是不协同。如果样本中协同的点数目多，两个变量就相关；如果不协同的多，两变量就不很相关（具体的检验统计量、相关概念及计算可以参考非参数统计方面的教科书）。

我们可以 SPSS 计算相关系数。对 Kendall tau-b 等级相关系数检验时，一般若样本量小于等于 30，则直接利用 Kendall 等级相关统计表，SPSS 将自动给出对应的伴随概率；若样本量大于 30，则计算检验统计量：$Z = \frac{3T\sqrt{n(n-1)}}{\sqrt{2(2n+5)}}$，该检验统计量服从正态分布，SPSS 将直接给出相应的伴随概率。

上面三个相关系数均是 -1 ~ 1 之间的数，其值越接近 1（或 -1）就越正（或负）相关；越接近 0，就越不相关。到底如何算接近，不能一概而论，需要进行统计检验。其中，后两个相关系数的检验属于非参数检验的范畴（与总体分布无关）。

SPSS 中相关系数计算及检验的实现见表 10 -3。

表 10 -3 相关系数计算及检验的 SPSS 实现

SPSS 选项：Statistics → Correlate → Bivariate； 第一步，在"Correlation Coefficents"框中，选择计算的相关系数； 第二步，在"Test of Significance"框中，确定统计检验是双尾检验（Two - tailed）还是单尾检验（One - railed），一般若不明确两变量间是正相关还是负相关时，可以作双尾检验，否则可以选择单尾检验即可。

利用表 10 -1 中的数据资料，计算出 Pearson 简单相关系数，结果见表 10 -4。

表 10 -4 Pearson 简单相关系数表

Correlations

		人均可支配收入	人均消费支出
人均可支配收入	Pearson Correlation	1	0.976 **
	Sig.（2 - tailed）		0.000
	N	31	31
人均消费支出	Pearson Correlation	0.976 **	1
	Sig.（2 - tailed）	0.000	
	N	31	31

** Correlation is significant at the 0.01 level（2 - tailed）.

表 10 -4 显示了人均可支配收入与人均消费支出之间的 Pearson 相关系数，其结果是以对角线形式给出的，每个单元格共分 3 行，分别是相关系数、P 值（Sig.）和样本数。可以看到，人均消费支出与人均可支配收入的相关系数为 0.976，对相关系数的检验，双侧的 P 值小于 0.01，所以，可以认为两者之间存在显著且高度的相关关系。

利用表 10 -1 中的数据资料计算的 Kendall tau-b 与 Spearman 等级相关系数结果见表 10 -5。

表 10－5 Kendall tau-b 与 Spearman 等级相关系数

Correlations

			人均可支配收入	人均消费支出
Kendall's tau_b	人均可支配收入	Correlation Coefficient	1.000	0.725 **
		Sig.（2－tailed）	.	0.000
		N	31	31
	人均消费支出	Correlation Coefficient	0.725 **	1.000
		Sig.（2－tailed）	0.000	.
		N	31	31
Spearman's rho	人均可支配收入	Correlation Coefficient	1.000	0.869 **
		Sig.（2－tailed）	.	0.000
		N	31	31
	人均消费支出	Correlation Coefficient	0.869 **	1.000
		Sig.（2－tailed）	0.000	.
		N	31	31

**. Correlation is significant at the 0.01 level（2－tailed）.

表 10－5 显示的是人均可支配收入与人均消费支出的等级相关系数,表明两变量之间的等级相关程度较高。

（四）偏相关系数

偏相关系数描述的是控制了一个或几个变量的条件下,两个变量之间的相关程度。例如,控制年龄和学历两个因素,分析消费支出与人均可支配收入之间的相关程度；在控制年龄和工作经历两个因素的条件下,分析工资收入与受教育程度之间的相关程度；在控制价格因素的条件下,分析广告费用与销售量之间的相关程度；等等。

控制了变量 z,变量 x 与 y 之间的偏相关系数的计算公式为：

$$r_{xy,z}=\frac{r_{xy}-r_{xz}r_{yz}}{\sqrt{(1-r_{xz}^2)(1-r_{yz}^2)}}$$

控制了变量 z_1,z_2,变量 x 与 y 之间的偏相关系数的计算公式为：

$$r_{xy,z_1z_2}=\frac{r_{xy,z_1}-r_{xz_2,z_1}r_{yz_2,z_1}}{\sqrt{(1-r_{xz_2,z_1}^2)(1-r_{yz_2,z_1}^2)}}$$

偏相关系数检验的统计量是：

$$t=\frac{\sqrt{n-k-2}\cdot r}{\sqrt{1-r^2}}$$

式中,r 是相应的偏相关系数。

偏相关系数计算及检验在 SPSS 中的实现过程见表 10 -6。

表 10 -6　SPSS 中偏相关系数的计算及检验

SPSS 选项:Statistics → Correlate → Partial 在“Varible”框中选择需计算相关系数的两个变量,在“Contorling for”框中,选择需要控制的变量即可。

根据表 10 -1 家庭人均可支配收入与消费支出的原始数据资料,建立数据文件如表 10 -7 所示。

表 10 -7　人均可支配收入与消费支出数据文件表

	人均可支配收入	人均消费支出	地区生产总值
1	21 988.71	15 330.44	9 353.32
2	16 357.35	12 028.88	5 050.40
3	11 690.47	8 234.97	13 709.50
4	11 564.95	8 101.84	5 733.35
5	12 377.84	9 281.46	6 091.12
6	12 300.39	9 429.73	11 023.49
7	11 285.52	8 560.30	5 284.69
8	10 245.28	7 519.28	7 065.00
9	23 622.73	17 255.38	12 188.85
10	16 378.01	10 715.15	25 741.15
11	20 573.82	14 091.19	18 780.44
12	11 473.58	8 531.80	7 364.18
…	…	…	…

若直接计算人均消费支出和地区生产总值之间的相关系数,可以得到两者之间的相关系数为 0.510,如表 10 -8(a)所示,为中度相关。但若将人均可支配收入作为控制变量,计算人均消费支出与地区生产总值的偏相关系数,则可以看到两者之间的相关系数为 -0.004,如表 10 -8(b)所示,说明两者之间不存在线性相关关系。而计算直接的相关系数表现为中度相关,主要原因是:由于人均可支配收入与地区生产总值之间存在着显著的相关关系,若将人均可支配收入固定不变,则人均消费支出

与地区生产总值之间无显著的相关关系。

表 10-8(a) 相关系数

Correlations

		人均消费支出	地区生产总值
人均消费支出	Pearson Correlation	1	0.510 **
	Sig.(2-tailed)		0.003
	N	31	31
地区生产总值	Pearson Correlation	0.510 **	1
	Sig.(2-tailed)	0.003	
	N	31	31

** Correlation is significant at the 0.01 level (2-tailed).

表 10-8(b) 偏相关系数

Correlations

控制变量:人均可支配收入		人均消费支出	地区生产总值
人均消费支出	Correlation	1.000	-.004
	Significance(2-tailed)	.	.984
	df	0	28
地区生产总值	Correlation	-.004	1.000
	Significance(2-tailed)	.984	.
	df	28	0

第二节 线性回归分析

相关分析旨在测度变量之间关系的密切程度,它所使用的测定工具就是相关系数。而回归分析则是考察若干自变量 $x_1, x_2, \cdots, x_p$ 与因变量 y 之间的数量依存关系的统计方法和技术。回归分析的内容主要包括以下几个方面:

第一,从样本数据出发,确定变量之间数量依存关系的数学关系式,即回归模型的形式。

第二,估计回归模型参数。

第三,对所确定的、估计的回归模型的可信程度进行各种统计检验,并从影响因变量的诸多变量中找出影响显著的自变量。

第四，利用回归模型，根据一个或几个自变量的值来预测或控制因变量的水平，并给出相应的精确度。

一、线性回归模型

（一）理论回归模型

描述变量 y 与 $x_1, x_2, \cdots, x_p$ 之间线性关系的数学结构式，即线性理论回归模型为：

$$y = \beta_0 + \beta_1 x_1 + \cdots + \beta_p x_p + \varepsilon$$

一般地，我们称 y 为被解释变量（因变量），称 $x_1, x_2, \cdots, x_p$ 为解释变量（自变量），β_i 为未知参数，其中 β_0 为回归常数，$\beta_1, \beta_2 \cdots, \beta_p$ 为回归系数。

该模型显示出 y 与 $x_1, x_2, \cdots, x_p$ 之间的关系可以用两个部分描述：一部分是由于 $x_1, x_2, \cdots, x_p$ 的变化引起的 y 的变化的部分，即 $\beta_0 + \beta_1 x_1 + \cdots + \beta_p x_p$；另一部分是由除去 $x_1, x_2, \cdots, x_p$ 外的其他一切被忽略和无法考虑到的随机因素引起的，即 ε，我们称其为随机误差项。

建立线性回归模型时，需要假定被解释变量 y 与解释变量 $x_1, x_2, \cdots, x_p$ 之间具有线性关系，而 $x_1, x_2, \cdots, x_p$ 之间不存在着高度的线性关系，且解释变量的取值是非随机的（即其值是外生的、事先给定的），被解释变量则是随机变量，这就意味着，对于给定的解释变量 $x_1, x_2, \cdots, x_p$ 的值，y 的取值都相应地对应着一个分布。此外，对于随机误差项 ε，需要作出以下假定：

1. 正态性。ε 是一个服从正态分布的随机变量，且其期望值为 0，即：$E(\varepsilon) = 0$。

这样，对 $y = \beta_0 + \beta_1 x_1 + \cdots, + \beta_p x_p + \varepsilon$ 两边求数学期望，得：

$$E(y) = \beta_0 + \beta_1 x_1 + \cdots + \beta_p x_p$$

该式从平均意义上表达了变量 y 与 $x_1, x_2, \cdots, x_p$ 的统计规律性。这一点在应用时非常重要，因为我们经常关心的正是这个平均值。

2. 方差齐性。对于任何一组特定的 $x_1, x_2, \cdots, x_p$ 值，ε 的方差 σ^2 都相同。

3. 独立性。对于任何一组特定的 $x_1, x_2, \cdots, x_p$ 值，它所对应的 ε 与其他一组 $x_1, x_2, \cdots, x_p$ 所对应的 ε 不相关。这样，对于该特定的 $x_1, x_2, \cdots, x_p$ 值，它所对应的 y 值与其他 $x_1, x_2, \cdots, x_p$ 所对应的 y 值也不相关。在解释变量 $x_1, x_2, \cdots, x_p$ 值一定的情况下，y 的变化由误差项 ε 的方差 σ^2 来决定。当 σ^2 较小时，y 的实际观测值与估计值就比较接近；当 σ^2 较大时，y 的实际观测值与估计值偏离就比较大。

（二）一元线性回归模型与多元线性回归模型

在回归模型中，当 $p = 1$ 时，即影响被解释变量的主要因素只有一

个，模型中引入一个解释变量时，该模型称为一元线性回归模型，即：

$$y = \beta_0 + \beta_1 x + \varepsilon$$
$$E(y) = \beta_0 + \beta_1 x$$

当 $p>1$ 时，即影响被解释变量的主要因素在一个以上，模型中引入超过一个解释变量时，该模型称为多元回归模型。如 $p=2$ 时，二元线性回归模型为：

$$y = \beta_0 + \beta_1 x_1 + \beta_2 x_2 + \varepsilon$$
$$E(y) = \beta_0 + \beta_1 x + \beta_2 x_2$$

（三）估计的回归方程

回归模型中的参数是未知的，回归分析的主要任务之一就是通过样本观测值$(y_i, x_{1i}, x_{2i}, \cdots, x_{pi})$对 $\beta_0, \beta_1, \beta_2, \cdots, \beta_p$ 进行估计，在此用 $b_0, b_1, \cdots, b_p$ 分别表示 $\beta_0, \beta_1, \beta_2, \cdots, \beta_p$ 的估计值，则称 $\hat{y} = b_0 + b_1 x_1 + \cdots + b_p x_p$ 为估计的线性经验回归方程，或估计的线性回归方程。

其中，$\hat{y} = b_0 + b_1 x_1$ 为估计的一元线性回归方程，$\hat{y} = b_0 + b_1 x_1 + b_2 x_2$ 为估计的二元线性回归方程。

二、模型参数估计

利用样本数据对模型中的参数进行估计时，依照不同的准则，采用不同的统计方法，可以得到不同的参数估计值，因而模型 $\hat{y} = b_0 + b_1 x_1 + \cdots + b_p x_p$ 中的 $b_0, b_1, \cdots, b_p$ 不是唯一的。为了由样本数据得到回归方程中 $\beta_0, \beta_1, \cdots, \beta_p$ 的理想估计值，即得到这些参数的最小无偏估计量，通常采用普通最小二乘法。

普通最小二乘法的基本思想是：对每一样本观测值$(y_i, x_{1i}, x_{2i}, \cdots, x_{pi})$，观测值 y_i 与其回归值 $\hat{y}_i$ 的离差越小越好，综合考虑 n 个样本观测值，其离差平方和：

$$Q = \sum_{i=1}^{n} (y_i - \hat{y}_i)^2 = \sum_{i=1}^{n} [y_i - (b_0 + b_1 x_1 + \cdots + b_p x_p)]^2$$

为最小。

所谓最小二乘法，就是要寻找 $\beta_0, \beta_1, \cdots, \beta_p$ 的估计值 $b_0, b_1, \cdots, b_p$，使 Q 达到最小。求解 $b_0, b_1, \cdots, b_p$ 是一个求极值的问题。由于 Q 是关于 $b_0, b_1, \cdots, b_p$ 的非负二次函数，因而它的最小值总是存在的。根据微积分求极值的原理，$b_0, b_1, \cdots, b_p$ 应满足下列方程：

$$\begin{cases} -2\sum_{i=1}^{n}(y_i - b_0 - b_1x_{i1} - b_2x_{i2} - \cdots - b_px_{ip}) = 0 \\ -2\sum_{i=1}^{n}(y_i - b_0 - b_1x_{i1} - b_2x_{i2} - \cdots - b_px_{ip})x_{i1} = 0 \\ \vdots \\ \vdots \\ -2\sum_{i=1}^{n}(y_i - b_0 - b_1x_{i1} - b_2x_{i2} - \cdots - b_px_{ip})x_{ip} = 0 \end{cases}$$

求解该方程组，即可得到 $b_0, b_1, \cdots, b_p$。

对于一元线性回归方程，其参数估计值的具体计算公式为：

$$\begin{cases} b_1 = \dfrac{n\sum_{i=1}^{n}xy - \sum_{i=1}^{n}x\sum_{i=1}^{n}y}{n\sum_{i=1}^{n}x^2 - (\sum_{i=1}^{n}x)^2} \\ b_0 = \bar{y} - b_1\bar{x} \end{cases}$$

模型参数估计在 SPSS 中的实现过程见表 10－9。

表 10－9　模型参数估计在 SPSS 中的实现

SPSS 选项：Analyze → Regression → Linear 在“Linear Regression”框中，输入消费支出到“Dependent”对话框，输入支配收入到“Independent”对话框中，点击“OK”即可。

由表 10－1 中的数据可得回归方程，见表 10－10。

表 10－10　人均消费支出与人均可支配收入的一元线性回归(a)

Model		Unstandardized Coefficients		Standardized Coefficients	t	Sig.
		B	Std. Error	Beta		
1	(Constant)	450.334	388.906		1.158	0.256
	人均可支配收入	0.692	0.029	0.976	24.148	0.000

a. Dependent Variable：人均消费支出。

表 10－10 给出了回归方程中常数项、回归系数的估计值和检验结果。可见 $b_0 = 450.334$，$b_1 = 0.692$，其回归的直线如图 10－3 所示。

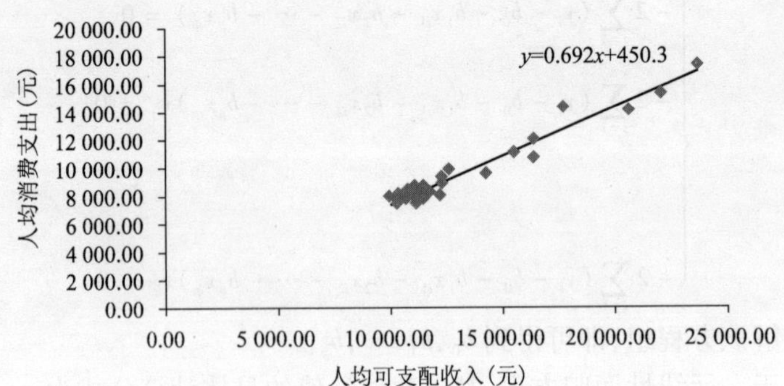

图 10－3　人均可支配收入与人均消费支出散点图与回归线

回归方程为:

$$y（人均消费支出）= 450.334 + 0.692x（人均可支配收入）$$

三、回归系数的含义

（一）一元线性回归模型

$\hat{y} = b_0 + b_1 x$ 中的 b_0 是直线的截距,表示当解释变量为零时 y 的平均值。回归系数 b_1 是直线的斜率,表示解释变量 x 每增加 1 个单位,被解释变量 y 将相应地平均变化 b_1 个单位。

上面回归方程中回归系数 b_1 的含义为:人均可支配收入每增加 1 元,人均消费支出会平均增加 0.692 元。

（二）多元线性回归模型

$\hat{y} = b_0 + b_1 x_1 + \cdots + b_p x_p$ 中的回归的 $b_i(i = 1,2\cdots,p)$ 称为偏回归系数,表示当其他解释变量保持不变时,该解释变量增加 1 个单位,被解释变量 y 相应地平均变化 b_i 个单位。

四、回归方程的评价与检验

我们得到一个实际问题的经验回归方程后,还不能马上就得出分析结论或进行预测等实际应用。在应用前,需要对所估计的回归方程进行评价与检验。进行评价与检验主要是基于以下理由:第一,在利用样本数据估计回归模型时,首先是假设变量 y 与 x_i 之间存在着线性关系,但这种假设是否存在,需要进行检验;第二,用样本数据估计的回归方程是否真正描述了变量 y 与 $x_1, x_2, \cdots, x_p$ 之间的统计规律性,y 的变化能否通过模型中的解释变量去解释,需要进行检验;等等。一般来说,进行的评价与统计检验的主要内容与方法有以下几方面。

（一）实际意义检验

所谓实际意义检验，就是利用相关学科的基本理论常识及我们所积累的丰富的经验，对所估计的回归方程的回归系数进行分析与判断，看其是否能得到合理的解释。如我们以人均消费支出为被解释变量，以人均可支配收入为解释变量，建立了一元线性回归模型如下：

$$\hat{y} = 450.334 + 0.692x$$

回归系数0.692的含义是人均可支配收入每增长1元，则人均消费支出将平均增加0.692元，其经济意义合理，与经济理论、与实际情况相符。

对回归模型进行检验，首先要进行的就是实际意义的检验。

（二）回归方程的拟合程度分析

回归方程在一定程度上描述了变量 y 与 $x_1, x_2, \cdots, x_p$ 之间的数量依存关系与内在规律，根据这一方程，我们可由解释变量的取值来估计被解释变量的取值。但估计的精度如何，将取决于回归方程对观测数据的拟合程度。回归方程拟合程度分析最常用的指标是判定系数。

1. 判定系数 R^2。判定系数是说明回归方程对观测数据拟合程度的一个度量值。以一元线性回归方程为例，若各观测数据（x_i, y_i）在坐标系上形成的散点都落在一条直线上，那么这条直线就是对数据的完全拟合，直线充分代表了各个点，此时，用 x 估计 y 是没有误差的。各样本观测点越是紧密围绕直线，说明直线对观测数据的拟合程度越好，判定系数越高；反之则越差，判定系数越小。

为理解判定系数的含义，我们首先对被解释变量取值的变差进行分析。

被解释变量 y 的取值是不同的，y 取值的这种波动称为变差。变差的产生来自于两个方面：一是由于解释变量 x 的取值不同造成的，二是除 x 外的其他因素的影响。对一个具体的观测值来说，变差的大小可以通过该实际观测值与其均值之差（$y - \bar{y}$）来表示。而 n 次观测值的总变差可以由这些离差的平方和来表示，称为总变差平方和，即 $SST = \sum_{i=1}^{n}(y_i - \bar{y})^2$。

以一元线性回归方程为例，估计的回归方程为直线方程，即 $\hat{y} = b_0 + b_1x$。从图10－4可以看到，每个观测点的离差都可以分解为两部分，即：

$$y_i - \bar{y} = (y_i - \hat{y}) + (\hat{y}_i - \bar{y}_i)$$

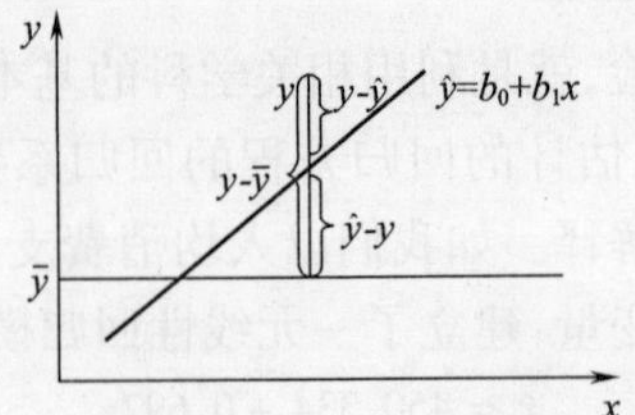

图 10－4　变差分解图

将上式两边平方，并对所有 n 个点求和，得到（证明略）：

$$\sum_{i=1}^{n}(y_i-\bar{y})^2=\sum_{i=1}^{n}(y_i-\hat{y}_i)^2+\sum_{i=1}^{n}(\hat{y}_i-\bar{y})^2$$

即总的变差平方和可以分解为两个部分：一部分是 $\sum_{i=1}^{n}(\hat{y}_i-\bar{y})^2$，它是回归值 $\hat{y}_i$ 与均值 $\bar{y}$ 的离差平方和，可以看作是 y 的总变差中由于 x 与 y 的线性关系引起的 y 的变化的那部分，它可以由回归直线来解释，因而称为可解释的变差平方和或回归平方和，记为 SSR；另一部分是 $\sum_{i=1}^{n}(\hat{y}_i-\bar{y}_i)^2$，即 y 的各实际观测点与其利用回归方程估计值的残差的平方和，它是除了 x 对 y 的线性影响之外的其他因素形成 y 的变差的作用，不能用回归直线来解释，因而称为不可解释的变差或剩余平方和，记为 SSE。三个平方和的关系是：

$$SST=SSR+SSE$$

在观测值已知的情况下，利用 SPSS 软件进行回归分析的计算，其离差平方和的计算结构如表 10－11 所示。

表 10－11　离差平方和计算结果表

Model		Sum of Squares	df	Mean Square	F	Sig.
1	Regression	182 436 901	1	182 436 901.4	581.144	0.000[a]
	Residual	9 072 666.8	29	312 850.578		
	Total	191 509 568	30			

a. Predictors：(Constant)，人均可支配收入。

b. Dependent Variable：人均消费支出。

上面 SPSS 输出结果显示，$SSR=182\ 436\ 901$，$SSE=9\ 072\ 666.8$，$SST=191\ 509\ 568$。

从变差分解图中可以直观地看到，回归直线拟合的好坏取决于 SSR 及 SSE 的大小，各观察值越是靠近直线，SSR 就越大，即 SSR 占 SST 的比例就越大。这样，我们就可以通过这一比例来反映直线对观测值的拟合程度，这一比例称为判定系数，记为 R^2，即：

$$R^2 = \frac{SSR}{SST} = \frac{\sum_{i=1}^{n}(\hat{y}_i - \bar{y})^2}{\sum_{i=1}^{n}(y_i - \bar{y})^2} = 1 - \frac{\sum_{i=1}^{n}(y_i - \hat{y}_i)^2}{\sum_{i=1}^{n}(y_i - \bar{y})^2}$$

判定系数 R^2 的取值范围为[0,1]，$R^2=1$ 时，拟合是完全的，即所有观测值都在直线上，若 x 与 y 无关，x 完全无助于解释 y 的变差，此时 $\hat{y}=\bar{y}$，则 $R^2=0$。可见，R^2 越接近于 1，表明回归平方和占总变差平方和的比重越大，回归直线与各观测点越接近，用 x 的变化来解释 y 的变差部分越多，回归直线的拟合程度就越好。反之，R^2 越接近于 0，回归直线的拟合程度越差。

上面的例题中，人均消费支出与人均收入间一元线性回归方程的判断系数为 0.953（见表 10－12 中的判定系数计算结果）。其实际意义是：在人均消费支出的总变差中，有 95.3% 可以由人均可支配收入与人均消费支出之间的关系来解释，可见回归方程的拟合程度较高。

表 10－12　判定系数计算结果

Model	R	R Square	Adjusted R Square	Std. Error of the Estimate
1	0.976	0.953	0.951	559.330 47

2. 调整后的判定系数 $\bar{R}^2$。在多元线性回归分析中，同样需要计算判定系数进行拟合程度的评价。但是，模型中的解释变量越多，对 y 的变差的解释程度也就越高，用上面公式计算的 R^2 也就越大。不过，多引入一个解释变量，在进行统计检验时就会减少一个自由度，从而导致参数估计的有效性降低，甚至出现参数估计结果与实际结果不相符的结果。因此，在多元线性回归模型的估计中，一般需要考虑到解释变量个数对 R^2 的影响，即对判定系数 R^2 进行处理，计算调整后的 $\bar{R}^2$（计算略）。对于 R^2，我们可以直接利用统计软件得到其计算结果。表 10－12 中，调整后的判定系数（Adjusted R Square）$\bar{R}^2=0.951$。需要注意的是，在应用时，若回归方程的常数项为 0 时，R^2 失效。

3. 估计标准误差。估计标准误差是残差平方和的均方根，用公式表示为：

$$s_e = \sqrt{\frac{\sum_{i=1}^{n}(y_i - \hat{y}_i)^2}{n-p-1}} = \sqrt{\frac{SSE}{n-p-1}}$$

式中：n 表示样本量；p 表示回归方程中解释变量的个数。

s_e 是对误差项 ε 的标准差 σ 的估计，反映了实际观测值 y_i 与回归估计值 $\hat{y}_i$ 之间的差异程度。从实际意义上看，s_e 反映了用估计的回归方程预测被解释变量时预测误差的大小。s_e 越小，实际观测值与估计值的差异越小，回归方程对各观测点的代表性就越好，拟合程度也越高，根据各回归方程进行预测也就越准确。

（三）回归系数的显著性检验——t 检验

t 检验是统计推断中常用的一种检验方法，在回归分析中，t 检验主要用于检验回归系数的显著性，即解释变量对被解释变量的影响是否显著。

检验的假设是：

$H_0:\beta_i=0$（解释变量对被解释变量的影响不显著）

$H_1:\beta_i\neq0$（解释变量对被解释变量的影响显著）

如果 H_0 成立，则可认为因变量 y 对解释变量 x_i 之间并没有真正的线性关系，即 x_i 的变化对 y 并没有显著的线性影响。

构造的检验统计量为：

$$t=\frac{b_i}{\sqrt{\mathrm{var}(b_i)}}$$

式中：$\sqrt{\mathrm{var}\ (b_i)}$为回归系数的标准差。

当确定显著性水平为 α，若 $|t|\geqslant t_{\frac{\alpha}{2}(n-p-1)}$ 时，拒绝原假设，认为 $\beta_i\neq0$，即解释变量 x_i 对 y 的线性影响显著；否则，认为 x_i 对 y 的线性影响不显著。

若伴随概率（P 值或 sig 值）小于我们事先确定的显著性水平 α 时，拒绝原假设，认为 $\beta_i\neq0$，即解释变量 x_i 对 y 的线性效果显著。

表 10－13 是人均可支配收入和人均消费支出相关分析的 SPSS 输出。可以看出，解释变量人均可支配收入的回归系数的 t 检验统计量为 24.148，P 值为 0.00，小于 0.05，所以拒绝原假设。可以认为，人均可支配收入与人均消费支出的线性关系显著。

表 10－13　回归系数及其统计检验结果

Model		Unstandardized Coefficients		Standardized Coefficients	t	Sig.
		B	Std. Error	Beta		
1	(Constant)	450.334	388.906		1.158	0.256
	人均可支配收入	.692	.029	.976	24.148	0.000

a. Dependent Variable：人均消费支出。

(四)回归方程线性关系的显著性检验——F 检验

回归方程线性关系的检验称为 F 检验,它用于检验解释变量 x_i 和被解释变量之间的线性关系式是否显著。或者说,它们之间能否用一个线性模型 $y=\beta_0+\beta_1x_1+\cdots+\beta_px_p+\varepsilon$ 来表示。F 检验是根据平方和分解式,直接根据回归效果检验回归方程的显著性。如果是显著的,说明回归方程线性关系是存在的,如果不显著,说明回归方程的线性关系是不存在的。

F 检验的具体步骤是:

1. 提出假设:

$H_0:\beta_1=\beta_2=\cdots=\beta_p=0$(回归方程的线性关系不显著)

2. 计算检验统计量:

$$F=\frac{SSR/p}{SSE/(n-p-1)}$$

可以证明,在原假设成立的情况下,F 检验统计量服从 F 分布,第一自由度为 p(解释变量的个数),第二自由度为 $n-p-1$(n 为观测数据量),即 $F\sim F(p,n-p-1)$。

确定显著性水平 α 时,若检验统计量的数值大于 $F_\alpha(p,n-p-1)$,拒绝原假设,说明回归方程的线性关系是存在的。

若伴随概率(P 值或 sig. 值)小于我们事前确定的显著性水平 α 时,拒绝原假设,认为 $\beta_1,\beta_2,\cdots,\beta_p$ 中至少有一个是不为 0 的,回归方程的线性关系是存在的。

在进行一元线性回归分析时,由于只有一个解释变量,因此,t 检验与 F 检验的结果是一致的。

表 10-14 是人均可支配收入与人均消费支出回归方程的方差分解和 F 检验计算结果。

表 10-14 方差分解及 F 检验计算结果

Model		Sum of Squares	df	Mean Square	F	Sig.
1	Regression	182 436 901	1	182 436 901.4	581.144	0.000[a]
	Residual	9 072 666.8	29	312 850.578		
	Total	191 509 568	30			

a. Predictors:(Constant),人均可支配收入。

b. Dependent Variable:人均消费支出。

表 10-14 中显示出人均可支配收入和人均消费支出回归方程的线性关系检验统计量 F 值为 583.144;P(sig)值为 0.00,小于显著性水平 0.05,所以拒绝原假设,认为由解释变量和被解释变量建立的回归方程

的线性关系是存在的。

五、利用回归方程进行预测

回归分析的主要目的是根据所建立的回归方程，用给定的解释变量来预测被解释变量，如果对于 $x_1, x_2, \cdots, x_p$ 的给定值，求出 y 的一个预测值 $\hat{y}$，就是点估计。在点估计的基础上，可以得到 y 的估计区间。

估计区间有两种类型，即平均值的置信区间和个别值的预测区间。

（一）y 平均值的置信区间

平均值的置信区间是对于 $x_1, x_2, \cdots, x_p$ 的给定值，求出 y 的平均值的估计区间。如本节例中根据人均可支配收入与人均消费支出的回归方程，估计当人均可支配收入为 25 000 元时，人均消费支出平均值的估计区间。由于计算公式较为复杂，本节中只给出利用一元线性回归方程计算平均值的置信区间。

在 $x = x_0$，$1-\alpha$ 的置信度下，y 的平均值的置信区间计算公式如下：

$$\hat{y}_0 \pm t_{\frac{\alpha}{2}(n-p-1)} s_e \sqrt{\frac{1}{n} + \frac{(x_0 - \bar{x})^2}{\sum_{i=1}^{n}(x_i - \bar{x})^2}}$$

式中，$s_e \sqrt{\frac{1}{n} + \frac{(x_0 - \bar{x})^2}{\sum_{i=1}^{n}(x_i - \bar{x})^2}}$ 为 $\hat{y}_0$ 的标准差的估计量。

（二）y 个别值的预测区间

个别值的预测区间是对 $x_1, x_2, \cdots, x_p$ 的给定值，求出 y 的一个个别值的估计区间，如当某家庭人均可支配收入为 25 000 元时，根据人均可支配收入与人均消费支出的回归方程，估计该家庭人均消费支出的区间。

在 $x = x_0$，$1-\alpha$ 的置信度下，y 的个别值的预测区间计算公式如下：

$$\hat{y}_0 \pm t_{\frac{\alpha}{2}(n-p-1)} s_e \sqrt{1 + \frac{1}{n} + \frac{(x_0 - \bar{x})^2}{\sum_{i=1}^{n}(x_i - \bar{x})^2}}$$

可以看到，即使是解释变量的值及置信水平相同，这两个区间的宽度也是不一样的，预测区间要比置信区间宽一些。

用 SPSS 进行回归预测的过程见表 10－15。

表 10－15 回归预测在 SPSS 中的实现

SPSS 选项：Analyze → Regression → Linear

第一步：在“Linear Regression”框中，输入消费支出到“Dependent”对话框，输入支配收入到“Independent”对话框中；

第二步：点击“save”，在“predicted values”下选中“Unstandardized”，在“predection Interval”下选“Mean”和“Individual”即可。

本例中的预测值（见表 10－16）及图形（见图 10－5）如下。表 10－16 中，LMCI_1 和 UMCI_1 分别表示 y 平均值的置信区间的上、下限，而 LICI_1 和 UICI_1 分别为 y 个别值的预测区间的上、下限。

表 10－16 人均消费支出预测值

人均可支配收入	人均消费支出	地区生产总值	LMCI_1	UMCI_1	LICI_1	UICI_1
10 012.34	7 875.78	2 702.40	7 104.359 15	7 652.815 99	6 202.218 57	8 554.956 57
10 245.28	7 519.28	7 065.00	7 274.391 40	7 805.159 40	6 365.436 67	8714.11414
10 276.06	7 512.39	783.61	7 296.828 34	7 825.320 23	6 386.992 21	8 735.156 36
10 313.44	7 874.27	3 523.16	7 324.066 30	7 849.814 05	6 413.166 15	8 760.714 20
10 678.40	7 758.69	2 741.90	7 589.390 89	8 089.573 27	6 668.504 54	9 010.459 62
10 763.34	8 427.06	5 465.79	7 650.971 30	8 145.544 97	6 727.876 33	9 068.639 94
10 859.33	7 817.26	889.20	7 720.479 43	8 208.881 52	6 794.946 77	9 134.414 18
10 996.87	8 292.89	1 223.28	7 819.913 90	8 399.794 55	6 891.002 59	9 228.705 87
11 098.28	8 691.99	10 505.30	7 893.101 61	8 366.952 50	6 961.790 58	9 298.263 53
11 130.83	7 530.07	340.10	7 016.641 40	8 388.508 35	6 084.575 14	9 320.664 70

第三节 可线性化的非线性回归

一、可线性化的非线性回归模型

在许多实际问题中，变量之间的关系并不都是线性的。通常我们会碰到某些现象的被解释变量与解释变量之间呈现某种非线性关系。如对于两个变量 x 和 y，若被解释变量 y 随解释变量 x 的取值的不同而变化，并且呈现出某种曲线形态时，我们称两者之间存在非线性关系，这时

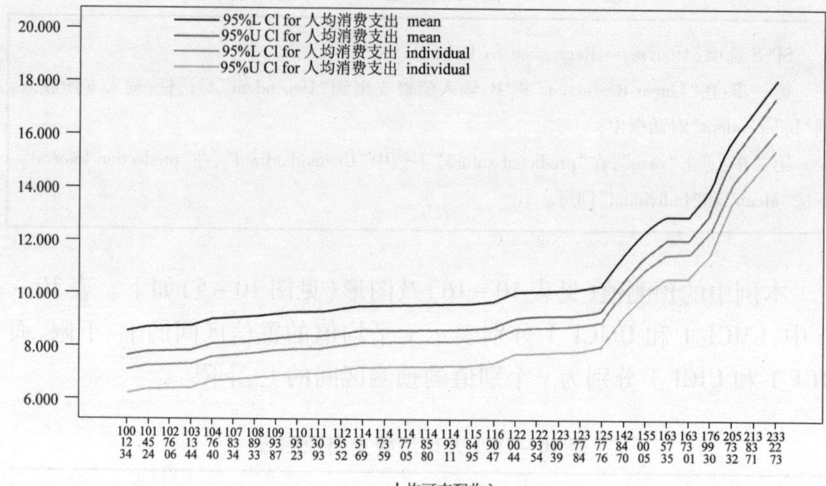

图 10－5　人均消费支出预测值

应采用适当的曲线来描述两者之间的关系。

在只涉及一个解释变量时，称两个变量之间的回归分析为一元非线性回归；若涉及多个解释变量的回归分析，我们将其称为多元非线性回归分析。

在进行非线性回归分析时，有相当多的回归方程是可以通过简单的变量变换，转换为线性模型。这时，便可将非线性回归问题转化为线性回归问题进行参数的估计、模型的拟合和分析。我们将这类回归称为可线性化的非线性回归。本节只介绍几种常见的可线性化的非线性回归模型。

二、主要模型及参数估计

常见的可线性化的非线性回归模型主要有以下几种。

（一）对数曲线

对数曲线（Logarithm）方程：

$$\hat{y} = b_0 + b_1 \ln x$$

模型参数估计方法：

首先，进行变量变换，将曲线模型转化为线性模型，对此模型的线性化方法是：令 $x' = \ln x$，则有 $\hat{y} = b_0 + b_1 x'$。

然后，利用最小二乘法估计模型参数。

曲线的图形如图 10－6 所示。

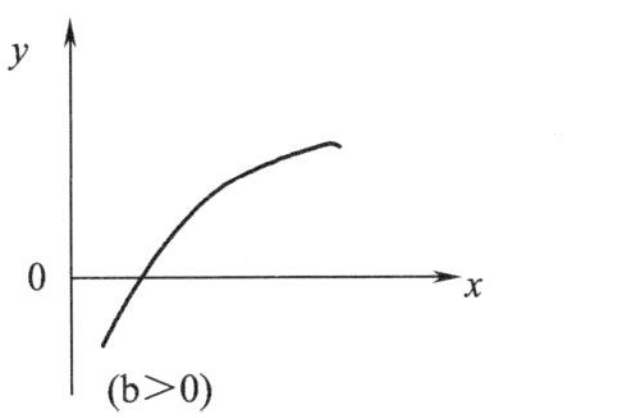

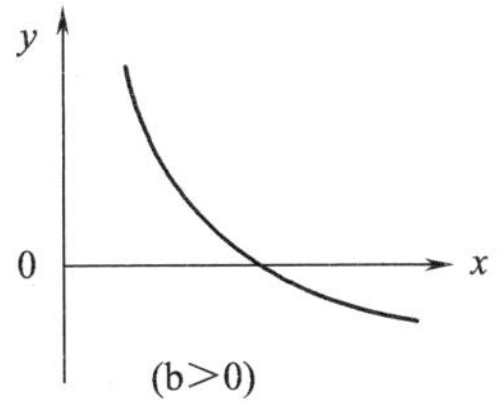

图 10－6　对数曲线

(二)逆函数曲线

若变量 y 随 x 的增加而增加，最初增加很快，以后逐渐变慢并趋于稳定，则可以选择逆函数曲线(Inverse)，其回归方程为：

$$\hat{y} = b_0 + b_1 \frac{1}{x}$$

模型参数估计方法：

首先，进行变量变换，将曲线模型转化为线性模型，对此模型的线性化方法是：令 $x' = \frac{1}{x}$，则有 $\hat{y} = b_0 + b_1 x'$。

然后，利用最小二乘法估计模型参数。

曲线的图形如图 10－7 所示。

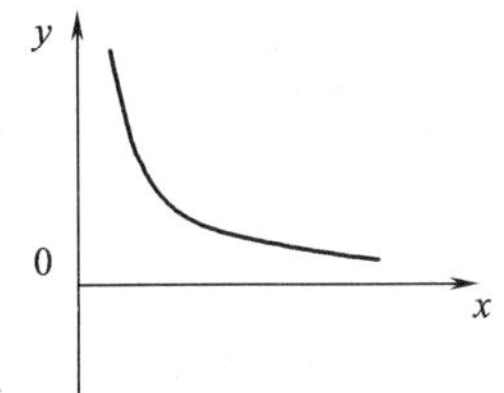

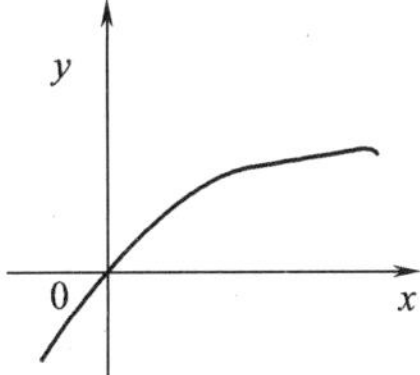

图 10－7　逆函数曲线

(三)二次曲线

二次曲线(Quadratic)是非常常见的一种非线性回归形式，它的方程是：

$$\hat{y} = b_0 + b_1 x + b_2 x^2$$

如果令 $x_1 = x, x_2 = x^2$，则上面二次曲线方程线性化为二元一次方程：

$$\hat{y} = b_0 + b_1 x_1 + b_2 x_2$$

之后，采用最小二乘法，便可估计模型中的未知参数。

(四)三次曲线

三次曲线(Cubic)方程：

$$\hat{y} = b_0 + b_1 x + b_2 x^2 + b_3 x^3$$

令 $x_1 = x, x_2 = x^2, x_3 = x^3$，则模型线性化为：

$$\hat{y} = b_0 + b_1x_1 + b_2x_2 + b_3x_3$$

（五）幂函数曲线

若变量 x 与 y 都接近等比变化，即其环比分别接近于一个常数，可配合幂函数（Power）曲线，其方程为：

$$\hat{y} = ax^b$$

该模型的线性化方法是：将模型两端取对数，得 $\ln y = \ln a + b\ln x$。

然后，令 $y' = \ln y, x' = \ln x, A = \ln a$，则有：

$$\hat{y}' = A + bx'$$

【例 10－2】某出租车公司随着出租车数量的增加，每年发生交通事故造成的损失也在增加，具体收集到的资料见表 10－17。

表 10－17　出租车数量与年损失金额

年份（年）	2009	2010	2011	2012	2013	2014	2015	2016	2017	2018
出租车数量（辆）	40	42	48	55	65	79	88	100	120	140
年损失金额（元）	3 000	2 800	32 000	34 000	3 000	3 240	3 700	3 300	3 800	3 700

SPSS 实现曲线拟合的过程如表 10－18 所示。三种曲线的拟合结果见表 10－19。

表 10－18　用 SPSS 实现曲线拟合的过程

第一步：建立数据文件。定义变量：y 表示年损失金额，x 表示出租车数量。

第二步：在数据文件管理窗口中选择“Graphs”，展开下拉菜单点击“Scatter”，进入“Scatter plot”对话框，单击“Simple”按钮，再单击“Define”按钮，在“Define”对话框中，将变量 y 放入“*Y* Axis”栏，变量 x 放入“*X* Axis”栏，单击“OK”。得到散点图 10－8，从散点图可看出两变量呈现某种曲线关系。

第三步：在数据文件管理窗口中选择“Analyze”，展开下拉菜单，点击“Regression”中的“Curve Estimation”，进入“Curve Estimation”对话框，把左侧源变量栏的变量 y 放入“Dependents”栏，变量 x 放入“Independent”栏中。从“Models”栏中选择“Quadratic”、“Cubic”和“Power”三个复选项。如图 10－9 所示。

第四步：选择完后，单击“OK”按钮。

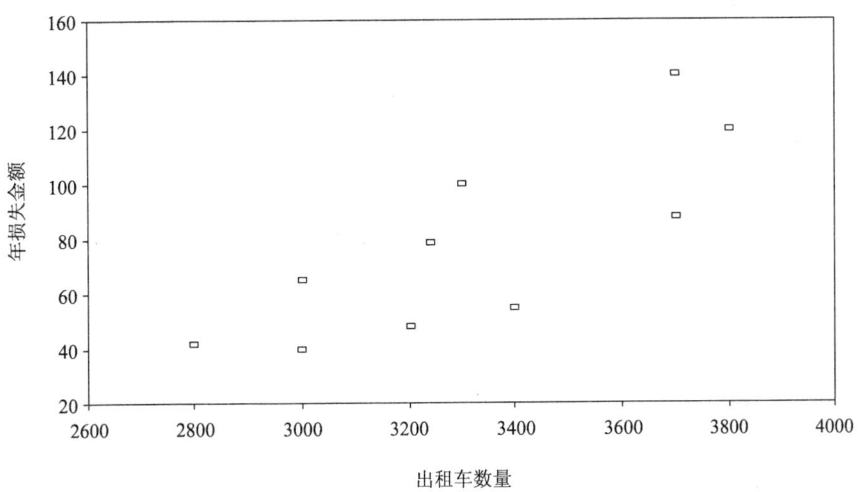

图 10－8 年损失额与出租车数量之间的散点图

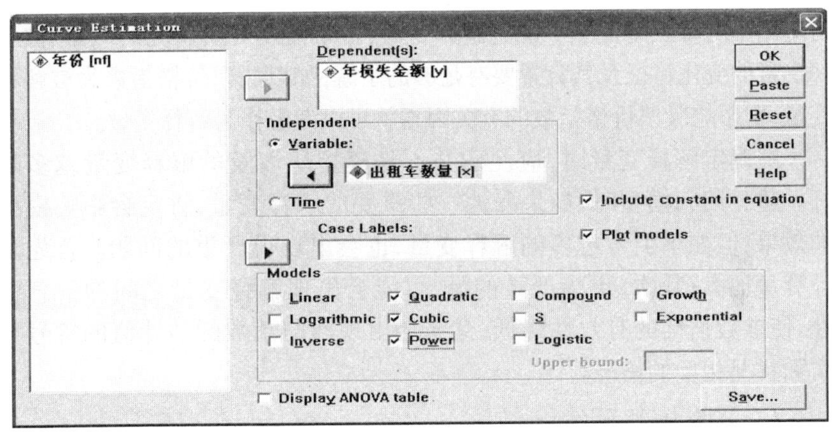

图 10－9 曲线估计对话框

表 10－19 三种曲线的拟合结果

Dependent Variable：年损失金额

Equation	Model Summary					Parameter Estimates			
	R Square	F	df1	df2	Sig.	Constant	b1	b2	b3
Quadratic	0.148	0.607	2	7	0.571	24 747.649	-266.151	0.731	
Cubid	0.270	0.741	3	6	0.565	-72 431.2	3 704.309	-47.937	0.182
Power	0.093	0.817	1	8	0.392	93 275.306	-0.675		

The independent variable is 出租车数量。

第四节　回归分析应用中的几个问题

一、建立回归模型的基本过程

（一）根据研究目的，设置指标变量

回归分析模型主要是反映被解释变量与相关的解释变量之间的数量依存关系。为此，首先应根据所研究问题的目的来确定被解释变量和解释变量。

被解释变量的确定，基本要求是其应能够表达、刻画研究对象的基本特征。一般当研究对象、研究目的确定后，被解释变量能够较为容易的确定，如要研究地区通货膨胀变动的规律，就可以考虑将零售物价指数作为被解释变量。

而解释变量的确定，相对于被解释变量难度要大一些，这也是回归分析应用中的难点与重点。确定解释变量，常常需要对所研究的对象、被解释变量的变化特征及其背景要有足够的了解，如以股票价格指数为被解释变量，则影响股票价格指数的有关因素就可以考虑作为解释变量。

在确定解释变量时，应注意并不是模型所涉及的解释变量越多越好。建立回归模型时，如果漏掉一些重要的解释变量，肯定会影响模型的效果；但如果引入过多的解释变量，也会出现很严重的问题。首先是计算量加大；其次，更为严重的是，可能会出现解释变量之间的信息重叠，使参数估计的有效性降低，甚至会出现回归系数的估计值的符号与实际状况相反的情况。

（二）收集整理统计数据

回归模型的建立是基于回归变量的样本统计数据，在确定了被解释变量与解释变量后，就要收集、整理相关的统计数据。数据是建立回归模型的一个重要环节，是一项基础性的工作，数据资料的质量，会直接影响到回归模型的效果与应用。

建立回归模型时，常用的样本数据分为时间数列数据和横截面数据。其中，时间数列数据即将被解释变量及解释变量的数据按其发生的时间先后顺序排列的统计数据，使用时间数列数据时，应特别注意数据的可比性；而横截面数据是在同一时间截面上的统计数据。建立回归模型时，不论是时间数列数据还是截面数据，其样本量要足够的多，英国统计学家M.肯德尔在《多元分析》一书中指出，样本容量 n 应是解释变量

个数的 10 倍。但在实际应用时,往往达不到这一数量,统计数据不全是普遍的事,我们在收集数据时,应尽可能地多收集一些样本数据,并对样本数据中的异常值进行处理。

(三)确定理论回归模型的数学形式

若解释变量只有一个,确定理论回归模型的数学形式,可以直接利用样本的散点图来选择。若样本点大致分布在一条直线的周围,我们可考虑用线性回归模型去拟合这条直线,也即选择一元线性回归模型。

若解释变量有多个,通常要依据经济理论和一些数理经济学结果,确定理论回归模型的数学形式。如要建立一个关于产出的回归模型,如研究工业生产和农业生产的产出问题时,可以依据生产函数 $y = AK^{\alpha}L^{\beta}$ 建立相应的模型。其中,K 表示资本的投入,L 表示劳动力的投入。

有时我们无法依据所获取的信息确定模型的形式,这时,可以采用不同的形式进行模拟,对不同的模拟结果,选择较好的一个作为理论模型。

(四)模型的参数估计与检验

利用所收集的样本数据对模型的未知参数进行估计,是回归分析的一项重要内容。未知参数的估计在不同的条件下有不同的方法,在众多的方法中,普通最小二乘法是最基本的、最常用的方法。但是,对于不满足模型基本假设的回归问题,用最小二乘法估计出的参数,其效果会受到影响。

未知参数估计后,能否使用该模型进行经济问题的分析与研究,还需要对其进行检验,以判定这个模型是否真正揭示了被解释变量与解释变量之间的关系,最常进行的检验包括:

1. 实际意义的检验;
2. 拟合程度分析,如 R^2 和估计标准误差的计算;
3. 统计检验,如 t 检验、F 检验等。

(五)模型的应用

回归模型通过了各种统计检验,且模型具有合理的经济意义时,就可以将其应用于实际分析了。回归模型的主要应用有:

1. 利用模型的回归吸收发现经济变量之间的结构关系,给出政策评价的一些量化依据;
2. 回归模型揭示了变量之间的相关关系,在给定被解释变量值时,可以用来控制解释变量的数值;
3. 利用回归模型进行预测分析。

二、解释变量的确定与筛选方法

建立回归模型,重要的问题之一就是解释变量的选择。在确定解释变量时,要依据两条重要的准则:一是选择的解释变量与被解释变量之间是密切相关的因素,二是所选择的解释变量之间不能有较强的线性关系。一般来说,解释变量选择的方法主要有以下几种。

(一)定性分析法

定性分析法是凭借对研究对象的熟悉、了解,分析找到影响被解释变量变化的主要因素,再从中选择那些能够定量描述且可收集到的观察值的因素,作为初选的解释变量。利用定性分析选择的解释变量要尽可能做到不遗漏重要的解释变量,将影响被解释变量的主要因素考虑全面。如考虑影响城镇居民消费支出额的主要影响因素,我们可以根据我们所熟悉的消费者消费行为、经济学中的消费理论等,分析出主要的影响因素,包括消费者的可支配收入、家庭人口数、家庭资产、预期收入水平、过去时期的消费水平、历史上的收入水平、地区平均收入、零售价格指数、学历、年龄、家庭结构等。至于在模型中应引入哪一变量,需要进一步进行筛选。

(二)相关分析法

众多的影响因素能否进入回归模型,还需要依据选择变量的基本准则,利用定量的方法进行筛选。筛选的方法之一是进行相关分析。

进行相关分析,应包括两部分内容:

第一,分别计算被解释变量与各影响因素的简单相关系数,选择那些与被解释变量相关程度较高的变量作为解释变量。

第二,所选择的与被解释变量相关程度高的解释变量是否能全部进入回归模型,还取决于解释变量之间是否有较强的线性关系。因为在对多元线性回归方程的参数进行估计时,用最小二乘法得到的参数估计值 b_i 表示在其他解释变量保持不变时,由于 x_i 变动引起的 Y 的平均变动量。若解释变量间有较密切的线性关系,变量 x_i 稍有变化,与其高度相关的解释变量便会随之变化,回归 b_i 将无法解释。因此,当解释变量之间存在高度线性相关关系时,只能保留其中一个,通常保留与被解释变量相关程度高的变量。

(三)逐个剔除法

逐个剔除法是先将与被解释变量有关的全部变量都当作解释变量引入方程,建立模型,然后利用回归系数的检验,依据每个回归系数 t 检验统计量数值的大小,逐个剔除那些不显著的变量,直到模型中包含的解释变量都是影响被解释变量的显著的因素为止。当不显著的解释变量多于一个时，不能将它们都剔除，而是要首先剔除 t 的绝对值最小的那个变量；若删除这一变量后，模型的拟合效果更好，则认为该变量从模型中删掉是正确的；之后再利用剔除这一变量之后的变量，建立模型进行检验并剔除变量，一直到模型的回归系数检验通过为止。

（四）逐步回归分析法

逐个剔除法是一种常用的解释变量的筛选方法，但其有时会存在一定的问题，这主要是由于：剔除的变量一般不会再引入到模型中，然而，有时也许当后面剔除另一变量时，先前剔除的变量的回归系数的显著性检验可能就会通过，而证明该变量不应剔除。为了避免这一问题的出现，可以采用逐步回归分析法筛选解释变量。

逐步回归分析法的基本思想是，将各影响因素变量逐个引入回归模型，引入的条件是模型能够通过相关的统计检验。引入每个变量后，要对已引入的变量进行逐个检验，再剔除检验通不过的变量，一直到所有变量的回归系数均逐一做过分析之后才算完成。逐步回归分析计算工作量较大，一般可以直接用统计软件实现。

三、带有定性解释变量的回归模型

在实际问题的研究中，经常会碰到一些非数量型的解释变量，如性别、学历、行业等。在建立一个回归方程时，经常需要考虑将这些特殊的变量引入模型，作为解释变量。引入时，首先要对这些非数量型变量进行数量化处理，处理的方法是将其转化为只取 0 或 1 两个值的变量，即在某一属性出现时，该变量取值为 1，否则取值为 0。我们将这样的变量称为虚拟变量或哑变量。

（一）非数量型变量只取两类可能的值

有些非数量型变量只取两类可能的值，如若建立关于生产效率的回归模型，选择的解释变量中包括年龄 x_1、受教育年限 x_2 和性别，其中，性别是虚拟变量，我们用 D 表示，可以将其数量化为：

$$D = \begin{cases} 1 & \text{性别为男} \\ 0 & \text{性别为女} \end{cases}$$

这样，回归模型就可表示为：

$$y = b_0 + b_1x_1 + b_2x_2 + b_3D$$

b_0, b_1, b_2, b_3 数值的计算可以采用最小二乘法，变量 D 可以直接看作是一个取值为 1 或 0 的普通的变量即可。

（二）非数量型变量取值有多类

有些非数量型变量的取值可能不只两类。如建立消费支出模型，选

择的影响消费支出的变量包括收入 x_1，家庭资产 x_2，年龄 x_3 和学历；解释变量中，学历水平分为低学历、中等学历和高学历等情况，即该变量取值有三类。这时要在模型中引入两个虚拟变量，即：

$$D_1 = \begin{cases} 1 & \text{高学历} \\ 0 & \text{非高学历} \end{cases}$$

$$D_2 = \begin{cases} 1 & \text{中等学历} \\ 0 & \text{非中等学历} \end{cases}$$

这样，回归模型便为：

$$y = b_0 + b_1x_1 + b_2x_2 + b_3D_1 + b_4D_2$$

当 $D_1 = 1$ 时，模型表示高学历者消费支出；

当 $D_2 = 1$ 时，模型表示中等学历者消费支出；

当 $D_1 = 0$ 且 $D_2 = 0$ 时，模型表示低学历者消费支出。

若在模型中引入三个虚拟变量，则模型中不包括常数项。

四、回归分析的应用——交通事故状况与机动车情况相关分析

（一）背景介绍

经过20多年来的持续、稳定、高速发展，中国的经济规模和综合国力已经有了极大的提高。作为国民经济的基础产业，交通运输基础设施建设和整个交通运输业成为经济生活中最为活跃的方面之一，并带动了社会生活的各个方面迅速发展。全国城市道路及公路总里程、注册机动车辆和驾驶员人数随之大幅、持续增加，道路交通流量不断上升，交通拥挤和交通事故频发。在经济迅猛发展的大背景下，机动车总量的增加无疑成为交通事故频发的重要因素之一。那么，能否通过运用某种统计分析方法来探寻交通事故发生的状况与机动车辆状况之间存在的关系呢？答案是肯定的。以下通过本案例的实际操作，对简单相关分析及偏相关分析进行演示。

本案例数据选自《中国统计年鉴》，其中，表示交通事故状况的变量包括交通事故起数、死亡人数、受伤人数和损失折款，表示机动车情况的相关变量有民用汽车总量、新注册载客汽车量、私人载客汽车量和公路运输汽车拥有量。

（二）统计分析过程及技术实现

从变量所代表的意义上看，我们知道交通事故的损失与发生交通事故的数量密切相关，故我们首先绘制散点图来观察它们之间的关系。见表10－20和图10－10。

表 10-20 用 SPSS 绘制散点图的步骤

在 SPSS 中选择"Graphs"→"Legacy Dialogs"→"Scatter/Dot"→"Simple Scatter",点击"Define",打开简单散点图对话框: 第一步:将交通事故损失折款选入 Y 轴; 第二步:将交通事故发生起数选入 X 轴; 第三步:选择"OK"即可。

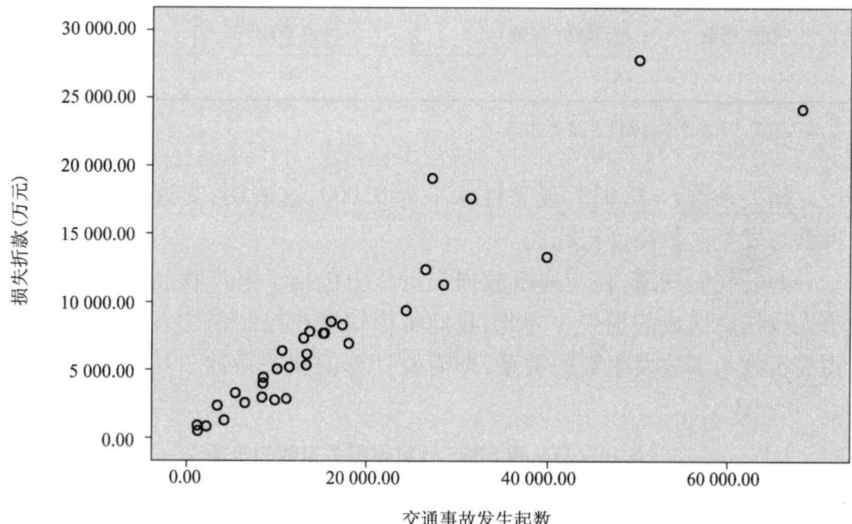

图 10-10 散点图

从图 10-10 中不难发现,损失折款与交通事故发生数呈现较为明显的正相关关系。那么,相关程度到底有多大呢?必须通过相关系数才能确定。相关系数比散点图更能概括说明相关的形式和程度,为此,我们还需要进行相关系数的计算,并通过统计检验确定这种关系。利用 SPSS 计算简单相关系数的操作步骤见表 10-21。

表 10-21 用 SPSS 计算简单相关系数的步骤

在 SPSS 中选择"Analyze"→"Correlate"→"Bivariate": 第一步:将损失折款与交通事故发生数选入"variables"; 第二步:在"correlation coefficient"中系统默认为"Pearson"相关系数; 第三步:采取系统默认的双尾检验; 第四步:选择"OK"即可。

得到相关系数矩阵如表 10－22 所示。

表 10－22 相关性

		交通事故发生数起	损失折款
交通事故发生数起	Pearson 相关性	1	0.933 **
	显著性(双侧)		0.000
	N	31	31
损失折款	Pearson 相关性	0.933 **	1
	显著性(双侧)	0.000	
	N	31	31

** 在 0.01 水平(双侧)上显著相关。

相关系数 $r=0.933$，显著性水平为 0.000，这表明，交通事故的损失折款与发生次数高度正相关。

同时我们知道，在交通事故损失折款中包括了财产物品损失以及由于人员伤亡造成的损失。为此，我们希望知道在控制伤亡人数的条件下损失折款与事故发生数的关系，即需要计算偏相关系数。其操作步骤见表 10－23。

表 10－23 用 SPSS 计算偏相关系数的步骤

在 SPSS 中选择"Analyze"→"Correlate"→"Partial"：
第一步：将变量损失折款与交通事故发生数选入"variables"；
第二步：将变量受伤人数与死亡人数作为控制变量选入"Controlling"；
第三步：其他各选项选取系统默认值；
第四步：点击"OK"。

于是我们得到在控制了受伤人数与死亡人数之后交通损失折款与事故发生数的相关系数，见表 10－24。

表 10－24 相关性

控制变量			损失折款	交通事故发生数起
死亡人数 受伤人数	损失折款	相关性	1.000	0.850
		显著性(双侧)	.	0.000
		df	0	27
	交通事故发生数起	相关性	0.850	1.000
		显著性(双侧)	0.000	.
		df	27	0

从表 10－24 中可以看到，在控制了死亡人数和受伤人数之后，损失折款与交通事故发生数间的相关系数发生了变化，由原来的 0.933 变为了 0.850，依然是高度正相关的。这与实际情况非常吻合，交通事故越多，其损失必然越大。但在有些情况下，控制其他变量后计算得到的偏相关系数并不一定还如简单相关系数那样显著，即由于存在伪相关，当控制其他变量后，相关程度便不再显著。

五、回归分析应用——交通事故损失影响因素的回归分析

（一）背景介绍

由于我们希望在上述交通事故发生情况的基础上，找寻交通事故损失的影响因素并构造其回归方程，故在上述数据基础上，保留原有的交通事故损失变量，并将其作为因变量进行分析；把新注册载客汽车数量作为影响交通事故损失的自变量之一予以保留；同时，还需要分析各方面可能的其他影响因素。从初步分析来看，各地区的交通损失与各地经济发展状况有一定的联系：经济较为发达的地区，发生交通事故的损失也必然比较惨重；此外，各地的道路面积、交通用地情况也会与交通事故损失情况有一定的联系。道路面积的拓宽能否减少交通事故发生的损失？公路客运量的增加是否对交通事故的损失造成了影响？考虑到数据的可获得性以及经济水平因素、道路交通状况、公路客运情况的影响，我们最终引入了地区生产总值、公路客运总量、年末实有道路面积和交通用地万公顷等变量，拟采用回归分析方法研究交通事故的损失与这些变量间的数量关系。

（二）统计分析过程及技术实现

在上述数据中，我们首先需要确定这些自变量与交通事故损失是否有关，故首先进行交通损失与各自变量的相关系数的计算。操作步骤见表 10－25。

表 10－25　用 SPSS 计算相在系数

在 SPSS 中选择“Analyze”→“Correlate”→“Bivariate”：
第一步：将交通损失变量 y 及前述影响因素变量 x_1-x_5 选入“variables”，单击“Paste”，将 VARIABLES = y v_1 v_2 v_3 v_4 v_5 改为 VARIABLES = y with v_1 v_2 v_3 v_4 v_5；
第二步：选取系统默认的 Pearson 相关系数及双尾检验；
第三步：点击工具栏中“run current”键，即可运行。

提交运行后,得到如表 10－26 所示的相关系数矩阵。可以看到,在 0.05 的显著性水平下,新注册载客汽车数量、地区生产总值、年末实有道路面积、交通用地和公路客运量与交通损失都显著正相关。这使我们有些疑惑,为什么交通用地和实有道路面积与交通损失是正相关的呢?道路面积的增加会引起交通事故损失的增加么?这显然不合乎情理。仔细分析以后就发现,自变量间存在相关性,地区生产总值的增加会引起道路面积及交通用地随之增加,从而导致了其与交通损失的虚假正相关。读者可自行计算地区生产总值与道路交通面积、交通用地的相关系数,这里给出结果,分别为 0.959 和 0.619。为此,要排除其他变量的干扰,进行偏相关分析。

表 10－26　相关性

		新注册载客汽车	地区生产总值	年末实有道路面积	交通用地	公路客运量
交通事故损失	Pearson 相关性	0.801**	0.849**	0.771**	0.368**	0.741**
	显著性	0.000	0.000	0.000	0.041	0.000
	N	31	31	31	31	31

** 在 0.01 水平(双侧)上显著相关。

* 在 0.05 水平(双侧)上显著相关。

在控制地区生产总值的条件下,计算因变量交通事故损失与实有道路面积、交通用地的偏相关系数,具体操作如表 10－27 所示。

表 10－27　SPSS 计算偏相关系数

在 SPSS 中选择“Analyze”→“Correlate”→“Partial”:
第一步:将交通损失变量 y 及实有道路面积、交通用地变量 y, x_3, x_4 选入“variables”;
第二步:将地区生产总值 x_2 选入“controlling”;
第三步:其他选择系统默认值;
第四步:选择“OK”即可。

得到如表 10－28 所示的偏相关系数。

表 10－28 相关性

控制变量			交通事故损失	年末实有道路面积	交通用地
地区生产总值	交通事故损失	相关性	1.000	－0.289	－0.377
		显著性（双侧）	.	0.121	.040
		df	0	28	28
	年末实有道路面积	相关性	－0.289	1.000	－0.111
		显著性（双侧）	0.121	.	0.559
		df	28	0	28
	交通用地	相关性	－0.377	－0.111	－1.000
		显著性（双侧）	0.040	0.559	.
		df	28	28	0

从表 10－28 可以看到，在控制了地区生产总值这一变量后，年末实有道路面积与交通事故损失的相关系数为－0.289，且不再显著相关；交通用地与事故损失的相关系数为－0.377，在 0.05 的水平下显著负相关。从偏相关系数与简单相关系数的求解可以看到，其值间的差异很大。所以，读者在实践过程中，需要特别注意其他变量的影响作用。

为了构造交通事故损失的回归方程，我们将上述数据中的各自变量逐个引入其中，即采用逐步回归的方法建立线性回归方程，探寻各自变量对交通事故损失的影响作用是否显著。具体操作步骤见表 10－29。

表 10－29 用 SPSS 建立回归方程

在 SPSS 中选择“Analyze”→“Regrission”→“Linear”： 第一步：将交通事故损失 y 选入“Dependent”； 第二步：将反映地区车辆状况、经济发展状况、道路交通状况、公路客运量的变量 x_1-x_5 作为自变量选入“Independts”； 第三步：在 Method 中选择逐步回归法“Stepwise”； 第四步：点击“OK”。

提交运行后，输出以下结果（表 10－30 及表 10－31）。

表 10－30 模型摘要[d]

模型	R	R 方	调整的 R 方	估计的标准	Durbin－Watson
1	0.849[a]	0.720	0.711	3 613.090 85	
2	0.872[b]	0.760	0.743	3 405.197 02	
3	0.891[c]	0.794	0.771	3 211.959 71	2.383

a. 预测变量:(常量),地区生产总值。

b. 预测变量:(常量),地区生产总值,交通用地。

c. 预测变量:(常量),地区生产总值,交通用地,公路客运量。

d. 因变量:交通事故损失。

表 10－31 ANOVA[d]

模型		平方和	df	均方	F	显著性
1	回归	974 782 769	1	974 782 769	74.671	0.000[a]
	残差	378 578 339	29	13 054 425		
	合计	1.35E＋009	30			
2	回归	1.30E＋009	2	514 345 419	44.358	0.000[b]
	残差	324 670 270	28	11 595 367		
	合计	1.35E＋009	30			
3	回归	1.07E＋009	3	358 270 203	34.727	0.000[c]
	残差	278 550 500	27	10 316 685		
	合计	1.35E＋009	30			

a. 预测变量:(常量),地区生产总值。

b. 预测变量:(常量),地区生产总值,交通用地。

c. 预测变量:(常量),地区生产总值,交通用地,公路客运量。

d. 因变量:交通事故损失。

表 10－30 和表 10－31 分别表示模型拟合过程的摘要表和方差分析表。

表 10－30 显示的是经过三步得到的最终的回归方程,其拟合优度 $R^2=0.794$,表明方程的拟合程度较好。

表 10－31 为回归拟合过程中每一步方差分析的结果。表中显示,F 统计量的值为 34.727,显著性水平 0.000,表明回归方程通过统计检验。

从表 10－32 中的回归系数表中,我们可以得到最终的方程,它将变量——地区生产总值、交通用地和公路客运量选入,而排除了新注册载客汽车数量和年末实有道路面积两个指标。在该系数表中,偏回归系数

的显著性由 t 检验得到，在显著性水平 $\alpha=0.05$ 的条件下，地区生产总值、交通用地万公顷和公路客运量的偏回归系数均通过统计检验。除了回归系数的估计值外，我们还可以得到95%的置信区间。此外，标准化回归系数反映了数据经过标准化后对因变量的影响程度，可以看到，地区生产总值对交通损失的影响最为明显。

表 10－32　进城就业农民工数量

模型		非标准化系数		标准化系数	t	显著性	B 的 95% 置信区间	
		B	标准误	Betea			下限	上限
1	（常量）	836.719	1026.719		0.815	0.422	−1263.565	2937.004
	地区生产总值	1.306	0.151	0.849	8.641	0.000	0.997	1.615
2	（常量）	2739.962	1309.902		2.092	0.046	56.750	5423.175
	地区生产总值	1.548	0.181	1.006	8.537	0.000	1.177	1.919
	交通用地	−441.019	204.538	−0.254	−2.156	0.040	−859.996	−22.043
3	（常量）	2611.607	1237.058		2.111	0.044	73.373	5149.841
	地区生产总值	1.280	0.213	0.832	6.009	0.000	0.843	1.717
	交通用地	−570.564	202.426	−0.329	−2.819	0.009	−985.908	−155.221
	公路客运量	0.047	0.022	0.294	2.114	0.044	0.001	0.093

a. 因变量：交通事失故损失万元

（三）分析结果解读

通过对各地区交通事故损失情况的相关与回归分析，我们可以看到，在各项影响因素中，地区生产总值、交通用地和公路客运量对交通事故的损失有显著影响。经过回归分析得到的拟合方程为：

$$y=2\ 611.607+1.286x_2-570.564x_4+0.047x_5$$

它表明：在其他变量保持不变的条件下，地区生产总值每增加 1 亿元，发生交通事故时会引起交通事故损失平均增加 1.286 亿元；交通用地每增加 1 万公顷，会使得交通事故的损失平均减少 570.564 亿元；公路客运量每增加 1 万人，发生交通事故时就会引起平均 0.047 亿元的交通损失。

1. 地区生产总值对发生交通事故时的损失情况有显著影响。地区生产总值反映了各地区的经济发展状况，经济发达的地区，其人流、物流活动都比较频繁，一旦发生交通事故，财产经济损失和人身事故损失非常严重。因此，当发生交通事故时，经济发达地区的各项损失往往比欠发达地区的损失要严重许多,其所造成的不良影响也比较深远。

2. 交通用地的情况对交通事故损失的影响也比较显著。交通用地的增加会改善道路交通状况,从而使道路交通拥挤等造成事故多发的因素降低,进而减少了交通事故发生的几率,使得交通事故的损失得到了有效的控制。

3. 公路客运量也是造成交通事故损失严重的一大重要影响因素。我们知道,许多特大交通事故发生在中、长途的高速路客运过程中,发生交通事故会导致众多人员伤亡,从而引起较大的间接经济损失;此外,中、长途客运交通事故多发于投资成本较高的高速路上,对道路设施的破坏严重,这也会进一步加大交通事故的损失。

思考与练习

1. 如何理解自变量和因变量?

2. 什么是相关关系?它与函数关系有何不同?

3. 从某行业中随机抽取 12 家企业,对其产量和生产费用进行调查,数据如下表所示。

企业编号	产量(万台)	生产费用(万元)
n	x	y
1	40	130
2	42	150
3	50	155
4	55	140
5	65	150
6	78	154
7	84	165
8	100	170
9	116	167
10	125	180
11	130	175
12	140	185
合计	1 025	1 921

要求：

(1)根据数据绘制散点图，判断产量与生产费用之间的关系形态；

(2)计算产量与生产费用之间的相关系数；

(3)对相关系数的显著性进行检验($a=0.05$)，并说明二者之间的关系密切程度。

4. 随机抽取10家航空公司，对其最近一年的航班正点率和顾客投诉次数进行了调查，所得数据见下表。

航空公司编号	航班正点率(%)	投诉次数(次)
n	x	y
1	81.8	21
2	76.6	58
3	76.6	85
4	75.7	68
5	73.8	74
6	72.2	93
7	71.2	72
8	70.8	122
9	91.4	18
10	68.5	125
合计	758.6	736

要求：

(1)绘制散点图，说明二者之间的关系形态；

(2)用航班正点率作自变量，顾客投诉次数作因变量，求出估计的回归方程，并解释回归系数的意义；

(3)检验回归系数的显著性($a=0.05$)；

(4)如果航班正点率为80%，估计顾客的投诉次数；

(5)求航班正点率为80%时，顾客投诉次数95%的置信区间和预测区间。

5. 某汽车生产商欲了解广告费用(x)对销售量(y)的影响，收集了过去12年的有关数据。通过计算得到下面两个表的相关结果。

变差来源	df	SS	MS	F	Significance F
回归					2.17E－09
残差		40 158.07		—	—
总计	11	1 642 866.67	—	—	

	Coefficients	标准误差	t Stat	P－value
Intercept	363.689 1	62.455 29	5.823 191	0.000 168
X Variable 1	1.420 211	0.071 091	19.977 49	2.17E－09

要求：

(1)完成方差分析表。

(2)汽车销售量的变差中，有多少是由于广告费用的变动引起的？

(3)销售量与广告费用之间的相关系数是多少？

(4)写出估计的回归方程并解释回归系数的实际意义。

(5)检验线性关系的显著性($a=0.05$)。

6. 已知12对父子身高资料如下表所示。

父身高(寸)	64	63	66	65	69	62	70	66	68	67	69	71
子身高(寸)	67	66	67	66	70	66	68	65	71	67	68	70

要求：

(1)绘制散点图；

(2)估计y(儿)对x(父)的直线回归方程；

(3)估计x对y的直线回归方程；

(4)计算父子身高的相关系数。

7. 有10个同类企业，其生产性固定资产年均价值和工业增加值资料如下表所示。

企业编号	生产性固定资产价值(元)	工业增加值(万元)
1	320	530
2	900	1 008
3	210	648
4	419	825
5	405	903
6	512	938

续表

企业编号	生产性固定资产价值(元)	工业增加值(万元)
7	324	615
8	1 230	1 536
9	1 052	1 249
10	1 125	1 524
合计	6 497	9 776

要求:

(1)计算相关系数,说明两变量相关的方向和程度;

(2)编制直线回归方程,指出方程参数的经济意义;

(3)计算估计标准误;

(4)估计生产性固定资产(自变量)为1 100万元时,工业增加值(因变量)的可能值。

8.某商场资料如下:

年份	商场销售量(1 000 件)	价格(元/件)
2013	4	59
2014	8	54
2015	7	56
2016	9	57
2017	10	53
2018	8	57

要求:

(1)定量判断商场销售量和价格间的相关系数;

(2)用最小二乘法建立线性回归方程,并说明回归系数的经济含义;

(3)计算估计标准误差。

第十一章　主成分与因子分析

好裁缝做上衣，要测量上体长、手臂长、胸围等 14 个指标；而用流水线生产上衣时，要测量每个顾客的 14 个指标是不可能的。于是统计学家出了个主意：这 14 个指标是相关的，可以找出几个反映上衣特征的综合指标，使得加工出的上衣大多数人都能穿，当然特体除外。结果统计学家成功了。这两个不相关的指标就是上衣的型和号。

实际统计分析时，我们经常会遇到所研究的对象具有很多变量、数据。比如，对全国或各个地区的社会经济发展进行描述，会有许多变量与数据；反映学校的研究、教学现状，也有众多的指标；等等。上面这些问题的共同特点是变量很多，但这些变量之间有很多是相关的。分析时，我们希望能够找出它们的少数“代表”来对所研究的对象进行描述，这种统计方法称为降维。常用的降维方法有主成分分析（Principal Component Analysis）和因子分析（Factor Analysis）。实际上，主成分分析可以说是因子分析的一个特例。本章的目的就是使读者学会如何建立和使用降维模型，即将多个变量的数据减少到只需要用很少的几个变量来表示。

第一节　主成分分析

在介绍主成分分析之前，先看下面的例子。

【例 11 - 1】北京市各区的社会经济发展水平存在着一定的差异，然而，反映社会经济发展水平的指标很多，如地区生产总值（万元）、在岗职工平均工资（元/人）、城镇居民人均可支配收入（元）、地方财政收入（万元）、全社会固定资产投资（万元）、社会消费品零售额（万元）和从业人数（人）等。

如何反映各区的社会经济发展水平？如何反映各区县之间的差异？如果直接用这 7 个指标去判断，很难找到一个统一的标准。因为每个指标都只反映了社会经济发展的某一个方面，用一个指标很难全面反映社会经济发展的水平。那么，能否直接将这 7 个指标直接综合呢？答案是不好，因为这些指标之间存在着相关性，有些指标之间的相关性还很强（见表 11 - 1）。表 11 - 1 显示，这 7 个指标之间都存在着显著的相关关系。如果直接用这些指标进行综合分析，则会对那些相关性很强的信息进行重复计算，人为地夸大它们的作用。

这时，我们就可以用主成分分析和因子分析的方法，将相关性较高的指标综合成一个指标，即用较少的综合指标，反映原来变量较多的信息，以达到降维和简化分析过程的目的。

现在的问题是，如何将这 7 个变量用一两个综合变量来表示？这一两个综合变量又包含有多少原来的信息？能不能利用找到的综合变量来对不同地区的社会经济发展水平进行排序呢？这一类数据所涉及的问题可以推广到对企业和学校等进行的分析、排序、判别和分类等问题。

表 11－1 相关系数矩阵——Correlation Matrix

		在岗职工平均工资	地区生产总值	城镇居民人均可支配收入	地方财政收入	全社会固定资产投资	社会消费品零售额	从业人数
相关系数	在岗职工平均工资(元/人)	1.000	0.711	0.753	0.805	0.621	0.775	0.772
	地区生产总值(万元)	0.711	1.000	0.615	0.934	0.944	0.964	0.968
	城镇居民人均可支配收入(元)	0.753	0.615	1.000	0.691	0.562	0.640	0.620
	地方财政收入(万元)	0.805	0.934	0.691	1.000	0.939	0.917	0.950
	全社会固定资产投资(万元)	0.621	0.944	0.562	0.939	1.000	0.883	0.910
	社会消费品零售额(万元)	0.775	0.964	0.640	0.917	0.883	1.000	0.979
	从业人数	0.772	0.968	0.620	0.950	0.910	0.979	1.000
Sig.	在岗职工平均工资(元/人)		0.000	0.000	0.000	0.003	0.000	0.000
	地区生产总值(万元)	0.000		0.003	0.000	0.000	0.000	0.000
	城镇居民人均可支配收入(元)	0.000	0.003		0.001	0.008	0.002	0.003
	地方财政收入(万元)	0.000	0.000	0.001		0.000	0.000	0.000
	全社会固定资产投资(万元)	0.003	0.000	0.008	0.000		0.000	0.000
	社会消费品零售额(万元)	0.000	0.000	0.002	0.000	0.000		0.000
	从业人数	0.000	0.000	0.003	0.000	0.000	0.000	

一、主成分分析的降维思路

为了说明如何降维，我们先来看一个非常简单的情况：即如何从二维变量降到一维。

现在我们假设只有两个变量，它们分别由横坐标和纵坐标所代表（见图 11－1），这样，每个观测值都有相应于这两个坐标轴的两个坐标值。如果这些数据形成一个椭圆形状的点阵(这在变量的二维正态的假定下是可能的),则在这个椭圆中可以得到它的长轴和短轴,在短轴方向上数据变化很小,在长轴的方向上数据变化很大。当短轴退化到极端情况时,就成为一点,那么,所有的数据就都落在长轴上,这时,只用长轴就能够解释这些数据的变化。这样,由二维到一维的降维就自然完成了。

当我们将坐标轴旋转,旋转到坐标轴和椭圆的长短轴平行时,那么,代表长轴的变量就描述了数据的主要变化,而代表短轴的变量就描述了数据的次要变化。用长轴变量代表数据包含的大部分信息,忽略短轴所代表的信息(舍去次要的一维),降维就完成了。椭圆的长短轴相差越大,降维就越有道理。

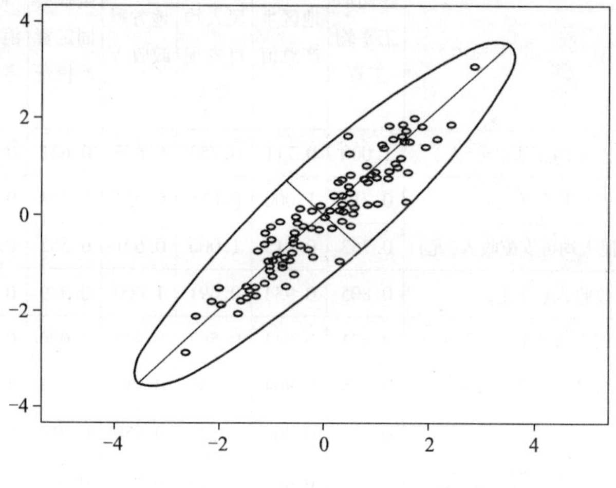

图 11-1 主成分分析的降维

多维变量的情况和二维类似,也有高维的椭球,只不过无法直观地看到罢了。首先把高维椭球的主轴找出来,再用包含大多数数据信息的最长的几个轴作为新的变量,这样,主成分分析就基本完成了。

需要注意的是,和二维情况类似,高维椭球的主轴也是互相垂直的。这些互相正交的新变量是原先变量的线性组合,叫做主成分(Principal Component)。正如二维椭圆有两个主轴,三维椭球有三个主轴一样,有几个变量,就有几个主成分。

在所有主成分中选择越少的主成分,降维的效果就越好。什么是选择主成分个数的标准呢?那就是这些被选的主成分所代表的主轴的长度之和占了主轴长度总和的大部分。有些文献建议,所选的主轴总长度占所有主轴长度之和的大约 85% 即可,具体选几个,要看实际情况而定。

对应表 11-1 数据,SPSS 的输出结果见表 11-2。

表 11 -2 Total Variance Explained

主成分	Initial Eigenvalues			Extraction Sums of Squared Loadings		
	Total	% of Variance	Cumulative %	Total	% of Variance	Cumulative %
1	5.886	84.082	84.082	5.886	84.082	84.082
2	0.674	9.629	93.710	0.674	9.629	93.710
3	0.256	3.659	97.369			
4	0.122	1.737	99.106			
5	0.035	0.493	99.599			
6	0.018	0.253	99.852			
7	0.010	0.148	100.000			

Extraction Method：Principal Component Analysis.

表 11 -2 中的 Initial Eigenvalues，就是指 7 个主轴的长度，又称特征值（数据相关阵的特征值）。每个特征值占特征值总和的百分比就是方差贡献率。表 11 -2 中头两个主成分特征值对应的方差累积占了总方差的 93.710%，称为累计方差贡献率为 93.710%。后面的特征值的贡献越来越少，一般我们取累计方差贡献率达到 85% 左右的前 k 个主成分就可以了，因为它们已经包含了绝大部分的信息。

二、主成分的一般模型

主成分的这些主轴，用数学公式表达出来就是①：

$$F_1 = \mu_{11}x_1 + \mu_{12}x_2 + \cdots + \mu_{1p}x_p$$

$$F_2 = \mu_{21}x_1 + \mu_{22}x_2 + \cdots + \mu_{2p}x_p$$

……

$$F_p = \mu_{p1}x_1 + \mu_{p2}x_2 + \cdots + \mu_{pp}x_p$$

其中，F_1 就是第一个主成分，……，依此类推。

由 μ_{ij} 的系数组成的系数矩阵就是 U，且满足：

$$\mu_{k1}^2 + \mu_{k2}^2 + \cdots + \mu_{kp}^2 = 1$$

μ_{ij} 由以下原则来确定：

F_i 与 F_j 相互无关；

F_1 是 $x_1,\cdots,x_p$ 的一切线性组合中方差最大的；

F_2 是 $x_1,\cdots,x_p$ 的一切线性组合中方差第二大的；

……

①这里介绍主成分的一般数学模型，是为了能使读者更好地理解因子分析，读者只要了解即可。

这时称 F_1 是第一主成分，F_2 是第二主成分，……，依此类推。这些方差的大小就对应于每一个主轴的长度。

第二节　因子分析

一、因子分析的目的

因子分析是主成分分析的推广和发展。这里说明一下有了主成分分析，为什么还要进行因子分析。

首先，在主成分分析中，每个主成分与成分系数 μ_{ij} 之间的关系不明确；此外，主成分分析不能表达每个变量 x_i 与提出来的主成分因子 F_i 的关系。因此，就要进行因子分析。因子分析的模型如下：

$$x_1 = a_{11}F_1 + a_{12}F_2 + \cdots + a_{1m}F_m + \varepsilon_1$$
$$x_2 = a_{21}F_1 + a_{22}F_2 + \cdots + a_{2p}F_P + \varepsilon_2$$
$$\cdots$$
$$x_p = a_{p1}F_1 + a_{p2}F_2 + \cdots + a_{pm}F_m + \varepsilon_p$$

式中：F_i 称为公共因子，a_{ij} 称为因子载荷（实际上是权数）。

因子载荷的统计意义，就是第 i 个变量与第 j 个公共因子的相关系数，即表示变量 x_i 依赖于 F_j 的分量（比重），心理学家将它称为载荷。

例如，例 11－1 中，我们利用主成分的方法提取出两个公因子：F_1 和 F_2（见表 11－3）。

表 11－3　因子载荷表

	Component	
	1	2
地方财政收入（万元）	0.977	－0.055
从业人数	0.974	－0.152
社会消费品零售额（万元）	0.967	－0.116
地区生产总值（万元）	0.965	－0.206
全社会固定资产投资（万元）	0.923	－0.286
在岗职工平均工资（元/人）	0.841	0.400
城镇居民人均可支配收入（元）	0.746	0.591

Extraction Method：Principal Component Analysis.

a. 2 components extracted.

根据表 11－3，可以写出因子模型：

$$地方财政收入 = 0.977F_1 - 0.055F_2$$

其含义为，地方财政收入与公因子 F_1 的相关程度高达 0.977，而与公因子 F_2 是负相关且相关程度只有 0.055。

同理，可以些出其他关系式：

$$从业人数 = 0.974F_1 - 0.152F_2$$

……

从表 11－3 即因子载荷表中，我们发现所有变量都与公因子 F_1 有很高的载荷系数，而与公因子 F_2 的载荷都比较低。那么，如何解释公因子 F_1 和 F_2 呢？为了更好地解释这些公因子的含义，可以进行因子旋转。所谓对公因子进行更好的解释，就是使每个变量仅在一个公因子上有较大的载荷，而在其余的公因子上的载荷比较小。

二、因子旋转

因子旋转就是使每个变量仅在一个公因子上有较大的载荷，而在其余的公因子上的载荷比较小，目的是进行因子命名。这种变换因子载荷的方法称为因子轴的旋转。因子旋转的方法很多，常用的为方差最大正交旋转（见表 11－4）。

表 11－4 Rotated Component Matrix(a)

	Component	
	1	2
全社会固定资产投资（万元）	0.926	0.277
地区生产总值（万元）	0.916	0.366
从业人数	0.894	0.417
社会消费品零售额（万元）	0.868	0.442
地方财政收入（万元）	0.842	0.499
城镇居民人均可支配收入（元）	0.290	0.907
在岗职工平均工资（元/人）	0.475	0.801

Extraction Method：Principal Component Analysis. Rotation Method：Varimax with Kaiser Normalization.

a. Rotation converged in 3 iterations.

这里，第一个因子主要和全社会固定资产投资、地区生产总值、从业人数、社会消费品零售额以及地方财政收入有很强的正相关关系，而第二个因子主要和城镇居民人均可支配收入、在岗职工平均工资有很强的正相关关系。因此，可以给第一个因子命名为“总量因子”，而给第二个因子命名为“人均因子”。从这里可以看出，因子分析的结果的解释性比主成分分析更强。

三、因子得分

对每个因子加以命名之后，因子分析并没有结束。因为我们不仅想知道第一个因子是总量因子，第二个因子是人均因子，还要知道我们考察的北京市各区在总量和人均方面的情况到底如何。这就需要计算因子得分，即北京市的每个区在总量因子和人均因子上的得分究竟是多少。

因子得分就是将公共因子表示为变量（或样品）的线性组合，即：

$$f_1 = \beta_{11}x_1 + \beta_{12}x_2 + \cdots + \beta_{1p}x_p$$
$$f_2 = \beta_{21}x_1 + \beta_{22}x_2 + \cdots + \beta_{2p}x_p$$
$$\cdots$$
$$f_m = \beta_{m1}x_1 + \beta_{m2}x_2 + \cdots + \beta_{mp}x_p$$

上式称为因子得分函数，f_1 就是因子 F_1 的得分，f_2 就是因子 F_2 的得分。用它可计算每个样品（在本例中就是每个区县）的公因子得分。估计因子得分的方法很多，常用的是线性回归的方法（表 11－5）。

表 11－5　Component Score Coefficient Matrix

	Component	
	1	2
在岗职工平均工资（元/人）	-0.212	0.573
地区生产总值（万元）	0.307	-0.163
城镇居民人均可支配收入（元）	-0.384	0.799
地方财政收入（万元）	0.183	0.025
全社会固定资产投资（万元）	0.367	-0.265
社会消费品零售额（万元）	0.233	-0.052
从业人数	0.263	-0.095

Extraction Method: Principal Component Analysis. Rotation Method: Varimax with Kaiser Normalization. Component Scores.

可以根据因子得分系数，计算出每个区县的第一个因子和第二个因子的大小，即计算出每个区县的因子得分 f_1 和 f_2。

$$f_1 = 0.307x_1 + 0.183x_2 + 0.367x_3 + 0.233x_4 + 0.263x_5 - 0.384x_6 - 0.212x_7$$
$$f_2 = -0.163x_1 + 0.025x_2 - 0.265x_3 - 0.052x_4 - 0.095x_5 + 0.799x_6 + 0.573x_7$$

我们可以根据这两个函数，分别计算出每个区的两个因子得分，分别按照总量因子和人均因子对各区进行排序；也可以将每个因子的方差贡献率作为权数，进行加权综合，计算出每个区的总得分，以此进行排队。

$$总得分 = f_1 \times f_1 的方差贡献率 + f_2 \times f_2 的方差贡献率 = f_1 \times \frac{5.886}{5.886 + 0.674} + f_2 \times \frac{0.674}{5.886 + 0.674}$$

四、主成分和因子分析的一些注意事项

可以看出，因子分析和主成分分析都依赖于原始变量，也只能反映原始变量的信息。所以，原始变量的选择很重要。另外，如果原始变量都在本质上是独立的，那么降维就可能失败，这是因为很难把很多独立变量用少数综合的变量加以概括。数据越相关，降维效果就越好。

在面对实际问题进行因子分析时，并不一定会都得到如例 11－1 那样清楚的结果。这与问题的性质、选取的原始变量以及数据的质量等都有关系。

在用因子得分进行排序时要特别小心，特别是对于敏感问题。由于原始变量不同，因子的选取不同，排序可以很不一样。

五、因子分析的 SPSS 实现与输出结果解读

我们仍以例 11－1 来说明利用 SPSS 软件进行因子分析的过程。SPSS 中因子分析的操作见表 11－6。

表 11－6　SPSS 中因子分析的操作

第一步：点击“Analyze”→“Data Reduction”→“Factor Analysis”，进入因子分析； 第二步：将地区生产总值等 7 个变量选入“Variables”； 第三步：点击“Descriptives”进入，选择“Correlations Matrix”中的“Coefficients（输出相关系数矩阵）”和“KMO and Bartletts test of Sphericity（KMO 检验和巴特利球形检验）”； 第四步：点击“Extraction”进入，在“Display”中选择“Scree plot”（输出碎石图）； 第五步：点击“Rotation”进入，选择“Method”中的“Varimax（方差最大化）”； 第六步：点击“Scores”进入，选择“Save as Variables（因子得分就会作为变量存在数据中的附加列上）”和“Display factor score cofficient matrix（输出因子得分表）”； 第七步：如果想对输出结果排序，可点击“Option”进入，选择“Sort by size”（排序）即可； 第八步：如果要自己确定提取的公因子个数，可在“Extraction”中的“Extract”选择“Number of Factor”，然后输入数字； 第九步：点击“OK”即可。

(一)KMO测度和巴特利特球体检验

因子分析的目的是简化数据,因此,使用因子分析的前提条件是研究变量之间应该有较强的相关关系。如果变量之间的相关程度很小,则不可能享有公共因子,即不适合进行因子分析。SPSS 提供了几种帮助判断观测数据是否适合做因子分析的方法,即 KMO(Kaiser－Meyer－Olkin Measure of Sampling Adequacy)测度和巴特利特球体检验(Bartletts Test of Sphericity),其检验、计算的结构如表11－7所示。

KMO 测度值的变化范围从0到1。KMO 值较小时,表明观测变量不适合做因子分析。通常判断标准为:0.9以上,非常好;0.8以上,好;0.7,一般;0.6,差;0.5,很差;0.5以下,不能接受①。

巴特利特球体检验是从检验整个相关矩阵出发,其零假设为相关矩阵是单位阵(即该矩阵没有显著的相关关系)。如果不能拒绝零假设,则不适宜进行因子分析。

表11－7　KMO and Bartlett's Test

Kaiser－Meyer－Olkin Measure of Sampling Adequacy.		0.820
Bartlett's Test of Sphericity	Approx. Chi－Square	194.515
	df	21
	Sig.	0.000

从 SPSS 输出结果可知,KMO 测度值已达到0.8以上,并且,巴特利特球体检验的 P 值＝0.000,拒绝零假设,说明该观测数据适合做因子分析。

(二)公因子方差表

提取出来的公因子对每个变量的解释程度到底有多大,这可从公因子方差表(见表11－8)得知。

表11－8　公因子方差表(Communalities)

	Initial	Extraction
在岗职工平均工资(元/人)	1.000	0.707
地区生产总值(万元)	1.000	0.931
城镇居民人均可支配收入(元)	1.000	0.556
地方财政收入(万元)	1.000	0.954

① 郭志刚:《社会统计分析方法——SPSS 软件应用》,中国人民大学出版社1999年版,第93页。

续表

	Initial	Extraction
全社会固定资产投资(万元)	1.000	0.852
社会消费品零售额(万元)	1.000	0.935
从业人数	1.000	0.949

Extraction Method: Principal Component Analysis.

公因子方差表可以告诉我们提取出来的公因子对每个变量的解释程度,如公因子对变量在岗职工平均工资的解释程度为70.7%,对变量地区生产总值的解释程度为93.1%,等等。提取出来的公因子对变量的解释程度越高,说明提取的公因子对原有变量的代表程度越高。

(三)公因子的提取

提取公因子的方法有很多,如主成分方法、主轴因子法、普通二乘法等,最常用的是利用主成分的方法来提取公因子。SPSS 中选取公因子的方法有两个:一是根据特征根≥1 来选取(这是 SPSS 中默认项的方法),另一种是用户通过直接规定公因子的个数来选取。当 SPSS 选取的公因子个数不能满足研究的需要时,则可以由用户直接规定公因子的个数来选取(见表 11 -9)。

表 11 -9　总方差解释表(Total Variance Explained)

主成分	Initial Eigenvalues			Extraction Sums of Squared Loadings		
	Total	% of Variance	Cumulative %	Total	% of Variance	Cumulative %
1	5.886	84.082	84.082	5.886	84.082	84.082
2	0.674	9.629	93.710			
3	0.256	3.659	97.369			
4	0.122	1.737	99.106			
5	0.035	0.493	99.599			
6	0.018	0.253	99.852			
7	0.010	0.148	100.000			

Extraction Method: Principal Component Analysis.

表 11 -9 的输出结果显示,只提取了一个公因子,这一个公因子就可解释原有信息的 84.08%。按照公因子提取的一般标准,这一个公因子包含的信息量已基本上满足要求。但是,在实际分析中,仅提取一个公因子不好解释分析结果,因此,我们需要提取两个公因子,这时可以重

新运行因子分析，在“Extraction”中选择“Number of Factor”，然后输入“2”即可。重新运行因子分析输出的结果如表 11 - 10 所示。

表 11 - 10　Total Variance Explained

主成分	Initial Eigenvalues			Extraction Sums of Squared Loadings		
	Total	% of Variance	Cumulative %	Total	% of Variance	Cumulative %
1	5.886	84.082	84.082	5.886	84.082	84.082
2	0.674	9.629	93.710	0.674	9.629	93.710
3	0.256	3.659	97.369			
4	0.122	1.737	99.106			
5	0.035	0.493	99.599			
6	0.018	0.253	99.852			
7	0.010	0.148	100.000			

Extraction Method：Principal Component Analysis.

在提取两个公因子后，累计方差贡献率已高达 93.71%，即这两个公因子已解释了原有信息的 93% 以上。当然，两个公因子对每个变量的解释程度也都有提高（见表 11 - 11，公因子方差表）。

表 11 - 11　Communalities

	Initial	Extraction
在岗职工平均工资（元/人）	1.000	0.867
地区生产总值（万元）	1.000	0.974
城镇居民人均可支配收入（元）	1.000	0.906
地方财政收入（万元）	1.000	0.957
全社会固定资产投资（万元）	1.000	0.934
社会消费品零售额（万元）	1.000	0.949
从业人数	1.000	0.973

Extraction Method：Principal Component Analysis.

特征值的贡献还可以从 SPSS 的所谓碎石图看出（如图 11 - 2 所示）。

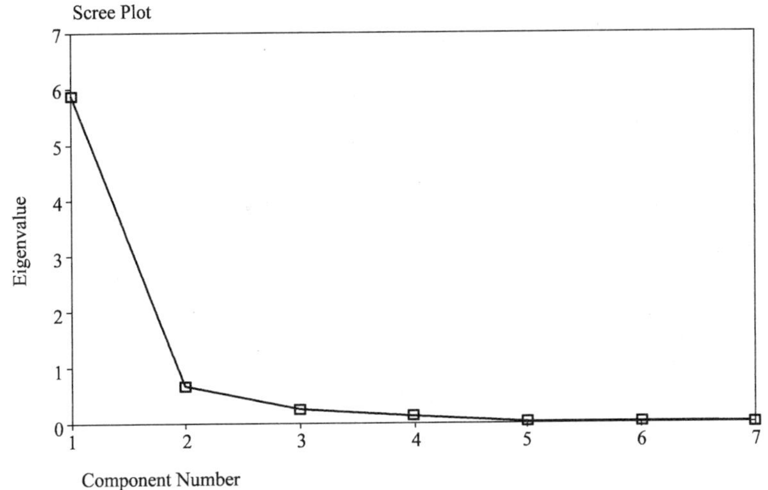

图 11-2 碎石图

(四)因子载荷矩阵

提取出来的两个公因子与原变量之间的关系，可以从因子载荷矩阵中得到(如表 11-12 所示)。从因子载荷矩阵可知，第一个公因子与各变量的载荷都很高，而第二个公因子与各变量的载荷相对较低，所以，我们很难直接去决定公因子一的含义和其代表哪些变量，公因子二的含义和其表示哪些变量。因此，需要进行公因子旋转。

表 11-12 **Component Matrix(a)**

	Component	
	1	2
在岗职工平均工资(元/人)	0.841	0.400
地区生产总值(万元)	0.965	-0.206
城镇居民人均可支配收入(元)	0.746	0.591
地方财政收入(万元)	0.977	-0.055
全社会固定资产投资(万元)	0.923	-0.286
社会消费品零售额(万元)	0.967	-0.116
从业人数	0.974	-0.152

Extraction Method: Principal Component Analysis.

a. 2 components extracted.

（五）公因子旋转

前面我们讲了公因子旋转的目的是为了使每个变量仅在一个公因子上有较大的载荷，而在其余的公因子上的载荷比较小。公因子旋转可选择常用的方差最大旋转方法（见表 11－13）。

表 11－13　Rotated Component Matrix（a）

	Component	
	1	2
全社会固定资产投资（万元）	0.926	0.277
地区生产总值（万元）	0.916	0.366
从业人数	0.894	0.417
社会消费品零售额（万元）	0.868	0.442
地方财政收入（万元）	0.842	0.499
城镇居民人均可支配收入（元）	0.290	0.907
在岗职工平均工资（元/人）	0.475	0.801

Extraction Method：Principal Component Analysis.

Rotation Method：Varimax with Kaiser Normalization.

a. Rotation converged in 3 iterations.

公因子旋转后，明显可见第一个公因子与全社会固定资产投资、地区生产总值、从业人数、社会消费品零售总额和地方财政收入的因子载荷系数很高，而这些指标都是从总量上来反映各地区的经济发展水平的指标，因此可称第一公因子为经济发展总量因子；第二公因子与城镇居民人均可支配收入和在岗职工平均工资的载荷系数很高，这些指标是从平均水平来说明地区经济发展水平的，因此可称第二公因子为经济发展人均水平因子。

在实际分析应用中，对公因子的命名一定要结合研究的具体问题来确定，有时会有一定的难度。

（六）因子得分

SPSS 会输出因子得分矩阵，同时，也会将每个观测值相应的因子得分计算出来，即将每个地区的公因子一和公因子二的因子得分分别计算出来，并作为变量存入数据文件中（如表 11－14 中的 fac1_1 和 fac2_1 所示）。

表 11－14 因子得分矩阵

区编号	X_1	X_2	X_3	X_4	X_5	X_6	X_7	fac1_1	fac2_1
1	32 173	3 294 121	14 880.1	313 801	1 702 707	1 660 120	398 566.0	-0.112 14	2.049 05
2	33 856	3 487 500	14 539.0	343 806	1 335 592	1 640 614	564 176.0	-0.029 35	2.053 52
3	20 848	884 013	13 494.1	69 658.0	622 455.0	639 490.0	138 745.0	-0.947 23	0.829 72
4	23 095	2 013 163	13 166.0	194 970	968 372.0	697 703.0	263 537.0	-0.324 62	0.600 45
5	27 661	6 841 968	13 898.0	586 825	2 858 851	2 986 623	851 602.0	2.408 35	0.190 29
6	20 901	2 310 141	12 281.9	122 042	777 305.0	1 762 322	446 608.0	0.303 09	-0.228 73
7	23 939	1 384 952	11 904.7	74 402.0	323 941.0	991 338.0	164 470.0	-0.541 61	0.169 45
8	29 985	8 928 950	14 409.1	475 348	2 898 447	3 542 668	954 386.0	2.604 42	0.473 60
9	18 495	463 520	11 051.3	36 561.0	426 365.0	245 444.0	64 376.00	-0.497 60	-0.750 35
10	17 547	1 964 661	11 712.3	89 642.0	1 101 166	618 040.7	144 272.0	0.093 26	-0.810 74
11	14 702	1 044 963	11 968.6	84 397.0	890 727.0	463 931.0	122 300.0	-0.178 19	-0.755 33
12	14 899	1 830 882	13 203.0	86 458.0	850 903.2	503 774.0	154 533.0	-0.419 63	-0.031 07
13	17 595	1 301 430	10 373.0	88 641.0	812 579.0	362 498.0	167 877.0	0.220 71	-1.479 0
14	15 834	1 037 035	10 811.7	93 497.0	1 008 939	413 926 0	202 267.0	0.267 89	-1.449 6
15	13 081	509 968	11 964.2	45 794.0	912 776.9	184 335.0	59 195.00	-0.353 33	-0.843 42
16	17 284	622 751	12 785.0	54 036.0	382 200.4	200 132.0	70 325.00	-0.955 44	0.216 90

从因子得分结果看，总量因子得分最高的为 8 区，其次为 5 区。这两个区不仅面积大，而且居住和工作的人口也最多；同时，8 区的高科技经济和 5 区的商务经济，使得这两个区成为经济发展总量最大的地区。然而，人均因子得分最高的却是 2 区和 1 区。由于历史的原因，这两个城区集中了许多国家机关和事业单位，居民的收入水平和工资水平比较稳定，因此，从平均水平看处于领先地位。而总量最多的 8 区和 5 区，由于人口很多，再加上这两个地区有一部分处于城乡结合部，居民的收入水平（调查出来的）比较低，所以人均因子得分都比较低。

第三节　综合案例——我国工业企业经济效益评价

工业企业经济效益评价主要是对工业生产经营活动的各个方面和全部过程的经济效益状况进行全面、客观、定量的反映和科学考察。对全国及地区工业企业的经济效益进行评价，有着极其重要的意义。这种综合评价有利于正确、全面地反映工业企业经济效益的实际水平，分析其变化速度和变动趋势，发现问题，找出差距。对工业企业经济效益评价的方法有很多，在此主要应用因子分析的方法对企业的经济效益进行评价。

对工业企业进行经济效益评价，首先要确定评价的指标体系。在实践中，有很多关于工业企业经济效益评价的考核指标，它们从不同方面和不同角度来反映工业企业经济效益。本节的例子选用国家统计局设计的有关我国国有及规模以上非国有工业企业经济效益评价指标体系。该体系是按照宏观导向性、科学合理性和可操作性的原则，选择了7项指标，它们主要从反映企业赢利能力、发展能力、偿债能力、营运能力、产出效率、产销衔接状况等6个方面来考虑，形成了由总资产贡献率、资本保值增值率、资产负债率、流动资产周转率、成本费用利用率、全员劳动生产率、产品销售率等7项指标组成的指标体系（见表11－15）。

表11－15　某行业31家企业经济效益数据

企业序号	总资产贡献率 %	资本保值增值率 %	资产负债率 %	流动资产周转率 %	成本费用利用率 %	全员劳动生产率 元/人	产品销售率 %
1	9.85	33.64	51.61	1.80	6.41	12 603.82	97.86
2	13.36	43.18	56.70	2.31	8.19	11 830.13	98.88
3	13.50	71.79	62.32	2.51	6.80	8 989.95	98.52
4	11.24	105.48	66.72	1.64	7.24	6 682.08	97.75
5	10.77	106.92	61.19	2.12	6.46	9 880.44	98.55
6	9.08	55.25	58.92	1.93	5.00	9 106.21	98.09
7	10.78	73.65	60.36	2.00	6.04	9 906.35	97.62
8	25.02	45.96	57.74	1.96	27.58	12 216.94	98.11
9	12.60	16.69	50.25	2.02	7.80	14 343.11	99.02

续表

企业序号	总资产贡献率 %	资本保值增值率 %	资产负债率 %	流动资产周转率 %	成本费用利用率 %	全员劳动生产率 元/人	产品销售率 %
10	11.51	63.48	62.20	2.43	4.77	10 347.46	97.86
11	13.25	42.44	57.83	2.20	6.00	7 412.79	97.63
12	10.75	79.87	60.69	1.96	5.22	7 026.82	98.51
13	11.82	39.74	52.78	2.30	6.07	7 509.05	97.59
14	10.33	102.16	65.20	2.08	3.61	6 194.73	98.01
15	15.46	71.24	58.50	2.79	7.11	10 031.18	97.93
16	12.30	81.11	64.51	2.23	5.70	7 135.39	98.52
17	8.87	76.66	58.04	1.80	5.96	8 451.54	98.45
18	12.94	95.62	63.57	2.15	4.96	7 551.37	99.83
19	11.06	25.78	58.11	2.35	5.12	8 703.41	97.27
20	12.00	106.81	64.74	1.97	7.20	6 958.76	97.82
21	13.24	28.87	54.49	1.69	8.52	10 675.68	96.46
22	10.78	67.53	60.53	1.76	5.77	6 523.75	97.83
23	8.83	69.16	63.28	1.62	4.66	7 436.88	98.8
24	10.70	70.17	66.07	1.47	5.90	6 562.87	97.08
25	19.40	39.03	54.94	1.49	12.05	13 877.17	99.36
26	13.10	-14.53	25.72	0.82	18.19	7 868.85	94.02
27	12.38	92.29	63.44	1.51	11.31	7 545.72	97.59
28	9.18	91.87	60.93	1.69	4.51	6 553.78	97.88
29	8.91	134.41	71.03	1.16	12.83	9 615.11	97.14
30	7.57	86.92	64.37	1.57	3.24	6 145.49	96.71
31	16.73	69.52	57.13	2.15	20.95	16 044.21	98.25

在上面7个指标中，只有资产负债率为逆指标，因此，在进行分析之前，要将其转变为正指标，即先将其求倒数，然后再进行因子分析。

一、指标相关性考察

我们首先考察这7个经济效益评价考核指标的相关性。前面已经述及，因子分析的前提条件是研究的变量之间应该具有相关性。所以，

先进行相关分析(见表11－16)和KMO测度与巴特利特球体检验(见表11－17)。

表11－16 相关系数矩阵(Correlation Matrix)

	相关系数	总资产贡献率	资本保值增值率	资产负债率的倒数	流动资产周转率	成本费用利用率	全员劳动生产率	产品销售率
相关系数	总资产贡献率	1.000	－0.324	0.147	0.182	0.766	0.549	0.161
	资本保值增值率	－0.324	1.000	－0.688	0.023	－0.252	－0.392	0.310
	资产负债率的倒数	0.147	－0.688	1.000	－0.401	0.379	0.117	－0.629
	流动资产周转率	0.182	0.023	－0.401	1.000	－0.264	0.163	0.514
	成本费用利用率	0.766	－0.252	0.379	－0.264	1.000	0.531	－0.213
	全员劳动生产率	0.549	－0.392	0.117	0.163	0.531	1.000	0.263
	产品销售率	0.161	0.310	－0.629	0.514	－0.213	0.263	1.000
Sig.	总资产贡献率		0.038	0.215	0.163	0.000	0.001	0.194
	资本保值增值率	0.038		0.000	0.452	0.086	0.015	0.045
	资产负债率的倒数	0.215	0.000		0.013	0.018	0.266	0.000
	流动资产周转率	0.163	0.452	0.013		0.076	0.190	0.002
	成本费用利用率	0.000	0.086	0.018	0.076		0.001	0.125
	全员劳动生产率	0.001	0.015	0.266	0.190	0.001		0.076
	产品销售率	0.194	0.045	0.000	0.002	0.125	0.076	

表11－17 KMO测度和巴特利特球体检验(KMO and Bartlett's Test)

Kaiser－Meyer－Olkin Measure of Sampling Adequacy.		0.459
Bartlett's Test of Sphericity	Approx. Chi－Square	120.247
	df	21
	Sig.	0.000

由相关系数矩阵可知,一些评价指标之间存在着显著的相关性,如总资产贡献率与资本保值增值率、工业成本费用利润率和全员劳动生产率都存在显著的相关关系;资产负债率与资本保值增值率、流动资产周转率和工业成本费用利润率之间也存在着显著的相关关系。显然,直接加总来评价,必然会产生评价信息的重复。

再看KMO测度和巴特利特球体检验的结果,KMO测度值只有0.459,不适合进行因子分子,但是巴特利特球体检验却通过了相关性显著性检验。那么,是否能够进行因子分析呢?统计测度值只是提供了人们判断参考的依据，并不是绝对的。是否适合进行因子分析，关键是其结果是否符合实际情况，是否能够进行比较合理的解释。鉴于此，我们还是可以继续进行因子分析。

二、提取公因子

利用总成分的方法提取公因子，得到总方差解释表（见表 11－18）。

表 11－18　总方差解释表（Total Variance Explained）

主成分	Initial Eigenvalues			Extraction Sums of Squared Loadings		
	Total	% of Variance	Cumulative %	Total	% of Variance	Cumulative %
1	2.784	39.768	39.768	2.784	39.768	39.768
2	2.120	30.291	70.059	2.120	30.291	70.059
3	0.999	14.272	84.331			
4	0.535	7.637	91.968			
5	0.309	4.407	96.376			
6	0.194	2.765	99.141			
7	0.060	0.859	100.000			

Extraction Method：Principal Component Analysis.

SPSS 按照特征值大于 1 的标准提取了两个公因子，两个公因子的累积方差贡献率只有 70.06%，比较低；而如果提取 3 个公因子的话，其累积方差贡献率就会达到 84.33%。因此，利用给出提取公因子个数的方法，提取 3 个公因子，输出结果如表 11－19 所示。

表 11－19　总方差解释表（Total Variance Explained）

主成分	Initial Eigenvalues			Extraction Sums of Squared Loadings		
	Total	% of Variance	Cumulative %	Total	% of Variance	Cumulative %
1	2.784	39.768	39.768	2.784	39.768	39.768
2	2.120	30.291	70.059	2.120	30.291	70.059
3	0.999	14.272	84.331	0.999	14.272	84.331
4	0.535	7.637	91.968			
5	0.309	4.407	96.376			
6	0.194	2.765	99.141			
7	0.060	0.859	100.000			

Extraction Method：Principal Component Analysis.

提取 3 个公因子后，这 3 个公因子对每个变量的解释程度基本上在 80% 以上（见表 11－20）。

表 11－20　公因子方差表（Communalities）

	Initial	Extraction
总资产贡献率	1.000	0.837
资本保值增值率	1.000	0.922
资产负债率的倒数	1.000	0.881
流动资产周转率	1.000	0.800
成本费用利用率	1.000	0.951
全员劳动生产率	1.000	0.714
产品销售率	1.000	0.798

Extraction Method：Principal Component Analysis.

三、确定公因子的含义

应当先看提取出来的 3 个公因子载荷矩阵（成分矩阵）。但是，直接从公因子载荷矩阵（表 11－21）上看，每个因子中各原始变量的系数没有明显的差别，即每个因子的含义不明显，因此，需要进行因子旋转，使载荷系数向 0 和 1 两极分化。经过方差最大旋转后，得到换转后的因子载荷矩阵（见表 11－22）。

表 11－21　成分载荷（Component Matrix（a））

	Component		
	1	2	3
成本费用利用率	0.805	0.254	0.488
资产负债率的倒数	0.769	－0.472	－0.259
资本保值增值率	－0.730	0.057	0.621
总资产贡献率	0.640	0.625	0.193
产品销售率	－0.445	0.774	－0.025
流动资产周转率	－0.314	0.660	－0.516
全员劳动生产率	0.553	0.636	－0.066

Extraction Method：Principal Component Analysis.

a. 3 components extracted.

表 11-22 旋转后的载荷矩阵（Rotated Component Matrix(a)）

	Component		
	1	2	3
总资产贡献率	0.901	0.125	-0.100
成本费用利用率	0.895	-0.377	-0.085
全员劳动生产率	0.751	0.312	-0.232
流动资产周转率	0.000	0.894	-0.008
产品销售率	0.164	0.746	0.464
资本保值增值率	-0.235	-0.052	0.929
资产负债率	0.141	-0.476	-0.797

Extraction Method: Principal Component Analysis.

Rotation Method: Varimax with Kaiser Normalization.

a. Rotation converged in 5 iterations.

旋转后的因子意义非常明确：公因子 1 代表了总资产贡献率、成本费用利润率和全员劳动生产率，公因子 2 代表了流动资产周转率和产品销售率，公因子 3 代表了资本保值增值率和资产负债率。在因子分析中，对因子的解释或说明并不容易。根据这些变量的原始含义，称公因子 1 为资产运作及获利因子，公因子 2 暂且称为经营效率因子，公因子 3 称发展潜力因子。

最后利用提取出来的这 3 个公因子，对各地区的工业经济效益进行评价，即通过计算因子得分（表 11-23），了解各地区在每个因子上的情况（表 11-24）。

表 11-23 因子得分矩阵（Component Score Coefficient Matrix）

	Component		
	1	2	3
总资产贡献率	0.414	0.026	0.073
资本保值增值率	0.069	-0.241	0.627
资产负债率的倒数	-0.044	-0.115	-0.421
流动资产周转率	-0.078	0.565	-0.226
成本费用利用率	0.457	-0.293	0.206
全员劳动生产率	0.298	0.189	-0.096
产品销售率	0.107	0.341	0.178

Extraction Method: Principal Component Analysis.

Rotation Method: Varimax with Kaiser Normalization. Component Scores.

表 11-24 因子得分计算结果与评价结果

企业序号	公因子 1 得分	公因子 2 得分	公因子 3 得分	未加权综合因子	加权综合因子
1	-0.099	0.350	-1.039	-0.788	-8.178
2	0.438	1.243	-0.609	1.072	46.378
3	0.015	1.098	-0.004	1.109	33.804
4	-0.314	-0.797	1.169	0.058	-19.945
5	-0.092	0.356	0.777	1.041	18.192
6	-0.641	0.326	-0.345	-0.660	-20.521
7	-0.273	0.152	-0.014	-0.135	-6.452
8	3.548	-0.455	0.519	3.613	134.748
9	0.588	1.226	-1.299	0.514	41.958
10	-0.317	1.024	-0.411	0.296	12.557
11	-0.374	0.490	-0.670	-0.554	-9.597
12	-0.560	0.184	0.367	-0.008	-11.445
13	-0.577	0.582	-0.983	-0.978	-19.339
14	-0.858	0.071	0.729	-0.059	-21.594
15	0.270	1.337	-0.361	1.247	46.112
16	-0.357	0.572	0.390	0.605	8.711
17	-0.553	-0.005	0.243	-0.315	-18.664
18	-0.114	0.857	0.894	1.637	34.180
19	-0.669	0.831	-1.264	-1.101	-19.457
20	-0.252	-0.312	0.984	0.420	-5.419
21	0.147	-0.433	-0.988	-1.274	-21.359
22	-0.627	-0.292	0.152	-0.767	-31.604
23	-0.715	-0.043	0.384	-0.374	-24.259
24	-0.623	-0.930	0.376	-1.178	-47.591
25	1.924	0.269	-0.010	2.184	84.538
26	0.238	-3.418	-3.374	-6.554	-142.212
27	0.242	-1.103	1.024	0.163	-9.166
28	-0.852	-0.495	0.608	-0.740	-40.233
29	0.317	-1.971	2.050	0.396	-17.843
30	-1.303	-0.962	0.393	-1.871	-75.334
31	2.441	0.247	0.313	3.001	109.036

有了各个因子得分，我们就可以通过计算综合因子得分来进行各地区工业企业经济效益评价。计算综合因子得分可有两种方法：一种方法是直接将各地区的每个因子得分相加，即未加权的综合因子得分；另一种是以每个公因子的方差贡献率作为权数，进行加权计算，获得综合因

子得分。由于公因子方差贡献率是逐个递减的,如果以公因子的方差贡献率作为权数加权,就会更强调第一个公因子的作用,依此类推。

在本例中,两种方法计算的综合因子得分有一定的差异,但差异不是很大。从计算结果看,在该行业 31 家企业中排在前三名的企业是 8、31 和 25。

思考与练习

1. 什么是主成分分析,它的基本思路是什么?
2. 什么是方差贡献率,它在主成分分析中的作用是什么?
3. 什么是因子分析,它与主成分分析的区别如何?
4. 因子分析方法的思想是什么?
5. 简述因子分析方法的基本步骤。
6. 试对上一年我国各地区经济效益情况进行综合分析。
7. 试根据《世界国际竞争力报告》,评价不同国家经济发展状况。
8. 试对我国各地区的文化指标进行综合分析与评价。
9. 收集数据资料, 并对我国各省、直辖市、自治区工业和生活污染物排放量进行因子分析。变量为:x_1 为生活污水排放量(万吨),x_2 为生活二氧化硫排放量(吨),x_3 为生活烟尘排放量(吨),x_4 为工业固体废物排放量(万吨),x_5 为工业废气排放量(亿标立方米),x_6 为工业废水排放量(万吨)。
10. 收集数据资料,对我国部分地区农村家庭进行人均消费的因子分析。变量为:x_1 为食品支出比重,x_2 为衣着支出比重,x_3 为居住支出比重,x_4 为家庭设备及服务支出比重,x_5 为医疗保险支出比重,x_6 为交通和通信支出比重,x_7 为文教娱乐用品和服务支出比重。
11. 收集数据资料,对珠江三角洲经济进行因子分析。变量为:x_1 为人均国内生产总值(元),x_2 为人均工业总产值(元),x_3 为社会固定资产投资额(亿元),x_4 为海关出口总值(亿美元),x_5 为社会消费品零售总额(亿元)。
12. 收集数据资料,对北京市部分地区社会经济发展水平进行因子分析。变量为:x_1 为国内生产总值,x_2 为地方财政收入,x_3 为非农业比重,x_4 为人均地方财政收入,x_5 为农民人均纯收入,x_6 为乡镇企业职工平均工资水平,x_7 为每万人拥有医院卫生院技术人员数。
13. 收集数据资料并进行部分地区经济效益水平因子分析。变量为:每百元固定资产利税率,资金利税率,产值利税率,每百元销售收入利税率,每百元销售成本实现利润,流动资金周转次数。

第十二章 列联分析与对应分析

在实际分析中，我们常常要研究两个或多个分类变量间的关系。例如，新中国成立以后，倡导男女平等，妇女就业问题成为人们非常关心的问题。但是，随着就业压力的逐步增大，在妇女负担又过重的情况下，有些人提出了应该“男人在外工作，女人在家操持家务”的就业观点。这个观点是否代表大多数人的意见，特别是妇女本身是否同意该观点？它与妇女的文化程度有何关系？这些是我们需要研究的问题。

现利用某地进行的已婚妇女抽样调查资料，从中选取两个变量：文化程度和就业观点，将它们按照各自的分类水平列在一张表中，如表12－1所示。

表12－1 按文化程度分的妇女就业观点

文化程度	就业观点			
	1—非常同意	2—同意	3—不同意	4—非常不同意
1—小学及以下	8	82	96	11
2—初中	41	220	327	48
3—高中	72	224	503	47
4—大学	24	61	300	41

那么，对该表应当如何进行分析呢？最常用的方法就是列联分析和对应分析。

第一节 列联分析

所谓列联表（Contingency Table），就是由两个或两个以上的变量进行交叉分类的频数分布表（表12－1就是一个列联表）。对列联表的分析就是列联分析。

在列联表中，每个变量都有两个或更多的可能取值，这些取值也称为水平，比如文化程度有四个水平，就业观点有四个水平等。

一般将列联表中横向变量的划分类别视为 R，纵向变量的划分类别视为 C，则可以将列联表称为 $R\times C$ 列联表。表12－1即为 4×4 列联表。

一、列联表的分布

列联表的分布包括两种:观察值的分布和期望值的分布。

(一)观察值的分布

事实上,表 12－1 就是一个最简单的观察值的分布表。观察值分布反映了数据的实际分布,但总体的基数(即规模)不同时,谁多谁少并不适合于直接用分布中的频数对比。为了能在相同的基数上进行比较,使列联表中的数据提供更多的信息,往往需要计算相应的百分比,即得到频率分布,如表 12－2 所示。

表 12－2 文化程度 * 就业观点 Crosstabulation

文化程度		就业观点				Total
		非常同意	同意	不同意	非常不同意	
小学及以下	Count	8	82	96	11	197
	% within 文化程度	4.1%	41.6%	48.7%	5.6%	100.0%
初中	Count	41	220	327	48	636
	% within 文化程度	6.4%	34.6%	51.4%	7.5%	100.0%
高中	Count	72	224	503	47	846
	% within 文化程度	8.5%	26.5%	59.5%	5.6%	100.0%
大学及以上	Count	24	61	300	41	426
	% within 文化程度	5.6%	14.3%	70.4%	9.6%	100.0%
Total	Count	145	587	1226	147	2 105
	% within 文化程度	6.9%	27.9%	58.2%	7.0%	100.0%

从频率分布表中,我们可以对所分析的对象有一些初步的认识:如回答同意和不同意的人的比例最高;随着文化程度的提高,就业观点的比例由同意较多向不同意增多转变。但是,妇女的文化程度与就业观点是存在有一定联系还是彼此独立,仅从百分比上很难得出结论,这需要我们要进一步分析。

(二)期望值的分布

如果我们想进一步了解不同文化程度的妇女对上述就业观点是否存在着相互关系,就需要进行统计检验。

我们先假设不同文化程度的妇女对该就业观点看法相同,那么各文化程度的妇女都应该按照不同就业观点的总比例进行回答,即:

小学及以下学历的妇女回答非常同意的人数应为 197 ×6.9% =

14 人；

初中学历妇女回答非常同意的人应为 636 ×6.9% =44 人；

高中学历妇女回答非常同意的人数应为 846 ×6.9% =58 人；

大学学历妇女回答非常同意的人数应为 426 ×6.9% =29 人。

这 14 人、44 人、58 人和 29 人就是本例中的期望值，依此类推，可以计算出其他就业观点期望值的分布（见表 12－3）。

表 12－3 期望值分布

文化程度	就业观点			
	1—非常同意	2—同意	3—不同意	4—非常不同意
1—小学及以下	14	55	115	14
2—初中	44	177	370	45
3—高中	58	236	492	59
4—大学	29	119	248	30

我们还可以把观察值与期望值的频数分布列在一张表中，见表 12－4。

表 12－4 观察值与期望值频数分布对比表

文化程度		就业观点			
		1 非常同意	2 同意	3 不同意	4 非常不同意
1—小学及以下	观察值	8	82	96	11
	期望值	14	55	115	14
2—初中	观察值	41	220	327	48
	期望值	44	177	370	45
3—高中	观察值	72	224	503	47
	期望值	58	236	492	59
4—大学	观察值	24	61	300	41
	期望值	29	119	248	30

如果不同文化程度对该就业观点的看法相同，则文化程度与观点是独立的，即假设：

$$H_0: P_{小学及以下} = P_{初中} = P_{高中} = P_{大学}$$

这时表 12－4 中观察值分布和期望值分布就应当非常接近。

反之，如果不同文化程度对该就业的观点的看法不同，是有关系的，那么表 12－4 中的观察值和期望值就会相差较大。

对于这个假设的统计检验，可以进行χ^2 检验。

二、卡方分布和卡方检验

（一）χ^2 统计量

用f_0 表示观察值分布中的频数，f_e 表示期望值分布中的频数，则χ^2 统计量为：

$$\chi^2 = \sum \frac{(f_0 - f_e)^2}{f_e}$$

由于χ^2 值的大小与观察值与期望值的配对数，即 $R \times C$ 有关，所以，χ^2 统计量的分布与自由度$(R-1)(C-1)$有关。

（二）χ^2 分布与χ^2 检验

χ^2 分布的曲线图随其自由度不同而不同，如图 12－1 所示。

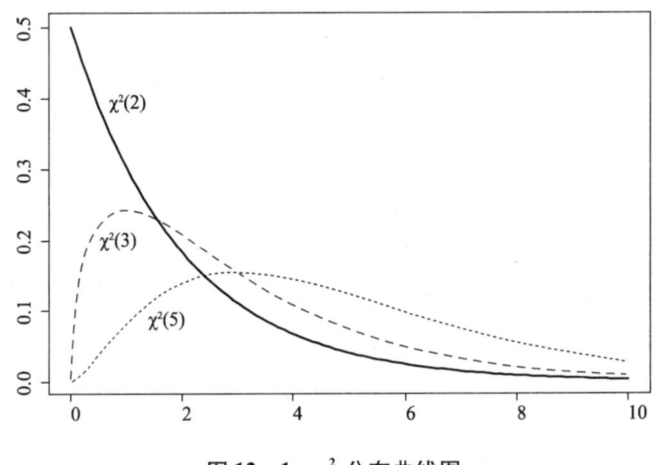

图 12－1 χ^2 分布曲线图

根据卡方统计量，我们可以计算出卡方值，再利用卡方分布计算出卡方值对应的概率，然后我们就可以据此作出是否拒绝原假设的判断。

卡方检验在 SPSS 中的实现见表 12－5。

表 12－5 卡方检验在 SPSS 中的实现

SPSS 选项："Analyze"→"Descriptive Statistics"→"Crosstabs" 第一步：将变量"文化程度"放入"Rows"，变量"就业观点"放入"Columns"； 第二步：点击"Statistics"，选择"χ^2 检验"； 第三步：点击"OK"即可。

χ^2 检验结果见表 12－6。

表 12－6 Chi－Square Tests

	Value	df	Asymp. Sig. (2－sided)
Pearson Chi－Square	85.761(a)	9	0.000
Likelihood Ratio	89.135	9	0.000
Linear－by－Linear Association	26.806	1	0.000
N of Valid Cases	2 105		

a. 0 cells (.0%) have expected count less than 5. The minimum expected count is 13.57.

从输出结果看，卡方值＝85.761，对应的概率值＝0.000，是小概率，所以我们可以拒绝原假设，即认为不同文化程度对该就业的观点的看法不同，两者之间存在着关系。

当然，实际应用中有不止一个χ^2 检验统计量，一般还包括似然比(Likelihood Ratio)χ^2 统计量和线性的联合分布，它们都有渐近的χ^2 分布。虽然计算的结果不同，但对应的概率值都相同，结论是一致的。

三、列联表中的相关测量

对列联表中变量之间的相互关系进行检验，如果拒绝原假设，认为变量之间存在联系，那么，接下来的问题就是它们之间的相关程度有多大？

回答此问题时，我们要根据所分析变量的类型，来选择不同的相关检验方法。SPSS 软件中提供了多种相关检验的方法：

Interval by Interval：定距变量与定距变量相关的检验；

Nominal by Nominal：名义变量与名义变量相关的检验；

Ordinal by Ordinal：顺序变量与顺序变量相关的检验。

列联表中两变量相关程度测量 SPSS 中的实现见图 12－2。

由于我们分析的数据都是顺序变量，所以选择 Ordinal by Ordinal 的方法，从图 12－2 中可见，Ordinal by Ordinal 方法中有四种检验方法，选择哪一种都可以。相关关系的输出结果见表 12－7。

表 12－7 Symmetric Measures

		Value	Asymp. Std. Error(a)	Approx. T(b)	Approx. Sig.
Ordinal by Ordinal	Gamma	0.190	0.029	6.413	0.000
N of Valid Cases		2 105			

a. Not assuming the null hypothesis.

b. Using the asymptotic standard error assuming the null hypothesis.

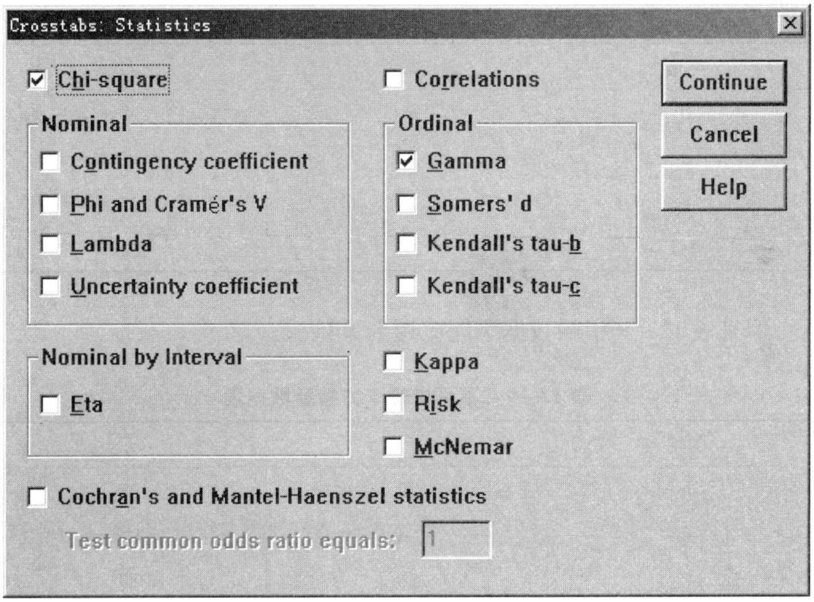

Crosstabs: Statistics

Chi-square
Correlations
Continue
Cancel
Help
Nominal
Contingency coefficient
Phi and Cramér's V
Lambda
Uncertainty coefficient
Ordinal
Gamma
Somers' d
Kendall's tau-b
Kendall's tau-c
Nominal by Interval
Eta
Kappa
Risk
McNemar
Cochran's and Mantel-Haenszel statistics
Test common odds ratio equals: 1

SPSS 选项："Analyze"→"Descriptive Statistics"→"Crosstabs"
然后选择"Statistics"，再根据所分析的变量类型进行选择即可。

图 12－2　列联表中两变量相关程度测量在 SPSS 中的实现

输出结果说明，妇女文化程度与就业观点的相关关系显著。

四、χ^2 分布的期望值准则

利用 χ^2 分布进行检验时，要求样本容量必须足够大，特别是每个单元中的期望频数不能过小，否则应用 χ^2 检验可能会得出错误的结论。一般来说，进行 χ^2 检验有以下两个基本准则：

第一，如果只有两个单元，每个单元的期望频数必须是 5 或以上。

第二，如果有两个以上的单元，如果 20% 的单元期望频数小于 5，则不能应用 χ^2 检验。

例如，表 12－8 中的数据可以进行卡方检验，因为 6 个单元中，只有 1 个单元的期望频数小于 5。

表 12－8　可进行卡方检验数据表

类别	f_0	f_e
A	28	26
B	49	47
C	18	23

续表

类别	f_0	f_e
D	6	4
E	92	88
F	20	25
合计	213	213

但是表 12－9 中的数据不能应用卡方检验。

表 12－9　不可进行卡方检验数据表

类别	f_0	f_e
A	30	32
B	110	113
C	86	87
D	23	24
E	5	2
F	5	4
G	4	1
合计	263	263

如果我们仔细观察，就会发现，表 12－9 中的 f_0 与 f_e 非常接近，最大的差别只是 3，应当说期望值与观察值拟合得很好，它们之间并无显著差别。然而，用 χ^2 检验得到的结果却是拒绝原假设，差异显著。最简单的解决的方法是：将小单元合并，使得 f_e 大于 5。

第二节　对应分析

通过列联分析，我们对交叉汇总表的数据进行了处理，了解到妇女对"男人在外工作，妇女在家操持家务"的就业观点与其文化程度有关，并且有显著的相互关系，即文化程度不同的妇女，对该就业观点的看法不相同。但是，从列联分析中无法直观而简单地给出各分类之间的联系，我们希望在此数据基础上，将文化程度与就业观点的关系直观地表现在一张二维图中（见图 12－3），从而反映它们之间的对应关系。这种分析方法就是对应分析。

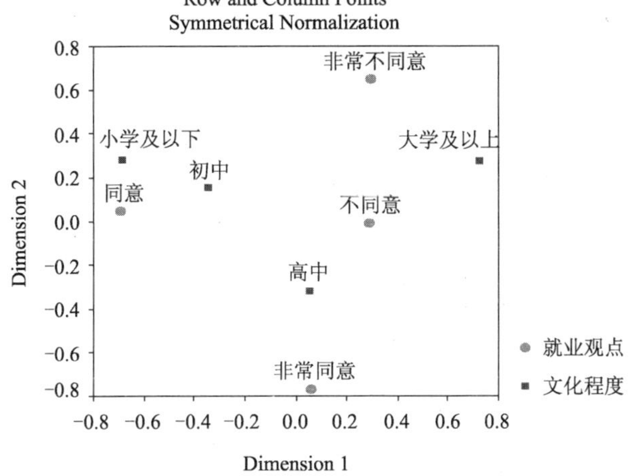

图 12－3　二维图

这就是我们前面所说的二维对应分析图。我们可以从对应分析图中看到，各种受教育程度按高低次序分列于横轴两端，说明不同文化程度的妇女，在就业观点上有明显的差异。具体在两个变量的关系上，我们看到，具有大学文化程度的妇女与不同意和非常不同意接近，而具有高中及以下文化程度的妇女与同意和非常同意接近，说明受教育程度较高的妇女不同意“男人在外工作，妇女在家操持家务”的就业观点，而中等及以下文化程度的妇女却对此持赞同观点。

一、对应分析的原理

对应分析是多元统计分析方法，它也是利用降维的思想以达到简化数据结构的目的。不过，与因子分析不同的是，它同时对数据表中的行与列进行处理，寻求以低维图形（如二维图）表示数据表中行变量与列变量的关系。对应分析方法广泛应用于对由定性变量构成的列联表数据的研究，利用对应分析，可以在一张二维图上同时画出属性变量不同取值或类别的情况，以直观、简洁的形式描述属性变量各种状态之间的相互关系，以及不同属性变量之间的相互关系。同时，对应分析也可应用于定量变量数据的分析，揭示变量与样品之间的相互关系。

对应分析是将指标型的因子分析与样品型的因子分析结合起来进行的统计分析。它是从对指标型因子的分析出发，而直接获得样品因子分析的结果。概括起来，对应分析可以提供三方面的信息：

第一，指标之间的关系；

第二，样品之间的关系；

第三，指标与样品之间的关系。

由于指标型的因子分析与样品型的因子分析都反映的是一个整体的不同侧面，因此，它们之间一定存在内在联系。对应分析就是通过一个过渡矩阵 Z 将二者有机地结合起来。

二、对应分析计算机实现与输出结果解读

SPSS 中对应分析的操作见表 12－10。

表 12－10　SPSS 中对应分析的操作

SPSS 选项："Analyze"→"Data Reduction"→"Correspondence Analysis"

第一步：将"文化程度"变量选入"Row"，点击下方的"Define Range"按钮，填入其取值范围1～4，并点击右侧的"Update"按钮；把"就业观点"选入"Column"，在其"Define Range"中输入取值范围 1～4，并点击右侧的"Update"按钮。

第二步：如果想分别得到对应分析中行变量和列变量的散点图，可在"Plots"中的"Scatter plot"里单击"Row points（行变量图）"和"Column points（列变量图）"。

第三步：点击"OK"按钮，即可得到输出结果。

SPSS 输出结果如下。

（一）各维汇总表

各维汇总表见表 12－11。

表 12－11　Summary

维度	Singular Value	Inertia	Chi Square	Sig.	Proportion of Inertia		Confidence Singular Value	
					Accounted for	Cumulative	Standard Deviation	Correlation
1	0.187	0.035			0.859	0.859	0.020	0.037
2	0.070	0.005			0.122	0.981	0.022	
3	0.028	0.001			0.019	1.000		
Total		0.041	85.761	0.000(a)	1.000	1.000		

a. 9 degrees of freedom.

为了更好地理解输出表中数据的含义，现介绍对应分析表中出现的一些基本概念：

Singular Value：奇异值（是惯量的平方根），反映的是行与列各水平在二维图中分量的相关程度，是对行与列进行因子分析产生的新的综合变量的典型相关系数。

Inertia：惯量，实际上就是常说的特征根，表示的是每个维度对变量

各个类别之间差异的解释量。

Chi Square：就是关于列联表行列独立性χ^2检验的χ^2统计量的值，和前面表中的相同。其后面的 Sig. 为在行列独立的零假设下的p_-值，注释表明自由度为$(4-1)\times(3-1)=6$，Sig. 值很小说明列联表的行与列之间有较强的相关性。

Proportion of Inertia：惯量比例，是各维度（公因子）分别解释总惯量的比例及累计百分比，类似于因子分析中对公因子解释能力的说明。

从上面的表 12－11 中，我们可以确定需要使用多少个维度对结果进行解释。第一列 Dimension 为维度；第二列 Singular Value 翻译为奇异值，是惯量（Inertia）的平方根，实际上它相当于相关分析中的相关系数；而第三列 Inertia 也就是惯量，就是特征根，用于说明对应分析各个维度的结果能够解释列联表中两个变量联系的程度。从表 12－11 中可见，第一维特征根值为 0.187，第二维为 0.070。右侧 Proportion of Inertia 是各维度特征根的解释程度，第一维能解释全部信息的 85.9%，第二维解释 12.2%，前两维的累计解释程度为 98.1%。因此，二维图形可以表达出 98.1% 的原始数据信息。而且，观察时以第一维度为主即可。

（二）行变量——文化程度的输出结果

文化程度的输出结果见表 12－12。

表 12－12 Overview Row Points(a)

文化程度	Mass	Score in Dimension		Inertia	Contribution				
					Of Point to Inertia of Dimension		Of Dimension to Inertia of Point		
		1	2		1	2	1	2	Total
小学及以下	0.094	−0.684	0.279	0.009	0.234	0.104	0.896	0.056	0.952
初中	0.302	−0.344	0.152	0.008	0.192	0.099	0.893	0.066	0.958
高中	0.402	0.053	−0.318	0.003	0.006	0.578	0.069	0.928	0.997
大学及以上	0.202	0.725	0.276	0.021	0.569	0.219	0.948	0.052	1.000
Active Total	1.000			0.041	1.000	1.000			

a. Symmetrical normalization.

表 12－12 说明了行变量的有关内容：

第一部分（Score in Dimension）是关于行变量每一类别在两个维度上的分值情况，实际上就是每一类别在坐标图（见图 12－3）中的坐标，Mass 为行与列的边缘概率。

第二部分(Contribution of Point to Inertia of Dimension)是说明行变量各个类别对每一维度特征值的影响;数值越大的类别,对类别间差异的影响越大。

第三部分(Contribution of Dimension to Inertia of Point)是说明每一维度对行变量各个类别特征值的影响。其中,最后一列是说明第一和第二维度对每一个变量总共可以解释的百分比。

从表 12 - 12 看,除了高中文化以外,其他各文化程度类别特征值的分布都以第一维度为主,说明各类别间的差异绝大部分都反映在第一维度中。并且,所有文化程度可由第一和第二维度解释的比例都在 95% 以上,说明通过该二维表,可以解释原变量的绝大部分信息。

(三)列变量——就业观点的输出结果

就业观点的输出结果见表 12 - 13。

表 12 - 13 **Overview Column Points(a)**

就业观点	Mass	Score in Dimension		Inertia	Contribution				
					Of Point to Inertia of Dimension		Of Dimension to Inertia of Point		
		1	2		1	2	1	2	Total
非常同意	0.069	0.060	-0.766	0.003	0.001	0.573	0.015	0.899	0.914
同意	0.279	-0.690	0.046	0.025	0.709	0.008	0.998	0.002	10.000
不同意	0.582	0.287	-0.009	0.009	0.257	0.001	0.986	0.000	0.987
非常不同意	0.070	0.297	0.649	0.004	0.033	0.418	0.320	0.577	0.898
Active Total	1.000			0.041	1.000	1.000			

a. Symmetrical normalization.

表 12 - 13 输出的是列变量的有关内容,其形式与前面的行变量分析表一样,含义的解释也与行变量的相同,这里不再赘述。

从表 12 - 13 看,同意与不同意的特征值分布以第一维度为主,即其差异反映在第一维度上;非常同意与非常不同意的特征值分布主要以第二维度为主。由于第一维度解释了大部分信息,所以同意与不同意的差异是主要的。此外,除非常不同意以外,其他就业观点可由第一和第二维度解释的比例都在 90% 以上,说明通过该二维表可以解释原变量的绝大部分信息。

(四)行变量文化程度各个类别之间的分值分布

行变量文化程度各个类别之间的分值分布见图 12 - 4。

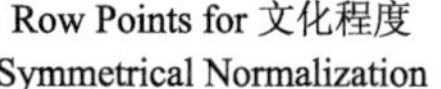

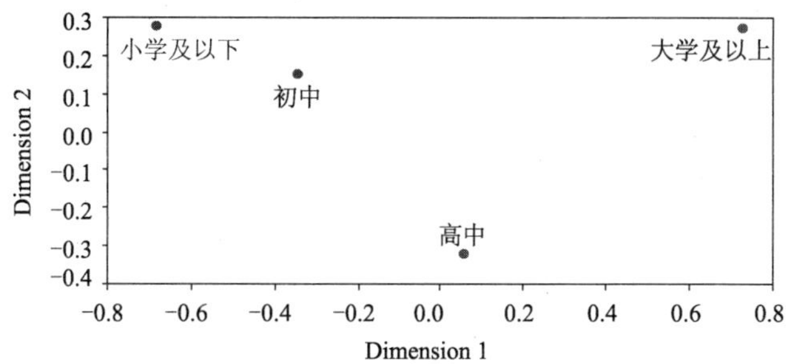

图 12 -4　行变量各个类别之间的分值分布

图 12 -4 表现的是行变量文化程度各个类别之间的分值分布,从中可看出各个类别间的差异。由图可见,小学及以下和初中类别间的差异不大(横向看),可归为一类,他们与大学的差别最大。

(五)列变量——文化程度各个类别之间的分值分布

列变量文化程度各个类别之间的分值分布见图 12 -5。

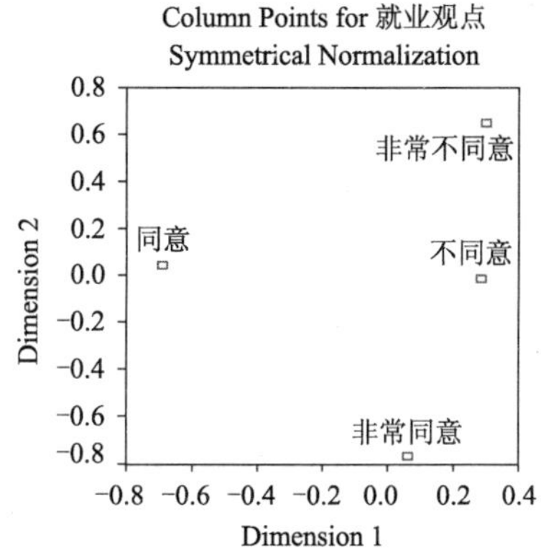

图 12 -5　列变量各个类别之间和分值分布

图 12 -5 表现的是列变量各个类别之间的分值分布,从中可看出各个类别间的差异。由图可见,从横轴上看,同意与不同意的差别最大,而非常不同意和非常同意的差异主要体现在纵轴上。

(六)两个变量的二维对应分析

两个变量的二维对应分析图见图 12 -6。

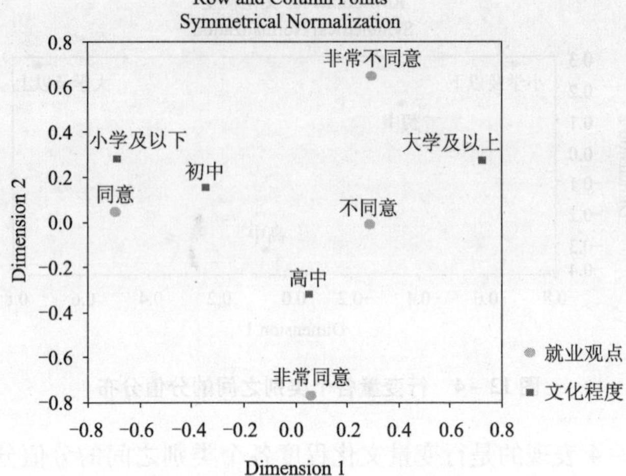

图 12－6　两个变量的二维对应分析

该图是对应分析输出结果中最重要的部分，即我们前面所说的二维对应分析图。实际上，很多情况下我们只需看该图就可以知道分析结果了。我们可以从以下两个方面阅读该图形：

第一，分别检查两个变量在横轴（第一维度）和纵轴（第二维度）上的区分情况。如果同一变量的某些不同类别在某个方向上比较接近，则说明这些类别在该维度上区别不大。

第二，比较两个变量各个取值类别间的位置关系。在同一个方向上靠近的两种类别，其联系的程度就更大些。因此，图 12－6 直观地反映了行变量与列变量之间的联系，从中可以看出，对该观点持赞同态度最高的是高中文化程度，其次为初中、小学和小学以下，而具有大学及以上文化程度的人持有不赞同、非常不赞同的观点。

第三节　综合案例——失业原因与教育程度关系的研究

就业与失业是社会非常关注的问题，由于各种原因，会出现各式各样的失业情况。我们现在想研究的问题是：失业与受教育程度有何关系？

城镇失业人员的失业原因有不同的情况，可分为下岗离开单位、毕业后未找到工作、原单位破产、辞职或被辞退或合同期满、其他原因等五种情况；受教育程度可分为不识字、小学、初中、高中、大专和大学本科及以上。我们现在所关心的问题是：这些失业原因受哪些因素的影响？或者说，在一个更具体的分析中，这些失业原因与失业人员的受教育水平之间究竟有没有什么联系？它们之间的关系是怎样的？

我们可以将失业原因与失业人员的受教育水平按照各自的分类水平作出一张交叉汇总表（见表 12－14）。

表 12－14　按受教育程度分的城镇失业人员失业原因构成（%）

受教育程度	1 下岗离开单位	2 毕业后未找到工作	3 原单位破产	4 辞职、被辞退或合同期满	5 其　他
1 不识字	22.0	2.4	17.1	7.3	51.2
2 小学	39.0	9.5	18.6	6.8	26.1
3 初中	45.2	18.1	13.3	9.7	13.8
4 高中	43.5	23.3	11.7	13.0	8.6
5 大专	30.1	35.8	11.1	16.7	6.5
6 大学本科	19.4	43.7	11.7	18.4	6.8

表 12－14 给出了按受教育程度划分的城镇失业人员失业原因构成，但从该表中无法直观而简单地看出各分类之间的联系，解释起来也略显复杂。我们可以先做一下卡方检验，观察两者之间是独立的还是有相互关系的。

卡方检验的结果如表 12－15 所示。

表 12－15　Chi－Square Tests

	Value	df	Asymp. Sig. (2－sided)
Pearson Chi－Square	167.365(a)	20	0.000
Likelihood Ratio	164.012	20	0.000
Linear－by－Linear Association	29.098	1	0.000
N of Valid Cases	602		

a. 0 cells (.0%) have expected count less than 5. The minimum expected count is 11.84.

卡方检验的结果表明，失业原因与受教育程度之间不独立，是有相互关系的。因此，我们可以进行相关分析。由于失业原因是分类变量，而受教育程度是顺序变量，所以我们选择了 Nominal by Nominal（名义变

量与名义变量相关的检验）与 Ordinal by Ordinal（顺序变量与顺序变量相关的检验）两种检验方法（见表 12－16）。

表 12－16 **Symmetric Measures**

		Value	Asymp. Std. Error(a)	Approx. T(b)	Approx. Sig.
Nominal by Nominal	Contingency Coefficient	0.466			0.000
Ordinal by Ordinal	Gamma	－0.160	0.040	－0.921	0.000
N of Valid Cases		602			

a. Not assuming the null hypothesis.

b. Using the asymptotic standard error assuming the null hypothesis.

从检验结果看，不论哪种方法，其近似概率值都为 0.000，表明各类变量之间的相关关系显著。但是，从相关系数来看，两种检验结果的值不同，而且符号相反。那么，失业原因与受教育程度之间到底是一种怎样的关系？这从列联分析中得不到明确答案，这也是列联分析的局限性。因此，下面我们接着进行对应分析。通过对应分析，可以将失业原因与受教育程度的关系直观地表现在一张二维图中。

SPSS 对应分析的输出结果如下。

（一）各维汇总表

各维汇总表见表 12－17。

表 12－17 **Summary**

Dimension	Singular Value	Inertia	Chi Square	Sig.	Proportion of Inertia		Confidence Singular Value	
					Accounted for	Cumulative	Standard Deviation	Correlation 2
1	0.477	0.227			0.812	0.812	0.034	0.314
2	0.225	0.050			0.180	0.992	0.039	
3	0.045	0.002			0.007	1.000		
4	0.011	0.000			0.000	1.000		
Total		0.280	168.055	0.000(a)	1.000	1.000		

a. 20 degrees of freedom.

从上面的 Summary 表中，我们可以确定需要使用多少个维度对结果进行解释。从表 12－17 可见，第一维特征根值为 0.227，第二维为 0.050。右侧 Proportion of Inertia 是各维度特征根的解释程度，第一维能解释全部信息的 81.2%，第二维解释 18%，前两维的累计解释程度为 99.2%。因此，二维图形可以表达出 99.2% 的原始数据信息。而且，观察时以第一维度为主即可。

（二）行变量——教育程度的输出结果

教育程度的输出结果见表 12－18。

表 12－18　Overview Row Points(a)

文化程度	Mass	Score in Dimension		Inertia	Contribution				
					Of Point to Inertia of Dimension		Of Dimension to Inertia of Point		
		1	2		1	2	1	2	Total
不识字	0.167	－1.243	0.507	0.133	0.540	0.191	0.926	0.073	0.998
小学	0.167	－0.491	－0.343	0.025	0.084	0.087	0.774	0.178	0.952
初中	0.167	0.036	－0.548	0.011	0.000	0.223	0.009	0.981	0.990
高中	0.167	0.304	－0.453	0.015	0.032	0.152	0.476	0.499	0.974
大专	0.167	0.622	0.177	0.032	0.135	0.023	0.961	0.037	0.998
本科	0.167	0.771	0.661	0.064	0.208	0.324	0.741	0.256	0.997
Active Total	1.000			0.280	1.000	1.000			

a. Symmetrical normalization.

表 12－18 显示了行变量的有关内容。从表中看，除了初中和高中文化以外，其他各文化程度类别特征值的分布都以第一维度为主，说明各类别间的差异绝大部分都反映在第一维度中。并且，所有文化程度可由第一和第二维度解释的比例都在 95% 以上，说明通过该二维表，可以解释原变量的绝大部分信息。

（三）列变量——失业原因的输出结果

失业原因的输出结果见表 12－19。

表 12－19　Overview Column Points(a)

失业原因	Mass	Score in Dimension		Inertia	Contribution				
					Of Point to Inertia of Dimension		Of Dimension to Inertia of Point		
		1	2		1	2	1	2	Total
下岗	0.332	0.021	－0.638	0.031	0.000	0.601	0.002	0.995	0.997

续表

失业原因	Mass	Score in Dimension		Inertia	Contribution				
					Of Point to Inertia of Dimension		Of Dimension to Inertia of Point		
		1	2		1	2	1	2	Total
毕业未工	0.221	0.885	0.425	0.092	0.363	0.178	0.901	0.098	0.999
单位破产	0.139	-0.262	-0.032	0.006	0.020	0.001	0.755	0.005	0.760
辞职	0.120	0.480	0.327	0.016	0.058	0.057	0.800	0.175	0.975
其他	0.188	-1.189	0.441	0.135	0.558	0.163	0.938	0.061	0.999
Active Total	1.000			0.280	1.000	1.000			

a. Symmetrical normalization。

从表中看,除失业原因为下岗以外,其他各原因的特征值分布都以第一维度为主,即其差异反映在第一维度上,只有下岗的特征值分布主要以第二维度为主。此外,所有失业原因中,除单位破产外,可由第一和第二维度解释的比例都在97%以上,说明通过该二维表可以解释原变量的绝大部分信息。

(四)行变量——文化程度各个类别之间的分值分布

文化程度各个类别之间的分布见图 12 -7。

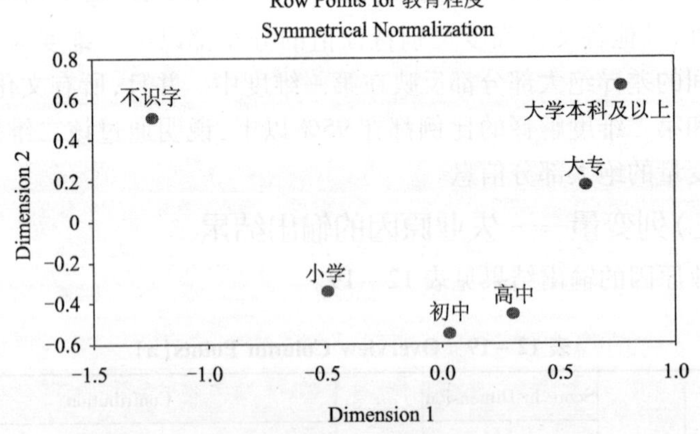

图 12 -7　行变量各个类别之间的分值分布

(五)列变量——文化程度各个类别之间的分值分布

文化程度各个类别之间的分值分布见图 12 -8。

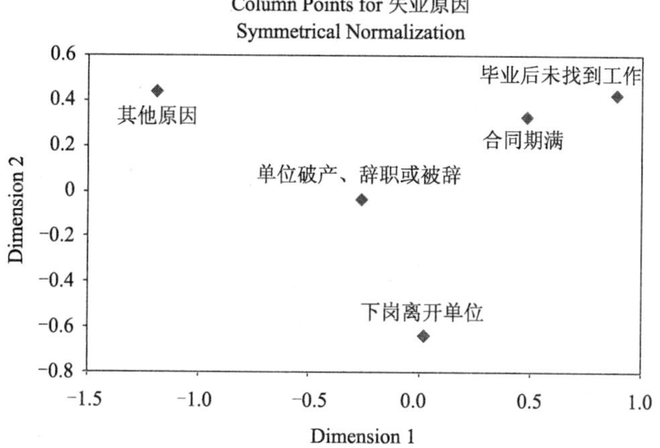

图 12－8　列变量各个类别之间的分值分布

（六）两个变量的二维对应分析

两个变量的二维对应分析见图 12－9。

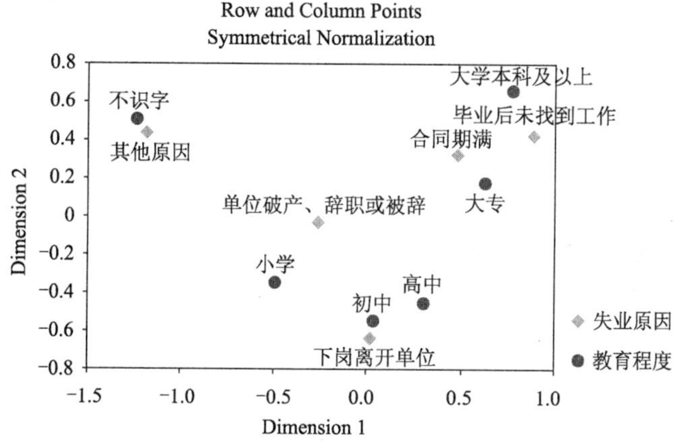

图 12－9　两个变量的二维对应分析

从对应分析图即图 12－7 至图 12－9 中，我们看到，教育程度和失业原因在第一维度上都分的较开，而在第二维度上的区分度不太明显（注意坐标轴的刻度），这和前面说的数据变异主要以第一维为主的结论一致。各受教育程度按高低次序分列于横轴（即第一维度）两端，说明不同教育程度的职工，在失业原因上有明显的差异。具体在两个变量的关系上，我们看到，本科、大专两个类别与失业原因变量的辞职或合同期满、毕业未找到工作接近，说明这两类受教育程度较高的人群在失业原因上自主性较强；小学、初中、高中主要与失业原因变量的下岗及原单位破产接近，在失业原因上比较被动；而不识字和失业原因变量的其他失业原因接近。

思考与练习

1. 简述列联分析的原理与检验。
2. 什么是对应分析？它与因子分析的关系如何？
3. 对应分析方法的思想是什么？
4. 试对某年北京市居民收入水平和消费支出情况进行对应分析。
5. 试根据《世界国际竞争力报告》，评价不同国家经济发展状况。
6. 试对我国各地区居民的收入与消费水平进行综合分析与评价。
7. 根据下表数据，进行收入等级与消费支出项目的对应分析。

按收入等级分的城镇居民家庭平均每人全年消费性支出单位：元

项目	困难户	最低收入户	低收入户	中等偏下户	中等收入户	中等偏上户	高收入户	最高收入户
食品	1 209.15	1 301.05	1 569.77	1 790.57	2 032.81	2 272.11	2 509.8	2 921.26
衣着	175.57	200.02	295.12	392.14	528.79	676.22	810.1	1 022.75
家设	96.7	120.77	176.3	264.95	377.96	524.81	735.26	1 243
医疗	142.35	168.38	207.88	273.78	335.52	405.29	487.26	648.58
交通通信	144.58	163.9	234.65	316.34	421.09	580.63	688.1	1 024.75
文娱	289.37	317.03	453.07	529.59	660.7	820.73	1 040.6	1 273.1
居住	318.84	332.54	387.28	451.46	529.26	614.13	739.72	972.1
杂项	74.34	87.29	128.19	178.74	245.41	347.57	484.27	728.66

8. 对下表中的某地区机关人员的学历与不同学历人员对发展西部地区急需解决问题的看法进行对应分析。

学历与不同学历人员对西部地区急需解决问题的看法的数据资料

	资金	人才	新观念	信息	相关政策	知识与技术
高中及以下	48	15	7	2	2	5
大专	68	27	29	2	6	3
本科	16	15	16	2	4	1

9. 根据下表数据资料，对受教育程度与失业原因进行对应分析。

按受教育程度划分的城镇失业人员失业原因构成(%)

受教育程度	下岗离开单位	毕业后未找到工作	原单位破产	辞职、被辞退或合同期满	其 他
不识字	22.0	2.4	17.1	7.3	51.2
小学	39.0	9.5	18.6	6.8	26.1
初中	45.2	18.1	13.3	9.7	13.8
高中	43.5	23.3	11.7	13.0	8.6
大专	30.1	35.8	11.1	16.7	6.5
大学本科	19.4	43.7	11.7	18.4	6.8

10. 对各项税收收入进行对应分析(数据资料见下表)。

各年税收收入 亿元

年份序号	工商税收	关 税	农业各税	国有企业所得税	集体企业所得税
1	1 097.47	205.21	42.05	595.84	100.22
2	1 858.99	159.01	87.86	604.12	111.88
3	1 981.11	187.28	90.65	627.59	103.54
4	2 244.21	212.75	119.17	624.77	96.01
5	3 194.49	256.47	125.74	582.91	95.69
6	3 914.22	272.68	231.49	609.75	98.74
7	4 589.68	291.83	278.09	759.38	119.06
8	5 270.04	301.84	369.46	822.33	146.15
9	6 553.89	319.49	397.48	794.43	168.75
10	7 625.42	313.04	398.8	743.93	181.61
11	8 885.44	562.23	423.5	639	172.41
12	10 366.09	750.48	465.31	827.41	172.22

11. 对九个城市财产保险各险种保费收入进行对应分析(数据资料见下表)。

九个城市的分险种财产保险保费收入　　（百万元）

城市序号	合计	企财	机车	货运	其他	责任	信用
1	4 486.8	411.94	3150.71	204.95	596.99	94.08	28.12
2	1 437.32	192.82	791.68	127.41	213.06	94.57	17.33
3	4 545.7	1 153.88	2003.16	415.78	675.49	276.41	20.98
4	1 330.52	158.75	904.74	58.39	128.96	56.48	22.24
5	1 106.46	218.37	541.16	88.74	215.19	37.91	5.09
6	1 121.17	203.82	641.07	87.6	128.02	73.74	16.5
7	5 42.22	67.81	262.15	50.88	108.15	38.14	15.03
8	1 060	200	616	63.6	119.5	36.67	24.12
9	3 060.55	558.67	1 696.28	106.21	514.95	122.68	61.76

第十三章　聚类分析和判别分析

有一首童谣唱道:“找啊找,找朋友,找到一个好朋友……”,我为什么找你做朋友,可能有两个原因:第一,物以类聚,人以群分,我发现我们两个人心的距离很近,所以我们是同类;第二,根据我心目中建立的关于好人的判别准则,判断出你是好人,所以我们可以交朋友。

本章的教学目的是,首先学会如何将研究对象进行分类,然后学习如何把研究对象归到已知的类中。

第一节　聚类分析

在现实世界中,如果面对一群大小不同的公司,或一组形状与特征不同的生物,可能需要对它们进行归类。对此,我们可以凭主观的判断去归类,但这样做可能不够客观。那么,怎么才能客观一些呢？从定量的角度看,我们可以按其可计量的特征进行归类。如果对于研究对象,有多种可计量的形状或特征,则可考虑依据这多个方面的特征进行归类,这样就会更加客观一些。

首先看一个直观的容易理解的例子。

【例 13－1】甲、乙、丙、丁四个公司的年赢利额资料如表 13－1 所示。

表 13－1　各公司年赢利额

公　司	年赢利(十万元)
甲	1
乙	3
丙	9
丁	14

若我们仅根据此数据资料进行分类,则可把它们排列在数轴上,如图 13－1 所示。

若从距离最近的角度进行聚类,我们可以从图中直观地去观察哪两个点距离最近。显然,甲和乙距离最近,它们的距离是 3－1＝2。这样,聚类时,首先把甲乙两点聚合成一个类,为了方便,我们下面称之为“类(甲乙)”。

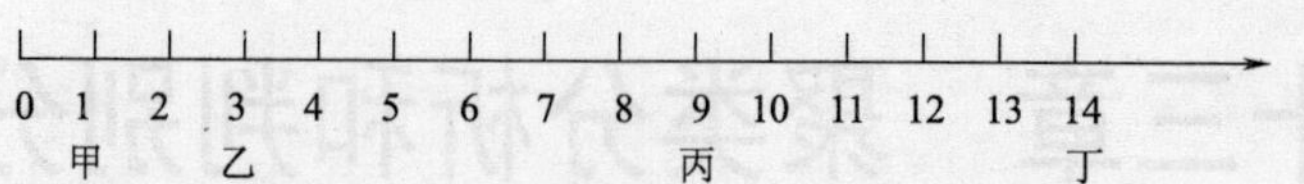

图 13-1

于是我们就把它们归为一类。如图 13-2 表示。

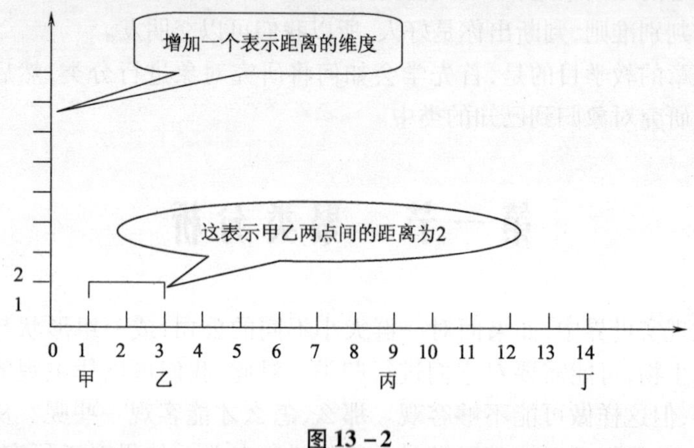

图 13-2

我们继续观察,发现剩下的点里,丙和丁的距离最近,其距离为 14 - 9 = 5。因此,将它们聚为“类(丙丁)”,如图 13-3 所示。

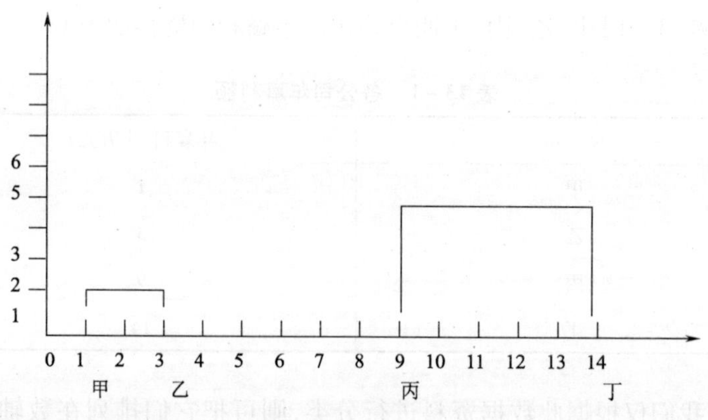

图 13-3

这样,图形中就剩下两个类,“类(甲乙)”和“类(丙丁)”,如果我们按照最短距离的原则(见后面的系统聚类法)来归类,那么乙丙之间的距离,就代表了“类(甲乙)”和“类(丙丁)”的距离。这样整个聚类过程就完成了,其结果见图 13－4。

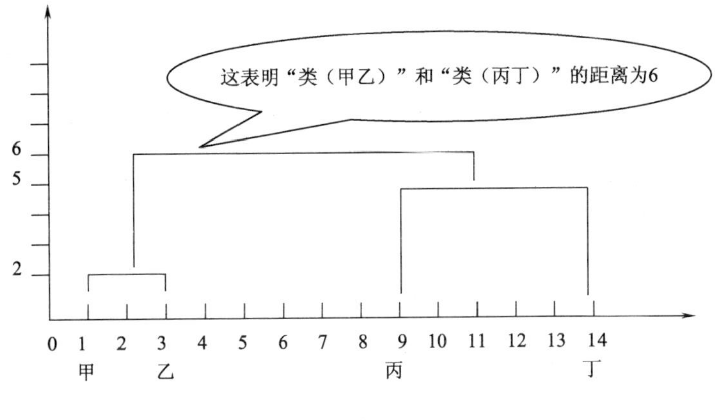

图 13－4

到此,我们就可以形象地理解聚类的基本过程。

当然,本例是一个非常简单的例子,但从中我们不难看出,聚类分析就是要找出具有相近程度的点或类聚为一类。在实际工作中,我们往往要在考虑多个指标(变量)的情况下进行分类,而在有多个指标聚类时,又如何衡量这个“相近程度”呢？这就要根据“距离”来确定。这里的距离含义很广,不仅包括通常意义上的距离,也包括相似系数等。

一、相近程度的测量

(一)明氏距离

明氏距离(Minkowski)是常用的距离之一,其计算公式为:

$$d_{ij}(q) = \left(\sum_{k=1}^{p} |x_{ik} - x_{jk}|^{q}\right)^{\frac{1}{q}}$$

当 $q = 1$ 时:$d_{ij}(1) = \sum_{k=1}^{p} |x_{ik} - x_{jk}|$,称为绝对距离(Block);

当 $q = 2$ 时:$d_{ij}(2) = \left(\sum_{k=1}^{p} |x_{ik} - x_{jk}|^{2}\right)^{\frac{1}{2}}$,称为欧氏距离(Eudidem);

当 $q = \infty$ 时:$d_{ij}(\infty) = \max\limits_{1 \leqslant k \leqslant p} |x_{ik} - x_{kj}|$,称为切比雪夫距离。

明氏距离简单,易于理解,但其也有不足之处,如距离的大小与各指标的计量单位有关。例如,对体重和身高进行测量时,如果采用不同单位,其距离测量的结果会不同。这里以欧氏距离为例(如图 13－5 所

示），公式如下：

$$d_{12}(2)=\sqrt{(x_1-y_1)^2+(x_2-y_2)^2}$$

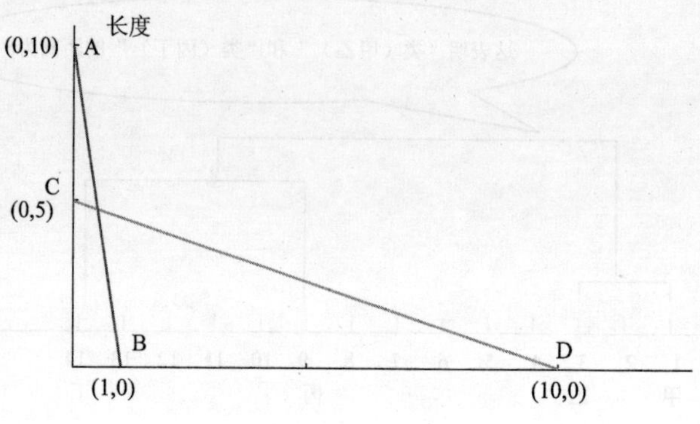

图 13－5

当长度为 cm 时，AB 之间的距离为：

$$d_{AB}=\sqrt{(0-10)^2+(1-0)^2}=\sqrt{101}$$

$$d_{CD}=\sqrt{(0-5)^2+(10-0)^2}=\sqrt{125}$$

$$d_{AB}<d_{CD}$$

当长度为 mm 时，AB 之间的距离为：

$$d_{AB}=\sqrt{(0-100)^2+(1-0)^2}=\sqrt{10\ 001}$$

$$d_{CD}=\sqrt{(0-50)^2+(10-0)^2}=\sqrt{2\ 600}$$

$$d_{AB}>d_{CD}$$

由此可见，明氏距离的大小受测量变量计量单位的影响。若对此进行改进，可以对数据先进行标准化（SPSS 软件的聚类分析中，有数据标准化的功能），然后再计算距离。

明氏距离的另一个缺点是，它没有考虑到指标之间的相关性。

（二）马氏距离

马氏距离是 1936 年由印度数学家马哈拉比斯由协方差矩阵计算构造的距离，它弥补了明氏距离没有考虑到指标之间的相关性的缺陷。其计算公式为：

$$d_{ij}=(X_i-X_j)'\sum{}^{-1}(X_i-X_j)$$

（三）相似系数

顾名思义，相似系数是描写样品之间相似程度的一个量，性质越接近的样品，它们的相似系数的绝对值越接近 1；而彼此无关的样品，它们的相似系数的绝对值越接近于 0。比较后，可以将相似的样品归为一类，而将不怎么相似的样品归为不同的类。

常用的相似系数有夹角余弦、相关系数。

1. 夹角余弦(Cosine)。尽管图 13－6 中 AB 和 CD 长度不一样,但形状相似。当长度不是主要矛盾时,就可利用夹角余弦这样的相似系数。

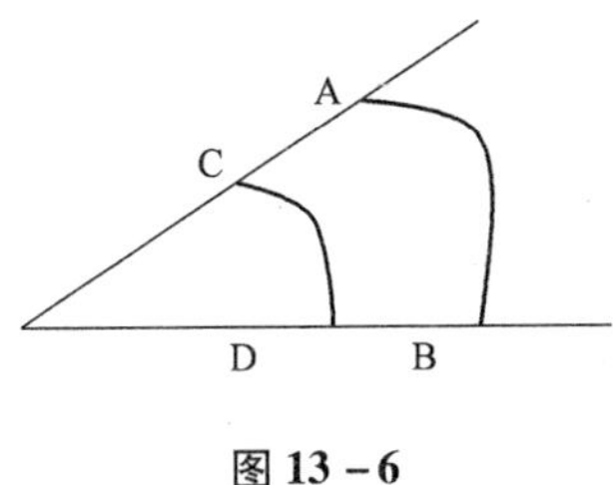

图 13－6

夹角余弦的计算公式为:

$$\cos\theta_{ij}=\frac{\sum_{k=1}^{p}x_{ik}x_{jk}}{\sqrt{\sum_{k=1}^{p}x_{ik}^{2}\sum_{k=1}^{p}x_{jk}^{2}}}$$

$\cos\theta_{ij}=1$,说明两个样品 X_i 与 X_j 完全相似;$\cos\theta_{ij}$接近 1,说明 X_i 与 X_j 相似程度高;$\cos\theta_{ij}=0$,说明 X_i 与 X_j 完全不一样;$\cos\theta_{ij}$接近 0,说明 X_i 与 X_j 差别大。

2. 相关系数。所谓相关系数,就是我们在“相关分析与回归分析”一章(第十章)中介绍过的相关系数。实际应用中,我们也常用相关系数来刻画样品之间的相似关系。分析时,首先把两两样品的相关系数都计算出来,然后将相关系数最大的两类合并成一类,并以此方式逐步归类。

相关系数的计算公式为:

$$r_{ij}=\frac{\sum_{k=1}^{p}(x_{ik}-\bar{x}_i)(x_{jk}-\bar{x}_j)}{\sqrt{\sum_{k=1}^{p}(x_{ik}-\bar{x}_i)^2\sum_{k=1}^{p}(x_{jk}-\bar{x}_j)^2}}$$

$r_{ij}=1$,说明两个样品 X_i 与 X_j 完全相似;r_{ij}接近 1,说明 X_i 与 X_j 相似程度高;$r_{ij}=0$,说明 X_i 与 X_j 完全不一样;r_{ij}接近 0,说明 X_i 与 X_j 差别大。

进行了相似程度的测量后,就可以开始进行聚类。实际应用中,聚类分析的方法有许多种,最常用的是系统聚类法。下面主要对系统聚类法进行介绍。

二、系统聚类法

系统聚类法的基本思路是,先将每个研究对象(样品或指标)各自看成一类,共 n 类。然后根据对象间的相似度,将 n 类中最相似的两类合并,组成一个新类,这样得到 $n-1$ 类,再在这 $n-1$ 类中找出最相似的两类合并,得到 $n-2$ 类,如此下去,直至将所有的对象并成一个大类为止。

系统聚类的步骤我们可以用图 13－7 所示的流程图来表示。

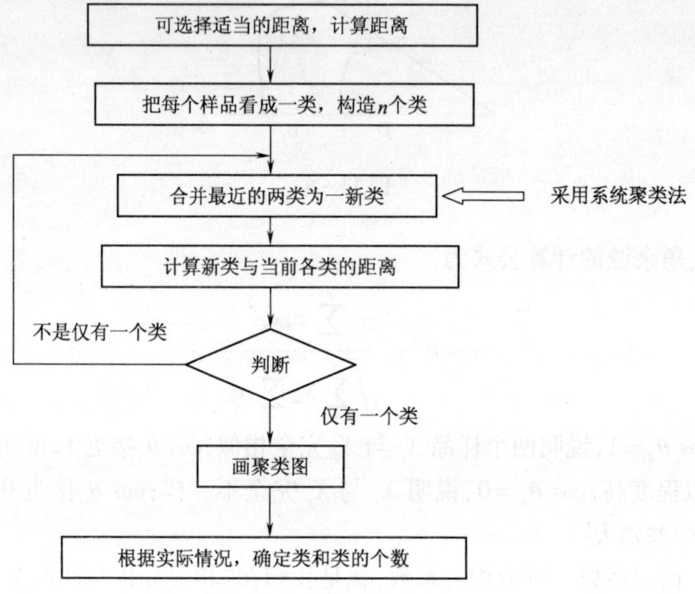

图 13－7　系统聚类

正如样品之间的距离测量可以有不同的定义与方法一样,类与类之间的距离也有各种定义与测量方法。

例如,可以定义类与类之间的距离为两类之间最近样品的距离,或者定义为两类之间最远样品的距离,也可以定义为两类重心之间的距离,等等。类与类之间用不同的方法定义距离,就产生了不同的系统聚类方法。

系统聚类方法主要有最短距离法、最长距离法、重心法、类平均法和离差平方和法等。

下面举例简要说明最短距离法、最长距离法的基本思路。

(一)最短距离法(Nearest Neighbor)

公式如下:

$$D_{pq} = \min d(x_i, x_j)$$

【例 13－2】设有 5 个样品,每个样品的数据分别是 1,2,3.5,7,9。

现用最短距离法对 5 个样品进行分类。

首先，采用绝对距离的方法，计算样品两两之间的距离，得到如图 13－8 所示的距离阵。

	G1	G2	G3	G4	G5
G1	0				
G2	1	0			
G3	2.5	1.5	0		
G4	6	5	3.5	0	
G5	8	7	5.5	2	0

图 13－8

从计算结果可知，G1 和 G2 的距离最近，距离为 1，因此，将 G1 和 G2 合并成新的一类，记为 G6。接下来，如何将 G6 与其他类再进行合并呢？最短距离法就是在这两类的所有对应其他类的距离中取最小的数值。如 G1 与 G3 的距离是 2.5，G2 与 G3 的距离是 1.5，取它们俩之中最小的数值，即 1.5 作为新类 G6 与 G3 的距离，其余类推（见图 13－9），然后将最近的两类合并。

	G6	G3	G4	G5
G6	0			
G3	1.5	0		
G4	5	3.5	0	
G5	7	5. 5	2	0

图 13－9

（二）最长距离法（Furthest Neighbor）

还是以例 13－2 为例，来说明最长距离法的思路。

首先，还是采用绝对距离的方法，计算样品两两之间的距离，得到如图 13－8 所示距离阵。

然后进行类与类的归类。从计算结果可知，G1 和 G2 的距离最近，距离为 1，因此，将 G1 和 G2 合并成新的一类，记为 G6。最长距离法就是在这两类中所有对应其他类的距离中取最大的数值。如 G1 与 G3 的距离是 2.5，G2 与 G3 的距离是 1.5，取他们俩之中最大的数值，即 2.5 作为新类 G6 与 G3 的距离，其余类推（见图 13－10）。

	G6	G3	G4	G5
G6	0			
G3	2.5	0		
G4	6	3.5	0	
G5	8	5. 5	2	0

图 13－10

其他方法的聚类思路与之相似。如重心法就是在合并新类时计算要合并类之间距离的平均值；离差平方和法（也称 Ward's Method）的思想来源于方差分析，即如果分类正确，同类样品的离差平方和应当较小，类与类的离差平方和应当较大。

三、聚类分析在 SPSS 软件中的实现

SPSS 软件中的聚类功能常用的有两种：分层聚类法（Hierarchical），快速聚类法（K－Means Cluster）。下面分别对它们的功能进行介绍。

（一）分层聚类法

分层聚类法的原理和过程就是我们前面介绍过的系统聚类方法的原理和过程。分层聚类法既可对样品数据（Cases）进行聚类，也可对变量（Variables）聚类。这两种聚类的方法和原理是一致的。下面举例说明。

【例 13－3】在市场细分中，常常要用到聚类分析的方法对顾客类型进行细分。假设要对消费者购物的态度进行分类，在前期研究的基础上，确定了 8 个态度变量：

态度 1—购物非常有趣；

态度 2—没有需要时我不去购物；

态度 3—购物往往会使我的预算超支；

态度 4—去商场购物时，我常常在饭馆吃饭；

态度 5—购物时我尽量买最好的；

态度 6—我对购物不感兴趣；

态度 7—购物时多比较价格可以节省很多钱；

态度 8—我喜欢与同伴一起购物。

每个消费者要对有关购物态度的 8 个观点进行评价，评价采用 7 级量表，从 1 到 7，1 表示非常同意，7 表示非常不同意。

现用 SPSS 中的分层聚类法进行聚类分析。该方法在 SPSS 中的实现步骤见表 13－2。

表 13－2 分层聚类法在 SPSS 中的实现

SPSS 选项:“Analyze”→“Classify”→“Hierarchical Cluster”
第一步:将所有态度变量放入“Variables”中;
第二步:点击“Method”进入,在“Cluster Method”中选择“Ward's Method(离差平方和法)”;
第三步:点击“Plot”进入,选择“Dendrogram”;
第四步:点击“OK”即可。

SPSS 输出结果(树状图)如图 13－11 所示。

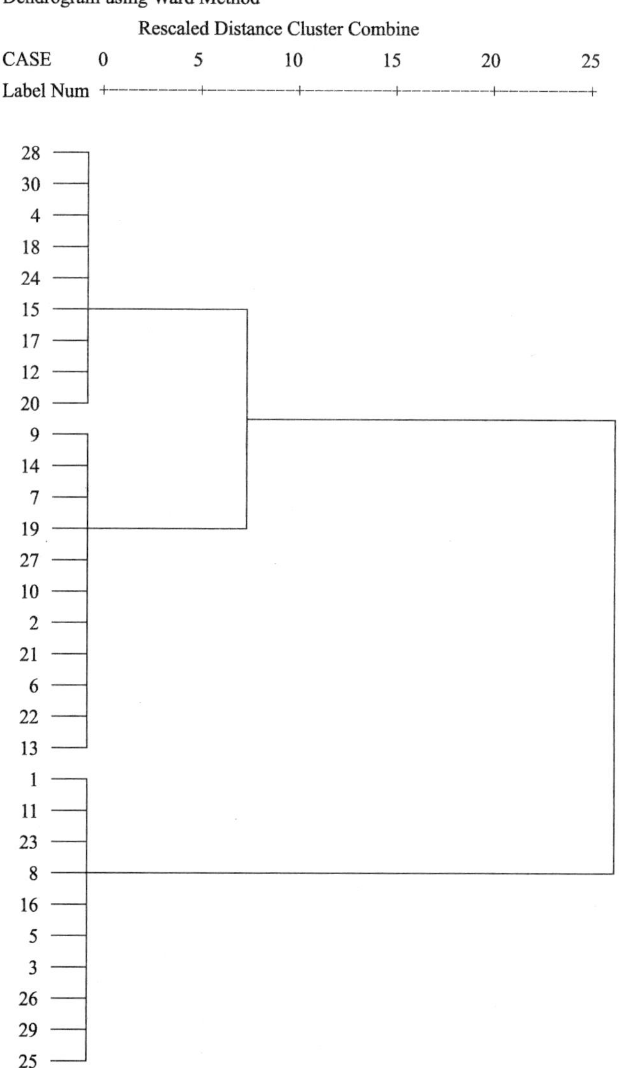

图 13－11 聚类分析的树状图

从树状图看，所有的样品（顾客）最后聚成一大类，我们可用一支笔从上到下去竖切这个图，当这支笔切过几条线时就表示分几类。如我们在标尺的 15 处从上到下竖切时，就会切过两条线，表示可将原样品分成两大类；又如我们在标尺的 5 处从上到下竖切时，就会穿过三条线，即可将原样品分成三大类。那么到底将这些样品分两类好还是分三类好？只从聚类图看是不会有结论的。因此，我们必须将分成两类和三类的结果存入数据文件中，然后进行每一类的均值分析。

均值分析在 SPSS 中的实现过程见表 13－3。

输出结果见表 13－4 及表 13－5。

表 13－3　均值分析在 SPSS 中的实现

SPSS 选项："Analyze"→"Classify"→"Hierarchical Cluster"
第一步：点击"Save"进入，在"Cluster Membership"中选择"Rang of Solution"，在"From"后输入 2，在"Through"后输入 3（表示存入从 2 到 3 类的分类结果）；
第二步：点击"OK"即可。
SPSS 选项："Analyze"→"Compare Means"→"Means"
第一步：将刚存入的分类变量"clu2_1""clu3_1"放入"Independent List"中；
第二步：将所有态度变量放入"Dependent List"中；
第三步：点击"OK"即可。

表 13－4　将样品（顾客）分为两类的均值分析表

	Ward Method	购物非常有趣	没有需要时我不去购物	购物往往会使我的预算超支	去大商场购物时，我常常在饭馆吃饭	购物时我尽量买最好的	我对购物不感兴趣	购物时多比较价格可以节省很多钱	我喜欢与同伴一起购物
1	Mean	2.100 0	6.000 0	4.600 0	1.300 0	4.800 0	6.100 0	4.400 0	1.700 0
	N	10	10	10	10	10	10	10	10
	Std. Deviation	0.994 43	0.666 67	0.699 21	0.483 05	0.632 46	0.737 86	0.699 21	0.674 95
2	Mean	5.550 0	2.100 0	4.000 0	5.900 0	2.950 0	3.600 0	3.350 0	5.250 0
	N	20	20	20	20	20	20	20	20
	Std. Deviation	0.825 58	0.911 91	1.486 78	0.911 91	1.234 38	1.187 66	1.460 89	1.118 03
	Mean	4.400 0	3.400 0	4.200 0	4.366 7	3.566 7	4.433 3	3.700 0	4.066 7
	N	30	30	30	30	30	30	30	30
	Std. Deviation	1.868 06	2.044 34	1.297 21	2.341 28	1.381 74	1.590 56	1.342 93	1.964 04

表 13-5 将样品(顾客)分为三类的均值分析表

Ward Method		购物非常有趣	没有需要时我不去购物	购物往往会使我的预算超支	去大商场购物时,我常常在饭馆吃饭	购物时我尽量买最好的	我对购物不感兴趣	购物时多比较价格可以节省很多钱	我喜欢与同伴一起购物
1	Mean	2.100 0	6.000 0	4.600 0	1.300 0	4.800 0	6.100 0	4.400 0	1.700 0
	N	10	10	10	10	10	10	10	10
	Std. Deviation	0.994 43	0.666 67	0.699 21	0.483 05	0.632 46	0.737 86	0.699 21	0.674 95
2	Mean	6.181 8	1.454 5	5.181 8	6.545 5	3.909 1	2.909 1	4.363 6	6.090 9
	N	11	11	11	11	11	11	11	11
	Std. Deviation	0.700 65	0.404 52	0.522 23	0.603 02	0.687 55	0.700 65	0.943 88	0.674 20
3	Mean	4.777 8	2.888 9	2.555 6	5.111 1	1.777 8	4.444 4	2.111 1	4.222 2
	N	9	9	9	9	9	9	9	9
	Std. Deviation	0.440 96	0.440 96	0.600 93	0.726 48	0.333 33	0.440 96	0.881 92	1.166 67
	Mean	4.400 0	3.400 0	4.200 0	4.366 7	3.566 7	4.433 3	3.700 0	4.066 7
	N	30	30	30	30	30	30	30	30
	Std. Deviation	1.868 06	2.044 34	1.297 21	2.341 28	1.381 74	1.590 56	1.342 93	1.964 04

比较表 13-4 和表 13-5 可知,分两类和三类的不同就在于,分三类时将原来所有第二类的样品又进一步分成两类,那么,这么分是否合理呢?我们需要具体分析一下每一类顾客的消费态度情况(见表 13-5)。

首先,第一类消费者非常赞同的态度有:

态度 1—购物非常有趣;

态度 4—去商场购物时,我常常在饭馆吃饭;

态度 8—我喜欢与同伴一起购物。

而非常不同意的态度是:

态度 2—没有需要时我不去购物;

态度 6—我对购物不感兴趣。

因此可以认为第一类顾客是“热情的消费者”。

其次,第二类消费者非常认可的态度是:

态度 2—没有需要时我不去购物;

态度 6—我对购物不感兴趣。

而不赞同的态度为：

态度1—购物非常有趣；

态度4—去商场购物时，我常常在饭馆吃饭；

态度8—我喜欢与同伴一起购物。

因此，第二类消费者正好与第一类相反，是一种不愿意购物的"冷淡消费者"。

最后，第三类消费者对以下观点都很赞同：

态度2—没有需要时我不去购物；

态度3—购物往往会使我的预算超支；

态度5—购物时我尽量买的最好；

态度7—购物时多比较价格可以节省很多钱。

这类消费者持有的态度是需要时才购物，而且购物时会精打细算、货比三家，因此，第三类消费者属于"经济型的消费者"。

由以上的均值分析可知，将所研究的顾客分成三类是比较恰当的。

（二）快速聚类法

快速聚类法的过程与分层聚类法不同，它是在聚类前要先确定分几类，然后利用迭代的方法进行聚类。具体过程如下：

第一，选择 n 个数值型变量参与聚类分析，确定要求的聚类数为 k 个。

第二，由系统选择 k 个（聚类的类数）观测量（也可由用户指定）作为聚类的种子。

第三，按照距这些类中心距离最小的原则，把所有样品分派到各类重心所在的类中去。

第四，这样每类中可能会分配到若干个样品，再计算每个类中各个变量的均值，以此作为第二次迭代的中心。

第五，然后根据这个中心重复第三、第四步，直到中心的迭代标准达到要求时（一般是当所有的类中心不再变化时），聚类过程结束。

现在我们仍以例13－3为例，说明快速聚类的过程。在例13－3中，我们已知将顾客分为3类，因此，在快速聚类时，确定聚类的个数 $k=3$。

快速聚类在SPSS中的实现过程见表13－6。

表13－6　快速聚类在SPSS中的实现

SPSS选项："Analyze"→"Classify"→"K－Means Cluster"
第一步：在"Number of Cluster"中填入3；
第二步：将所有的态度变量放入"Variables"中；
第三步：点击"Save"进入，选择"Cluster Menbership"；
第四步：点击"OK"即可。

SPSS 输出结果如下：表 13－7(1)是初始类中心；表 13－7(2)是类中心的迭代过程，从表中可知迭代了两次；表 13－7(3)是最终类的中心。比较表 13－7(1)和表 13－7(3)，可以看到类中心确实发生了变化。

表 13－7(1)　初始类中心—Initial Cluster Centers

	Cluster		
	1	2	3
购物非常有趣	3.00	6.00	4.00
没有需要时我不去购物	7.00	1.00	2.00
购物往往会使我的预算超支	5.00	5.00	2.00
去商场购物时，我常常在饭馆吃饭	2.00	6.00	5.00
购物时我尽量买最好的	5.00	4.00	1.00
我对购物不感兴趣	5.00	1.00	6.00
购物时多比较价格可以节省很多钱	4.00	6.00	1.00
我喜欢与同伴一起购物	1.00	6.00	5.00

表 13－7(2)　迭代过程—Iteration History(a)

Iteration	Change in Cluster Centers		
	1	2	3
1	2.088	2.629	2.565
2	0.000	0.000	0.000

a Convergence achieved due to no or small change in cluster centers. The maximum absolute coordinate change for any center is .000. The current iteration is 2. The minimum distance between initial centers is 8.660.

表 13－7(3)　最终类中心—Final Cluster Centers

	Cluster		
	1	2	3
购物非常有趣	2.10	6.18	4.78
没有需要时我不去购物	6.00	1.45	2.89
购物往往会使我的预算超支	4.60	5.18	2.56
去商场购物时，我常常在饭馆吃饭	1.30	6.55	5.11
购物时我尽量买最好的	4.80	3.91	1.78
我对购物不感兴趣	6.10	2.91	4.44
购物时多比较价格可以节省很多钱	4.40	4.36	2.11
我喜欢与同伴一起购物	1.70	6.09	4.22

分层聚类法和快速聚类法的聚类结果是否相同呢？这两种聚类方法的结果有时会不相同。由于本例中的数据量比较少，研究的问题也比较简单、明确，所以这两种聚类方法的结果是相同的，见表 13 – 8。

表 13 – 8　分层聚类法和快速聚类法聚类结果比较

顾客编号	分层聚类结果	快速聚类结果	顾客编号	分层聚类结果	快速聚类结果	顾客编号	分层聚类结果	快速聚类结果
1	1	1	11	1	1	21	2	2
2	2	2	12	3	3	22	2	2
3	1	1	13	2	2	23	1	1
4	3	3	14	2	2	24	3	3
5	1	1	15	3	3	25	1	1
6	2	2	16	1	1	26	1	1
7	2	2	17	3	3	27	2	2
8	1	1	18	3	3	28	3	3
9	2	2	19	2	2	29	1	1
10	2	2	20	3	3	30	3	3

（三）分层聚类法与快速聚类法应用的区别

分层聚类法的聚类过程是单方向的，一旦某个样品进入某一类，就不可能从该类出来，再归入其他的类。而快速聚类法受奇异值、相似测度等的影响，使得聚类变量的影响较小，对于不合适的初始分类可以进行反复调整。

在聚类分析发展的早期，分层聚类法应用普遍，其中尤以组间类平均法和离差平方和法应用最广。后来快速聚类方法逐步被人们接受，应用日益增多。现在是两者相结合，取长补短。

实际工作中，可首先使用分层聚类法确定分类数，检查是否有奇异值；去除奇异值后，对剩下的样品重新进行分类；然后，再应用快速聚类法对样本进行重新调整。

第二节　判别分析

判别分析和前面的聚类分析的不同主要表现为：在聚类分析中，人们一般事先并不知道或一定要明确应该分成几类，完全根据数据来确定；而在判别分析中，已经有了一个明确知道类别的“样本”，利用这个样本数据，就可以建立判别准则，并对未知类别的观测值进行判别。

判别分析被广泛地应用于各领域中。如在医学上的计算机看病,就是将各种普通病症的特征输入到计算机中,建立判别准则,然后对来看病的病人进行初步诊断。又如在税收上,判别分析可以帮助鉴别税收缴纳的情况,即可以将不同行业、经营规模、地点的企业的经营状况数据和应纳税情况数据作为已知类别的样本数据,然后再建立判别准则,对其他纳税企业进行判别,如果出现严重不符,就可能存在着偷税或漏税的问题,需要进一步审查。

一、判别分析的基本思路

设有 $G_1, G_2, \cdots, G_K$ 个总体,要求从不同的总体中抽出不同的样本,根据样本数据建立判别法则,然后利用该法则判别新的样品属于哪一个总体。方法不同,建立的判别法则也不同。常用的判别方法有距离判别法和 Fisher 判别法。

(一)距离判别法(不用投影)

由于已经知道样本数据的类别,所以可以求得每个类型的中心。这样,只要定义了如何计算距离,就可以得到任何给定的样本数据到每个类中心的距离。

显然,最简单的办法就是:离哪个类的中心距离最近,就属于哪一类。通常使用的距离是马氏(Mahalanobis)距离。用来比较到各个中心距离的数学函数称为判别函数(Fiscriminant Function)。这种根据远近判别的方法,原理简单,直观易懂。

假设有两个总体 G_1 和 G_2,如果我们能够定义点 x 到它们的距离 $D(x,G_1)$ 和 $D(x,G_2)$,则:

如果 $D(x,G_1) < D(x,G_2)$,则 $x \in G_1$;

如果 $D(x,G_2) < D(x,G_1)$,则 $x \in G_2$;

如果 $D(x,G_1) = D(x,G_2)$,则待判。

(二)Fisher 判别法(先进行投影)

所谓 Fisher 判别法,就是一种先投影的方法。先考虑只有两个(预测)变量的判别分析问题。假定这里只有两类,数据中的每个观测值是二维空间的一个点,见图 13-12。

这里只有两种已知类型的样本数据。其中一类有 38 个点(用“o”表示),另一类有 44 个点(用“ * ”表示)。按照原来的变量(横坐标和纵坐标),很难将这两种点分开。于是就寻找一个方向,也就是图上的虚线方向,沿着这个方向,朝和这个虚线垂直的一条直线进行投影,会使得这两类分得最清楚。可以看出,如果向其他方向投影,判别效果不会比这个好。

有了投影之后,再用前面讲到的距离远近的方法来得到判别准则。这种首先进行投影的判别方法就是 Fisher 判别法。

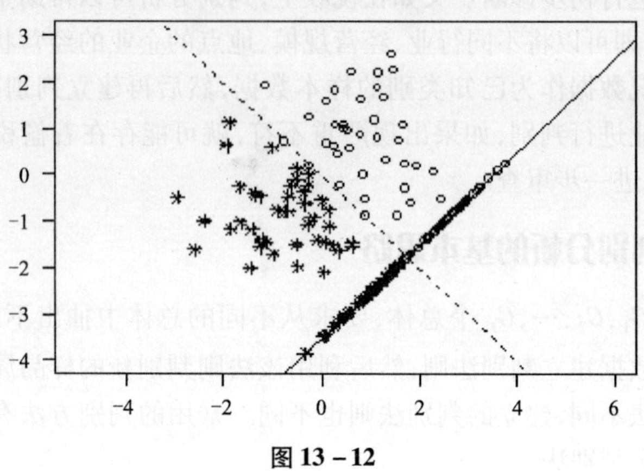

图 13-12

二、判别分析的基本模型

判别分析的基本模型是判别函数:

$$y = b_0 + b_1x_1 + b_2x_2 + \cdots + b_kx_k$$

式中:y 是判别值;x_i 为各判别变量;b_i 为相应的判别系数,它表示各判别变量对于判别函数值的影响。

在进行判别分析时,判别变量较多时,判别函数也往往有多个。

(一)模型估计过程的简略描述

首先将判别变量进行旋转,寻找某个角度,使各类的平均值的差别尽可能大;然后,将其作为判别的第一维度(即投影),在这一维度上,可以代表或解释原始变量组间方差中最大的部分。对应第一维度的判别函数称为第一判别函数。

然后按照同一原则寻找第二维度,并建立第二判别函数。

如此下去,直至推导出所有的判别函数。

(二)判别分析的假设条件

判别分析的假设条件有以下几点。

1. 样本数据的分组类型在两种及以上,即:$g \geqslant 2$;

2. 各判别变量必须是定量变量,并且要求观察值数量比变量的个数至少多两个(cases $\geqslant k+2$);

3. 每一个判别变量不能是其他判别变量的线性组合;

4. 各组总体的协方差阵相等;

5. 各判别变量之间具有多元正态分布。

三、判别分析在 SPSS 中的实现

下面举例说明判别分析在 SPSS 中的实现。

【例 13 -4】通常对工业企业经济效益进行考核和评价的指标有总资产贡献率、资产负债率、流动资产周转率和工业成本费用利润率等。根据经济效益的好坏,可以将这些企业分成三类:1—效益好的企业,2—效益一般的企业,3—效益较差的企业。现在我们分别收集到这三类企业的经济效益数据,利用这三种类型的企业样本数据建立判别函数,然后对新样品数据进行判别。其中,已分类的企业(样品数据)为 60 个,有两个企业(样品数据)为待判数据。

(一)实现过程

判别分析在 SPSS 中的实现过程见表 13 -9。

表 13 -9　判别分析在 SPSS 中的实现

SPSS 选项:"Analyze"→"Classify"→"Discriminant"
第一步:将变量"类型"放入"Grouping Variable"中,并点击"Define Range"定义取值范围,最小值:1,最大值:3;
第二步:将反映经济效益的四个变量放入"Independent"中;
第三步:点击"Statistic"进入,在"Descriptive"中选择:"Univariate ANOVAs(均值检验)";在"Function Coefficients"中选择"Fishers(Fishers 系数)"和"Unstandardized(非标准的判别系数)";
第四步:点击"Classify"进入,在"Display"中选择"Summary Table(分类结果)"和"Leave - one - out classification";在"Plots"中选择"Combined - Groups";
第五步:点击"Save"进入,选择"Predictor group membership"。

(二)输出结果

SPSS 输出结果如下。

1. 表 13 -10(1)输出的是各组均值相等的检验。这里应用的是方差分析进行的均值检验。从检验结果看,所有变量的 $Sig = 0.000 < 0.05$,说明反映经济效益的这四个变量在不同类别中有显著的差异。

表 13 -10(1)　Tests of Equality of Group Means

	Wilks' Lambda	F	df1	df2	Sig.
总资产贡献率	0.218	102.321	2	57	0.000
资产负债率	0.503	28.166	2	57	0.000
流动资产周转率	0.246	87.310	2	57	0.000
工业成本费用利润率	0.079	331.401	2	57	0.000

2. 表 13 - 10(2)是协方差阵相等的检验。判别分析应用的前提条件之一就是各组协方差阵应该相等。但是,检验结果表明,各组的协方差阵差异显著,没有符合判别分析的协方差阵相等的前提条件。在实际工作中,这种前提条件很难满足,所以,我们仍可进行判别分析,由判别的效果来最终决定是否采用该判别分析。

表 13 - 10(2)　Test Results

Box's M		86.749
F	Approx.	3.894
	df1	20
	df2	11 662.473
	Sig.	0.000

Tests null hypothesis of equal population covariance matrices.

3. 表 13 - 10(3)是判别能力指数。本例有两个判别函数用于分析。每个判别函数的判别能力大小是由其特征值的大小决定的,该值越大说明判别函数包含原始样本数据中的差异越大,其判别能力越强。此外,从每个判别函数的方差贡献率来看,第一个判别函数的判别信息已占所有判别信息的 84.3%,而第二个判别函数只占 15.7%。

表 13 - 10(3)　Eigenvalues

Function	Eigenvalue 特征值	% of Variance 方差贡献率	Cumulative % 累计方差贡献率	Canonical Correlation
1	14.809(a)	84.3	84.3	0.968
2	2.753(a)	15.7	100.0	0.856

a First 2 canonical discriminant functions were used in the analysis.

4. 表 13 - 10(4)输出的是残余判别力。本表表明,建立某判别函数之前的数据中所剩余的判别信息,λ(Lambda)值越小,说明数据中所剩余的判别信息越多。表中第一行输出结果表明:在建立判别函数之前,原始信息中所剩余的判别信息 λ 值 0.017 非常小,说明数据中的判别信息较强。表中第二行输出结果表明:在建立第一个判别函数以后,即建立第二个判别函数之前,数据中所剩余的判别信息,λ 值 0.266 明显增大。但是从检验结果来看,第二个判别函数的卡方检验仍然显著,因而这两个判别函数都有效。

表 13－10(4) Wilks’ Lambda

Test of Function(s)	Wilks’ Lambda	Chi－square	df	Sig.
1 through 2	0.017	226.616	8	0.000
2	0.266	73.403	3	0.000

5. 表 13－10(5)是非标准化判别函数系数表。通过它可以计算各判别值，并且可用来作图，表示在判别空间中各样品点的位置。

表 13－10(5) Canonical Discriminant Function Coefficients

	Function	
	1	2
总资产贡献率	0.260	0.010
资产负债率	0.040	0.002
流动资产周转率	－1.805	4.915
工业成本费用利润率	0.725	0.146
(Constant)	－8.008	－9.853

Unstandardized coefficients.

6. 图 13－13 是判别结果图形。从图形中，可直观地看到各种类型的判别结果分布情况。图中的 Function 1 表示第一个判别函数，Function 2 表示第二个判别函数。

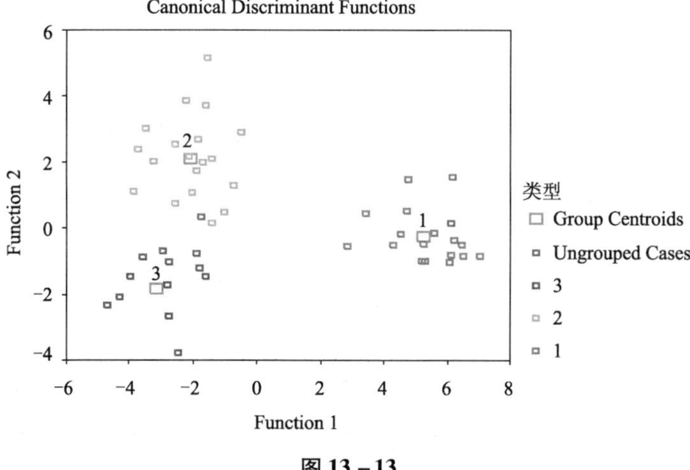

图 13－13

7. 表 13－10(6)是标准化判别函数系数表。通过标准化判别系数，可以了解每个变量对判别值的相对作用。在判别函数中，变量系数越大,表示这个变量在该判别函数中的相对作用越大。如从表中可见,总资产贡献率、资产负债率和工业成本费用利润率在第一个判别函数中的作用比较大,而流动资产周转率在第二个判别函数中的作用比较大。

表 13-10(6) Standardized Canonical Discriminant Function Coefficients

	Function	
	1	2
总资产贡献率	0.482	0.018
资产负债率	0.132	0.006
流动资产周转率	-0.357	0.972
工业成本费用利润率	0.853	0.172

8. 表 13-10(7)是 Fisher 判别系数。通过 Fisher 判别系数,可建立 Fisher 判别函数,进行手工判别。

表 13-10(7) Classification Function Coefficients

	类型		
	3	2	1
总资产贡献率	5.657	3.762	3.450
资产负债率	8.708	8.419	8.370
流动资产周转率	49.040	73.961	56.518
工业成本费用利润率	16.006	11.003	9.666
(Constant)	-434.219	-388.899	-343.955

Fisher's linear discriminant functions.

$$F_1 = -434.219 + 5.657 \times \text{总资产贡献率} + 8.708 \times \text{资产负债率} + 49.040 \times \text{流动资产周转率} + 16.006 \times \text{工业成本费用利润率}$$

$$F_2 = -388.899 + 3.762 \times \text{总资产贡献率} + 8.419 \times \text{资产负债率} + 73.961 \times \text{流动资产周转率} + 11.003 \times \text{工业成本费用利润率}$$

$$F_1 = -343.955 + 3.450 \times \text{总资产贡献率} + 8.370 \times \text{资产负债率} + 56.518 \times \text{流动资产周转率} + 9.666 \times \text{工业成本费用利润率}$$

将每个新来的样品数据带入函数中,分别计算出 F_1,F_2 和 F_3,哪个 F 值大就判为哪一类。

9. 表 13-10(8)是利用判别函数看样品数据回判结果。该表分成两部分:上面一半(Original)是利用从全部数据得到的判别函数来判断每一个样品的结果(前面三行为判断结果的数目,而后三行为相应的百分比);下面一半(Cross validated)是对每一个样品,都用缺少该样品数据的其他样品数据得到的判别函数来判别的结果。

从回判结果看,正确率为100%,判别效果还是比较好的。另外两个待判的样品(Case)一个被判为第一类,另一个被判为第二类。

表13-10(8) Classification Results(b,c)

		类型	Predicted Group Membership			Total
			1	2	3	
Original	Count	1	20	0	0	20
		2	0	20	0	20
		3	0	0	20	20
		Ungrouped cases	1	1	0	2
	%	1	100.0	0.0	0.0	100.0
		2	0.0	100.0	0.0	100.0
		3	0.0	0.0	100.0	100.0
		Ungrouped cases	50.0	50.0	0.0	100.0
Cross - validated(a)	Count	1	20	0	0	20
		2	0	20	0	20
		3	0	0	20	20
	%	1	100.0	0.0	0.0	100.0
		2	0.0	100.0	0.0	100.0
		3	0.0	0.0	100.0	100.0

a Cross validation is done only for those cases in the analysis. In cross validation, each case is classified by the functions derived from all cases other than that case.

b 100.0% of original grouped cases correctly classified.

c 100.0% of cross - validated grouped cases correctly classified.

思考与练习

1. 什么是距离和相似系数?
2. 系统聚类分析的基本思想是什么?系统聚类分析的方法有哪些?
3. 判别聚类方法优劣的标准是什么?
4. 什么是判别分析?它与聚类分析的关系如何?
5. Fisher判别分析方法的思想是什么?
6. 判别分析法的前提条件是什么?
7. 试根据收入结构差异对我国各地区进行聚类和判别分析。

8. 试对上一年我国各地区房地产经济情况进行聚类及判别分析,其中天津是待判样本。

9. 试利用聚类分析和判别分析法分析各地区农民家庭消费结构。

10. 根据中国县(市)社会经济统计年鉴,收集各大农业主产区相关指标,并进行聚类分析。要求变量为:人口,第一产业增加值,第二产业增加值,居民存款余额,工业总产值,中学在校学生数和医院床位数。

11. 收集亚洲各国三大产业的统计数据资料(数据来源:《国际统计年鉴》),并对其对国民经济的贡献率进行聚类分析。要求变量为:第一产业占 GDP 比重,第二产业占 GDP 比重和第三产业占 GDP 比重。

12. 收集我国各省市不同类型的房屋销售的统计数据资料,并进行聚类分析。要求聚类变量为:别墅公寓,经济适用房,办公楼,商业用房和其他。

13. 收集我国各省市城镇居民平均每人全年家庭收入来源的统计数据资料,并进行聚类分析。要求变量为:国有单位职工收入,集体单位职工收入,其他经济类型单位职工收入,财产性收入和转移性收入。

14. 收集我国西部各省市经济发展水平统计数据,并进行聚类分析。要求变量为:国内生产总值,工业增加值,固定资产投资,居民消费价格指数(%),外贸进出口额,社会消费品零售总额,一般预算收入。将各省市分为两类。

15. 收集我国各地区教育经费的统计数据资料,通过聚类分析划分为不同类型,并进行判别分析。要求变量为:国家财政性教育经费,社会团体和公民个人办学经费,社会捐资和集资办学经费,学费和杂费和其他教育经费。将各地区分为三类,其中上海、新疆是待判样本。

16. 收集各地区企业科学研究和开发情况的数据资料,并进行判别分析。要求变量为:研究和开发经费内部支出(万元),基础研究(万元),应用研究(万元)和试验发展(万元)。要求将各地区分为四类,其中北京、广东是待判样本。

第十四章 时间数列分析与预测

第一节 时间数列的动态分析指标

一、时间数列及其基本种类

时间数列又称为时间序列,它是把不同时间上的同一指标数据按时间先后顺序排列所形成的数列。如表 14 - 1 中包含有四个时间数列:企业职工工资总额,年末职工人数,年轻职工所占比重和人均日生产产品数量。

表 14 - 1 时间数列

年份	2012	2013	2014	2015	2016	2017	2018
企业职工工资总额(万元)	9 405	9 926	9 875	10 656	11 830	13 161	14 050
年末职工人数(人)	9 500	9 520	9 400	9 440	9 510	9 490	8 440
年轻职工所占比重%	76.6	73.2	72.1	74.5	75.1	73.5	76
人均日生产产品数(件/日)	42	48	40	41	46	52	51

编制时间数列,对于描述经济现象的发展变化过程,反映社会经济现象发展趋势和发展速度,探索社会经济现象发展变化的规律性,预测未来发展方向具有重要的意义。编制时间数列时,要注意保证各指标值之间的可比性,这是编制时间数列的基本原则。可比性的具体地要求主要有以下几点。

第一,同一时间数列的数据所属时间长短具有可比性。对于时期数列,它的指标大小与其包含的时间长短有直接关系,因此,各指标数值所属的时间长短应当一致。为了更准确地研究现象发展变化的动态或趋势,对于时点数列,要求时点间隔期尽量相同。

第二,不同时期的数据核算范围应当一致。数据的大小与被研究现象所属总体空间范围有直接关系,当所研究范围发生了变化,应当对前后期各数据进行调整。

第三,不同时期的数据的经济内容应具有可比性。随着时间的变化,有些统计指标,尤其是社会经济指标的内容、核算方法、计算方法会发生变化，这时，即使指标的名称相同，而前后时期的经济内容不一致时，也需要进行调整。

第四，计算价格和计量单位应具有一致性。时间数列中，同类价值指标的计算价格应当统一，如用不变价格均用不变价格，如用现价则均用现价，切忌有些时期用不变价，而另外一些时期用现价。

时间数列根据数据的表现形式不同，分为总量数列、相对数数列、平均数数列。

表 14－1 中，企业职工工资总额数列、年末职工人数数列属于总量数列，又分为时期数列（如企业工资总额）和时点数列（如年末职工人数）。其中，时期数列是反映一定时期内数据的总量，各个时期数据可以相加，其数值的大小与时期的长短有关；而时点数列反映的是某一时刻或某一时点上的总量水平，时点数列的各指标数值不能相加，数值大小与时间间隔长短不存在依存关系。

相对数时间数列是将同类的相对指标按时间先后顺序排列起来形成的数列，如表 14－1 中的年轻职工所占比重的时间数列。相对数时间数列中的各项数据不具有可加性。

表 14－1 中的人均日生产产品数数列则属于平均数时间数列，它用来反映社会经济现象总体一般水平的发展变动趋势。与相对数时间数列相同，平均数时间数列的各项数据也不具有可加性。

二、时间数列的动态分析指标

进行时间数列分析，经常要计算两大类指标：水平指标和速度指标。其中，水平指标包括发展水平、平均发展水平、增长量和平均增长量，速度指标包括发展速度、平均发展速度、增长速度和平均增长速度。

（一）发展水平

发展水平是指时间数列中的每个指标数值，反映现象在各个时期或时点上所达到的规模和水平。如表 14－1 中的所有数据均为现象的发展水平。在对比不同时间的发展水平时，所研究时间的发展水平称为报告期水平，而作为对比基础的发展水平则称为基期水平。

（二）平均发展水平

时间数列的平均发展水平又称为序时平均数或动态平均数，它是将社会经济现象在不同时间上的数量差异抽象化，从动态上反映各期数据在一段时间内达到的一般发展水平。平均发展水平可以用来消除某一现象在短时期内波动的影响，便于广泛地对比及观察现象的总体发展趋势。时间数列平均发展水平的计算需要考虑到时间数列的类型与特征。

1. 根据总量数列计算平均发展水平。

(1)时期数列平均发展水平的计算。时期数列中各个数据具有可加性,因而计算其平均发展水平时,可以采用简单算术平均法,即将各个时期的数据加总后除以时期的项数。其计算公式为:

$$\bar{y}=\frac{\sum_{i=1}^{n} y_i}{n}$$

如果数据不是逐次变动的,则可以根据整个时间内每次变动的资料,用每次变动持续的间隔长度为权数,对各时点水平加权,应用加权算术平均法计算,即:

$$\bar{y}=\frac{\sum yf}{\sum f}$$

式中,f 表示各数据持续的时间长度,即两时点间隔长度;y 为时点数据。

(2)时点数列平均发展水平的计算。根据时点数列中数据的特征,平均发展水平的计算有两种计算方法:

第一,连续时点数列。连续时点数列是指拥有每一时点上的数据资料,但这实际上几乎是不可能的,通常可以以日为时点单位,这样可以将以日为间隔而编制的点数列近似看成连续时点数列。对连续时点数列,可以采用简单算术平均法计算其平均发展水平。计算公式与时期数列平均发展水平的计算公式相同。

第二,有间隔的时点数列。在许多情况下,往往只能每隔一段时间对资料进行登记一次,因此,只能掌握一定间隔时点上的数据。如职工人数、产品库存、固定资产等,可能只在月末统计数据,这样就形成了有间隔的时点数列。对于间隔时点数列平均发展水平的计算,一般假定数据在两个相邻时点之间的变动是均匀的,这样就可以计算两个相邻时点的数据的平均数,作为这两个时点间隔内的一般水平,从而将有间隔的时间数列转化为连续的时点数列,然后再用连续时点数列的平均发展水平的计算方法计算。其计算公式为:

$$\bar{y}=\frac{\left(\frac{y_1+y_2}{2}\right)f_1+\left(\frac{y_2+y_3}{2}\right)f_2+\cdots+\left(\frac{y_{n-1}+y_n}{2}\right)f_{n-1}}{f_1+f_2+\cdots+f_{n-1}}$$

式中,$f_1,f_2,\cdots,f_{n-1}$ 表示两时点间的长度。

【例 14-1】利用表 14-1 中数据,计算企业职工工资总额及职工人数时间数列的平均发展水平。

解:(1)企业职工工资总额时间数列的平均发展水平 $=\frac{\sum_{i=1}^{n} y_i}{n}=$

$$\frac{9\ 405+9\ 926+9\ 876+10\ 656+11\ 830+13\ 161+14\ 050}{7}=11\ 271.86(\text{万元})$$

(2)职工人数的平均发展水平＝

$$\frac{\left(\frac{9\ 500+9\ 520}{2}\right)\times 1+\left(\frac{9\ 520+9\ 400}{2}\right)\times 1+\cdots+\left(\frac{9\ 490+8\ 440}{2}\right)\times 1}{7-1}=9\ 833.33(\text{人})$$

2. 根据相对数数列和平均数时间数列计算平均发展水平。

由于相对数和平均数是由两个有联系的总量指标对比的结果，相对数和平均数时间数列不能像总量数列那样直接计算平均发展水平，而是应先分别计算出分子、分母两个总量数据的平均发展水平，然后再对比求出相对数或平均数时间数列的平均发展水平。其计算公式是：

$$\bar{y}=\frac{\bar{a}}{\bar{b}}$$

其中，$\bar{a}$，$\bar{b}$ 分别表示分子、分母的总量数据时间数列的平均发展水平。

【例 14－2】已知某企业第一季度的商品销售额、库存额统计资料(见表 14－2)，试计算该企业第一季度各月的商品流转次数和第一季度平均商品流转次数。

表 14－2　商品销售额与月初商品库存额数据

月份	1	2	3	4
商品销售额 a(万元)	120	143	289	
月初商品库存额 b(万元)	50	70	60	110

解：(1)第一季度各月商品流转次数。计算公式为：

$$\text{商品流转次数}=\frac{\text{商品销售额}}{\text{平均库存额}}$$

1 月：

$$\text{商品流转次数}=\frac{120}{\frac{(50+70)}{2}}=2(\text{次})$$

2 月：

$$\text{商品流转次数}=\frac{143}{\frac{(70+60)}{2}}=2.2(\text{次})$$

3 月：

$$\text{商品流转次数}=\frac{289}{\frac{(60+110)}{2}}=3.4(\text{次})$$

(2)第一季度平均商品流转次数：

$$\bar{y}=\frac{\bar{a}}{\bar{b}}=\frac{\frac{(120+143+289)}{3}}{\frac{\frac{50+70}{2}+\frac{70+60}{2}+\frac{60+110}{2}}{3}}=2.63(\text{次})$$

(三)增长量

增长量是指时间数列中两个不同时期发展水平之差。由于计算时采用的基期不同,增长量包括逐期增长量和累计增长量。其中,逐期增长量是说明报告期比前一时期增长的绝对数量,即报告期与前一期水平之差;而累计增长量是报告期水平与某一固定时期水平之差,说明本期比某一固定基期增长的绝对数量,即在某一段较长时期内总的增量。计算公式如下:

$$\text{逐期增长量}=\text{报告期水平}-\text{前一期水平}=y_i-y_{i-1}$$

$$\text{累计增长量}=\text{报告期水平}-\text{某一固定时期水平}=y_i-y_0$$

从计算公式上可以看出,逐期增长量与累计增长量之间的关系是:逐期增长量之和等于相应时期的累计增长量,即:

$$y_i-y_0=\sum(y_i-y_{i-1})$$

在实际工作中,有时为了消除季节变动的影响,计算增长量时,还往往可以计算年距增长量,即:

年距增长量=报告期某月(或某季)水平-基年同月(或同季)水平

(四)平均增长量

平均增长量是一定时期内平均每期增加(或减少)的绝对数量,一般用简单算数平均法计算,计算公式是:

$$\text{平均增长量}=\frac{\text{逐期增长量之和}}{\text{逐期增长量的项数}}=\frac{\text{累计增长量}}{\text{数列项数}-1}$$

(五)发展速度

发展速度是两个不同时期发展水平的对比的结果,反映研究对象发展程度的动态相对指标,其计算公式是:

$$\text{发展速度}=\frac{\text{报告期水平}}{\text{基期水平}}$$

发展速度一般用百分数表示,有时也可以用倍数表示。由于采用的基期可以用前一期,也可以用固定时期作为对比基期,因而发展速度可分为环比发展速度和定基发展速度。其中,环比发展速度反映了现象逐期发展的变动程度;而定基发展速度表明现象在较长时期内总的发展速度,也称总速度。计算公式如下:

$$\text{环比发展速度}=\frac{\text{报告期水平}}{\text{前一期水平}}=\frac{y_t}{y_{t-1}}$$

$$定基发展速度=\frac{报告期水平}{某一固定时期水平}=\frac{y_t}{y_0}$$

从两种速度的计算公式可以看出。环比发展速度与定基发展速度之间存在如下关系：

第一，环比发展速度的连乘积等于对应的定基发展速度，即：

$$\frac{y_t}{y_0}=\frac{y_1}{y_0}\times\frac{y_2}{y_1}\times\cdots\times\frac{y_t}{y_{t-1}}$$

第二，相邻时期的两个定基发展速度相除，等于相应的环比发展速度，即：

$$\frac{y_t}{y_0}\div\frac{y_{t-1}}{y_0}=\frac{y_t}{y_{t-1}}$$

此外，对于具有季节变动的一些社会经济现象，为了消除季节变动的影响，可以计算年距发展速度，用以说明本期发展水平与去年同期发展水平对比的发展程度。其计算公式是：

$$年距发展速度=\frac{本年某月(季)发展水平}{去年同月(季)发展水平}$$

（六）增长速度

增长速度是增长量与基期水平对比的结果，反映现象增长程度的动态相对指标，其计算公式是：

$$增长速度=\frac{增长量}{基期发展水平}=发展速度-1$$

与发展速度相同，增长速度由于计算增长量（或发展速度）采用的基期不同，因而可分为环比增长速度和定基增长速度。环比增长速度是逐期增长量与前一时期发展水平对比的结果，反映现象的逐期增长程度；定基增长速度是累计增长量与某一固定时期发展水平对比的相对数，反映现象在较长时期内总的增长程度，其公式为：

$$环比增长速度=\frac{逐期增长量}{前一期发展水平}=环比发展速度-1$$

$$定基增长速度=\frac{累计增长量}{某一固定时期发展水平}=定基发展速度-1$$

与发展速度不同，环比增长速度与定基增长速度之间不存在着直接的数量关系，即：

$$定基增长速度\neq环比增长速度之乘积$$

与年距发展速度相对应，年距增长速度是年距增长量与前一年同期水平对比的结果，也可以用年距发展速度 -1 来表示，即：

$$年距增长速度=\frac{年距增长量}{去年同期发展水平}=年距发展速度-1$$

（七）平均发展速度与平均增长速度

平均发展速度与一定时期内各个环比发展速度的平均数，反映现象在一定时期中逐期平均发展变化的程度。平均增长速度则是一定时期内各环比增长速度的一般水平，反映现象在一个较长时期中逐期平均增长变化的程度，但它不是根据各环比增长速度直接计算的，而是根据平均发展速度计算的，即：

$$平均增长速度 = 平均发展速度 - 1$$

平均增长速度在实际工作中具有重要的作用，它通常用来对比不同阶段、不同时期、不同国家或地区同类现象发展变化的情况。但其计算往往是通过平均发展速度进行。

平均发展速度的计算方法有水平法（又称几何平均法）和累计法（又称方程式法）。

1. 水平法。水平法计算平均发展速度，是计算各环比发展速度的几何平均数，即：

$$\bar{x} = \sqrt[n]{x_1 x_2 \cdots x_n} = \sqrt[n]{\frac{y_1}{y_0} \times \frac{y_2}{y_1} \times \cdots \times \frac{y_n}{y_{n-1}}} = \sqrt[n]{\frac{y_n}{y_0}}$$

2. 累计法。这种方法要求按平均发展速度计算出来的各期水平累计总和与各年实际所具有的发展水平累计总和相等，即：

$$y_0\bar{x} + y_0\bar{x}^2 + \cdots + y_0\bar{x}^{n-1} + y_0\bar{x}^n = y_0 + y_1 + \cdots + y_{n-1} + y_n$$

这样：

$$y_0(\bar{x} + \bar{x}^2 + \cdots + \bar{x}^{n-1} + \bar{x}^n) = \sum_{i=1}^{n} y_i$$

$$\bar{x} + \bar{x}^2 + \cdots + \bar{x}^{n-1} + \bar{x}^n = \frac{\sum_{i=1}^{n} y_i}{n}$$

解此方程，即可得到平均发展速度 $\bar{x}$。

计算平均发展速度的两种方法，各有不同的出发点和应用条件，当然计算结果也不相同。水平法侧重于考察期末发展水平，它不反映中间各项水平的变化，所以，在计算平均发展速度时，必须对间隔期内的各期经济情况进行分析。如果中间各期发展水平忽高忽低或者最末水平受特殊因素的影响而过高或过低时，运用水平法计算出的平均发展速度就没有代表性。累计法则侧重于考察整个时期中各年发展水平的总和，因此，利用这种方法计算出的水平，决定于间隔期内中间各个时期的变化情况。

【例 14－3】表 14－3 是某企业 2010 年至 2018 年生产产品产量资料，要求根据数据资料计算逐期增长量、累计增长量、环比发展速度、定基发展速度、水平法平均发展速度、环比增长速度、定基增长速度和平均增长速度。

表 14-3　2010~2018 年产品产量资料

	2010	2011	2012	2013	2014	2015	2016	2017	2018
产量(吨)	1 089	1 156	1 242	1 285	1 516	1 823	1 915	1 980	2 015

解:

(1)根据上述资料计算增长量、发展速度和增长速度,如表 14-4 所示。

表 14-4

		2010	2011	2012	2013	2014	2015	2016	2017	2018
增长量(吨)	逐期		67	86	43	231	307	92	65	35
	累计		67	153	196	427	734	826	891	926
发展速度%	环比		106.15	107.44	103.46	117.98	120.25	105.05	103.39	101.77
	定基	100	106.15	114.05	118.00	139.21	167.40	175.85	181.82	185.03
增长速度%	环比		6.15	7.44	3.46	17.98	20.25	5.05	3.39	1.77
	定基		6.15	14.05	18.00	39.21	67.40	75.85	81.82	85.03

(2)平均发展速度。用水平法计算,平均发展速度为:

$$\bar{x}=\sqrt[n]{\frac{y_n}{y_0}}=\sqrt[8]{\frac{2\ 015}{1\ 089}}=108\%$$

(3)平均增长速度 = 108% - 100% = 8%。

第二节　时间数列的构成要素

影响社会经济现象发展变化的因素很多,有些因素是属于基本因素,它对事物的发展变化起决定性作用,会使事物的发展呈现出一定的规律性;有些因素是属于偶然的非基本因素,对事物的发展变化不会起到决定的作用,表现出一种不规则的波动。为了对事物的未来进行预测,就需要了解事物在过去的一段时间里是如何变化的,掌握事物发展变化的形态、趋势与规律,进而建立适当的预测模型。虽然导致时间数列形成的原因很多,但从另一角度看,我们可以将时间数列分解为四个基本要素,即长期趋势、季节变动、循环变动和不规则波动。

一、长期趋势

长期趋势是指客观现象在一个相当长的时期内,受某种稳定性因素影响所呈现出的上升或下降趋势,如我国的国内生产总值表现出逐年稳步上升的趋势即是长期趋势。长期趋势可能是线性的(见图14-1左),也可能是非线性的(见图14-1右图)。

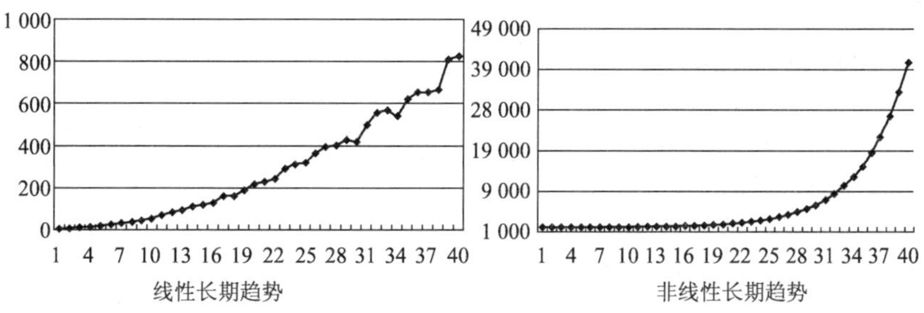

图14-1 长期趋势图

二、季节变动

季节变动是时间数列受季节因素的影响,在一定时期内随季节变化呈现出来的一种周期性的波动。例如,工业企业产品订单会受到季节因素的影响形成季节性的波动;零售企业商品零售额也会随着季节变化表现出明显的季节波动,而像十一、元旦、春节期间的销售额明显高于其他时间的销售额;夏季空调的销售是旺季,明显高于其他季节的销售;铁路和航空客运在节假日会迎来客流的高峰;等等。这样,订单数、零售额、客流量等时间数列都包含明显的季节变动,其图形类似于如图14-2所示的形状。

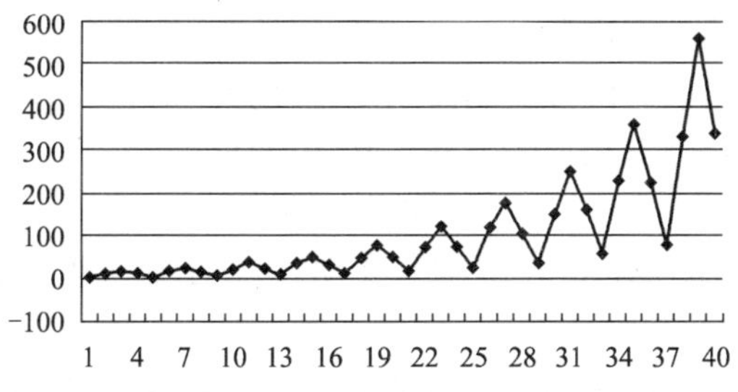

图14-2 包含有季节变动的时间数列

三、循环变动

循环变动也是一种周期性的波动,但其是非固定周期长度且周期相对较长的一种周期性波动,即是事物以若干年为周期的涨落起伏的变动。在经济研究中,经济周期、景气周期就是一种循环变动。循环变动的周期可能会持续一段时间,但与长期趋势不同,不是朝着一个方向持续变动,而是涨落起伏;与季节变动也不同,循环变动周期性相对较长,且不固定,而季节变动周期较短,一般短于一年。

四、不规则波动

不规则波动是指客观现象由于突发事件或偶然因素引起的无规律性的变动,也称为随机波动。

一个时间数列可能由一种要素构成,也可能同时包含有多种构成要素。图 14-3 就包含季节变动、长期趋势和不规则波动三个要素。

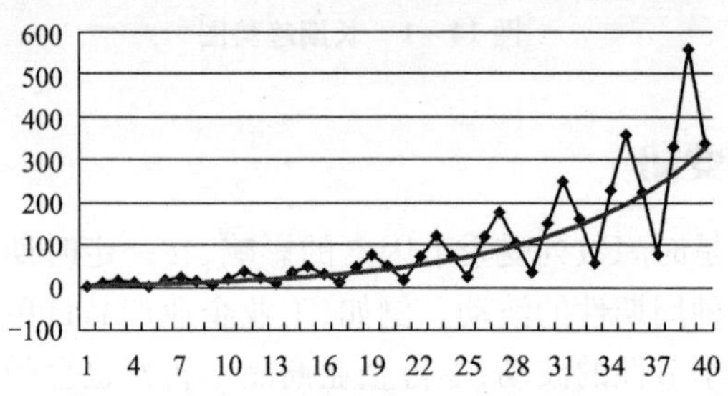

图 14-3

这四种因素的变化构成了事物在一定时期内的变动。在进行时间数列分析时,首先要明确这四种类型因素变动的构成形式,即它们是如何结合及相互作用的。把这些构成要素和时间数列的关系用一定的数学关系表示,就构成了时间数列影响因素分解模型。一般常用的数学模型有加法模型和乘法模型。

加法模型是假定四种变动因素是相互独立的,则时间数列各期发展水平是各个影响因素相加的总和。其结构是:

$$Y = T + S + C + I$$

其中:T 表示长期趋势;S 表示季节变动;C 表示循环变动;I 表示不规则波动。

乘法模型则是假定四种构成要素存在着某种相互影响的关系,互不独立。因此,时间数列各期发展水平是各个构成要素相乘之积。其基本结构是:

$$Y = T \times S \times C \times I$$

当然,有时一个复杂的时间数列表面上看不出其基本构成要素,但是将其进行多种分解后,其变动趋势就比较明显了。

【例 14-4】某商场某种品牌化妆品的销售额如表 14-5 所示。

表 14－5　某种品牌化妆品的销售额

年	月	销售额合计（万元）	其中：			
			保湿 x_1	美白 x_2	抗皱 x_3	防晒 x_4
2016	1	25.424	9.231	4.563	10.08	1.55
	2	16.539	7.452	4.322	3.07	1.695
	3	29.653	6.86	14.561	3.11	5.122
	4	30.87	5.21	16.23	2.98	6.45
	5	28.983	3.851	14.622	2.95	7.56
	6	24.415	3.424	12.411	3.03	5.55
	7	25.317	2.845	13.88	3.05	5.542
	8	25.22	1.33	16.42	2.85	4.62
	9	25.304	12.56	8.339	3.21	1.195
	10	27.152	16.85	6.212	3.07	1.02
	11	26.612	17.03	5.022	3.04	1.52
	12	26.382	11.76	3.332	9.6	1.69
2017	1	28.164	12.413	3.447	10.652	1.652
	2	23.588	11.335	3.672	6.749	1.832
	3	32.93	11.225	14.621	2.563	4.521
	4	34.745	7.512	17.443	3.115	6.675
	5	31.32	5.567	15.562	2.775	7.416
	6	22.664	3.325	11.501	2.618	5.22
	7	22.866	2.526	13.972	1.198	5.17
	8	23.682	4.338	12.712	2.052	4.58
	9	27.493	13.892	9.765	2.164	1.672
	10	25.215	15.432	6.523	2.149	1.111
	11	25.993	16.113	5.114	3.454	1.312
	12	29.174	12.974	3.756	10.839	1.605
2018	1	29.63	14.031	4.213	9.857	1.529
	2	24.584	10.965	6.021	5.864	1.734
	3	33.513	10.845	13.528	3.511	5.629
	4	34.26	6.394	16.924	4.021	6.921
	5	30.184	4.859	13.526	3.265	8.534
	6	24.296	4.335	12.117	2.548	5.296
	7	25.337	3.528	13.528	2.781	5.5
	8	26.633	6.531	11.968	3.023	5.111
	9	24.884	12.358	7.365	3.627	1.534
	10	26.123	15.449	5.857	3.512	1.305
	11	27.11	16.387	4.936	4.259	1.528
	12	31.133	15.326	3.586	10.597	1.624

根据该品牌化妆品销售额时间数列数据，可绘制成折线图，如图14－4所示。从图中不易看出其明显的变化规律特征。但若将不同类型产品分别进行分析，并绘制时间数列折线图，就可以看到比较明显的销售规律（见图14－5）。该品牌产品销售总额基本保持稳定，但各种产品的销售存在着明显的季节变动。

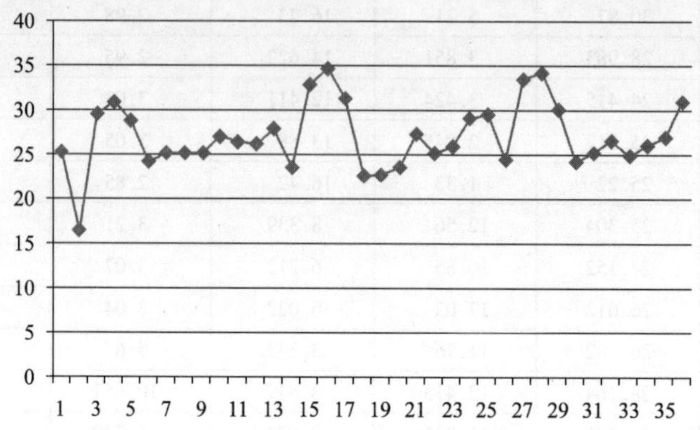

图14－4　某品牌化妆品销售额时间数列折线

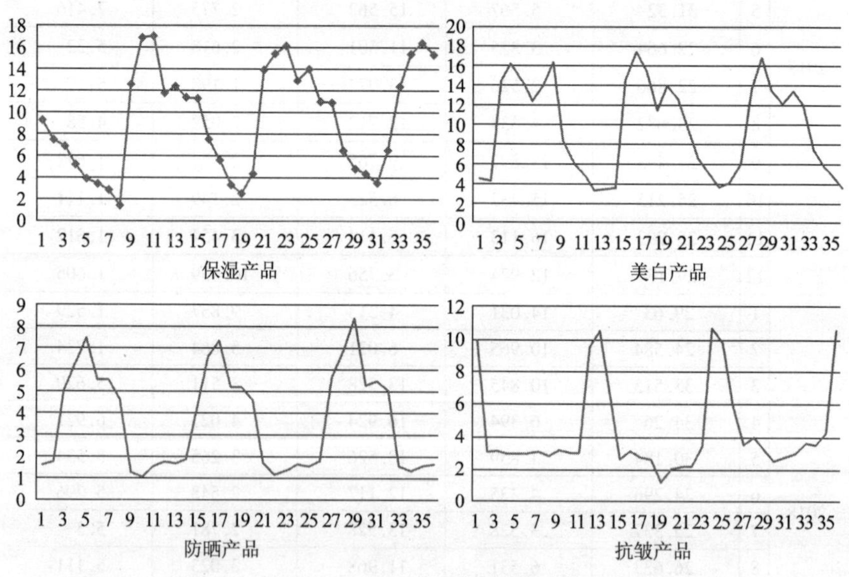

图14－5　不同类型化妆品销售额时间数列折线

第三节 时间数列的长期趋势分析

长期趋势是指客观现象受某种普遍的、持续的、决定性的、稳定性因素的影响，各期发展水平在相当长的时间内沿着一定的方向上升或下降的态势。因此，长期趋势是时间数列变动中最基本的形式。研究长期趋势，有助于认识客观现象的变动规律，可以为预测事物未来的发展情况提供依据。

一、长期趋势的确定——时间数列的修匀

时间数列长期趋势的确定，主要是对时间数列进行修匀。修匀的方法主要有时距扩大法、移动平均法、趋势线配合法等，其主要目的是通过将时间数列中的其他构成要素剔除，直接显示其最主要的长期趋势。

（一）时距扩大法

时距扩大法是把原来时间数列中各数据的时间间隔扩大，求各数据的和或平均数，得出较长时间的时距资料，组成新的时间数列，用以消除由于时距较短，受偶然因素影响所引起的波动。这样，经过整理后的时间数列就可以清楚地反映出数据变动的总趋势。

【例 14－5】某商品连续 4 年的季度销售量资料如表 14－6 所示。

表 14－6 季度销售量资料

年 度	2015				2016				2017				2018			
季 度	1	2	3	4	1	2	3	4	1	2	3	4	1	2	3	4
销售量(万件)	13	18	5	8	14	18	6	10	16	22	8	12	19	25	15	17

从表中数据可以看到，由于受多种因素的影响，2006～2009 年各季度的销售量增长趋势不够明显。但是，如果将其时间扩大为年，则可整理出新的时间数列数据，见表 14－7。

表 14－7 年度销售量资料

年 度	2015	2016	2017	2018
销售量(万件)	44	48	58	76
季平均销售量	11	12	14.5	19

表 14－7 中，销售量数据是时距扩大后按年计算的总数，季平均销

售量是时距扩大后计算的平均数,从处理后的数据可以明显地看到,该商品的销售量有一明显上升的长期趋势。

运用时距扩大法修匀时间数列时,应该使各时期扩大的时距长短保持一致,否则难以进行比较。在确定时距时,时距的大小要适中。如果时距过大,整理出的新的时间数列数据太少,现象发展的具体变化过程就会被掩盖;如果时距过小,偶然因素或季节波动不易消除,反映现象发展趋势的目的就不能达到。一般来说,扩大时距应与现象的变化周期相一致,否则也会影响对发展趋势的分析。

(二)移动平均法

移动平均法是采取逐项依次递移的方法将时间数列的时距扩大,计算扩大时距后的序时平均数,形成一个新的时间数列。在这一新的数列中,由于短期起作用的偶然因素的影响已经削弱,甚至已被排除,从而可以显示出现象发展的基本趋势。

【例 14－6】某企业各期产品产量数据资料如表 14－8 第 2 列所示,要求根据产值数据资料计算移动平均数。

表 14－8　移动平均计算表

	总产值(万元)	三项移动平均	四项移动平均	移正平均
1	81	—	—	—
2	70	78.33	—	—
3	84	78.33	79.00	80.38
4	81	85.67	81.75	85.13
5	92	90.00	88.50	89.63
6	97	94.00	90.75	92.88
7	93	96.00	95.00	95.75
8	98	96.33	96.50	97.25
9	98	99.67	98.00	98.88
10	103	100.33	99.75	101.13
11	100	104.00	102.50	—
12	109	—	—	—

移动平均数的计算需要确定计算平均数的项数。移动平均数的项数有奇数项和偶数项。其中,奇数项移动平均求的平均数应对准所平均时期的中间时期。如利用第 1,2,3 期数据计算的移动平均数 78.33 应置于第 2 期;而用第 3,4,5 期数据计算的移动平均数 85.67 应置于第 4 期;

等等。偶数项移动平均计算得到的移动平均数，应置于所平均时期的中间两项之间，如计算四项移动平均数时，如用第 1，2，3，4 期数据计算的平均数 79 应置于 2，3 期中间，以下类同。这样组成的新数列中，每个数值都错后半期，这时可采用移正平均的方式，即利用四项移动平均数再计算一次二项移动平均，使之与具体的时间相对应，计算结果见图 14－6。

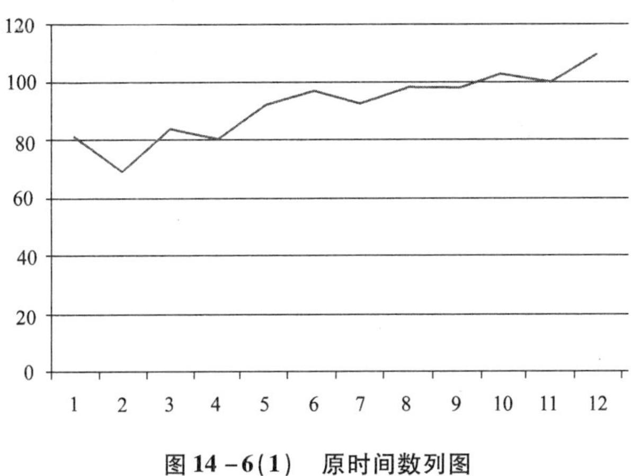

图 14－6(1)　原时间数列图

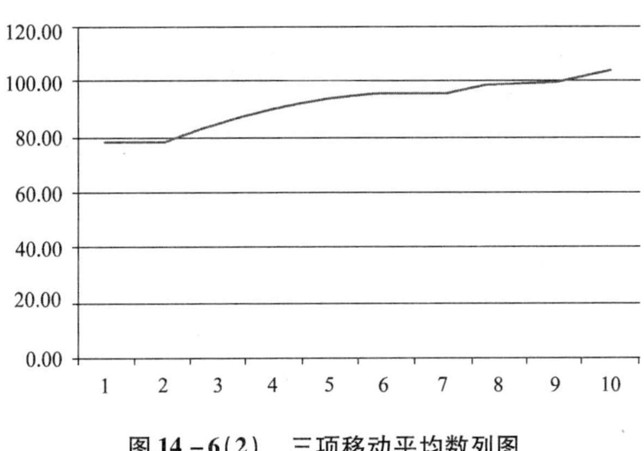

图 14－6(2)　三项移动平均数列图

从图 14－6(2)可以看到，移动平均后的时间数列对原时间数列作了修匀，去掉了部分波动，比原时间数列要平滑一些。采用移动平均法所得的新数列项数比原数列项数要少。一般来讲，被平均的项数越多，修匀的作用越大，数据就越平滑，而所得到的移动平均数就越少。一般情况下，若要消除或降低随机波动（不规则波动），可以计算奇数项移动平均数，移动平均的项数要适中，否则不利于现象的发展趋势的分析。当然，如果数列存在着周期性的变动如季节变动，为了去掉周期性的变

动,可以用周期的长度作为被平均的项数。

二、长期趋势模型的建立——趋势线配合

趋势线配合是依据数学模型,给时间数列配合一条较为理想的趋势线,然后据此计算其趋势值。在建立趋势线方程之前,首先要确定趋势线的形态,最常用的确定方法是画散点图。若散点图属直线趋势形态,可配合直线方程;若为曲线形态,则可配合曲线方程。此外,还可以根据动态分析指标进行判断。以下介绍线性及非线性趋势两类模型的建立。

(一)线性趋势模型

线性趋势模型是:

$$Y = a + bt$$

对于线性趋势模型,只要估计出模型中的参数 a,b 的值,并将时间 t 代入模型中,即可计算出各期的趋势值及未来某一时间的预测值。线性趋势模型参数的最常用的估计方法是最小二乘法。

最小二乘法也称为最小平方法。这种方法的数学依据是实际值 Y_t 与趋势值 $\hat{Y}_t$ 的离差平方和为最小,即 $\sum (Y_t - \hat{Y}_t)^2 = \sum (Y_t - a - bt)^2$ 为最小值。具体方法是,采用偏导数求极值的方法建立二元联系方程,求解 a,b 的值。计算公式如下:

$$\begin{cases} b = \dfrac{n\sum tY - \sum t \sum Y}{n\sum t^2 - (\sum t)^2} \\ a = \bar{Y} - b\bar{t} \end{cases}$$

【例 14 - 7】已知某时间数列数据如表 14 - 9 所示。

表 14 - 9

t	1	2	3	4	5	6	7	8	9	10	11	12
总产值(万元)	81	70	84	81	92	97	93	98	98	103	100	109

绘制时间数列散点图,可以看到该时间数列总体呈现出线性趋势,故可配合直线趋势模型 $\hat{Y} = a + bt$。根据已知数据资料计算参数的过程如表 14 - 10 所示。

表 14 - 10

t	总产值 Y	tY	t^2
1	81	81	1
2	70	140	4

续表

t	总产值 Y	tY	t^2
3	84	252	9
4	81	324	16
5	92	460	25
6	97	582	36
7	93	651	49
8	98	784	64
9	98	882	81
10	103	1 030	100
11	100	1 100	121
12	109	1 308	144
合计	1 106	7 594	650

将数据代入参数的估计公式,得到:

$$\begin{cases} b=2.83 \\ a=73.76 \end{cases}$$

则:

$$Y=73.76+2.83t$$

若要预测第 13 期数值,则将 $t=13$ 代入模型中,即可得到:

$$Y_{13}=73.76+2.83\times 13=110.55(\text{万元})$$

若采用 EXCEL 数据分析中的回归分析工具(方法同回归分析一样),可直接得到如图 14-7 所示的结果。

回归统计					
Multiple	0.92				
R Square	0.84				
Adjusted	0.83				
标准误差	4.63				
观测值	12.00				
方差分析					
	df	SS	MS	F	Sig. F
回归分析	1.00	1147.03	1147.03	53.44	0.00
残差	10.00	214.64	21.46		
总计	11.00	1361.67			
	Coefficier	标准误差	t Stat	P-value	
Intercept	73.76	2.85	25.87	0.00	
X Variabl	2.83	0.39	7.31	0.00	

图 14-7

（二）非线性趋势模型

实际工作中，我们会发现很多现象的发展变化趋势并不总是表现为直线趋势，更多的情况下则呈现出某种曲线变动趋势。当然，曲线有许多不同的种类与形态，常用的非线性曲线趋势模型主要有以下几种。

1. 二次曲线趋势模型。在时间数列中，当各期发展水平的二次增长量大致相同，且散点图围绕二次抛物线趋势波动时，可以配合二次曲线趋势模型进行长期趋势分析及预测。

二次曲线趋势模型是：

$$Y = a + bt + ct^2$$

其中：a,b,c 为模型的参数。

二次曲线趋势模型最常用的参数估计的方法是最小二乘法，其基本原理是：求实际值 Y_t 与趋势值 $\hat{Y}_t$ 的离差平方和为最小，即 $\sum(Y_t - \hat{Y}_t)^2 = \sum(Y_t - a - bt - ct^2)^2$ 为最小值时的 a,b,c。

对此式求偏导数，得到三个标准方程式如下：

$$\begin{cases} \sum Y = na + b\sum t + c\sum t^2 \\ \sum tY = a\sum t + b\sum t^2 + c\sum t^3 \\ \sum t^2 Y = a\sum t^2 + b\sum t^3 + c\sum t^4 \end{cases}$$

据此三元联立方程组，可求解出 a,b,c 三个参数，即完成二次曲线趋势模型的配合。

2. 指数曲线趋势模型。指数曲线模型用于描述以几何级数递增或递减的现象，即时间数列的观察值 Y_t 按指数规律变化，或者说较长时期内时间数列的观察值的环比发展速度或环比增长速度比较稳定。指数曲线趋势模型是：

$$Y_t = ab^t$$

其中，a,b 为模型参数。

至于指数曲线模型参数的估计方法，可以通过数学变换的方法，先将模型线性化，然后再采用最小二乘法计算参数的估计值。

在指数曲线模型等号两边同时取对数，得到：

$$\log Y_t = \log a + t\log b$$

然后进行数据变换，令 $Y' = \log Y_t, A = \log a, B = \log b$，则：

$$Y' = A + Bt$$

对此模型，可以采用最小二乘法估计参数 A 和 B，再求其反对数得到 a,b。

此外,更简单的方法是,将 a 作为基期水平,b 看作是平均发展速度,t 为时间,只要用水平法计算出时间数列的平均发展速度后,就可得到指数曲线模型。

【例 14－8】已知某企业近 10 年产值数据资料如表 14－11 所示,要求配合趋势线模型。

表 14－11

年份	t	产值 Y(万元)	lg$Y$	$t$lg$Y$	t^2
2009	1	1 395	3.144 574	3.144 574	1
2010	2	1 515	3.180 413	6.360 825	4
2011	3	1 729	3.237 795	9.713 385	9
2012	4	1 916	3.282 396	13.129 58	16
2013	5	2 146	3.331 63	16.658 15	25
2014	6	2 393	3.378 943	20.273 66	36
2015	7	2 682	3.428 459	23.999 21	49
2016	8	2 999	3.476 976	27.815 81	64
2017	9	3 374	3.528 145	31.753 31	81
2018	10	3 812	3.581 153	35.811 53	100
合计	55	—	33.570 48	188.66	385

首先,根据上面产值数据资料,得到曲线图(图 14－8),可考虑配合指数曲线。

然后,进行模型的变换,令 $Y' = \log Y_t, A = \log a, B = \log b$。采用最小二乘法估计 A 和 B,计算过程见上面表 14－10。

最后得到:

$$\begin{cases} B = \dfrac{n\sum t\log Y - \sum t\sum \log Y}{n\sum t^2 - (\sum t)^2} = 0.048\,76 \\ A = \log \bar{Y} - B\bar{t} = 3.089 \end{cases}$$

求 A 和 B 的反对数得到:

$$a = 1\,227.13$$

$$b = 1.118\,8$$

则配合的指数曲线模型为:

$$Y = 1\,227.13 \times (1.118\,8)^t$$

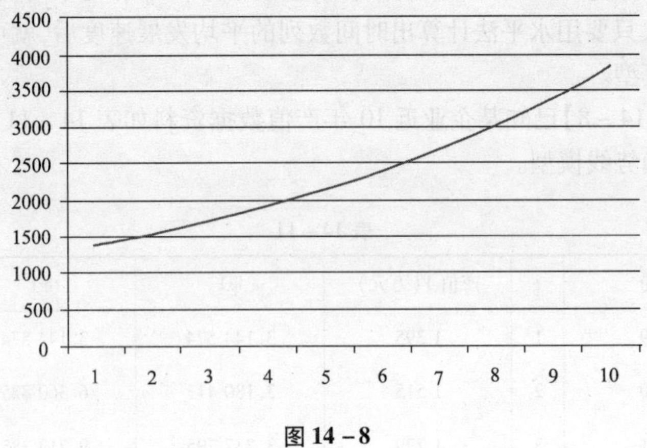

图 14-8

3. 修正指数曲线趋势模型。在指数曲线中,我们可以看到,若 $b>1$,增长率随着时间 t 的增加而增加,估计的趋势值将会趋向无穷大;若 $a>0$,$b<1$,则随着时间的延伸趋势值将会趋向于 0。而这与实际往往是不相符合的。而修正指数曲线模型则是在指数曲线的基础上增加一个常数项 K,且要求 $K>0, a\neq0, 0<b<1$。修正指数曲线模型主要用于描述这样一类现象,即初期增长迅速,随后增长率逐渐降低,最终则收敛于正的常数极限 K。现实生活中,有许多事物的发展过程符合修正指数曲线模型的特点。例如,某种刚上市的新产品,初期销售增长可能很快,当社会拥有量达到一定程度时,其销售增长减缓,最终销售量逐渐趋向于某一稳定的水平。

修正指数曲线趋势模型为:

$$Y=K+ab^{t}$$

其中 K,a,b 为待估计参数。

修正指数曲线模型参数估计的方法比较特殊,当增长上限 K 已知时,可将时间数列的观测值减去 K 值,然后采用指数曲线参数估计的方法进行估计;当增长上限 K 未知时,一般采用三和法进行估计。

所谓三和法,其基本思想是将时间序列观察值等分为三份,每份均有 m 个数据,将所有观测值 Y_t,t 代入修正指数曲线模型中,然后将每份数据所对应的方程相加,求解三个方程即可得到三个参数的估计值。

【例 14-9】已知某产品的销售资料如表 14-12 中 Y 所示,配合修正指数曲线模型。

表 14 – 12

t	Y(万元)	$y=K+ab^t$	局部求和
0	150	$150=K+ab^0$	$330=2_k+ab^0+ab^1$　(1)
1	180	$180=K+ab^1$	
2	204	$204=K+ab^2$	$428=2_k+ab^2+ab^3$　(2)
3	224	$224=K+ab^3$	
4	240	$240=K+ab^4$	$493=2_k+ab^4+ab^5$　(3)
5	253	$253=K+ab^5$	

解:将时间数列等分为三份,将各组数据代入修正指数曲线模型中,并求和(上述计算见表 14 – 11 计算结果),得到三个方程式。

用方程(2) –(1)得到式(4):

$$98=ab^3+ab^2-ab^1-ab^0=a(b^3+b^2-b-1)$$

用方程(3) –(2)得到式(5):

$$65=ab^5+ab^4-ab^3-ab^2=ab^2(b^3-b^2-b-1)$$

用式(5)除以式(4)得到:

$$b^2=0.6632$$
$$b=0.8144$$
$$a=-160.4$$
$$k=310.5$$

这样,配合的修正指数曲线模型为:

$$T=310.5-160.4\times(0.8144)^t$$

利用三和法计算模型参数,也可以直接使用下面的公式:

$$\begin{cases} b=\left(\dfrac{S_3-S_2}{S_2-S_1}\right)^{\frac{1}{m}} \\ a=(S_2-S_1)\dfrac{b-1}{b(b^m-1)^2} \\ K=\dfrac{1}{m}\left[S_1-\dfrac{ab(b^m-1)}{b-1}\right] \end{cases}$$

其中:S_1,S_2,S_3 分别为三组数据之和,m 为每组数据个数。

4. 戈珀资(Gompertz)曲线趋势模型。修正指数曲线模型考虑了现象的增长上限的特点,但未考虑曲线斜率变化速度。而实际生活中,有些客观现象的时间数列常常具有如下特征:初期阶段以较慢的速度逐渐增长,而后增长速度加快;在达到一定水平后,增长速度减缓;到后期逐渐收敛于某一稳定的水平。用图表示,大致为一条 S 曲线(见图 14 –9)。在这种曲线上存在一个拐点,即增长速度由上升突变为下降的点,另外,还具有一个增长的上限。配合这种变化趋势的曲线模型之一是戈珀资曲线趋势模型。

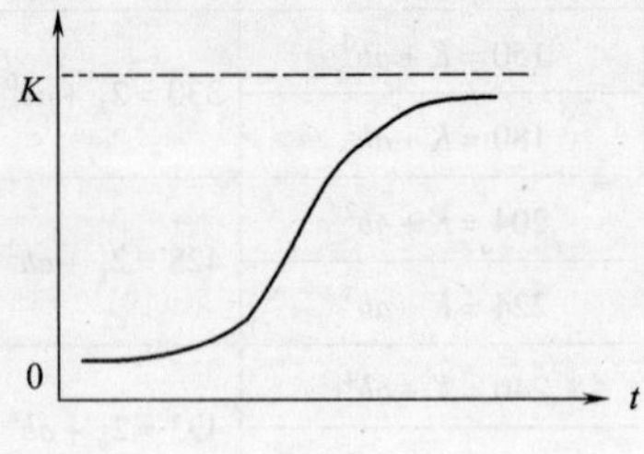

图 14－9

戈珀资曲线趋势模型的形式为：

$$Y = K \cdot a^{b^t} \quad (0 < a < 1, 0 < b < 1, K > 0)$$

戈珀资曲线趋势模型的参数估计可以借助于修正指数曲线模型参数估计的方法——三和法进行，但在使用三和法前，首先需要将戈珀资曲线模型变形为修正指数曲线模型的形式，即首先对戈珀资曲线趋势模型两边取对数，得到：

$$\lg Y = \ln K + (\ln a) b^t$$

如令 $Y' = \lg Y, K' = \lg K, A = \lg a$，上式变为：

$$Y' = K' + Ab^t$$

这恰好是修正指数曲线模型的形式。仿照修正指数曲线模型参数估计的方法，可得到 $b, \ln a, \ln K$ 的值。即：

$$\begin{cases} b = \left(\dfrac{S_3 - S_2}{S_2 - S_1}\right)^{\frac{1}{m}} \\ \ln a = (S_2 - S_1)\dfrac{b-1}{b(b^m - 1)^2} \\ \ln K = \dfrac{1}{m}\left[S_1 - \dfrac{\lg a \cdot b(b^m - 1)}{b-1}\right] \end{cases}$$

其中，S_1, S_2, S_3 分别为三组数据 Y 的对数 $\lg Y$ 之和；m 为每组数据个数。

最后通过求反对数得到 a 和 K。

【例 14－10】某品牌 MP3 在某地区销售量的统计数据如表 14－13 所示，试建立戈珀资曲线趋势模型。

表 14－13

年份	t	销售量 Y(台)	lg$Y$	局部和
2010	1	13	1.114	3.832

续表

年份	t	销售量 Y(台)	$\lg Y$	局部和
2011	2	18	1.255	
2012	3	29	1.462	
2013	4	48	1.681	5.242
2014	5	52	1.716	
2015	6	70	1.845	
2016	7	74	1.869	5.653
2017	8	78	1.892	
2018	9	78	1.892	

解:利用销售量数据绘制时间数列曲线图如图 14－10 所示,可以看到具有戈珀资曲线趋势的基本特征,故可配合戈珀资曲线趋势模型。

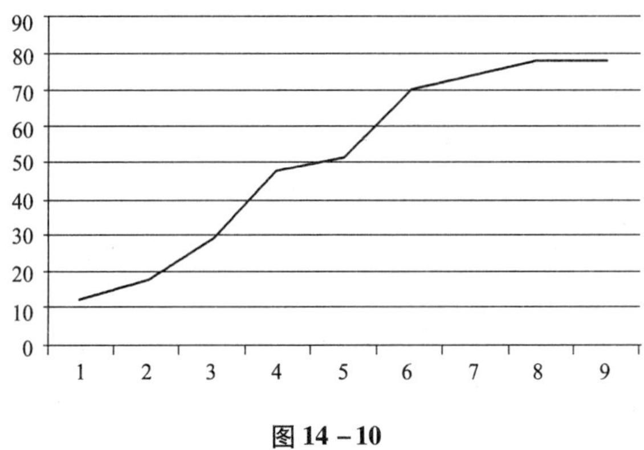

图 14－10

有关计算过程,包括对时间数列观测值取对数,并进行局部求和等见上面表 14－13。

根据计算公式,得:

$$\begin{cases} b=\left(\dfrac{S_3-S_2}{S_2-S_1}\right)^{\frac{1}{m}}=\left(\dfrac{5.653-5.242}{5.242-3.832}\right)^{\frac{1}{3}}=0.663 \\ \ln a=(S_2-S_1)\dfrac{b-1}{b(b^m-1)^2}=(5.242-3.832)\dfrac{0.663-1}{0.663(0.663^3-1)^2}=-1.428 \\ \ln K=\dfrac{1}{m}\left[S_1-\dfrac{\lg a\cdot b(b^m-1)}{b-1}\right]=\dfrac{1}{3}\left[3.832-\dfrac{(-1.428)\times 0.663(0.663^3-1)}{0.663-1}\right]=1.941 \end{cases}$$

根据上述计算结果，得到：

$$a = 0.037\ 3$$
$$K = 87.26$$

配合的戈珀资曲线趋势模型为：

$$Y = 87.26 \times 0.0373^{0.663^t}$$

配合趋势线模型时，可以用统计软件进行。如采用SPSS软件，在分析下拉菜单中选择"Regression"，并进一步选择"Cureve Estimation"（见图14－11左）；再进一步，可在各种曲线模型中，选择所需要配合的模型的类型（见图14－11右）。

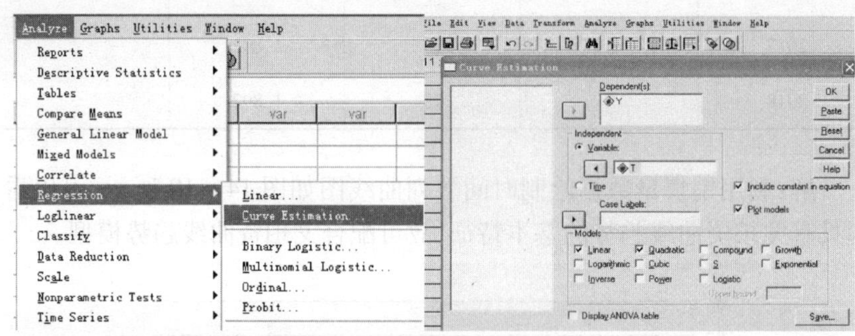

图14－11

（三）长期趋势模型的选择

上面介绍了时间数列长期趋势配合趋势线的一般方法。在实际应用中，对于一个具体的时间数列，应如何选择所要配合的趋势线类型，是我们必须面对的一个问题。趋势线的选择是十分重要的一个问题，它直接关系到我们对现象的描述及其规律性的认识的结论。趋势线选择的不合适，不仅不能正确地描述出现象的发展变化的规律，而且还可能得出错误的结论。

一般来说，确定长期趋势模型的方法有两类：

一类是根据时间数列的观测数据绘制时间数列曲线图，观察图形的基本特征，选择相对比较合适的、符合现象发展变化特征趋势线。如绘制出的时间数列曲线图近似地表现为一直线，则可配合直线趋势模型；若近似地表现为抛物线形式，则可配合二次曲线模型；若表现为S形曲线，则可配合戈珀资曲线趋势模型；等等。

第二类方法是根据数据本身的特点，确定曲线趋势模型的类型。如观察数据的逐期增长量大致相同，可配合直线趋势模型；若时间数列的观察数据的二次差即逐期增长量的增长量大致相同，可配合二次曲线模型;若观察数据的环比发展速度或环比增长速度大致相同,则可配合指数曲线模型;若各观察值的一次差的环比值大体相同,可配合修正指数曲线模型;若观察值的对数的一次差的环比值大致相同,则可配合戈珀资曲线趋势模型。

当然,如果对同一时间数列有多种趋势模型均可考虑,则可以选择估计标准误差最小的模型作为趋势模型。估计标准误差的计算公式为:

$$S_y = \sqrt{\frac{\sum (Y - T)^2}{n - m}}$$

其中,m 为趋势方程中需要估计的参数的个数。

第四节 包含季节变动的时间数列预测

在现实生活中,季节变动是一种极为普遍的现象。例如,许多农副产品的产量都因季节更替而有淡季、旺季之分,商业部门的许多商品的销售量也随着气候变化的影响而呈现有规则的周期性的变动。季节变动有三个基本特点:一是季节变动每年重复进行,二是季节变动按照一定的周期进行,三是每个周期的变化强度大体相同。

研究季节变动的目的在于了解季节变动对人们经济生活的影响,以便更好地组织生产和安排生活。分析季节变动,可以根据季节变动的规律,配合适当的季节模型,结合长期趋势,进行相应的预测。

一、包含季节变动的时间数列模型

当时间数列中包含长期趋势、季节变动和不规则变动时,其最常用的基本模型的形式是:

$$Y = T \times S \times I$$

确定这一模型时,首先需要配合其长期趋势模型;然后,还需要计算各月(或季度)季节指数;最后,将其进行合成,即形成时间数列模型。

如长期趋势为线性趋势模型,季节变动的周期为一年四个季度,则时间数列模型为:

$$Y = T \times S \times I$$

$$Y = (a + bt) \times S_i, i = 1,2,3,4$$

其中:S_i 为各月(或季度)季节指数。

所谓季节指数,是某一月份或季度数值与全年平均数值之比。分析季节变动时,主要就是依据这些季节指数,然后根据各季节指数与其平均数(100%)的偏差程度来测定季节变动的程度。如果现象的发展没有季节变动,则各期的季节指数应等于100%;如果某一个月(或季度)有明显的季节变动,则各期的季节指数应大于或小于100%。一年中各月(或季度)季节指数之和为1 200%(或400%)。

二、季节指数的计算

上述模型中,长期趋势模型在第三节中已有介绍,包括线性趋势模型和非线性趋势模型等。而季节指数的计算最常用的方法,一是简单平均法,二是趋势剔除法。

(一)简单平均法

简单平均法,是首先要计算各年同期(月或季)发展水平的序时平均数,然后将各年同期平均数与全时期总平均数对比,即得到各期(月或季)的季节指数。

【例14-11】某食品厂近五年各季度的生产量如表14-14所示,要求计算各季度季节指数。

表14-14 单位:万件

	一季度	二季度	三季度	四季度	合计
2014	10	6	7	9	32
2015	12	8	6	11	37
2016	15	10	8	10	43
2017	13	8	5	12	38
2018	14	9	8	15	46
季度平均数	12.8	8.2	6.8	11.4	9.8
季节指数%	130.61	83.67	69.39	116.33	

利用简单平均法计算季节指数的方法如下:

首先,计算各年同一季度的平均数,如一季度为12.8万件,二季度为8.2万件,三季度为6.8万件,四季度为11.4万件。

其次,计算各年所有季度总的平均数,为9.8万件。

最后,计算各季度季节指数:

$$\text{第一季度季节指数}=\frac{12.8}{9.8}=130.61\%$$

$$第二季度季节指数=\frac{8.2}{9.8}=83.67\%$$

$$第三季度季节指数=\frac{6.8}{9.8}=69.39\%$$

$$第四季度季节指数=\frac{11.4}{9.8}=116.33\%$$

从时间上看,第一季度、第四季度的季节指数大于100%,是该产品的生产旺季;而第二、第三季度的季节指数小于100%,是该产品的生产淡季。

简单平均法的优点是计算简便,但其也存在着缺陷:第一,未能消除长期趋势的影响;第二,季节指数的高低受各年数值大小的影响,数值大的年份,对季节指数影响大,数值小的年份,对季节指数的影响小。

从上面几个特点看,简单平均法适合于长期趋势是水平趋势的时间数列的季节指数的变动,若时间数列中不仅存在季节变动,同时还存在着上升或下降的长期趋势时,用此计算的季节指数就会出现偏差。这时可以采用趋势剔除法。

(二)移动平均趋势剔除法

当时间数列中不仅存在季节变动,同时也存在明显的上升或下降的长期趋势时,计算季节指数时,就需要首先消除长期趋势的影响。剔除长期趋势的方法有很多,如移动平均趋势剔除法、趋势线趋势剔除法等。

移动平均趋势剔除法的基本思想是,先将时间数列中的趋势变动予以消除,而后再计算季节指数。具体的做法是:首先,根据各年的月(或季)数据资料计算12个月(或四个季度)移动平均趋势值 T;其次,将各实际观察值除以相应的趋势值,即 $Y/T=S\times I$;最后,将 $S\times I$ 重新按月(或季)排列,求得同月(或季)平均数,即降低或消除不规则变动,得到各月(或季)季节指数 S。

【例14-12】根据表14-14中的数据,利用移动平均趋势剔除法,计算食品生产的季节指数。首先求出四季度移动平均并进行移正,得到时间数列的趋势值 T;然后,计算 Y/T。计算过程见表14-15。

在上面计算的基础上,计算各年同一季度的 Y/T 的平均数,得到季节指数(见表14-16的计算结果)。

理论上,四个季度的季节指数之和为400%。本例中,四个季度季节指数之和为400.9%,因此需要校正。校正系数为400/400.9=0.997 755 1,用这个系数分别乘以表14-15中各季度的平均数,即得到表14-16中的季节指数。

表 14－15

年份	季度	Y	四项移动平均	移正平均（趋势值 T）	Y/T(％)
2014	1	10			
	2	6			
	3	7	8	8.25	84.85
	4	9	8.5	8.75	102.86
2015	1	12	9	8.875	135.21
	2	8	8.75	9	88.89
	3	6	9.25	9.625	62.34
	4	11	10	10.25	107.32
2016	1	15	10.5	10.75	139.53
	2	10	11	10.875	91.95
	3	8	10.75	10.5	76.19
	4	10	10.25	10	100.00
2017	1	13	9.75	9.375	138.67
	2	8	9	9.25	86.49
	3	5	9.5	9.625	51.95
	4	12	9.75	9.875	121.52
2018	1	14	10	10.375	134.94
	2	9	10.75	11.125	80.90
	3	8	11.5		
	4	15			

表 14－16

	一季度	二季度	三季度	四季度
2014	—	—	84.85	102.86
2015	135.21	88.89	62.34	107.32
2016	139.53	91.95	76.19	100.00
2017	138.67	86.49	51.95	121.52
2018	134.94	80.90	—	—
平均	137.09	87.06	68.83	107.92
季节指数％	136.78	86.86	68.68	107.68

这种方法由于先消除了长期趋势，所得的季节指数已不受长期趋势的影响，因此测定的季节波动比较精确。

利用第二节讲述的方法，配合长期趋势模型，可以进行趋势预测；利用第三节的季节指数计算方法，计算季节指数，可以反映现象的季节波动特征。有了长期趋势预测值和季节指数，我们就可以对时间数列的未来值进行预测，其预测模型为：

$$Y = T_t \times S_i$$

即用长期趋势预测值乘以该预测期的对应的季节的季节指数。

思考与练习

1. 举例说明时间数列的四个要素及其特点。

2. 举例说明计算平均发展速度时几何平均法与方程式法的应用条件。

3. 时间数列分析与回归分析有什么不同？

4. 面对一个时间数列，如何将主要构成要素测定出来？

5. 已知企业第一季度的商品销售额、人数的统计资料（见下表），试计算该企业第一季度各月的人均销售额和第一季度人均月商品销售额。

月份	1	2	3	4
商品销售额 a（万元）	120	143	289	
月初人数 b（人）	50	70	60	110

6. 下表是某企业 2010 年至 2018 年生产产品产量资料，要求根据数据资料计算逐期增长量、累计增长量、环比发展速度、定基发展速度、水平法平均发展速度、环比增长速度、定基增长速度和平均增长速度。

	2010	2011	2012	2013	2014	2015	2016	2017	2018
产量（吨）	1 005	1 150	1 240	1 280	1 520	1 830	1 920	1 990	2 020

7. 利用上题第 6 题中的数据，绘制时间序列曲线图，配合恰当的曲线趋势方程，对 2020 年的产品产量进行预测。

8. 某地区 2011 ~ 2018 年啤酒产量资料如下表所示。

年份	产量(万吨)
2011	10.54
2012	10.8
2013	10.87
2014	11.16
2015	11.51
2016	12.40
2017	13.61
2018	13.75
合计	94.64

要求：

(1)根据上述资料用最小二乘法拟合该厂啤酒产量的直线趋势方程。

(2)利用所拟合的趋势方程，预测该厂2020年啤酒产量。

9. 某化妆品连续3年各月的销售额统计资料如下表所示。要求分析该产品销售额的变化特征，进行时间数列的要素构成分解，并对第四年各月的销售额进行预测。

销售额统计　　单位：万元

第一年	销售额	第二年	销售额	第三年	销售额
1	9.231	1	12.413	1	14.031
2	7.452	2	11.335	2	10.965
3	6.86	3	11.225	3	10.845
4	5.21	4	7.512	4	6.394
5	3.851	5	5.567	5	4.859
6	3.424	6	3.325	6	4.335
7	2.845	7	2.526	7	3.528
8	1.33	8	4.338	8	6.531
9	12.56	9	13.892	9	12.358
10	16.85	10	15.432	10	15.449
11	17.03	11	16.113	11	16.387
12	11.76	12	12.974	12	15.326

附录1　标准正态分布表

$$\Phi(x) = \int_{-\infty}^{x} \frac{1}{\sqrt{2\pi}} e^{-t^2/2} dt$$

x	0.00	0.01	0.02	0.03	0.04	0.05	0.06	0.07	0.08	0.09
0.0	0.500 0	0.504 0	0.508 0	0.512 0	0.516 0	0.519 9	0.523 9	0.527 9	0.531 9	0.535 9
0.1	0.539 8	0.543 8	0.547 8	0.551 7	0.555 7	0.559 6	0.563 6	0.567 5	0.571 4	0.575 3
0.2	0.579 3	0.583 2	0.587 1	0.591 0	0.594 8	0.598 7	0.602 6	0.606 4	0.610 3	0.614 1
0.3	0.617 9	0.621 7	0.625 5	0.629 3	0.633 1	0.636 8	0.640 6	0.644 3	0.648 0	0.651 7
0.4	0.655 4	0.659 1	0.662 8	0.666 4	0.670 0	0.673 6	0.677 2	0.680 8	0.684 4	0.687 9
0.5	0.691 5	0.695 0	0.698 5	0.701 9	0.705 4	0.708 8	0.712 3	0.715 7	0.719 0	0.722 4
0.6	0.725 7	0.729 1	0.732 4	0.735 7	0.738 9	0.742 2	0.745 4	0.748 6	0.751 7	0.754 9
0.7	0.758 0	0.761 1	0.764 2	0.767 3	0.770 4	0.773 4	0.776 4	0.779 4	0.782 3	0.785 2
0.8	0.788 1	0.791 0	0.793 9	0.796 7	0.799 5	0.802 3	0.805 1	0.807 8	0.810 6	0.813 3
0.9	0.815 9	0.818 6	0.821 2	0.823 8	0.826 4	0.828 9	0.831 5	0.834 0	0.836 5	0.838 9
1.0	0.841 3	0.843 8	0.846 1	0.848 5	0.850 8	0.853 1	0.855 4	0.857 7	0.859 9	0.862 1
1.1	0.864 3	0.866 5	0.868 6	0.870 8	0.872 9	0.874 9	0.877 0	0.879 0	0.881 0	0.883 0
1.2	0.884 9	0.886 9	0.888 8	0.890 7	0.892 5	0.894 4	0.896 2	0.898 0	0.899 7	0.901 5
1.3	0.903 2	0.904 9	0.906 6	0.908 2	0.909 9	0.911 5	0.913 1	0.914 7	0.916 2	0.917 7
1.4	0.919 2	0.920 7	0.922 2	0.923 6	0.925 1	0.926 5	0.927 8	0.929 2	0.930 6	0.931 9
1.5	0.933 2	0.934 5	0.935 7	0.937 0	0.938 2	0.939 4	0.940 6	0.941 8	0.942 9	0.944 1
1.6	0.945 2	0.946 3	0.947 4	0.948 4	0.949 5	0.950 5	0.951 5	0.952 5	0.953 5	0.954 5
1.7	0.955 4	0.956 4	0.957 3	0.958 2	0.959 1	0.959 9	0.960 8	0.961 6	0.962 5	0.963 3
1.8	0.964 1	0.964 9	0.965 6	0.966 4	0.967 1	0.967 8	0.968 6	0.969 3	0.969 9	0.970 6
1.9	0.971 3	0.971 9	0.972 6	0.973 2	0.973 8	0.974 4	0.975 0	0.975 6	0.976 1	0.976 7
2.0	0.977 2	0.977 8	0.978 3	0.978 8	0.979 3	0.979 8	0.980 3	0.980 8	0.981 2	0.981 7
2.1	0.982 1	0.982 6	0.983 0	0.983 4	0.983 8	0.984 2	0.984 6	0.985 0	0.985 4	0.985 7
2.2	0.986 1	0.986 4	0.986 8	0.987 1	0.987 5	0.987 8	0.988 1	0.988 4	0.988 7	0.989 0
2.3	0.989 3	0.989 6	0.989 8	0.990 1	0.990 4	0.990 6	0.990 9	0.991 1	0.991 3	0.991 6
2.4	0.991 8	0.992 0	0.992 2	0.992 5	0.992 7	0.992 9	0.993 1	0.993 2	0.993 4	0.993 6
2.5	0.993 8	0.994 0	0.994 1	0.994 3	0.994 5	0.994 6	0.994 8	0.994 9	0.995 1	0.995 2
2.6	0.995 3	0.995 5	0.995 6	0.995 7	0.995 9	0.996 0	0.996 1	0.996 2	0.996 3	0.996 4
2.7	0.996 5	0.996 6	0.996 7	0.996 8	0.996 9	0.997 0	0.997 1	0.997 2	0.997 3	0.997 4
2.8	0.997 4	0.997 5	0.997 6	0.997 7	0.997 7	0.997 8	0.997 9	0.997 9	0.998 0	0.998 1
2.9	0.998 1	0.998 2	0.998 2	0.998 3	0.998 4	0.998 4	0.998 5	0.998 5	0.998 6	0.998 6
3.0	0.998 7	0.998 7	0.998 7	0.998 8	0.998 8	0.998 9	0.998 9	0.998 9	0.999 0	0.999 0
3.1	0.999 0	0.999 1	0.999 1	0.999 1	0.999 2	0.999 2	0.999 2	0.999 2	0.999 3	0.999 3
3.2	0.999 3	0.999 3	0.999 4	0.999 4	0.999 4	0.999 4	0.999 4	0.999 5	0.999 5	0.999 5
3.3	0.999 5	0.999 5	0.999 5	0.999 6	0.999 6	0.999 6	0.999 6	0.999 6	0.999 6	0.999 7
3.4	0.999 7	0.999 7	0.999 7	0.999 7	0.999 7	0.999 7	0.999 7	0.999 7	0.999 7	0.999 8

附录2 泊松分布表

$$P(X \leqslant x) = \sum_{k=0}^{x} \frac{\lambda^k e^{-\lambda}}{k!}$$

x	λ								
	0.1	0.2	0.3	0.4	0.5	0.6	0.7	0.8	0.9
0	0.904 8	0.818 7	0.740 8	0.673 0	0.606 5	0.548 8	0.496 6	0.449 3	0.406 6
1	0.995 3	0.982 5	0.963 1	0.938 4	0.909 8	0.878 1	0.844 2	0.808 8	0.772 5
2	0.999 8	0.998 9	0.996 4	0.992 1	0.985 6	0.976 9	0.965 9	0.952 6	0.937 1
3	1.000 0	0.999 9	0.999 7	0.999 2	0.998 2	0.996 6	0.994 2	0.990 9	0.986 5
4		1.000 0	1.000 0	0.999 9	0.999 8	0.999 6	0.999 2	0.998 6	0.997 7
5				1.000 0	1.000 0	1.000 0	0.999 9	0.999 8	0.999 7
6							1.000 0	1.000 0	1.000 0

x	λ								
	1.0	1.5	2.0	2.5	3.0	3.5	4.0	4.5	5.0
0	0.367 9	0.223 1	0.135 3	0.082 1	0.049 8	0.030 2	0.018 3	0.011 1	0.006 7
1	0.735 8	0.557 8	0.406 0	0.287 3	0.199 1	0.135 9	0.091 6	0.061 1	0.040 4
2	0.919 7	0.808 8	0.676 7	0.543 8	0.423 2	0.320 8	0.238 1	0.173 6	0.124 7
3	0.981 0	0.934 4	0.857 1	0.757 6	0.647 2	0.536 6	0.433 5	0.342 3	0.265 0
4	0.996 3	0.981 4	0.947 3	0.891 2	0.815 3	0.725 4	0.628 8	0.532 1	0.440 5
5	0.999 4	0.995 5	0.983 4	0.958 0	0.916 1	0.857 6	0.785 1	0.702 9	0.616 0
6	0.999 9	0.999 1	0.995 5	0.985 8	0.966 5	0.934 7	0.889 3	0.831 1	0.762 2
7	1.000 0	0.999 8	0.998 9	0.995 8	0.988 1	0.973 3	0.948 9	0.913 4	0.866 6
8		1.000 0	0.999 8	0.998 9	0.996 2	0.990 1	0.978 6	0.959 7	0.931 9
9			1.000 0	0.999 7	0.998 9	0.996 7	0.991 9	0.982 9	0.968 2
10				0.999 9	0.999 7	0.999 0	0.997 2	0.993 3	0.986 3
11				1.000 0	0.999 9	0.999 7	0.999 1	0.997 6	0.994 5
12					1.000 0	0.999 9	0.999 7	0.999 2	0.998 0

x	λ								
	5.5	6.0	6.5	7.0	7.5	8.0	8.5	9.0	9.5
0	0.004 1	0.002 5	0.001 5	0.000 9	0.000 6	0.000 3	0.000 2	0.000 1	0.000 1
1	0.026 6	0.017 4	0.011 3	0.007 3	0.004 7	0.003 0	0.001 9	0.001 2	0.000 8
2	0.088 4	0.062 0	0.043 0	0.029 6	0.020 3	0.013 8	0.009 3	0.006 2	0.004 2
3	0.201 7	0.151 2	0.111 8	0.081 8	0.059 1	0.042 4	0.030 1	0.021 2	0.014 9
4	0.357 5	0.285 1	0.223 7	0.173 0	0.132 1	0.099 6	0.074 4	0.055 0	0.040 3
5	0.528 9	0.445 7	0.369 0	0.300 7	0.241 4	0.191 2	0.149 6	0.115 7	0.088 5
6	0.686 0	0.606 3	0.526 5	0.449 7	0.378 2	0.313 4	0.256 2	0.206 8	0.164 9
7	0.809 5	0.744 0	0.672 8	0.598 7	0.524 6	0.453 0	0.385 6	0.323 9	0.268 7
8	0.894 4	0.847 2	0.791 6	0.729 1	0.662 0	0.592 5	0.523 1	0.455 7	0.391 8
9	0.946 2	0.916 1	0.877 4	0.830 5	0.776 4	0.716 6	0.653 0	0.587 4	0.521 8
10	0.974 7	0.957 4	0.933 2	0.901 5	0.862 2	0.815 9	0.763 4	0.706 0	0.645 3
11	0.989 0	0.979 9	0.966 1	0.946 6	0.920 8	0.888 1	0.848 7	0.803 0	0.752 0
12	0.995 5	0.991 2	0.984 0	0.973 0	0.957 3	0.936 2	0.909 1	0.875 8	0.836 4
13	0.998 3	0.996 4	0.992 9	0.987 2	0.978 4	0.965 8	0.948 6	0.926 1	0.898 1
14	0.999 4	0.998 6	0.997 0	0.994 3	0.989 7	0.982 7	0.972 6	0.958 5	0.940 0
15	0.999 8	0.999 5	0.998 8	0.997 6	0.995 4	0.991 8	0.986 2	0.978 0	0.966 5
16	0.999 9	0.999 8	0.999 6	0.999 0	0.998 0	0.996 3	0.993 4	0.988 9	0.982 3
17	1.000 0	0.999 9	0.999 8	0.999 6	0.999 2	0.998 4	0.997 0	0.994 7	0.991 1
18		1.000 0	0.999 9	0.999 9	0.999 7	0.999 4	0.998 7	0.997 6	0.995 7
19			1.000 0	1.000 0	0.999 9	0.999 7	0.999 5	0.998 9	0.998 0
20					1.000 0	0.999 9	0.999 8	0.999 6	0.999 1

续表

x	λ								
	10.0	11.0	12.0	13.0	14.0	15.0	16.0	17.0	18.0
0	0.000 0	0.000 0	0.000 0						
1	0.000 5	0.000 2	0.000 1	0.000 0	0.000 0				
2	0.002 8	0.001 2	0.000 5	0.000 2	0.000 1	0.000 0	0.000 0		
3	0.010 3	0.004 9	0.002 3	0.001 0	0.000 5	0.000 2	0.000 1	0.000 0	0.000 0
4	0.029 3	0.015 1	0.007 6	0.003 7	0.001 8	0.000 9	0.000 4	0.000 2	0.000 1
5	0.067 1	0.037 5	0.020 3	0.010 7	0.005 5	0.002 8	0.001 4	0.000 7	0.000 3
6	0.130 1	0.078 6	0.045 8	0.025 9	0.014 2	0.007 6	0.004 0	0.002 1	0.001 0
7	0.220 2	0.143 2	0.089 5	0.054 0	0.031 6	0.018 0	0.010 0	0.005 4	0.002 9
8	0.332 8	0.232 0	0.155 0	0.099 8	0.062 1	0.037 4	0.022 0	0.012 6	0.007 1
9	0.457 9	0.340 5	0.242 4	0.165 8	0.109 4	0.069 9	0.043 3	0.026 1	0.015 4
10	0.583 0	0.459 9	0.347 2	0.251 7	0.175 7	0.118 5	0.077 4	0.049 1	0.030 4
11	0.696 8	0.579 3	0.461 6	0.353 2	0.260 0	0.184 8	0.127 0	0.084 7	0.054 9
12	0.791 6	0.688 7	0.576 0	0.463 1	0.358 5	0.267 6	0.193 1	0.135 0	0.091 7
13	0.864 5	0.781 3	0.681 5	0.573 0	0.464 4	0.363 2	0.274 5	0.200 9	0.142 6
14	0.916 5	0.854 0	0.772 0	0.675 1	0.570 4	0.465 7	0.367 5	0.280 8	0.208 1
15	0.951 3	0.907 4	0.844 4	0.763 6	0.669 4	0.568 1	0.466 7	0.371 5	0.286 7
16	0.973 0	0.944 1	0.898 7	0.835 5	0.755 9	0.664 1	0.566 0	0.467 7	0.375 0
17	0.985 7	0.967 8	0.937 0	0.890 5	0.827 2	0.748 9	0.659 3	0.564 0	0.468 6
18	0.992 8	0.982 3	0.962 6	0.930 2	0.882 6	0.819 5	0.742 3	0.655 0	0.562 2
19	0.996 5	0.990 7	0.978 7	0.957 3	0.923 5	0.875 2	0.812 2	0.736 3	0.650 9
20	0.998 4	0.995 3	0.988 4	0.975 0	0.952 1	0.917 0	0.868 2	0.805 5	0.730 7
21	0.999 3	0.997 7	0.993 9	0.985 9	0.971 2	0.946 9	0.910 8	0.861 5	0.799 1
22	0.999 7	0.999 0	0.997 0	0.992 4	0.983 3	0.967 3	0.941 8	0.904 7	0.855 1
23	0.999 9	0.999 5	0.998 5	0.996 0	0.990 7	0.980 5	0.963 3	0.936 7	0.898 9
24	1.000 0	0.999 8	0.999 3	0.998 0	0.995 0	0.988 8	0.977 7	0.959 4	0.931 7
25		0.999 9	0.999 7	0.999 0	0.997 4	0.993 8	0.986 9	0.974 8	0.955 4
26		1.000 0	0.999 9	0.999 5	0.998 7	0.996 7	0.992 5	0.984 8	0.971 8
27			0.999 9	0.999 8	0.999 4	0.998 3	0.995 9	0.991 2	0.982 7
28			1.000 0	0.999 9	0.999 7	0.999 1	0.997 8	0.995 0	0.989 7
29				1.000 0	0.999 9	0.999 6	0.998 9	0.997 3	0.994 1
30					0.999 9	0.999 8	0.999 4	0.998 6	0.996 7
31					1.000 0	0.999 9	0.999 7	0.999 3	0.998 2
32						1.000 0	0.999 9	0.999 6	0.999 0
33							0.999 9	0.999 8	0.999 5
34							1.000 0	0.999 9	0.999 8
35								1.000 0	0.999 9
36									0.999 9
37									1.000 0

附录3　t分布表

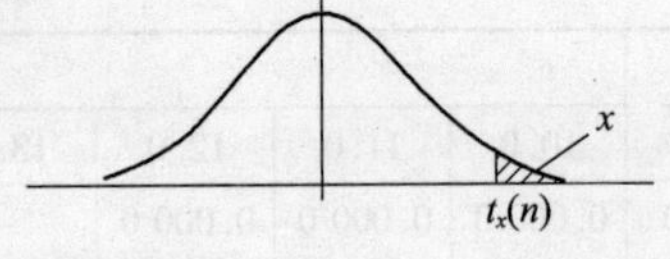

$P\{t(n) > t_x(n)\} = x$

n ╲ x	0.20	0.15	0.10	0.05	0.025	0.01	0.005
1	1.376	1.963	3.077 7	6.313 8	12.706 2	31.820 7	63.657 4
2	1.061	1.386	1.885 6	2.920 0	4.302 7	6.964 6	9.924 8
3	0.978	1.250	1.637 7	2.353 4	3.182 4	4.540 7	5.840 9
4	0.941	1.190	1.533 2	2.131 8	2.776 4	3.746 9	4.604 1
5	0.920	1.156	1.475 9	2.015 0	2.570 6	3.364 9	4.032 2
6	0.906	1.134	1.439 8	1.943 2	2.446 9	3.142 7	3.707 4
7	0.896	1.119	1.414 9	1.894 6	2.364 6	2.998 0	3.499 5
8	0.889	1.108	1.396 8	1.859 5	2.306 0	2.896 5	3.355 4
9	0.883	1.100	1.383 0	1.833 1	2.262 2	2.821 4	3.249 8
10	0.879	1.093	1.372 2	1.812 5	2.228 1	2.763 8	3.169 3
11	0.876	1.088	1.363 4	1.795 9	2.201 0	2.718 1	3.105 8
12	0.873	1.083	1.356 2	1.782 3	2.178 8	2.681 0	3.054 5
13	0.870	1.079	1.350 2	1.770 9	2.160 4	2.650 3	3.012 3
14	0.868	1.076	1.345 0	1.761 3	2.144 8	2.624 5	2.976 8
15	0.866	1.074	1.340 6	1.753 1	2.131 5	2.602 5	2.946 7
16	0.865	1.071	1.336 8	1.745 9	2.119 9	2.583 5	2.920 8
17	0.863	1.069	1.333 4	1.739 6	2.109 8	2.566 9	2.898 2
18	0.862	1.067	1.330 4	1.734 1	2.100 9	2.552 4	2.878 4
19	0.861	1.066	1.327 7	1.729 1	2.093 0	2.539 5	2.860 9
20	0.860	1.064	1.325 3	1.724 7	2.086 0	2.528 0	2.845 3
21	0.859	1.063	1.323 2	1.720 7	2.079 6	2.517 7	2.831 4
22	0.858	1.061	1.321 2	1.717 1	2.073 9	2.508 3	2.818 8
23	0.858	1.060	1.319 5	1.713 9	2.068 7	2.499 9	2.807 3
24	0.857	1.059	1.317 8	1.710 9	2.063 9	2.492 2	2.796 9
25	0.856	1.058	1.316 3	1.708 1	2.059 5	2.485 1	2.787 4
26	0.856	1.058	1.315 0	1.705 6	2.055 5	2.478 6	2.778 7
27	0.855	1.057	1.313 7	1.703 3	2.051 8	2.472 7	2.770 7
28	0.855	1.056	1.312 5	1.701 1	2.048 4	2.467 1	2.763 3
29	0.854	1.055	1.311 4	1.699 1	2.045 2	2.462 0	2.756 4
30	0.854	1.055	1.310 4	1.697 3	2.042 3	2.457 3	2.750 0
31	0.853 5	1.054 1	1.309 5	1.695 5	2.039 5	2.452 8	2.744 0
32	0.853 1	1.053 6	1.308 6	1.693 9	2.036 9	2.448 7	2.738 5
33	0.852 7	1.053 1	1.307 7	1.692 4	2.034 5	2.444 8	2.733 3
34	0.852 4	1.052 6	1.307 0	1.690 9	2.032 2	2.441 1	2.728 4
35	0.852 1	1.052 1	1.306 2	1.689 6	2.030 1	2.437 7	2.723 8
36	0.851 8	1.051 6	1.305 5	1.688 3	2.028 1	2.434 5	2.719 5
37	0.851 5	1.051 2	1.304 9	1.687 1	2.026 2	2.431 4	2.715 4
38	0.851 2	1.050 8	1.304 2	1.686 0	2.024 4	2.428 6	2.711 6
39	0.851 0	1.050 4	1.303 6	1.684 9	2.022 7	2.425 8	2.707 9
40	0.850 7	1.050 1	1.303 1	1.683 9	2.021 1	2.423 3	2.704 5
41	0.850 5	1.049 8	1.302 5	1.682 9	2.019 5	2.420 8	2.701 2
42	0.850 3	1.049 4	1.302 0	1.682 0	2.018 1	2.418 5	2.698 1
43	0.850 1	1.049 1	1.301 6	1.681 1	2.016 7	2.416 3	2.695 1
44	0.849 9	1.048 8	1.301 1	1.680 2	2.015 4	2.414 1	2.692 3
45	0.849 7	1.048 5	1.300 6	1.679 4	2.014 1	2.412 1	2.689 6

附录 4 χ^2 分布表

$$P\{\chi^2(n) > \chi^2_x(n)\} = x$$

n \ x	0.995	0.99	0.975	0.95	0.90	0.10	0.05	0.025	0.01	0.005
1	0.000	0.000	0.001	0.004	0.016	2.706	3.843	5.025	6.637	7.882
2	0.010	0.020	0.051	0.103	0.211	4.605	5.992	7.378	9.210	10.597
3	0.072	0.115	0.216	0.352	0.584	6.251	7.815	9.348	11.344	12.837
4	0.207	0.297	0.484	0.711	1.064	7.779	9.488	11.143	13.277	14.860
5	0.412	0.554	0.831	1.145	1.610	9.236	11.070	12.832	15.085	16.748
6	0.676	0.872	1.237	1.635	2.204	10.645	12.592	14.440	16.812	18.548
7	0.989	1.239	1.690	2.167	2.833	12.017	14.067	16.012	18.474	20.276
8	1.344	1.646	2.180	2.733	3.490	13.362	15.507	17.534	20.090	21.954
9	1.735	2.088	2.700	3.325	4.168	14.684	16.919	19.022	21.665	23.587
10	2.156	2.558	3.247	3.940	4.865	15.987	18.307	20.483	23.209	25.188
11	2.603	3.053	3.816	4.575	5.578	17.275	19.675	21.920	24.724	26.755
12	3.074	3.571	4.404	5.226	6.304	18.549	21.026	23.337	26.217	28.300
13	3.565	4.107	5.009	5.892	7.041	19.812	22.362	24.735	27.687	29.817
14	4.075	4.660	5.629	6.571	7.790	21.064	23.685	26.119	29.141	31.319
15	4.600	5.229	6.262	7.261	8.547	22.307	24.996	27.488	30.577	32.799
16	5.142	5.812	6.908	7.962	9.312	23.542	26.296	28.845	32.000	34.267
17	5.697	6.407	7.564	8.682	10.085	24.769	27.587	30.190	33.408	35.716
18	6.265	7.015	8.231	9.390	10.865	25.989	28.869	31.526	34.805	37.156
19	6.843	7.632	8.906	10.117	11.651	27.203	30.143	32.852	36.190	38.580
20	7.434	8.260	9.591	10.851	12.443	28.412	31.410	34.170	37.566	39.997
21	8.033	8.897	10.283	11.591	13.240	29.615	32.670	35.478	38.930	41.399
22	8.643	9.542	10.982	12.338	14.042	30.813	33.924	36.781	40.289	42.796
23	9.260	10.195	11.688	13.090	14.848	32.007	35.172	38.075	41.637	44.179
24	9.886	10.856	12.401	13.848	15.659	33.196	36.415	39.364	42.980	45.558
25	10.519	11.523	13.120	14.611	16.473	34.381	37.652	40.646	44.313	46.925
26	11.160	12.198	13.844	15.379	17.292	35.563	38.885	41.923	45.642	48.290
27	11.807	12.878	14.573	16.151	18.114	36.741	40.113	43.194	46.962	49.642
28	12.461	13.565	15.308	16.928	18.939	37.916	41.337	44.461	48.278	50.993
29	13.120	14.256	16.147	17.708	19.768	39.087	42.557	45.772	49.586	52.333
30	13.787	14.954	16.791	18.493	20.599	40.256	43.773	46.979	50.892	53.672
31	14.457	15.655	17.538	19.280	21.433	41.422	44.985	48.231	52.190	55.000
32	15.134	16.362	18.291	20.072	22.271	42.585	46.194	49.480	53.486	56.328
33	15.814	17.073	19.046	20.866	23.110	43.745	47.400	50.724	54.774	57.646
34	16.501	17.789	19.806	21.664	23.952	44.903	48.602	51.966	56.061	58.964
35	17.191	18.508	20.569	22.465	24.796	46.059	49.802	53.203	57.340	60.272
36	17.887	19.233	21.336	23.269	25.643	47.212	50.998	54.437	58.619	61.581
37	18.584	19.960	22.105	24.075	26.492	48.363	52.192	55.667	59.891	62.880
38	19.289	20.691	22.878	24.884	27.343	49.513	53.384	56.896	61.162	64.181
39	19.994	21.425	23.654	25.695	28.196	50.660	54.572	58.119	62.426	65.473
40	20.706	22.164	24.433	26.509	29.050	51.805	55.758	59.342	63.691	66.766

当 $n>40$ 时，$\chi^2_x(n) \approx \frac{1}{2}(z_x + \sqrt{2n-1})^2$.

附录5 F分布表

$$P\{F(n_1,n_2) > F_x(n_1,n_2)\} = \alpha \qquad (\alpha = 0.10)$$

n_2 \ n_1	1	2	3	4	5	6	7	8	9	10	12	15	20	24	30	40	60	120	∞
1	39.86	49.50	53.59	55.83	57.24	58.20	58.91	59.44	59.86	60.19	60.71	61.22	61.74	62.00	62.26	62.53	62.79	63.06	63.33
2	8.53	9.00	9.16	9.24	9.29	9.33	9.35	9.37	9.38	9.39	9.41	9.42	9.44	9.45	9.46	9.47	9.47	9.48	9.49
3	5.54	5.46	5.39	5.34	5.31	5.28	5.27	5.25	5.24	5.23	5.22	5.20	5.18	5.18	5.17	5.16	5.15	5.14	5.13
4	4.54	4.32	4.19	4.11	4.05	4.01	3.98	3.95	3.94	3.92	3.90	3.87	3.84	3.83	3.82	3.80	3.79	3.78	3.76
5	4.06	3.78	3.62	3.52	3.45	3.40	3.37	3.34	3.32	3.30	3.27	3.24	3.21	3.19	3.17	3.16	3.14	3.12	3.10
6	3.78	3.46	3.29	3.18	3.11	3.05	3.01	2.98	2.96	2.94	2.90	2.87	2.84	2.82	2.80	2.78	2.76	2.74	2.72
7	3.59	3.26	3.07	2.96	2.88	2.83	2.78	2.75	2.72	2.70	2.67	2.63	2.59	2.58	2.56	2.54	2.51	2.49	2.47
8	3.46	3.11	2.92	2.81	2.73	2.67	2.62	2.59	2.56	2.54	2.50	2.46	2.42	2.40	2.38	2.36	2.34	2.32	2.29
9	3.36	3.01	2.81	2.69	2.61	2.55	2.51	2.47	2.44	2.42	2.38	2.34	2.30	2.28	2.25	2.23	2.21	2.18	2.16
10	3.29	2.92	2.73	2.61	2.52	2.46	2.41	2.38	2.35	2.32	2.28	2.24	2.20	2.18	2.16	2.13	2.11	2.08	2.06
11	3.23	2.86	2.66	2.54	2.45	2.39	2.34	2.30	2.27	2.25	2.21	2.17	2.12	2.10	2.08	2.05	2.03	2.00	1.97
12	3.18	2.81	2.61	2.48	2.39	2.33	2.28	2.24	2.21	2.19	2.15	2.10	2.06	2.04	2.01	1.99	1.96	1.93	1.90
13	3.14	2.76	2.56	2.43	2.35	2.28	2.23	2.20	2.16	2.14	2.10	2.05	2.01	1.98	1.96	1.93	1.90	1.88	1.85
14	3.10	2.73	2.52	2.39	2.31	2.24	2.19	2.15	2.12	2.10	2.05	2.01	1.96	1.94	1.91	1.89	1.86	1.83	1.80
15	3.07	2.70	2.49	2.36	2.27	2.21	2.16	2.12	2.09	2.06	2.02	1.97	1.92	1.90	1.87	1.85	1.82	1.79	1.76
16	3.05	2.67	2.46	2.33	2.24	2.18	2.13	2.09	2.06	2.03	1.99	1.94	1.89	1.87	1.84	1.81	1.78	1.75	1.72
17	3.03	2.64	2.44	2.31	2.22	2.15	2.10	2.06	2.03	2.00	1.96	1.91	1.86	1.84	1.81	1.78	1.75	1.72	1.69
18	3.01	2.62	2.42	2.29	2.20	2.13	2.08	2.04	2.00	1.98	1.93	1.89	1.84	1.81	1.78	1.75	1.72	1.69	1.66
19	2.99	2.61	2.40	2.27	2.18	2.11	2.06	2.02	1.98	1.96	1.91	1.86	1.81	1.79	1.76	1.73	1.70	1.67	1.63
20	2.97	2.59	2.38	2.25	2.16	2.09	2.04	2.00	1.96	1.94	1.89	1.84	1.79	1.77	1.74	1.71	1.68	1.64	1.61
21	2.96	2.57	2.36	2.23	2.14	2.08	2.02	1.98	1.95	1.92	1.87	1.83	1.78	1.75	1.72	1.69	1.66	1.62	1.59
22	2.95	2.56	2.35	2.22	2.13	2.06	2.01	1.97	1.93	1.90	1.86	1.81	1.76	1.73	1.70	1.67	1.64	1.60	1.57
23	2.94	2.55	2.34	2.21	2.11	2.05	1.99	1.95	1.92	1.89	1.84	1.80	1.74	1.72	1.69	1.66	1.62	1.59	1.55
24	2.93	2.54	2.33	2.19	2.10	2.04	1.98	1.94	1.91	1.88	1.83	1.78	1.73	1.70	1.67	1.64	1.61	1.57	1.53
25	2.92	2.53	2.32	2.18	2.09	2.02	1.97	1.93	1.89	1.87	1.82	1.77	1.72	1.69	1.66	1.63	1.59	1.56	1.52
26	2.91	2.52	2.31	2.17	2.08	2.01	1.96	1.92	1.88	1.86	1.81	1.76	1.71	1.68	1.65	1.61	1.58	1.54	1.50
27	2.90	2.51	2.30	2.17	2.07	2.00	1.95	1.91	1.87	1.85	1.80	1.75	1.70	1.67	1.64	1.60	1.57	1.53	1.49
28	2.89	2.50	2.29	2.16	2.06	2.00	1.94	1.90	1.87	1.84	1.79	1.74	1.69	1.66	1.63	1.59	1.56	1.52	1.48
29	2.89	2.50	2.28	2.15	2.06	1.99	1.93	1.89	1.86	1.83	1.78	1.73	1.68	1.65	1.62	1.58	1.55	1.51	1.47
30	2.88	2.49	2.28	2.14	2.05	1.98	1.93	1.88	1.85	1.82	1.77	1.72	1.67	1.64	1.61	1.57	1.54	1.50	1.46
40	2.84	2.44	2.23	2.09	2.00	1.93	1.87	1.83	1.79	1.76	1.71	1.66	1.61	1.57	1.54	1.51	1.47	1.42	1.38
60	2.79	2.39	2.18	2.04	1.95	1.87	1.82	1.77	1.74	1.71	1.66	1.60	1.54	1.51	1.48	1.44	1.40	1.35	1.29
120	2.75	2.35	2.13	1.99	1.90	1.82	1.77	1.72	1.68	1.65	1.60	1.55	1.48	1.45	1.41	1.37	1.32	1.26	1.19
∞	2.71	2.30	2.08	1.94	1.85	1.77	1.72	1.67	1.63	1.60	1.55	1.49	1.42	1.38	1.34	1.30	1.24	1.17	1.00

续表

($\alpha=0.05$)

n_2 \ n_1	1	2	3	4	5	6	7	8	9	10	12	15	20	24	30	40	60	120	∞
1	161	200	216	225	230	234	237	239	241	242	244	246	248	249	250	251	252	253	254
2	18.5	19.0	19.2	19.2	19.3	19.3	19.4	19.4	19.4	19.4	19.4	19.4	19.4	19.5	19.5	19.5	19.5	19.5	19.5
3	10.1	9.55	9.28	9.12	9.01	8.94	8.89	8.85	8.81	8.79	8.74	8.70	8.66	8.64	8.62	8.59	8.57	8.55	8.53
4	7.71	6.94	6.59	6.39	6.26	6.16	6.09	6.04	6.00	5.96	5.91	5.86	5.80	5.77	5.75	5.72	5.69	5.66	5.63
5	6.61	5.79	5.41	5.19	5.05	4.95	4.88	4.82	4.77	4.74	4.68	4.62	4.56	4.53	4.50	4.46	4.43	4.40	4.36
6	5.99	5.14	4.76	4.53	4.39	4.28	4.21	4.15	4.10	4.06	4.00	3.94	3.87	3.84	3.81	3.77	3.74	3.70	3.67
7	5.59	4.74	4.35	4.12	3.97	3.87	3.79	3.73	3.68	3.64	3.57	3.51	3.44	3.41	3.38	3.34	3.30	3.27	3.23
8	5.32	4.46	4.07	3.84	3.69	3.58	3.50	3.44	3.39	3.35	3.28	3.22	3.15	3.12	3.08	3.04	3.01	2.97	2.93
9	5.12	4.26	3.86	3.63	3.48	3.37	3.29	3.23	3.18	3.14	3.07	3.01	2.94	2.90	2.86	2.83	2.79	2.75	2.71
10	4.96	4.10	3.71	3.48	3.33	3.22	3.14	3.07	3.02	2.98	2.91	2.85	2.77	2.74	2.70	2.66	2.62	2.58	2.54
11	4.84	3.98	3.59	3.36	3.20	3.09	3.01	2.95	2.90	2.85	2.79	2.72	2.65	2.61	2.57	2.53	2.49	2.45	2.40
12	4.75	3.89	3.49	3.26	3.11	3.00	2.91	2.85	2.80	2.75	2.69	2.62	2.54	2.51	2.47	2.43	2.38	2.34	2.30
13	4.67	3.81	3.41	3.18	3.03	2.92	2.83	2.77	2.71	2.67	2.60	2.53	2.46	2.42	2.38	2.34	2.30	2.25	2.21
14	4.60	3.74	3.34	3.11	2.96	2.85	2.76	2.70	2.65	2.60	2.53	2.46	2.39	2.35	2.31	2.27	2.22	2.18	2.13
15	4.54	3.68	3.29	3.06	2.90	2.79	2.71	2.64	2.59	2.54	2.48	2.40	2.33	2.29	2.25	2.20	2.16	2.11	2.07
16	4.49	3.63	3.24	3.01	2.85	2.74	2.66	2.59	2.54	2.49	2.42	2.35	2.28	2.24	2.19	2.15	2.11	2.06	2.01
17	4.45	3.59	3.20	2.96	2.81	2.70	2.61	2.55	2.49	2.45	2.38	2.31	2.23	2.19	2.15	2.10	2.06	2.01	1.96
18	4.41	3.55	3.16	2.93	2.77	2.66	2.58	2.51	2.46	2.41	2.34	2.27	2.19	2.15	2.11	2.06	2.02	1.97	1.92
19	4.38	3.52	3.13	2.90	2.74	2.63	2.54	2.48	2.42	2.38	2.31	2.23	2.16	2.11	2.07	2.03	1.98	1.93	1.88
20	4.35	3.49	3.10	2.87	2.71	2.60	2.51	2.45	2.39	2.35	2.28	2.20	2.12	2.08	2.04	1.99	1.95	1.90	1.84
21	4.32	3.47	3.07	2.84	2.68	2.57	2.49	2.42	2.37	2.32	2.25	2.18	2.10	2.05	2.01	1.96	1.92	1.87	1.81
22	4.30	3.44	3.05	2.82	2.66	2.55	2.46	2.40	2.34	2.30	2.23	2.15	2.07	2.03	1.98	1.94	1.89	1.84	1.78
23	4.28	3.42	3.03	2.80	2.64	2.53	2.44	2.37	2.32	2.27	2.20	2.13	2.05	2.01	1.96	1.91	1.86	1.81	1.76
24	4.26	3.40	3.01	2.78	2.62	2.51	2.42	2.36	2.30	2.25	2.18	2.11	2.03	1.98	1.94	1.89	1.84	1.79	1.73
25	4.24	3.39	2.99	2.76	2.60	2.49	2.40	2.34	2.28	2.24	2.16	2.09	2.01	1.96	1.92	1.87	1.82	1.77	1.71
26	4.23	3.37	2.98	2.74	2.59	2.47	2.39	2.32	2.27	2.22	2.15	2.07	1.99	1.95	1.90	1.85	1.80	1.75	1.69
27	4.21	3.35	2.96	2.73	2.57	2.46	2.37	2.31	2.25	2.20	2.13	2.06	1.97	1.93	1.88	1.84	1.79	1.73	1.67
28	4.20	3.34	2.95	2.71	2.56	2.45	2.36	2.29	2.24	2.19	2.12	2.04	1.96	1.91	1.87	1.82	1.77	1.71	1.65
29	4.18	3.33	2.93	2.70	2.55	2.43	2.35	2.28	2.22	2.18	2.10	2.03	1.94	1.90	1.85	1.81	1.75	1.70	1.64
30	4.17	3.32	2.92	2.69	2.53	2.42	2.33	2.27	2.21	2.16	2.09	2.01	1.93	1.89	1.84	1.79	1.74	1.68	1.62
40	4.08	3.23	2.84	2.61	2.45	2.34	2.25	2.18	2.12	2.08	2.00	1.92	1.84	1.79	1.74	1.69	1.64	1.58	1.51
60	4.00	3.15	2.76	2.53	2.37	2.25	2.17	2.10	2.04	1.99	1.92	1.84	1.75	1.70	1.65	1.59	1.53	1.47	1.39
120	3.92	3.07	2.68	2.45	2.29	2.17	2.09	2.02	1.96	1.91	1.83	1.75	1.66	1.61	1.55	1.50	1.43	1.35	1.25
∞	3.84	3.00	2.60	2.37	2.21	2.10	2.01	1.94	1.88	1.83	1.75	1.67	1.57	1.52	1.46	1.39	1.32	1.22	1.00

续表

($\alpha=0.025$)

n_2 \ n_1	1	2	3	4	5	6	7	8	9	10	12	15	20	24	30	40	60	120	∞
1	648	800	864	900	922	937	948	957	963	969	977	985	993	997	1000	1010	1010	1010	1020
2	38.5	39.0	39.2	39.2	39.3	39.3	39.4	39.4	39.4	39.4	39.4	39.4	39.4	39.5	39.5	39.5	39.5	39.5	39.5
3	17.4	16.0	15.4	15.1	14.9	14.7	14.6	14.5	14.5	14.4	14.3	14.3	14.2	14.1	14.1	14.0	14.0	13.9	13.9
4	12.2	10.6	9.98	9.60	9.36	9.20	9.07	8.98	8.90	8.84	8.75	8.66	8.56	8.51	8.46	8.41	8.36	8.31	8.26
5	10.0	8.43	7.76	7.39	7.15	6.98	6.85	6.76	6.68	6.62	6.52	6.43	6.33	6.28	6.23	6.18	6.12	6.07	6.02
6	8.81	7.26	6.60	6.23	5.99	5.82	5.70	5.60	5.52	5.46	5.37	5.27	5.17	5.12	5.07	5.01	4.96	4.90	4.85
7	8.07	6.54	5.89	5.52	5.29	5.12	4.99	4.90	4.82	4.76	4.67	4.57	4.47	4.42	4.36	4.31	4.25	4.20	4.14
8	7.57	6.06	5.42	5.05	4.82	4.65	4.53	4.43	4.36	4.30	4.20	4.10	4.00	3.95	3.89	3.84	3.78	3.73	3.67
9	7.21	5.71	5.08	4.72	4.48	4.32	4.20	4.10	4.03	3.96	3.87	3.77	3.67	3.61	3.56	3.51	3.45	3.39	3.33
10	6.94	5.46	4.83	4.47	4.24	4.07	3.95	3.85	3.78	3.72	3.62	3.52	3.42	3.37	3.31	3.26	3.20	3.14	3.08
11	6.72	5.26	4.63	4.28	4.04	3.88	3.76	3.66	3.59	3.53	3.43	3.33	3.23	3.17	3.12	3.06	3.00	2.94	2.88
12	6.55	5.10	4.47	4.12	3.89	3.73	3.61	3.51	3.44	3.37	3.28	3.18	3.07	3.02	2.96	2.91	2.85	2.79	2.72
13	6.41	4.97	4.35	4.00	3.77	3.60	3.48	3.39	3.31	3.25	3.15	3.05	2.95	2.89	2.84	2.78	2.72	2.66	2.60
14	6.30	4.86	4.24	3.89	3.66	3.50	3.38	3.29	3.21	3.15	3.05	2.95	2.84	2.79	2.73	2.67	2.61	2.55	2.49
15	6.20	4.77	4.15	3.80	3.58	3.41	3.29	3.20	3.12	3.06	2.96	2.86	2.76	2.70	2.64	2.59	2.52	2.46	2.40
16	6.12	4.69	4.08	3.73	3.50	3.34	3.22	3.12	3.05	2.99	2.89	2.79	2.68	2.63	2.57	2.51	2.45	2.38	2.32
17	6.04	4.62	4.01	3.66	3.44	3.28	3.16	3.06	2.98	2.92	2.82	2.72	2.62	2.56	2.50	2.44	2.38	2.32	2.25
18	5.98	4.56	3.95	3.61	3.38	3.22	3.10	3.01	2.93	2.87	2.77	2.67	2.56	2.50	2.44	2.38	2.32	2.26	2.19
19	5.92	4.51	3.90	3.56	3.33	3.17	3.05	2.96	2.88	2.82	2.72	2.62	2.51	2.45	2.39	2.33	2.27	2.20	2.13
20	5.87	4.46	3.86	3.51	3.29	3.13	3.01	2.91	2.84	2.77	2.68	2.57	2.46	2.41	2.35	2.29	2.22	2.16	2.09
21	5.83	4.42	3.82	3.48	3.25	3.09	2.97	2.87	2.80	2.73	2.64	2.53	2.42	2.37	2.31	2.25	2.18	2.11	2.04
22	5.79	4.38	3.78	3.44	3.22	3.05	2.93	2.84	2.76	2.70	2.60	2.50	2.39	2.33	2.27	2.21	2.14	2.08	2.00
23	5.75	4.35	3.75	3.41	3.18	3.02	2.90	2.81	2.73	2.67	2.57	2.47	2.36	2.30	2.24	2.18	2.11	2.04	1.97
24	5.72	4.32	3.72	3.38	3.15	2.99	2.87	2.78	2.70	2.64	2.54	2.44	2.33	2.27	2.21	2.15	2.08	2.01	1.94
25	5.69	4.29	3.69	3.35	3.13	2.97	2.85	2.75	2.68	2.61	2.51	2.41	2.30	2.24	2.18	2.12	2.05	1.98	1.91
26	5.66	4.27	3.67	3.33	3.10	2.94	2.82	2.73	2.65	2.59	2.49	2.39	2.28	2.22	2.16	2.09	2.03	1.95	1.88
27	5.63	4.24	3.65	3.31	3.08	2.92	2.80	2.71	2.63	2.57	2.47	2.36	2.25	2.19	2.13	2.07	2.00	1.93	1.85
28	5.61	4.22	3.63	3.29	3.06	2.90	2.78	2.69	2.61	2.55	2.45	2.34	2.23	2.17	2.11	2.05	1.98	1.91	1.83
29	5.59	4.20	3.61	3.27	3.04	2.88	2.76	2.67	2.59	2.53	2.43	2.32	2.21	2.15	2.09	2.03	1.96	1.89	1.81
30	5.57	4.18	3.59	3.25	3.03	2.87	2.75	2.65	2.57	2.51	2.41	2.31	2.20	2.14	2.07	2.01	1.94	1.87	1.79
40	5.42	4.05	3.46	3.13	2.90	2.74	2.62	2.53	2.45	2.39	2.29	2.18	2.07	2.01	1.94	1.88	1.80	1.72	1.64
60	5.29	3.93	3.34	3.01	2.79	2.63	2.51	2.41	2.33	2.27	2.17	2.06	1.94	1.88	1.82	1.74	1.67	1.58	1.48
120	5.15	3.80	3.23	2.89	2.67	2.52	2.39	2.30	2.22	2.16	2.05	1.94	1.82	1.76	1.69	1.61	1.53	1.43	1.31
∞	5.02	3.69	3.12	2.79	2.57	2.41	2.29	2.19	2.11	2.05	1.94	1.83	1.71	1.64	1.57	1.48	1.39	1.27	1.00

续表

($\alpha=0.01$)

n_2 \ n_1	1	2	3	4	5	6	7	8	9	10	12	15	20	24	30	40	60	120	∞
1	4050	5000	5400	5620	5760	5860	5930	5980	6020	6060	110	6160	6210	6230	6260	6290	6310	6340	6370
2	98.5	99.0	99.2	99.2	99.3	99.3	99.4	99.4	99.4	99.4	99.4	99.4	99.4	99.5	99.5	99.5	99.5	99.5	99.5
3	34.1	30.8	29.5	28.7	28.2	27.9	27.7	27.5	27.3	27.2	27.1	26.9	26.7	26.6	26.5	26.4	26.3	26.2	26.1
4	21.2	18.0	16.7	16.0	15.5	15.2	15.0	14.8	14.7	14.5	14.4	14.2	14.0	13.9	13.8	13.7	13.7	13.6	13.5
5	16.3	13.3	12.1	11.4	11.0	10.7	10.5	10.3	10.2	10.1	9.89	9.72	9.55	9.47	9.38	9.29	9.20	9.11	9.02
6	13.7	10.9	9.78	9.15	8.75	8.47	8.26	8.10	7.98	7.87	7.72	7.56	7.40	7.31	7.23	7.14	7.06	6.97	6.88
7	12.2	9.55	8.45	7.85	7.46	7.19	6.99	6.84	6.72	6.62	6.47	6.31	6.16	6.07	5.99	5.91	5.82	5.74	5.65
8	11.3	8.65	7.59	7.01	6.63	6.37	6.18	6.03	5.91	5.81	5.67	5.52	5.36	5.28	5.20	5.12	5.03	4.95	4.86
9	10.6	8.02	6.99	6.42	6.06	5.80	5.61	5.47	5.35	5.26	5.11	4.96	4.81	4.73	4.65	4.57	4.48	4.40	4.31
10	10.0	7.56	6.55	5.99	5.64	5.39	5.20	5.06	4.94	4.85	4.71	4.56	4.41	4.33	4.25	4.17	4.08	4.00	3.91
11	9.65	7.21	6.22	5.67	5.32	5.07	4.89	4.74	4.63	4.54	4.40	4.25	4.10	4.02	3.94	3.86	3.78	3.69	3.60
12	9.33	6.93	5.95	5.41	5.06	4.82	4.64	4.50	4.39	4.30	4.16	4.01	3.86	3.78	3.70	3.62	3.54	3.45	3.36
13	9.07	6.70	5.74	5.21	4.86	4.62	4.44	4.30	4.19	4.10	3.96	3.82	3.66	3.59	3.51	3.43	3.34	3.25	3.17
14	8.86	6.51	5.56	5.04	4.69	4.46	4.28	4.14	4.03	3.94	3.80	3.66	3.51	3.43	3.35	3.27	3.18	3.09	3.00
15	8.68	6.36	5.42	4.89	4.56	4.32	4.14	4.00	3.89	3.80	3.67	3.52	3.37	3.29	3.21	3.13	3.05	2.96	2.87
16	8.53	6.23	5.29	4.77	4.44	4.20	4.03	3.89	3.78	3.69	3.55	3.41	3.26	3.18	3.10	3.02	2.93	2.84	2.75
17	8.40	6.11	5.18	4.67	4.34	4.10	3.93	3.79	3.68	3.59	3.46	3.31	3.16	3.08	3.00	2.92	2.83	2.75	2.65
18	8.29	6.01	5.09	4.58	4.25	4.01	3.84	3.71	3.60	3.51	3.37	3.23	3.08	3.00	2.92	2.84	2.75	2.66	2.57
19	8.18	5.93	5.01	4.50	4.17	3.94	3.77	3.63	3.52	3.43	3.30	3.15	3.00	2.92	2.84	2.76	2.67	2.58	2.49
20	8.10	5.85	4.94	4.43	4.10	3.87	3.70	3.56	3.46	3.37	3.23	3.09	2.94	2.86	2.78	2.69	2.61	2.52	2.42
21	8.02	5.78	4.87	4.37	4.04	3.81	3.64	3.51	3.40	3.31	3.17	3.03	2.88	2.80	2.72	2.64	2.55	2.46	2.36
22	7.95	5.72	4.82	4.31	3.99	3.76	3.59	3.45	3.35	3.26	3.12	2.98	2.83	2.75	2.67	2.58	2.50	2.40	2.31
23	7.88	5.66	4.76	4.26	3.94	3.71	3.54	3.41	3.30	3.21	3.07	2.93	2.78	2.70	2.62	2.54	2.45	2.35	2.26
24	7.82	5.61	4.72	4.22	3.90	3.67	3.50	3.36	3.26	3.17	3.03	2.89	2.74	2.66	2.58	2.49	2.40	2.31	2.21
25	7.77	5.57	4.68	4.18	3.85	3.63	3.46	3.32	3.22	3.13	2.99	2.85	2.70	2.62	2.54	2.45	2.36	2.27	2.17
26	7.72	5.53	4.64	4.14	3.82	3.59	3.42	3.29	3.18	3.09	2.96	2.81	2.66	2.58	2.50	2.42	2.33	2.23	2.13
27	7.68	5.49	4.60	4.11	3.78	3.56	3.39	3.26	3.15	3.06	2.93	2.78	2.63	2.55	2.47	2.38	2.29	2.20	2.10
28	7.64	5.45	4.57	4.07	3.75	3.53	3.36	3.23	3.12	3.03	2.90	2.75	2.60	2.52	2.44	2.35	2.26	2.17	2.06
29	7.60	5.42	4.54	4.04	3.73	3.50	3.33	3.20	3.09	3.00	2.87	2.73	2.57	2.49	2.41	2.33	2.23	2.14	2.03
30	7.56	5.39	4.51	4.02	3.70	3.47	3.30	3.17	3.07	2.98	2.84	2.70	2.55	2.47	2.39	2.30	2.21	2.11	2.01
40	7.31	5.18	4.31	3.83	3.51	3.29	3.12	2.99	2.89	2.80	2.66	2.52	2.37	2.29	2.20	2.11	2.02	1.92	1.80
60	7.08	4.98	4.13	3.65	3.34	3.12	2.95	2.82	2.72	2.63	2.50	2.35	2.20	2.12	2.03	1.94	1.84	1.73	1.60
120	6.85	4.79	3.95	3.48	3.17	2.96	2.79	2.66	2.56	2.47	2.34	2.19	2.03	1.95	1.86	1.76	1.66	1.53	1.38
∞	6.63	4.61	3.78	3.32	3.02	2.80	2.64	2.51	2.41	2.32	2.18	2.04	1.88	1.79	1.70	1.59	1.47	1.32	1.00

续表

($\alpha=0.005$)

n_2 \ n_1	1	2	3	4	5	6	7	8	9	10	12	15	20	24	30	40	60	120	∞
1	16200	20000	21600	22500	23100	23400	23700	23900	24100	24200	24400	24600	24800	24900	25000	25100	25300	25400	25500
2	199	199	199	199	199	199	199	199	199	199	199	199	199	199	199	199	199	199	200
3	55.6	49.8	47.5	46.2	45.4	44.8	44.4	44.1	43.9	43.7	43.4	43.1	42.8	42.6	42.5	42.3	42.1	42.0	41.8
4	31.3	26.3	24.3	23.2	22.5	22.0	21.6	21.4	21.1	21.0	20.7	20.4	20.2	20.0	19.9	19.8	19.6	19.5	19.3
5	22.8	18.3	16.5	15.6	14.9	14.5	14.2	14.0	13.8	13.6	13.4	13.1	12.9	12.8	12.7	12.5	12.4	12.3	12.1
6	18.6	14.5	12.9	12.0	11.5	11.1	10.8	10.6	10.4	10.3	10.0	9.81	9.59	9.47	9.36	9.24	9.12	9.00	8.88
7	16.2	12.4	10.9	10.1	9.52	9.16	8.89	8.68	8.51	8.38	8.18	7.97	7.75	7.65	7.53	7.42	7.31	7.19	7.08
8	14.7	11.0	9.60	8.81	8.30	7.95	7.69	7.50	7.34	7.21	7.01	6.81	6.61	6.50	6.40	6.29	6.18	6.06	5.95
9	13.6	10.1	8.72	7.96	7.47	7.13	6.88	6.69	6.54	6.42	6.23	6.03	5.83	5.73	5.62	5.52	5.41	5.30	5.19
10	12.8	9.43	8.08	7.34	6.87	6.54	6.30	6.12	5.97	5.85	5.66	5.47	5.27	5.17	5.07	4.97	4.86	4.75	4.64
11	12.2	8.91	7.60	6.88	6.42	6.10	5.86	5.68	5.54	5.42	5.24	5.05	4.86	4.76	4.65	4.55	4.44	4.34	4.23
12	11.8	8.51	7.23	6.52	6.07	5.76	5.52	5.35	5.20	5.09	4.91	4.72	4.53	4.43	4.33	4.23	4.12	4.01	3.90
13	11.4	8.19	6.93	6.23	5.79	5.48	5.25	5.08	4.94	4.82	4.64	4.46	4.27	4.17	4.07	3.97	3.87	3.76	3.65
14	11.1	7.92	6.68	6.00	5.56	5.26	5.03	4.86	4.72	4.60	4.43	4.25	4.06	3.96	3.86	3.76	3.66	3.55	3.44
15	10.8	7.70	6.48	5.80	5.37	5.07	4.85	4.67	4.54	4.42	4.25	4.07	3.88	3.79	3.69	3.58	3.48	3.37	3.26
16	10.6	7.51	6.30	5.64	5.21	4.91	4.69	4.52	4.38	4.27	4.10	3.92	3.73	3.64	3.54	3.44	3.33	3.22	3.11
17	10.4	7.35	6.16	5.50	5.07	4.78	4.56	4.39	4.25	4.14	3.97	3.79	3.61	3.51	3.41	3.31	3.21	3.10	2.98
18	10.2	7.21	6.03	5.37	4.96	4.66	4.44	4.28	4.14	4.03	3.86	3.68	3.50	3.40	3.30	3.20	3.10	2.99	2.87
19	10.1	7.09	5.92	5.27	4.85	4.56	4.34	4.18	4.04	3.93	3.76	3.59	3.40	3.31	3.21	3.11	3.00	2.89	2.78
20	9.94	6.99	5.82	5.17	4.76	4.47	4.26	4.09	3.96	3.85	3.68	3.50	3.32	3.22	3.12	3.02	2.92	2.81	2.69
21	9.83	6.89	5.73	5.09	4.68	4.39	4.18	4.01	3.88	3.77	3.60	3.43	3.24	3.15	3.05	2.95	2.84	2.73	2.61
22	9.73	6.81	5.65	5.02	4.61	4.32	4.11	3.94	3.81	3.70	3.54	3.36	3.18	3.08	2.98	2.88	2.77	2.66	2.55
23	9.63	6.73	5.58	4.95	4.54	4.26	4.05	3.88	3.75	3.64	3.47	3.30	3.12	3.02	2.92	2.82	2.71	2.60	2.48
24	9.55	6.66	5.52	4.89	4.49	4.20	3.99	3.83	3.69	3.59	3.42	3.25	3.06	2.97	2.87	2.77	2.66	2.55	2.43
25	9.48	6.60	5.46	4.84	4.43	4.15	3.94	3.78	3.64	3.54	3.37	3.20	3.01	2.92	2.82	2.72	2.61	2.50	2.38
26	9.41	6.54	5.41	4.79	4.38	4.10	3.89	3.73	3.60	3.49	3.33	3.15	2.97	2.87	2.77	2.67	2.56	2.45	2.33
27	9.34	6.49	5.36	4.74	4.34	4.06	3.85	3.69	3.56	3.45	3.28	3.11	2.93	2.83	2.73	2.63	2.52	2.41	2.29
28	9.28	6.44	5.32	4.70	4.30	4.02	3.81	3.65	3.52	3.41	3.25	3.07	2.89	2.79	2.69	2.59	2.48	2.37	2.25
29	9.23	6.40	5.28	4.66	4.26	3.98	3.77	3.61	3.48	3.38	3.21	3.04	2.86	2.76	2.66	2.56	2.45	2.33	2.21
30	9.18	6.35	5.24	4.62	4.23	3.95	3.74	3.58	3.45	3.34	3.18	3.01	2.82	2.73	2.63	2.52	2.42	2.30	2.18
40	8.83	6.07	4.98	4.37	3.99	3.71	3.51	3.35	3.22	3.12	2.95	2.78	2.60	2.50	2.40	2.30	2.18	2.06	1.93
60	8.49	5.79	4.73	4.14	3.76	3.49	3.29	3.13	3.01	2.90	2.74	2.57	2.39	2.29	2.19	2.08	1.96	1.83	1.69
120	8.18	5.54	4.50	3.92	3.55	3.28	3.09	2.93	2.81	2.71	2.54	2.37	2.19	2.09	1.98	1.87	1.75	1.61	1.43
∞	7.88	5.30	4.28	3.72	3.35	3.09	2.90	2.74	2.62	2.52	2.36	2.19	2.00	1.90	1.79	1.67	1.53	1.36	1.00

参考文献

[1]贾俊平.统计学(21世纪统计学系列教材)[M].北京:中国人民大学出版社,2009.

[2]贾俊平.统计学(教育部经济管理类核心课程教材)[M].北京:中国人民大学出版社,2009.

[3]贾俊平.统计学(应用统计学系列教材)[M].北京:清华大学出版社,2006.

[4]刘春英,贾俊平.统计学原理[M].北京:中国商务出版社,2008.

[5]莱文,等.商务统计学[M].北京:中国人民大学出版社,2006.

[6]卡塞拉,贝耶.统计推断[M].北京:机械工业出版社,2004.

[7]李洁明,祁新娥.统计学原理[M].上海:复旦大学出版社,2010.

[8]安德森,等.商务与经济统计[M].北京:机械工业出版社,2010.

[9]曾五一.统计学[M].北京:中国金融出版社,2006.

[10]汉拿根.统计学[M].北京:经济管理出版社,2008.

[11]凯勒,沃拉克.统计学:在经济和管理中的应用[M].北京:中国人民大学出版社,2006.

[12]曾五一,肖红叶.统计学导论[M].北京:科学出版社,2007.

[13]黄平,梁满发.统计分析与SAS软件[M].广州:华南理工大学出版社,2005.

[14]郭志刚.社会统计分析方法——SPSS软件应用[M].北京:中国人民大学出版社,1999.

[15]李沛良.社会研究的统计应用[M].北京:社会科学文献出版社,2001.

[16]莱文,福克斯.社会研究中的基础统计学[M].北京:中国人民大学出版社,2008.

[17]马庆国.应用统计学:数理统计方法、数据获取与SPSS应用[M].北京:科学出版社,2005.

[18]张梅琳.应用统计学[M].上海:复旦大学出版社,2008.

[19]何晓群.现代统计分析方法与应用[M].北京:中国人民大学出版社,2007.

[20]薛薇. SPSS 统计分析方及应用[M]. 北京:电子工业出版社,2009.

[21]吴喜之. 统计学:从数据到结论[M]. 北京:中国统计出版社,2006.